劳动和社会保障文丛

国外个人养老金的发展经验与中国实践

李连仁　边晨竹◎著

中国劳动社会保障出版社

图书在版编目（CIP）数据

国外个人养老金的发展经验与中国实践 / 李连仁，边晨竹著. -- 北京：中国劳动社会保障出版社，2024

（劳动和社会保障文丛）

ISBN 978-7-5167-6315-5

Ⅰ.①国… Ⅱ.①李…②边… Ⅲ.养老保险制度-研究-中国 Ⅳ.①F842.612

中国国家版本馆 CIP 数据核字（2024）第 064718 号

中国劳动社会保障出版社出版发行

（北京市惠新东街 1 号　邮政编码：100029）

*

河北虎彩印刷有限公司印刷装订　新华书店经销

787 毫米×1092 毫米　16 开本　27 印张　366 千字
2024 年 5 月第 1 版　2024 年 5 月第 1 次印刷
定价：118.00 元

营销中心电话：400-606-6496
出版社网址：http://www.class.com.cn

版权专有　侵权必究

如有印装差错，请与本社联系调换：（010）81211666
我社将与版权执法机关配合，大力打击盗印、销售和使用盗版图书活动，敬请广大读者协助举报，经查实将给予举报者奖励。
举报电话：（010）64954652

序

几乎所有富裕起来的国家，都在采取积极的措施应对人口老龄化问题。2022年4月，国务院办公厅印发了《关于推动个人养老金发展的意见》(国办发〔2022〕7号)，这可以看作是我国三支柱养老保险体系建设的一个里程碑。推动和促进我国个人养老金的发展，可以有效增强人民群众的获得感、幸福感、安全感，这不仅是政府，也是相关金融机构义不容辞的责任。

主持编写本书的海富通基金首席专家李连仁，是年金行业的资深从业人士。他自企业年金启动以来就一直从事年金的受托管理和投资管理工作，多年来孜孜不倦、持之以恒，积极参加年金相关政策的研究与实践，为年金制度的不断完善做出了积极的贡献。

每一本书的编写，都凝聚着作者全身心的投入。本书主要介绍了12个国家和地区的三支柱养老保险体系，尤其是对这12个国家和地区个人养老金的发展历程和实际效果进行了全面的介绍，对我国处于起步阶段的个人养老金业务具有非常有益的借鉴作用。作者克服了多种语言的阅读困难，收集了这些国家和地区个人养老金的第一手资料和数据，并介绍了个人养老金的投资者选择行为和不同个人养老金产品的实际投资收益，以及3~5年中长期的收益水平和风险特征。这对于我国个人养老金产品的选择也有很好的参考价值。

对于个人养老金的发展及推动，我认为需要注意以下四点。

第一，要讲好贴近百姓的家常话。因为投资是一件非常复杂的事情，宣传和投资者教育要深入浅出，让人民群众理解不同类别个人养老金产品的特征，包括收益特征（比如是否保本）、风险特征，以及短期特征和长期特征。个人养老金基本要到退休后才能领取，投资期限普遍较长，在这种情况下，还要特别注意对个人养老金长期风险收益特征的客观介绍，避免单纯用短期的表现来概括产品的特征。

第二，要积极推动个人养老金的普及。个人养老金具有自愿性质，更有普惠性质，只有老百姓都积极参加，才能真正从中受益。在这里，需要特别注意宣传个人养老金的优惠政策。不仅国家提供了个人养老金的个人所得税税收递延政策，参与个人养老金管理的金融机构，大都也提供了费率优惠，这是容易被忽略的优惠。以公募基金为例，专门为个人养老金产品设立了Y类份额，管理费率比非税收优惠的正常份额平均优惠0.5%，积累10年，就有5%的额外收益。因此，税收优惠和费率优惠构成了个人养老金发展的双轮驱动。

第三，要创新个人养老金的服务方式。在建立健全统一的个人养老金信息平台的基础上，为参加人提供个人养老金账户管理、税收优惠额度管理、信息查询服务，做好数据维护。现阶段应该打好基础，及时发现并总结和解决问题。

第四，不断探索并完善新政策。个人养老金业务发展与年金发展密不可分。我国个人养老金、企业年金和职业年金均来自个人的当期收入，采取完全积累制，要通过市场化投资方式进行保值增值，在退休后领取。因此，还要倾听"我的资金我做主"的建议，养老保险第二支柱与第三支柱在制度上具备打通的可能性，要加以研究，鼓励在政策层面、运营层面、服务层面进行探索，实现第二支柱与第三支柱的联动，互为助力，促进共同发展。

我相信，本书一定会对业内以及关注自身养老的投资者有所启发、有所裨益。

我坚信，新时代有担当、有情怀、有作为，从事社保金融领域工作的有志之士必将在改革发展中创造新的辉煌！

此为序。

中国社会保险学会副会长　唐霁松

2023 年 5 月

前言

2022年我国个人养老金正式启动，这标志着我国已建立养老保险的三支柱，即第一支柱基本养老保险、第二支柱企业年金和职业年金、第三支柱个人养老金以及其他个人商业养老金融业务。三支柱养老保险体系运营的一个特点是积累的资金可以进行市场化投资，分享资本市场成长的红利，以进一步增加养老金的积累，形成良性循环。

个人养老金的发展，直接关系到广大参加者的切身利益，是增强人民群众获得感、幸福感、安全感的重要举措。做好个人养老金的宣传普及和投资者教育，也是个人养老金主管和监管部门以及金融行业共同关注的重要工作。作者将金融机构相关研究成果编著成书，供个人养老金的参加者以及行业人士阅读了解，也是对个人养老金的宣传普及做出一点力所能及的贡献。

本书主要介绍了12个国家和地区的三支柱养老保险体系，并着重介绍了这些国家和地区个人养老金的制度特点、积累资金和人员覆盖情况、个人的投资风险偏好和选择行为，以及个人养老金产品的风险收益特征。本书最后一章介绍了我国个人养老金的实践，包括各类个人养老金产品的特征，以帮助个人养老金的参加者深入了解并作出合理的选择。本书的各个章节不存在严格的前后逻辑顺序，读者也可以将本书当作工具书，就自己关心的内容直接查阅相关章节。比如关心如何选择个人养老金产品的读者，可以查阅各个国家和地区个人养老金产品的相应章节，以及我国个人养老金的产品类别和风险收益表现。

本书介绍的 12 个国家和地区，为美国、加拿大、英国、德国、法国、瑞典、澳大利亚、日本、韩国、中国香港、巴西和智利，这些国家和地区中，既有发达国家和地区也有发展中国家（如巴西、智利），既有三支柱比较完善的也有不够完善的（如瑞典），既有老龄化较严重的也有不太严重的（如巴西）。本书选择多样性的国家和地区进行个人养老金的介绍，一方面是全面了解各国和地区个人养老金制度的不同模式、发展态势以及成功经验，以资借鉴；另一方面也需要客观认识各国和地区个人养老金制度产生的特定背景以及存在的不足，避免再走同样的弯路。

例如，一些国家在 EET 模式之外还采取了 TEE[①] 模式的个人养老金以及个人储蓄账户（如英国的个人储蓄账户和日本的个人储蓄账户），但 TEE 模式的个人养老金和个人储蓄账户都需要有特定的政策背景，即该国对投资环节的投资收益征税，这的确是很多国家通行的做法。而我国对个人投资者的资本利得不征收所得税，仅对股息红利或利息按所得的 20% 征税。考虑到股息红利或利息在投资收益中占比极低，我国个人使用税后工资投资购买公募基金等金融产品，实际已经构成一种 TEE 模式的个人养老金或个人储蓄账户。

再如，德国对里斯特养老金参加人的财政补贴，这是鼓励中低收入者和多子女家庭参加个人养老金的激励措施。但德国里斯特养老金自 2001 年开始实施以来，目前覆盖率只有 30%，并未做到大面积普及，且近十年来参加人数还在缓慢下降，其背后的原因也值得深入研究。

---

① EET 是养老金缴费免税、投资免税、领取征税模式的简称；TEE 是养老金缴费征税、投资免税、领取免税模式的简称。

我国的个人养老金刚刚起步，国际上的成功经验和不足之处需要我们全面了解、深刻认识，既要避免管中窥豹仅见一斑，也要避免邯郸学步似是而非。吸收国外有益的经验，避免已经出现的问题，结合中国国情国力和三支柱养老保险体系的实际，才能持续丰富和完善我国的个人养老金制度，健全多层次多支柱的养老保险体系。

本书对12个国家和地区个人养老金的介绍，也特别注意把握以下五个要点。

一是结合该国（地区）的具体情况来观察个人养老金的地位和作用。如一个国家（地区）的老龄化进程、家庭居民财富积累规模以及三支柱养老保险体系的完善程度，都会对个人养老金的发展产生影响。三支柱养老保险体系是伴随人口老龄化而建立健全的，职业养老金和个人养老金的发展也促使家庭金融财富结构发生转变。家庭资产从房产、储蓄类占主导，逐步发展到职业养老金和个人养老金占比提升，这一趋势已在很多国家出现。

二是注重观察个人养老金与资本市场、汇率以及通货膨胀的关联性。个人养老金第三支柱是否成功，除了本身的制度建设外，还与一个国家（地区）乃至国际资本市场的长期表现有关。个人养老金等长期资金的持续加入，对资本市场的长期健康发展起到基石的作用。同时个人养老金也能分享资本市场成长的红利，长期来看，投资收益可能在个人养老金积累中占据非常大的比例。但纵观世界其他国家（地区），个人养老金与资本市场的良性互动并不总是能够发生（例如日本），因此也影响了投资者参加个人养老金的积极性。另外，一个国家（地区）的汇率和通货膨胀水平都对个人养老金的实际购买力产生影响。有一些国家（地区）即使个人养老金的名义收益率很高，但货币的大幅度贬值或通货膨胀率高企，也会损害个人养老金的实际收益率和购买力（例如巴西）。

三是注重观察第二支柱与第三支柱在制度设计、缴费额度、管理运营和资金转移方面的关联性。与第一支柱养老金的公共属性相比，第二支柱职业养老金和第三支柱个人养老金都属于私有养老金，最终都归属员工个人。因此各国（地区）个人养老金的发展都不是孤立的，而是与第二支柱职业养老金有千丝万缕的关联。如在缴费和税收优惠限额上可能共用、在年金计划运营中可能打通、在养老金资金管理上可能互转，中小企业甚至可能直接由员工个人参加个人养老金，以替代企业参加第二支柱职业养老金的责任。所以个人养老金既有第三支柱的独立性，也有与第二支柱的关联性，不同的国家（地区）可能采取了不同的模式。这都需要我们具体观察，深刻理解背后的逻辑和优缺点。

四是注重对个人养老金参加人投资选择行为和产品风险收益特征的介绍。个人养老金是服务人民的，各国（地区）个人养老金参加人的年龄结构、收入结构、风险偏好、产品选择和收益，都是我们非常关心的内容。本书在编写过程中，也特别注意收集了这方面的内容。由于个人养老金是以个人为主体进行投资选择的，不同年龄、不同收入、不同性别的人群，风险偏好和投资选择都有一定的差别，这对个人养老金的长期积累会产生正面或负面的影响。但总体而言，个人养老金作为长期资金，既要避免承担过高的风险导致损失，也要避免过于强调短期的绝对安全而丧失长期的收益空间。很多国家（地区）个人养老金的参加者，都以中等风险偏好为主导，以获取长期平均水平的投资收益。还有一些国家（地区）为了解决投资者对几千只合格个人养老金产品的选择困难问题，鼓励金融机构提供默认投资选择，如目标日期基金产品。很多金融机构也发展了投资顾问的服务，向个人养老金投资者提供陪伴终身的投资咨询服务。一些国家（地区）发布了个人养老金参加者行为的相关调查报告，这对于指导我国个人养老金参加者的投资行为，具有很强的借鉴意义。

五是本书还特别注意使用第一手资料以求真实准确和全面客观。国内的中文文献和书籍，对国外养老金研究涉及很多，这给本书的编写提供了非常有价值的借鉴。但有些研究文献的写作时间较早，而各国养老保险制度历经改革，在不断地变化和完善，相关统计数据也随时在更新，所以还需要掌握各国（地区）养老保险制度最新的动态。要做好个人养老金的实务介绍，还需要深入挖掘各国（地区）的相关统计调查报告，以及个人养老金具体产品的风险收益特征。为此作者直接查阅了相关国家（地区）养老金管理部门官方网站的资料，尽可能使用其最新发布的政策和数据。本书的附录也汇总了相关国家（地区）养老金管理部门及相关数据所在的官方网站，以便读者能进一步查找和使用最新的资料和数据。在此过程中，由于相关的资料涉及英语、法语、德语、西班牙语、葡萄牙语、日语、韩语等不同语种，给阅读理解带来了较高的难度和较大的工作量。除了能直接阅读理解的外国语言，对于其他语言作者主要使用了机器翻译来帮助理解，并通过多个资料来源对制度内容和数据含义进行核定，力求准确客观。但其中的偏差疏漏在所难免，责任由作者承担，也请读者理解。另外书中涉及的各国（地区）货币，由于汇率时刻变化，基本没有换算成人民币，感兴趣的读者可以用最新的汇率自行换算。

本书主要由海富通基金首席专家李连仁编写，海富通基金养老金支持部分公司边晨竹补充并协助校对复核全书，同时独立编写了第六章和第七章。海富通基金同事时启晗和张君对全书进行了审核和修订。中国劳动社会保障出版社的编辑全程给予了详细的指导和具体的帮助，保证了本书的质量。在此一并表示诚挚的感谢！

今年正值公募基金行业发展 25 周年，也是海富通基金成立 20 周年。谨以此书向公募基金行业和海富通基金献礼！

李连仁　边晨竹
2023 年 9 月

目 录

第一章 应对老龄化时代的三支柱养老保险体系 …… 1
- 第一节 老龄化是世界各国人口发展的普遍趋势 …… 1
- 第二节 三支柱养老保险体系的兴起 …… 3
- 第三节 各国（地区）发展第二支柱与第三支柱养老金的进程 …… 5
- 第四节 多支柱养老金的充足性评价 …… 7
- 第五节 我国养老保险第三支柱亟待发展壮大 …… 13

第二章 美国个人养老金 …… 17
- 第一节 美国应对老龄化的养老金储备充足 …… 17
- 第二节 美国养老保险三支柱制度 …… 21
- 第三节 不同类型的个人养老金 …… 25
- 第四节 年金转账政策促进个人退休账户计划规模快速增长 …… 30
- 第五节 美国家庭参加个人退休账户计划的情况 …… 33

第六节　个人退休账户计划参加人的风险偏好和投资选择 ……… 38
第七节　个人退休账户计划投资收益情况 …………………………… 45
第八节　养老目标基金产品 …………………………………………… 50
第九节　个人退休账户计划参加人广泛使用投资顾问服务 ……… 54

第三章　加拿大个人养老金 …………………………………… 57
第一节　加拿大已进入人口深度老龄化阶段 ……………………… 57
第二节　降低老年贫困的养老保险第一支柱 ……………………… 61
第三节　种类繁多的养老保险第二支柱 …………………………… 64
第四节　自愿参加的养老保险第三支柱 …………………………… 68
第五节　个人养老金的参加情况 …………………………………… 72
第六节　个人养老金的投资情况 …………………………………… 75

第四章　英国个人养老金 ………………………………………… 79
第一节　英国很早就进入老龄化社会 ……………………………… 79
第二节　待遇仅与缴费年限挂钩的养老保险第一支柱 …………… 82
第三节　涵盖待遇确定型、缴费确定型养老金计划的职业
　　　　养老金 ……………………………………………………… 85
第四节　个人养老金计划 …………………………………………… 89
第五节　职业养老金和个人养老金的缴费和领取 ………………… 94
第六节　自动加入制度促进了职业养老金计划的快速普及 ……… 97
第七节　国家职业信托基金 ………………………………………… 101
第八节　个人养老金的参加情况 …………………………………… 102
第九节　职业养老金投资选择与收益情况 ………………………… 107
第十节　自主投资式个人养老金的投资收益情况 ………………… 110

第五章　德国个人养老金 ………………………………………… 114
第一节　德国老龄化已非常严重 …………………………………… 114
第二节　国家养老金概况 …………………………………………… 118

第三节　职业养老金概况 …………………………………… 119
   第四节　里斯特养老金和吕库普养老金 …………………… 123
   第五节　里斯特养老金和吕库普养老金的参加情况 ……… 125
   第六节　个人养老金的投资选择 …………………………… 128
   第七节　个人养老金的收益情况 …………………………… 132

第六章　法国个人养老金 ……………………………………… 135
   第一节　法国的老龄化与养老保险体系 …………………… 135
   第二节　多轨制碎片化的养老保险第一支柱 ……………… 139
   第三节　强制性、积分制且现收现付制的养老保险第二支柱 … 144
   第四节　改革后的养老保险第三支柱 ……………………… 147

第七章　瑞典个人养老金 ……………………………………… 161
   第一节　瑞典很早就进入老龄化社会 ……………………… 161
   第二节　名义账户与实际账户并存的第一支柱 …………… 164
   第三节　半强制性第二支柱职业养老金 …………………… 170
   第四节　有待建设的个人养老金 …………………………… 173

第八章　澳大利亚个人养老金 ………………………………… 177
   第一节　澳大利亚已进入深度老龄化社会 ………………… 177
   第二节　与收入和资产水平挂钩的养老保险第一支柱 …… 180
   第三节　强制型超级年金 …………………………………… 183
   第四节　自愿型超级年金 …………………………………… 185
   第五节　超级年金的参加和积累情况 ……………………… 189
   第六节　超级年金的资产配置和投资收益 ………………… 191
   第七节　超级年金默认投资选择的收益率 ………………… 194
   第八节　自我管理的超级年金 ……………………………… 197
   第九节　超级年金具体投资产品示例 ……………………… 199

第九章　日本个人养老金 ……………………………………… 203
- 第一节　日本是老龄化程度最严重的国家 ………………… 203
- 第二节　广覆盖、低保障以及与工资挂钩的第一支柱 …… 206
- 第三节　种类繁多、覆盖率低的第二支柱 ………………… 208
- 第四节　两种个人养老金构成日本养老保险第三支柱 …… 210
- 第五节　参加个人缴费确定型养老金人员的情况 ………… 214
- 第六节　参加个人储蓄账户人员的情况 …………………… 217
- 第七节　个人缴费确定型养老金的投资选择 ……………… 220
- 第八节　个人储蓄账户的投资选择 ………………………… 226

第十章　韩国个人养老金 ………………………………………… 230
- 第一节　韩国已进入深度老龄化社会 ……………………… 230
- 第二节　缓解老年贫困的养老保险第一支柱 ……………… 234
- 第三节　起步较晚的养老保险第二支柱 …………………… 235
- 第四节　自愿参加的养老保险第三支柱 …………………… 238
- 第五节　个人养老金的投资收益 …………………………… 244

第十一章　中国香港个人养老金 ………………………………… 250
- 第一节　中国香港人口老龄化速度很快 …………………… 250
- 第二节　降低老年贫困率的养老保险第一支柱 …………… 252
- 第三节　强制为主、自愿为辅的养老保险第二支柱 ……… 254
- 第四节　与第二支柱紧密衔接的养老保险第三支柱 ……… 256
- 第五节　强积金在不同计划间的转移比较灵活 …………… 257
- 第六节　雇员有充分的投资选择权 ………………………… 258
- 第七节　强积金的投资收益率 ……………………………… 263
- 第八节　强积金预设投资策略 ……………………………… 266
- 第九节　合理控制强积金的管理成本 ……………………… 268

第十二章　巴西个人养老金 ········ 272
第一节　巴西人口老龄化已超过世界平均水平 ········ 272
第二节　逐步降低替代率的养老保险第一支柱 ········ 275
第三节　以政府和大型雇主为主的养老保险第二支柱 ········ 277
第四节　以个人和中小企业为主的养老保险第三支柱 ········ 279
第五节　养老金的投资情况 ········ 282

第十三章　智利个人养老金 ········ 287
第一节　智利人口老龄化略超世界平均水平 ········ 287
第二节　无须缴费的养老保险第一支柱 ········ 289
第三节　完全私有化的养老保险第二支柱 ········ 291
第四节　雇员和企业可自愿缴费的养老保险第三支柱 ········ 293
第五节　养老金参加人员的情况和投资收益 ········ 294

第十四章　个人养老金国际经验综述 ········ 301
第一节　个人养老金的种类 ········ 301
第二节　个人养老金的适用群体和税收优惠模式 ········ 303
第三节　个人养老金的缴费额度 ········ 308
第四节　个人养老金的覆盖率和积累 ········ 313
第五节　个人养老金与第二支柱养老金的转移 ········ 318
第六节　个人养老金的投资行为和收益 ········ 321

第十五章　我国个人养老金的实践 ········ 328
第一节　我国养老保险制度概况 ········ 328
第二节　个人养老金的参加流程 ········ 332
第三节　个人养老金产品及其选择 ········ 337
第四节　公募基金在养老金投资管理中的积极作用 ········ 352

附件 1　国务院办公厅关于推动个人养老金发展的意见 …………… 359

附件 2　人力资源社会保障部　财政部　国家税务总局　银保监会
　　　　证监会关于印发《个人养老金实施办法》的通知 ………… 363

附件 3　财政部　税务总局关于个人养老金有关个人所得税
　　　　政策的公告 ……………………………………………………… 372

附件 4　个人养老金投资公开募集证券投资基金业务管理
　　　　暂行规定 ………………………………………………………… 374

附件 5　中国银保监会关于印发商业银行和理财公司个人养老金业务
　　　　管理暂行办法的通知 …………………………………………… 383

附件 6　中国银保监会关于保险公司开展个人养老金业务有关
　　　　事项的通知 ……………………………………………………… 397

附件 7　个人养老金基金行业平台运作管理暂行办法 ………………… 401

附件 8　有关国家和地区养老金相关信息来源索引 …………………… 405

参考文献 ………………………………………………………………………… 410

第一章
应对老龄化时代的三支柱养老保险体系

第一节 老龄化是世界各国人口发展的普遍趋势

按照国际标准，社会人群中 65 岁及以上人口占总人口的比例超过 7%，即为老龄化社会，比例超过 14%，即为深度老龄化社会。国家统计局数据显示，我国 65 岁及以上人口的比例于 2002 年超过 7%，开始进入老龄化社会；2020 年 11 月底该比例达到 13.5%[1]；截至 2021 年年末，我国 65 岁及以上人口超过 2 亿人，占总人口的 14.2%[2]，已经正式进入深

---

[1] 国家统计局. 第七次全国人口普查公报（第五号）.
[2] 国家卫生健康委，全国老龄办. 2021 年度国家老龄事业发展公报.（与图 1-1 的数据差异是来源不同导致的）.

度老龄化社会。

65岁及以上人口的比例，我国在20世纪80年代就超过了中高收入国家；目前相当于高收入国家20世纪90年代初期的水平，与美日两国相比，相当于美国2006年、日本1991年的水平（见图1-1）。

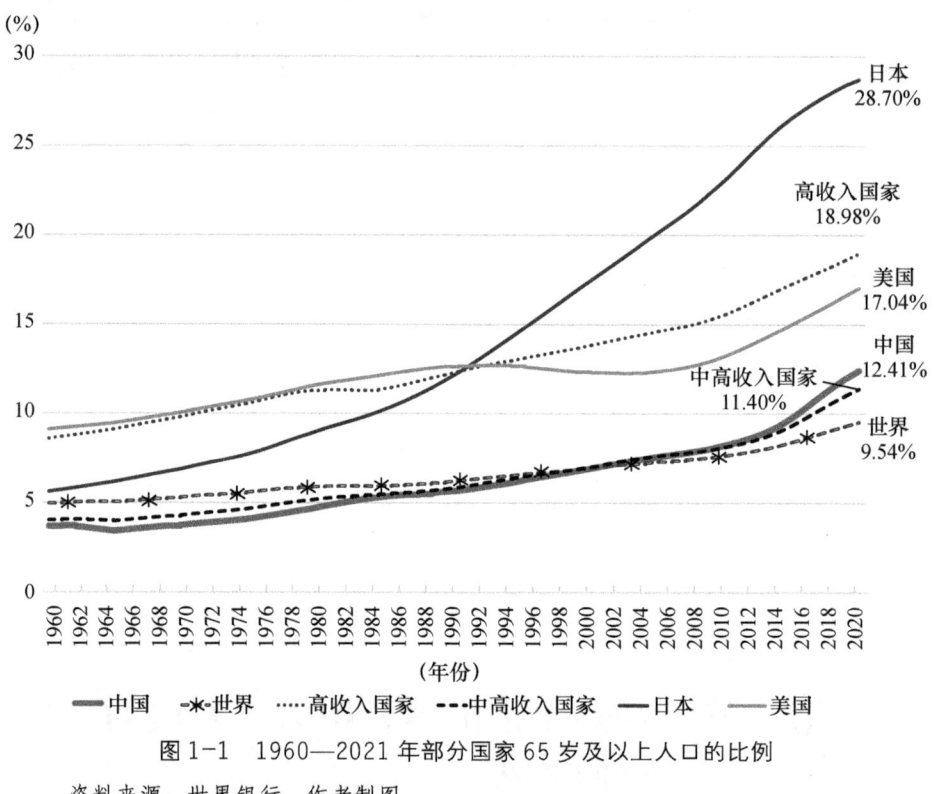

图1-1　1960—2021年部分国家65岁及以上人口的比例

资料来源：世界银行，作者制图。

老年人口数量的加速增长，叠加人口出生率的持续下降，导致了老年抚养比逐年上升。老年抚养比是被抚养人口（65岁及以上人口）与工作年龄人口（15~64岁人口）之比。我国老年抚养比于2014年超过世界平均比例，2015年超过中高等收入国家平均水平。2021年达17.74%，相当于高收入国家20世纪80年代末期的水平（见图1-2）。老年抚养比的上升意味着需要不断完善养老保险体系，促进代际平衡，从而切实保障老有所养。

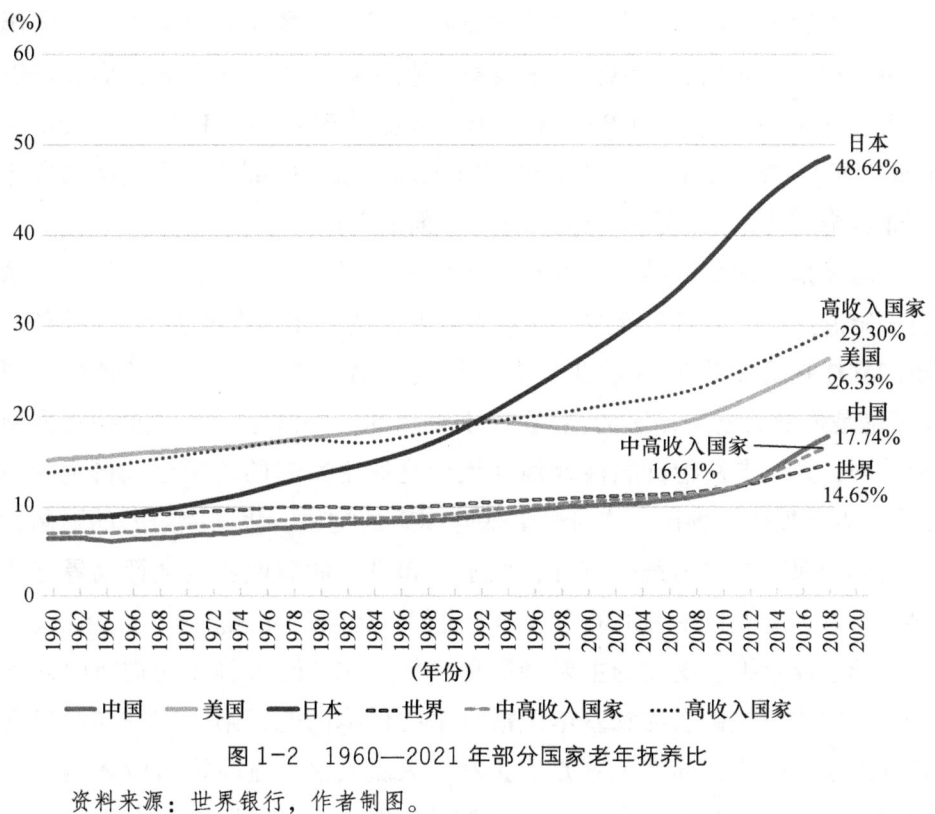

图 1-2　1960—2021 年部分国家老年抚养比

资料来源：世界银行，作者制图。

第二节　三支柱养老保险体系的兴起

为应对人口老龄化挑战，建立健全多层次、多支柱的养老保险体系，成为大多数国家（地区）的共同选择。世界银行于 1994 年提出了三支柱养老金改革的建议，第一支柱是旨在消除贫困的强制型非积累制公共养老金，第二支柱是旨在替代收入的强制型积累制度，第三支柱是个人自愿缴费的个人养老储蓄计划。

2004 年，世界银行又进一步提出多支柱养老金制度应包括五个基本要素：第一，提供最低保障水平的非缴费型零支柱；第二，与不同工资收入水平相关联，旨在发挥收入替代作用的缴费型第一支柱；第三，主要是个人储蓄账户式的强制性第二支柱；第四，多种形式但本质上强调灵活性和自由支配的自愿性第三支柱，包括雇主或个人发起，形式可以为待遇确定型（Defined Benefit，DB）或缴费确定型（Defined Contribution，DC）；第五，向老年人提供的非正式的家庭内部或代际之间的资金或非资金支持，包括医疗卫生和住房方面的支持。①

应该指出的是，尽管世界各国（地区）对建设多支柱养老保险体系有一定的共识，但对多支柱的界定是有差别的。比如在欧洲的一些国家，第二支柱指雇主发起的职业养老金计划，第三支柱指个人养老金计划（无论是强制的还是自愿的）；在拉丁美洲的一些国家，第二支柱指强制性计划，第三支柱指自愿性计划（无论是雇主发起的还是个人自主参加的）。本书简化了各国三支柱养老保险体系的构成，将国家经办的强制性法定养老保险界定为第一支柱，雇主发起设立的职业养老金计划界定为第二支柱，个人自主参加的个人养老金界定为第三支柱。

养老保险第一支柱的主要特征是在代际或不同人群之间进行收入再分配，主要解决普惠性和基本生活水平的保障问题；第二支柱与第三支柱养老金的一个共同特征就是雇主和个人缴费制，基本没有收入再分配的功能，个人以及雇主为个人的缴费完全积累，完全属于个人所有（雇主缴费部分可能要达到一定的年限才能完全归属于个人）。在退休领取时领完余额即止，或转化为生命年金保险方式领取。第二支柱也可能引入待遇确定型计划，由雇主保证承诺的待遇标准的兑现。

为了便于理解个人养老金在整个养老保险体系中的作用，本书会简要介绍相关国家（地区）的法定养老金和职业养老金计划的制度、缴费和资金积累情况。因为个人养老金毕竟只是退休收入的一个补充，法定养老金和职业养老金（如有）仍是很多国家（地区）退休人员的主要收入来源。是否参加个人养老金很多时候还受到第一支柱与第二支柱充足性的影响。全面了解一个国家（地区）三支柱养老金的特点，有助于理解个人养老金的意义所在。

---

① 罗伯特·霍尔茨曼，理查德·欣茨，等. 21世纪的老年收入保障 [M]. 郑秉文，等译. 北京：中国劳动社会保障出版社，2006：46.

第三节　各国（地区）发展第二支柱与第三支柱养老金的进程

世界各国（地区）养老保险三支柱建设的时间早晚不一，但与该国人口的老龄化进程是密切相关的。有的国家（地区）在老龄化初期就着手建设养老保险三支柱，因此养老金储备比较充足。而有的国家（地区）在进入深度老龄化阶段才开始重视第二、第三支柱，第二支柱与第三支柱养老金积累的时间较短、规模较小，反过来又加大了第一支柱的支付压力。

美国自20世纪70年代开始发展第二支柱与第三支柱养老金，推出了职业养老金401k[①]等退休计划和个人退休账户计划，当时美国65岁及以上人口的比例刚超过11%，介于老龄化和深度老龄化阶段之间。澳大利亚与美国的情况比较类似。

相比之下，德国和日本长期依赖第一支柱养老金，在进入深度老龄化阶段才启动第二支柱与第三支柱养老金的建设。德国在2001年65岁及以上人口的比例已近17%时，才开始大力发展第二支柱与第三支柱养老金，推出了里斯特养老金和吕库普养老金改革措施。日本在2001年65岁及以上人口比例达17.5%时，才开始推出个人缴费确定型养老金计划。英国和意大利与德国和日本的情况比较类似。

巴西与我国同为发展中国家，其老龄化程度轻于我国，巴西在2021年年底65岁及以上人口的比例刚达到10%。巴西的第二支柱养老金只面向公务人员，没有设立针对企业的年金制度。但第三支柱养老金的发展却比较早，1977年就建立了个人年金的法律框架。

表1-1显示了部分国家第二支柱与第三支柱养老金建设的时间及当时的人口老龄化程度。

---

① 401k计划是指美国1978年《国内税收法》新增的第401条k项条款的规定，允许雇员将一部分税前工资存入一个储蓄计划，累积到退休之后开始使用。

表 1-1　部分国家第二支柱与第三支柱养老金建设的时间及当时的人口老龄化程度

国家	第二支柱养老金的建设情况	第三支柱养老金的建设情况	当时的65岁及以上人口比例
日本	1985年建立厚生年金基金、共济年金；2001年厚生年金基金停止，之后设立了新的缴费确定型养老金计划，并引入待遇确定型养老金计划	2001年引入个人缴费确定型养老金计划，2014年开始实施个人储蓄账户	1985年10.1% 2001年17.5% 2014年25.35%
英国	1973年《社会保障法案》引入职业养老金，开始第二支柱建设	1986年《金融服务法案》引入个人养老金，开始第三支柱建设	1973年13.87% 1986年15.26%
意大利	1982年建立退职金制度，2004年将退职金制度改造成为完全积累制；1993年建立封闭型契约式职业养老金和开放式的职业养老金制度	设立自愿性商业养老保险计划和私人养老保险计划，利用分散化的商业机构进行投资和管理	1982年13.3% 1993年15.9%
瑞典	1960年推出与收入相关联的补充型养老金，2003年修订为职业养老金	2003年建立私人养老金，包括个人退休账户、购买投资性保险等	1960年11.76% 2003年17.22%
美国	1974年颁布《雇员退休收入保障法》，第二支柱开始运行；1978年《国内税收法》新增第401条k项条款	1974年《雇员退休收入保障法》，确立了个人退休账户（传统个人退休账户计划）作为重要储蓄工具之一	1974年10.6% 1978年11.2%

续表

国家	第二支柱养老金的建设情况	第三支柱养老金的建设情况	当时的65岁及以上人口比例
澳大利亚	1986年建立以个人账户为基础的强制储蓄型职业年金,1992年强制型超级年金构成第二支柱	1992年自愿型超级年金构成第三支柱	1986年10.4% 1992年11.4%
德国	2001年里斯特改革,颁布《老年财产法》及修正案、《养老金认证法案》,通过直接补贴、税收延期和给予企业税收优惠的方式支持企业建立职业养老金	2001年里斯特改革,明确第三层级为非税收优惠的个人自发建立的养老金	2001年16.9%
巴西	2012年,通过新的联邦立法,为联邦公务员设立了补充养老金。没有设立针对企业的年金制度	1977年,建立个人养老基金的法律框架。1986年建立个人劳动者退休账户,但1988年后取消了税收优惠政策	1977年3.73% 2012年7.25%

资料来源:作者根据相关资料整理。

第四节　多支柱养老金的充足性评价

一、养老金总体充足性的评价

不同国家的养老保险三支柱的完善程度以及养老金的储备规模差距较大,与老龄化程度也不尽匹配。从表1-2中可以看出,第二支柱与第三支柱养老金储备比较充足的国家有美国、澳大利亚、丹麦、瑞典、芬兰、以色列等。2020年年底，美国个人养老金规模达15.26万亿美元，占国内生产总值（GDP）的73.0%，职业养老金达20.23万亿美元，占GDP的96.8%。以色列的老龄化程度并不是太高，但其第二支柱与第三支柱养老金占GDP的比例已经达到69.0%，人均养老金储备金额也超过了6万美元。而一些老龄化程度较高的国家，如意大利、葡萄牙和日本等，第二支柱与第三支柱养老金占GDP的比例以及20~64岁人口平均积累养老金的金额较低。

表1-2　2020年部分国家的养老金积累规模、占GDP比例以及老龄化程度

国家	65岁及以上人口比例/%	个人养老金占GDP比例/%	个人养老金规模/亿美元	职业养老金占GDP比例/%	职业养老金规模/亿美元	20~64岁人口平均职业养老金与个人养老金规模/万美元
日本	28.6	11.0	5 712.0	24.0	12 480.7	2.64
意大利	23.4	4.3	861.8	8.4	1 702.4	0.74
芬兰	22.5	5.2	150.8	58.9	1 716.6	5.99
葡萄牙	22.3	11.0	273.2	11.0	272.8	0.90
瑞典	20.1	35.2	2 144.4	59.4	3 620.9	9.79
丹麦	20.0	74.8	2 877.6	154.5	5 943.5	26.13
西班牙	19.6	8.3	1 138.2	6.2	858.1	0.69
波兰	18.4	7.1	436.5	0.9	52.9	0.21
美国	16.4	73.0	152 616.0	96.8	202 296.1	18.30
澳大利亚	16.3	69.6	9 485.8	62.1	8 457.2	11.84
韩国	15.7	18.3	3 244.7	13.3	2 355.6	1.61
以色列	12.1	33.9	1 476.7	35.1	1 528.2	6.18
巴西	9.8	14.5	2 078.7	13.7	1 961.6	0.31
印度尼西亚	6.7	0.7	75.5	1.3	141.5	0.01

资料来源：经济合作与发展组织（OECD）。

另外，很多国家的第二支柱与第三支柱养老金同步发展，如葡萄牙、西班牙、美国、澳大利亚、韩国、巴西等国家的第二支柱与第三支柱养老金规模基本相当，也有一些国家的第三支柱养老金发展较为滞后，其规模仅有第二支柱的一半左右，如日本、意大利、丹麦。也有一些国家没有真正意义上的第三支柱养老金。第二支柱与第三支柱养老金积累的充足性以及发展的均衡性，对于一个国家养老保险体系的可持续发展是很重要的。

二、个人和家庭养老金充足性的评价

前文是对一个国家养老金总体充足性的评价，对于退休人员的养老金是否充足，国际上有几个标准可以参考。

（一）养老金替代率

养老金替代率指劳动者退休时的养老金领取水平与退休前工资收入水平之间的比率。国际劳工组织有3个正式文件推荐了养老金替代率的标准：1952年第102号《社会保障（最低标准）公约》推荐了最低替代率，为40%；1967年第128号《残疾、老年和遗属津贴公约》提出了更高的替代率标准，为45%；1967年第131号《残疾、老年和遗属津贴建议书》进一步提出，养老金替代率应提高10个百分点，即55%。所以，55%的养老金替代率也成为一般的衡量标准。[①]

但需要注意的是，国际劳工组织提出的推荐标准是有对应前提的，一是界定了"标准受益人"，即退休人员本人及被扶（抚）养的配偶以及子女（如有），并不仅仅指退休人员本人。二是有年限要求，如缴费年限需要超过30年，或对应的就业年限，或在一国定居20年以上；可以领取养老金的最低缴费年限是15年，但因为缴费时间短，应该在满额标准的基础上降低待遇水平。

另外，对于高收入人群，实际替代率可能会较大幅度低于上述标准，

---

① International Labour Organization. Workers' guide to ILO Conventions concerning minimum standards of social security [R]. 2022.

但也不影响其退休后的生活品质。原因有二：一是退休金的绝对金额不一定低；二是高收入人群普遍有较多的其他金融资产积累以及投资带来的持续收入，所以仅用养老金替代率作为养老金是否充足的评价标准，有其局限性。

图 1-3 是部分国家及经济合作与发展组织（以下简称经合组织）的养老金替代率。截至 2020 年，经合组织的平均养老金替代率为 58%，美国、意大利、加拿大、法国高于均值。巴西高于均值较多，但也给国家财政带来沉重的负担，历年来多次改革均面临重重阻力，因此谈不上是可持续的养老保险体系。

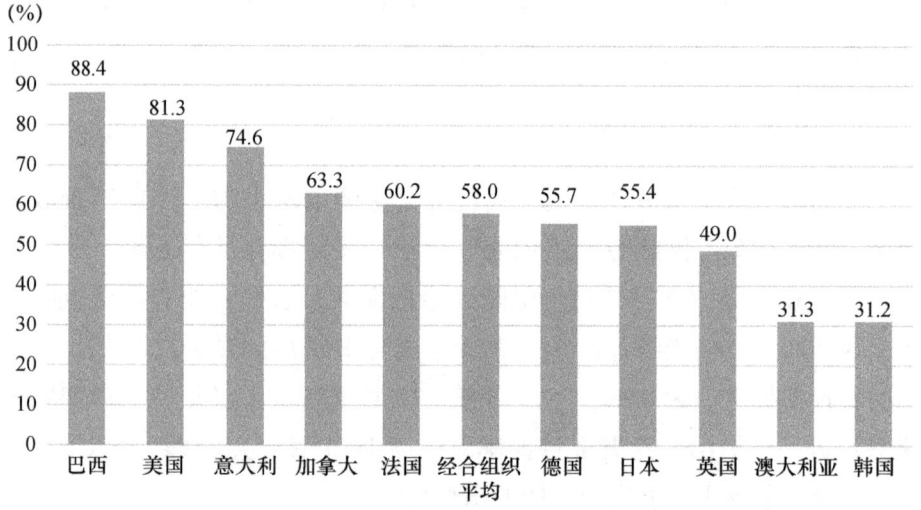

图 1-3　部分国家及经合组织的养老金替代率（截至 2020 年）

资料来源：经合组织。

（二）相对收入贫困率

将收入低于全国家庭可支配收入中位数的一半的人群，定义为相对收入贫困人群。这不仅适用于退休人群，也适用于其他年龄层次的人群。在经合组织国家中，65 岁以上的人口中平均有 14.1% 的人口生活在相对收入贫困中，他们与相对收入贫困线的差距平均为 23.8%。65 岁以上老年人口的贫困率高于整个人口的贫困率（平均为 11.6%）。退休的老年人口贫困率往往会随着年龄的增长而上升,而女性则更高。表1-3为2018年部分国家老年人口和男女性老年人口相对收入贫困率数据。

表1-3　　2018年部分国家老年人口和男女性老年人口相对收入贫困率　　%

国家	老年人口	66~75岁人口	75岁以上人口	男性老年人口	女性老年人口	全部人口
澳大利亚	23.7	21.6	27.1	21.0	26.2	12.4
比利时	8.5	7.1	10.3	7.2	9.5	8.2
加拿大	12.3	10.2	15.7	9.3	15.0	11.6
智利	17.6	17.7	17.4	17.6	17.5	16.5
捷克	10.4	9.4	12.2	4.7	14.8	6.1
丹麦	3.0	2.0	4.5	2.2	3.7	6.1
芬兰	7.2	4.3	11.3	6.0	8.2	6.5
法国	4.4	4.0	4.9	3.3	5.2	8.4
德国	9.1	9.6	8.8	7.6	10.4	9.8
匈牙利	4.9	5.3	4.2	3.0	6.1	8.0
意大利	11.3	10.4	12.2	8.1	13.7	14.2
日本	20.0	16.4	23.9	16.4	22.8	15.7
韩国	43.4	34.6	55.1	37.1	48.3	16.7
墨西哥	26.6	23.9	31.0	25.5	27.6	15.9
荷兰	3.1	2.0	4.9	2.8	3.5	8.3
新西兰	10.6	7.7	15.2	6.6	14.0	10.9
挪威	4.3	2.5	7.2	2.2	6.2	8.4
波兰	12.8	13.4	11.9	8.1	15.8	9.8
葡萄牙	9.0	8.0	10.2	7.0	10.5	10.4
斯洛伐克	5.0	4.5	6.0	2.6	6.5	7.7
西班牙	10.2	9.2	11.3	10.1	10.2	14.2

续表

国家	老年人口	66~75岁人口	75岁以上人口	男性老年人口	女性老年人口	全部人口
瑞典	11.4	8.5	15.4	7.5	14.8	9.3
瑞士	16.5	14.0	19.6	14.7	18.0	9.2
土耳其	11.1	9.0	14.6	9.2	12.5	14.4
英国	15.5	12.8	19.2	12.6	18.0	12.4
美国	23.1	19.7	28.3	19.6	25.9	17.8

数据来源：经合组织收入分配数据库。

(三) 最低生活标准

以英国为例，最低收入标准（Minimum Income Standards，MIS）代表了人们维持基本生活水平所需的最低收入，由拉夫堡大学社会政策研究中心每年制作并发布。2022年4月发布的标准为：单身人士每年需要赚取25 500英镑，一对有两个孩子的夫妇每年需要赚取43 400英镑，才能达到可接受的最低生活标准。相比2021年的最低收入标准（20 400英镑和34 200英镑）增加了很多，主要原因在于许多商品和服务（如家用燃料）的成本迅速上涨，导致达到最低生活标准所需费用大幅增加。[①]

最低生活标准并不是很容易达到的。例如一对有两个孩子的夫妇，其中一方全职工作，工资水平为国家生活工资（National Living Wage，NLW），另一方不工作，该家庭只能达到最低生活标准的76%；如果不工作的另一方能领取生活费用支持补助，则可以达到最低生活标准的79%。

澳大利亚超级年金基金协会（The Association of Superannuation Funds of Australia）制定了澳大利亚的退休生活标准。要维持朴素的生活水平，单身退休人员年收入需要达到28 379澳元，夫妻退休人员年收入需要达

---

① Joseph Rowntree Foundation, A Minimum Income Standard for the United Kingdom in 2022.

到 40 656 澳元。如要享受到舒适的退休生活，则年收入要分别超过 44 851 澳元和 62 237 澳元（均为 2022 年 9 月底标准）。

加拿大将"市场篮子措施"作为加拿大的官方贫困线，"市场篮子措施"考虑了加拿大家庭的可支配收入和规模，以及加拿大 53 个统计区的各类生活费用。如果一个家庭没有足够的收入来购买一套被认为代表基本生活水平的商品和服务，则被认为是贫困的。

在本书后面的章节，也会尽可能收集相关国家（地区）养老金替代率、相对收入贫困率以及最低生活标准的数据。但限于数据的可获得性，并不是每个国家（地区）的上述所有数据都能收集到。

第五节　我国养老保险第三支柱亟待发展壮大

目前，在我国养老保险三支柱体系中，第一支柱以基本养老保险为主体，第二支柱由职业年金和企业年金构成。2022 年 4 月，国务院办公厅印发《关于推动个人养老金发展的意见》（国办发〔2022〕7 号），提出推动发展适合中国国情、政府政策支持、个人自愿参加、市场化运营的个人养老金，与基本养老保险、企业（职业）年金相衔接，实现养老保险补充功能，协调发展其他个人商业养老金融业务，健全多层次、多支柱养老保险体系。这标志着我国三支柱养老保险体系的制度建设已经成型。

与其他国家相比，我国个人养老金推出的时机还比较及时。美国 1974 年推出个人养老金 IRA 计划，当时 65 岁及以上人口的比例为 11.2%；日本 2001 年推出个人缴费确定型养老金计划，当时 65 岁及以上人口的比例为 17.5%；英国 1986 年推出个人养老金，当时 65 岁及以上人口的比例为 15.3%；德国 2001 年推出里斯特个人养老金，当时 65 岁及以上人口的比例为 16.9%；澳大利亚 1992 年推出超级年金，当时 65 岁及以上人口的比例为 11.4%；我国 65 岁及以上人口的比例到 2021 年年末达到 14.2%。对比上述发达国家来看，我国个人养老金推出的时机不能算早，但也不算太晚，避免了日本、德国等国家建设第三支柱养老金太晚的问题。没有过早启动第三支柱的建设，也与我国的经济发展所处阶段相关，我国现阶段还是发展中国家，在社会保障制度建设上也优先完善第一支柱，确保广覆盖、保基本，如今个人养老金制度的实施也是水到渠成。

2022年10月26日，人力资源社会保障部、财政部、国家税务总局、银保监会①、证监会印发《个人养老金实施办法》（人社部发〔2022〕70号）。2022年11月3日，财政部、税务总局印发《关于个人养老金有关个人所得税政策的公告》（财政部 税务总局公告2022年第34号）。2022年11月4日，证监会印发《个人养老金投资公开募集证券投资基金业务管理暂行规定》（中国证券监督管理委员会公告〔2022〕46号），中国证券登记结算有限责任公司印发《个人养老金基金行业平台运作管理暂行办法》（中国结算发字〔2022〕106号）。2022年11月17日，银保监会印发《商业银行和理财公司个人养老金业务管理暂行办法》（银保监规〔2022〕16号），人力资源社会保障部办公厅、财政部办公厅、国家税务总局办公厅印发《关于公布个人养老金先行城市（地区）的通知》（人社厅函〔2022〕169号）。2022年11月18日，证监会公布"个人养老金基金销售机构名录"和"个人养老金基金名录"。2022年11月21日，银保监会印发《关于保险公司开展个人养老金业务有关事项的通知》（银保监规〔2022〕17号）。

随着个人养老金配套政策的全面印发实施，人力资源社会保障部和财政部牵头，会同国家税务总局、银保监会、证监会等，建设了个人养老金信息管理服务平台，并与国家税务总局、符合规定的商业银行和金融行业平台完成了对接，初步形成了个人养老金制度体系和管理体系。2022年11月17日，个人养老金制度在36个先行城市（地区）启动实施。下一步，人力资源社会保障部将按照国务院关于个人养老金要先行1

---

① 2023年3月，中共中央、国务院印发了《党和国家机构改革方案》，决定在中国银行保险监督管理委员会的基础上组建国家金融监督管理总局，不再保留中国银行保险监督管理委员会。2023年5月18日，国家金融监督管理总局正式挂牌。由于本书涉及的文件均在2023年3月前发布，为方便理解，本书仍采用"中国银行保险监督管理委员会（银保监会）"名称。

年的部署，会同相关部门，及时总结工作中的经验，发现和解决问题，不断完善相关政策，积极稳妥推进个人养老金制度的实施。

截至2021年年底，我国养老保险体系中第一支柱基本完成了全覆盖，年末全国参加基本养老保险的人数为10.29亿人，含城镇职工基本养老保险4.81亿人（其中参保职工3.49亿人，参保离退休人员1.32亿人），城乡居民基本养老保险参保5.48亿人。第二支柱中，企业年金参加职工人数2 875万人，职业年金基本覆盖了所有机关事业单位职工。①

截至2021年年底，我国养老保险基金合计已达13.53万亿元，占GDP的11.8%。其中，第一支柱基本养老保险基金结存6.40万亿元②，全国社会保障基金理事会管理的社保基金资产2.70万亿元③，第二支柱企业年金积累2.64万亿元、职业年金积累1.79万亿元。④ 第二支柱合计约占2021年GDP的3.9%，比例较低。第三支柱个人养老金于2022年年底刚刚起步，个人养老金开户人数1 954万人，缴费人数613万人，缴费金额142亿元。⑤ 总体而言，我国第一支柱养老保险的负担过重，第二支柱覆盖率较低，第三支柱个人养老金亟待发展壮大。

我国养老金替代率由2002年的63.43%逐年下降至2020年的39.99%（见图1-4），与发达国家横向相比，我国的养老金替代率处于较低水平。但图1-4中我国的养老金替代率是指离退休人员月人均基本养老金与城镇在岗职工月平均工资的比率，与国际劳工组织推荐的替代率标准并不是同样的口径，因此也不能简单地认为我国养老金替代率低于国际推荐的替代率标准。

2022年我国刚刚进入人口深度老龄化社会，在这个阶段推出个人养老金，对于完善我国三支柱养老保险体系意义重大，也会更好满足不同层次人群的养老保障需求。

---

① 人力资源社会保障部，2021年度人力资源和社会保障事业发展统计公报。
② 人力资源社会保障部，2021年度人力资源和社会保障事业发展统计公报。
③ 全国社会保障基金理事会，2021年度社保基金年度报告。
④ 人力资源社会保障部，2021年度人力资源和社会保障事业发展统计公报。
⑤ 人力资源社会保障部2022年四季度网上新闻发布会。

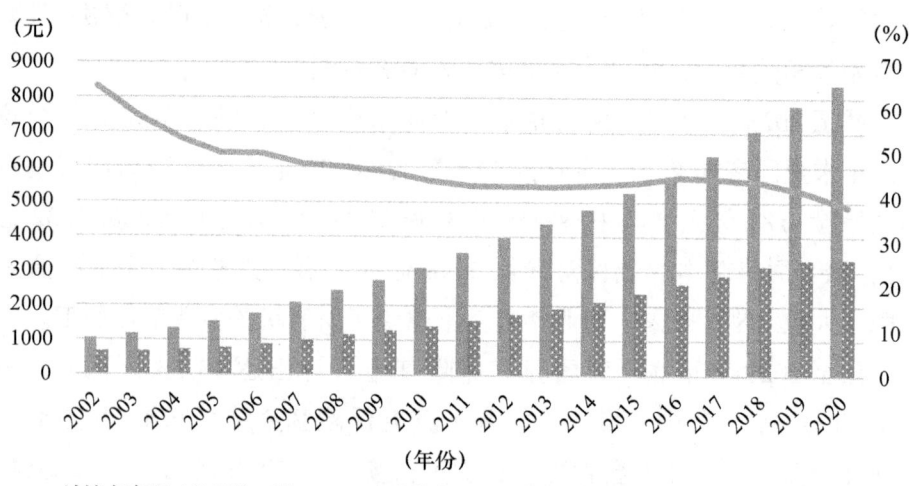

图 1-4　2002—2020 年我国养老金替代率

资料来源：国家统计局。

第二章 美国个人养老金

第一节　美国应对老龄化的养老金储备充足

一、美国已进入深度老龄化社会

美国人口的老龄化进程与其他国家相比存在不同之处。美国65岁及以上年龄人口占比在1960—1992年均呈上升趋势，但到了1993年被高收入国家平均值超越后，该值保持了相当长时间的平稳甚至下降（推测是受益于移民政策），一直到2005年才重回升势，之后的老龄化程度上升趋势明显加快。到2021年年底，美国65岁及以上年龄人口比例超过17%，但仍低于经合组织和高收入国家的平均值（见图2-1）。

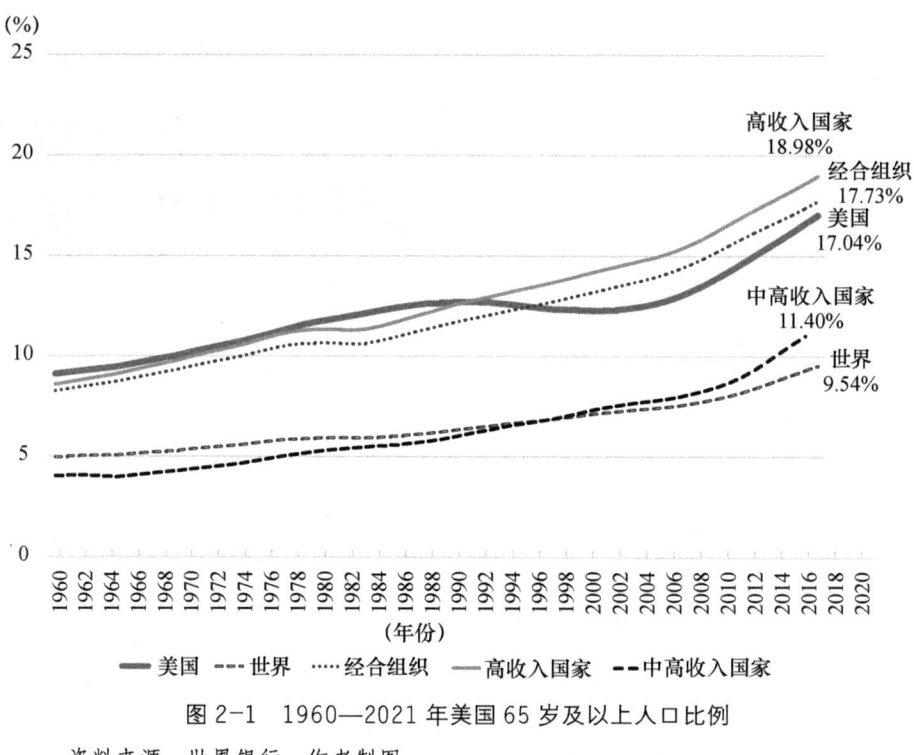

图 2-1　1960—2021 年美国 65 岁及以上人口比例

资料来源：世界银行，作者制图。

二、美国养老保险三支柱均衡发展

美国养老保险三支柱比较清晰，且发展比较均衡。第一支柱是老年、遗属和残疾保险（OASDI）计划，以及补充保障收入（SSI）计划，第二支柱是缴费确定型（DC）计划和待遇确定型（DB）计划，第三支柱以个人退休账户（IRA）计划为主，其他年金计划为辅。美国三支柱养老保险体系（见图 2-2）。

美国的人口老龄化程度在高收入国家和经合组织国家中不是最严重的，但美国的养老保险体系却是比较完善的，保障程度也较高。到 2020 年年底，美国养老金的总替代率达到 81.3%，远高于其他国家。美国的第一支柱养老金替代率不是最高的，与其他国家基本相当，接近 40%。美国养老金储备充足的主要驱动因素是第二支柱与第三支柱自愿型养老金。

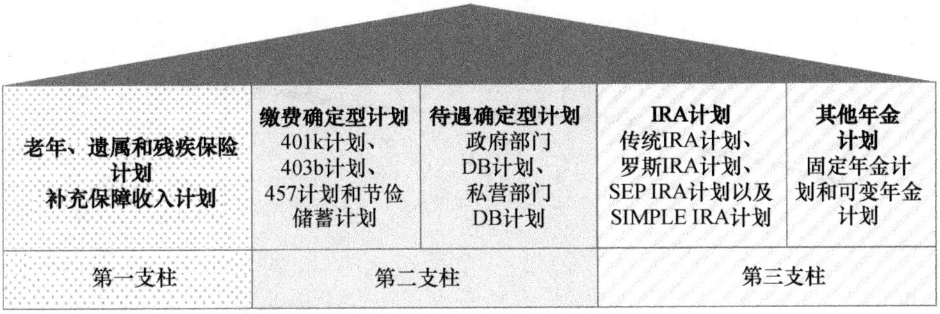

老年、遗属和残疾保险计划 补充保障收入计划	缴费确定型计划 401k计划、403b计划、457计划和节俭储蓄计划	待遇确定型计划 政府部门DB计划、私营部门DB计划	IRA计划 传统IRA计划、罗斯IRA计划、SEP IRA计划以及SIMPLE IRA计划	其他年金计划 固定年金计划和可变年金计划
第一支柱	第二支柱		第三支柱	

图 2-2 美国三支柱养老保险体系

资料来源：作者根据相关资料整理。

注：SEP IRA 计划、SIMPLE IRA 计划是雇主发起型个人退休账户的两种模式。SEP IRA 是 Simplified Employee Pension IRA 的简称，SIMPLE IRA 是 Savings Incentive Match Plan for Employees IRA 的简称。

三、养老金已经占据美国家庭金融资产的首位

根据美国消费者金融调查报告，2019 年美国家庭金融资产平均值为 74.88 万美元，而美国家庭年收入中位数为 5.86 万美元，家庭金融资产相当于 12.8 倍的家庭年收入中位数。美国家庭金融资产占总资产的比例也呈现上升趋势，从 1989 年的 31.3%，上升到 2019 年的 41.9%。

在美国家庭金融资产中，退休账户资产占据首位，占比从 1989 年的 20.0% 提高到 2019 年的 36.0%。而其他金融资产，也是以投资为主，包括集合投资工具（21.5%）、直接股票投资（14.6%）、其他管理资产（8.4%，如信托产品、保险公司的年金产品以及其他委托投资账户等）。这五大类资产占家庭金融资产的 91.9%，而 20 年前仅为 67.5%。1989—2019 年美国家庭金融资产分布比例（见图 2-3）。

美国家庭财富管理和养老储备，首选的方式是参加第二支柱与第三支柱的各种养老金计划。截至 2019 年，美国家庭平均养老金储备规模达到了 26.96 万美元（见表 2-1），家庭年收入中位数为 5.86 万美元，前者是后者的 4.6 倍。据统计，在美国中低收入家庭中，参加养老金计划的比例接近 40%，而收入在 50%~89.9% 分位的家庭，参加养老金计划的比例就上升到 80% 左右，收入在 90% 分位以上的家庭，参加养老金计划的

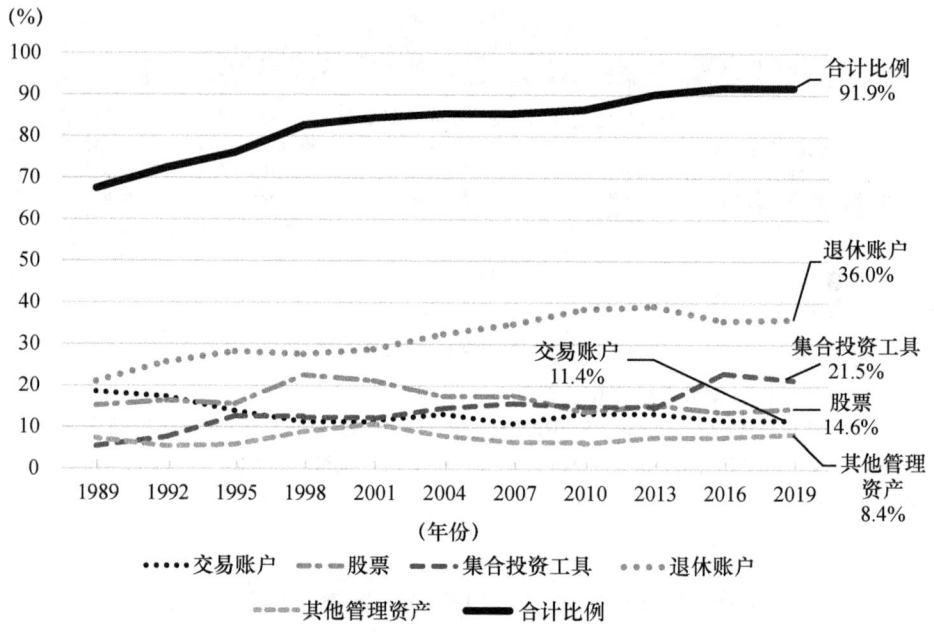

图 2-3 美国家庭金融资产分布比例

资料来源：The Federal Reserve Board, Survey of Consumer Finances.

比例更是超过了90%。

表 2-1 拥有第二支柱与第三支柱养老金计划家庭的平均养老金资产

家庭收入分位区间	家庭平均养老金资产/万美元			参加 IRA 计划或 DC 计划的比例/%	参加 DB 计划的比例/%
	2013 年	2016 年	2019 年	2019 年	2019 年
0~49.9%	4.29	5.69	5.74	29	14
50%~89.9%	16.17	16.69	17.06	70	36
90%以上	48.99	68.22	69.28	91	35
合计	21.39	25.27	26.96		

资料来源：The Federal Reserve Board, Survey of Consumer Finances.

注：上表中参加 IRA/DC 计划以及 DB 计划的家庭比例有重复部分。

第二节　美国养老保险三支柱制度

一、广覆盖、保基本的第一支柱

美国养老保险第一支柱为老年、遗属和残疾保险（OASDI）计划，该计划源于美国1935年8月生效的《社会保障法案》。OASDI计划以税收的形式强制征收，雇主和雇员各按工资的6.2%缴纳，合计税率为12.4%。2022年纳税的收入上限为14.7万美元，超过该金额的收入无须缴纳OASDI税。退休支付最早可以在62岁开始，但1960年及之后出生的人员要到67岁才能全额领取。对于等到70岁才开始领取养老金的合格人员，则可以获得更高和最高的待遇支付。

截至2022年年中，OASDI计划覆盖了1.82亿人，65岁及以上的老年人，接近90%都被OASDI计划所覆盖，退休人员每月平均领取1 669美元（约占老年人收入的30%），残障人士平均每月领取1 362美元。[①]

除OASDI计划外，第一支柱还包括补充保障收入（SSI）计划，该计划也是源于1935年的《社会保障法案》。SSI计划面向65岁及以上贫困老年人、18岁及以上的盲人或残障人，以保障其最低收入。在1972年10月相关法律修订后，SSI计划的准入标准和给付水平由联邦政府统一规定，各州可以视情况增加待遇。SSI计划由美国社会保障管理局（SSA）提供，截至2021年12月，共有770万人获得该保障，平均每月领取584美元。[②]

二、起步早、资金足的第二支柱

美国养老保险第二支柱包括缴费确定型（DC）计划和待遇确定型（DB）计划。前者包括雇主发起型DC计划（含401k计划、403b计划、

[①] Social Security Administration, Fact Sheet Social Security.
[②] Social Security Administration, SSI Annual Statistical Report（2021）.

457 计划和节俭储蓄计划），后者包括政府部门 DB 计划、私营部门 DB 计划。401k 计划在第二支柱中规模最大，源于美国 1978 年《国内税收法》第 401 条 k 项条款，该法案允许雇员将一部分税前工资存入一个储蓄账户，累积到退休之后开始使用。美国国会每年根据生活成本变化对 401k 计划的缴费上限进行调整。养老金缴纳、金融资产投资的红利和资本利得均免税，待领取养老金时再与其他收入合并征收个人所得税，由于在职时的工资水平一般高于养老金水平，这实际上享受了递延纳税和低税率的双重优惠。

美国养老保险第二支柱起步早，于 1974 年就开始运行，截至 2019 年已覆盖大约 1.4 亿人口，是第一支柱 OASDI 计划 1.82 亿人的 77%，人均积累金额 7.55 万美元。其中 DB 计划人均资产达 10 万美元（尚未考虑支付责任缺口部分），DC 计划人均资产 6.8 万美元。①

截至 2022 年上半年末，第二支柱养老保险管理资产达 22 万亿美元（见图 2-4），其中 DC 计划 9.25 万亿美元，DB 计划中，政府部门（包括联邦、州及以下各级政府）7.32 万亿美元，私营部门 3.24 万亿美元。另外，美国在统计养老金资产时，会将保险公司的定额和变额年金也包含在内，2022 年上半年末保险年金略超 2 万亿美元，占比不足 10%。

需要指出的是，DB 计划的资金往往不是足额积累的。DB 计划中雇主对雇员的支付承诺的差额占 DB 计划已积累资产的比例，私营部门是 18.0%，州和地方政府是 87.5%，联邦是 74.7%②，这表明政府部门 DB 计划有很大的成分是现收现付，资金缺口比较明显。而私营部门 DB 计划的缺口较小，而且企业在利润较好的年份会增加缴费以满足支付的承诺，导致有些年份的资产大于支付的承诺。由于持续的缴费压力，美国 DB 计划的数量自 20 世纪 80 年代末期开始持续减少（见图 2-5），规模占比持续下降，从 20 世纪 70 年代的 70% 降低到 2019 年的 48%，DC 计划已经成为第二支柱的主流。

① US Department of Labor, Private pension plan bulletins abstract 2019.
② 根据美国退休市场报告 2022 年上半年数据计算。

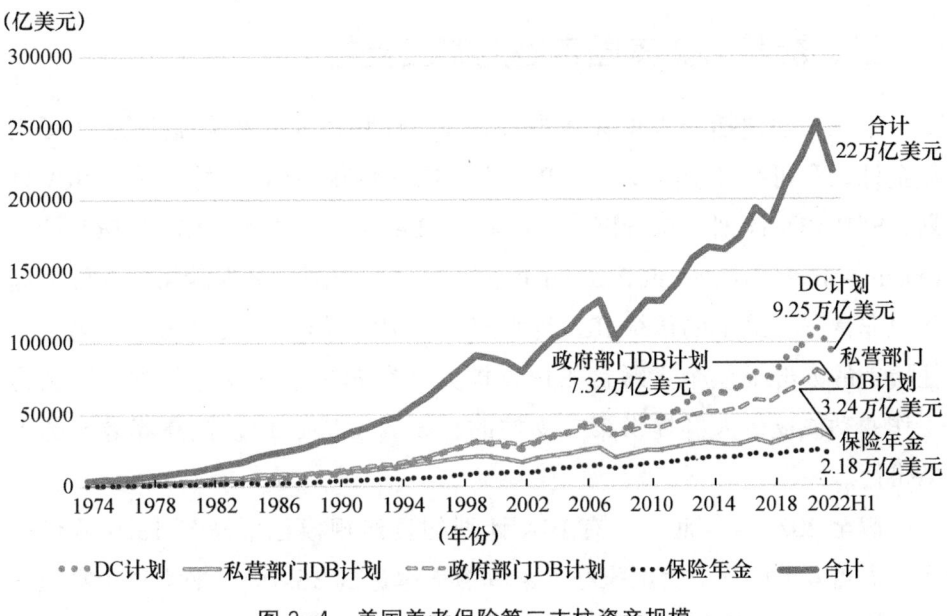

图 2-4 美国养老保险第二支柱资产规模

资料来源：ICI, The US Retirement Market, Second Quarter 2022.

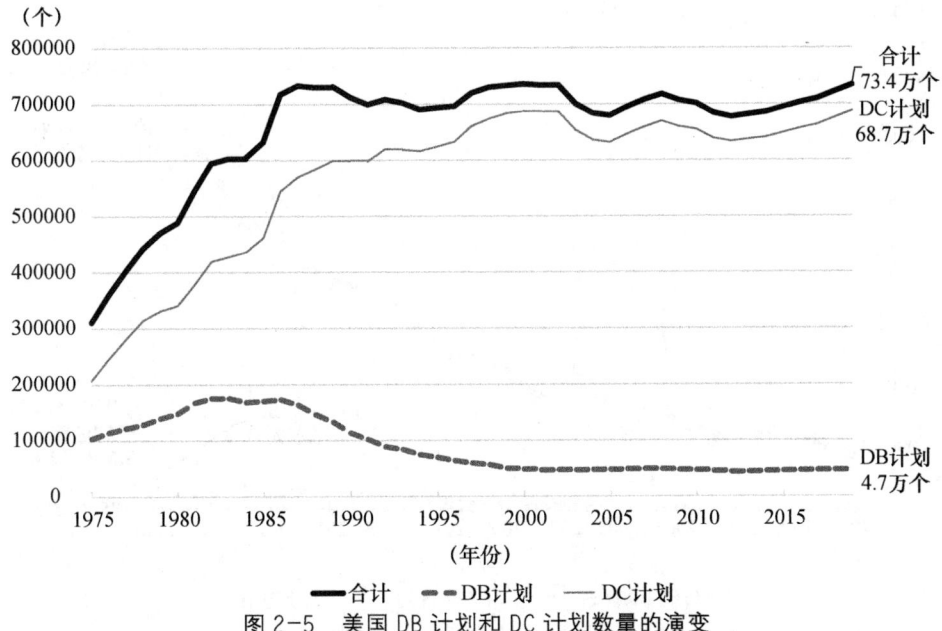

图 2-5 美国 DB 计划和 DC 计划数量的演变

资料来源：US Department of Labor, Private pension plan bulletin historical tables and graphs 2019.

三、覆盖1/3美国家庭的第三支柱

第三支柱包括个人退休账户（IRA）计划以及其他年金计划（固定年金计划和可变年金计划）。IRA计划包括传统IRA计划、罗斯IRA计划、SEP IRA计划（Simplified Employee Pension）以及SIMPLE IRA计划（Savings Incentive Match Plan for Employees）。美国养老保险第三支柱的起步也非常早，最早的传统IRA计划起步于1974年，主要是为未被第二支柱覆盖的人群提供个人缴费账户以扩大补充养老金的保障范围，以及为工作变动或退休人群提供第二支柱的转账（rollover）以提高养老金的可携带性。

截至2021年年底，所有IRA计划的资产规模已经达到13.9万亿美元，覆盖4 770万个美国家庭，家庭覆盖率达到36.7%，平均每个家庭资产规模达29.2万美元（见图2-6）。

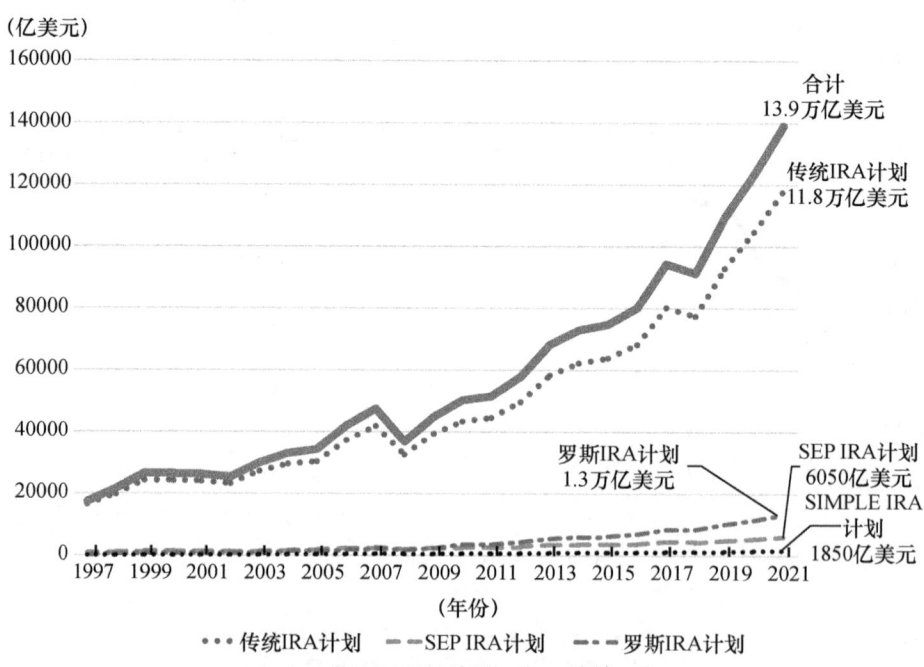

图2-6 美国养老保险第三支柱资产规模

资料来源：ICI, The US Retirement Market, Second Quarter 2022.

总的来看，美国养老保险第一支柱属于广覆盖、保基本，不仅适用于普通退休人员，对残疾、遗属以及低收入老年群体都有基本的养老保障。第一支柱的保障水平比较有限，2021年的替代率不足40%，待遇增速也比较缓慢，1996年以来年均增长率仅为2.6%。[①] 同时，OASDI计划也给美国带来了沉重的财政负担，有研究表明，在现有政策不变的情况下，OASDI基金可能在2035年耗尽。因此，利用所得税优惠的刺激措施，鼓励企业和个人出资建立养老保险第二支柱与第三支柱，就成为非常重要的选择。

第三节　不同类型的个人养老金

一、历史悠久的传统个人退休账户计划

传统IRA计划是美国第一种IRA计划，1974年开始运行。开立传统IRA唯一的前提是个人拥有可纳税收入，且不论是否被任何其他的养老计划所覆盖。自2020年税务年度开始，即使70.5岁及以上年龄人群也可以继续向传统IRA计划缴费。

在限额内，个人可以向传统IRA计划缴费，符合规定的部分可以享受税收递延待遇，投资收益暂时不纳税。传统IRA计划的缴费标准是每年不高于6 000美元，50岁及以上人群为7 000美元。缴费标准可以根据生活费用指数每年调整。图2-7是2001—2022年IRA计划缴费限额的调整情况，20年来，最高限额调高了两倍，对50岁及以上老年人的追加缴费限额，是基本保持稳定的，从最初的500美元调整到1 000美元之后，未再增加。据美国国税局2022年10月21日发布的通知，2023税务年度，该上限调整为6 500美元（50岁及以上人群仍可增加1 000美元），调整幅度略超过8%。

---

① 根据美国社会保障局2021年年报数据计算。

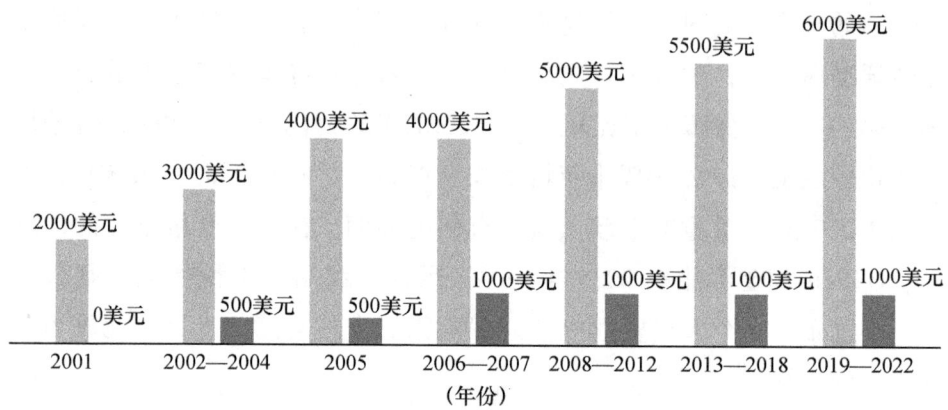

图 2-7　2001—2022 税务年度 IRA 计划缴费限额

资料来源：ICI, The Role of IRAs in US Households' Saving for Retirement, 2021.

可税前扣除金额可能低于缴费上限，需要考虑是否参加了雇主的养老金计划（如 401 k），以及是否单身、夫妻单独申报还是联合申报、是否是鳏寡人士等，规则比较复杂，需要按照税务部门的标准表格逐项计算，才能得到最终的抵扣额，在这里就不一一列举了。总的来讲，高收入人群的抵扣额可能在上限内被扣减，甚至无抵扣额；已婚但单独申报的人群只能部分税前扣除或者无抵扣额。这可以理解为鼓励中低收入人群参加 IRA 计划、鼓励夫妻双方联合申报。

在领取时，本金和收益都需要缴纳联邦所得税。如果在 59.5 岁之前领取，在缴纳个人所得税的同时还需要承担 10% 的罚金。在发生以下情况领取时，即使在 59.5 岁之前，也无须缴纳 10% 的罚金：身故、残疾，用于特定医疗费用、首次购房费用、合格的高等教育费用、失业人员的健康保险费用等。

延迟领取也有惩罚措施。美国规定，在 70.5 岁之后必须开始领取传统 IRA 计划，并在领取人（以及可能的受益人）的期望余命年限内分期领取，如小于法规规定的金额，将导致税收惩罚。

截至 2021 年年底，在美国拥有 IRA 计划的 4 770 万户家庭中，有 3 660 万户参加了传统 IRA 计划，占美国家庭总数的 28.2%，占比最高，平均每户积累金额32.23万美元（见表2-2）。

表2-2　2021年年底美国家庭拥有IRA计划的情况

IRA 计划类型	拥有 IRA 计划的美国家庭数量/万户	占美国家庭总数的百分比/%	IRA 计划资产规模/万亿美元	每个家庭平均 IRA 计划资产规模/万美元
传统 IRA 计划	3 660	28.2	11.80	32.23
罗斯 IRA 计划	2 730	21.0	1.33	4.85
SIMPLE/SEP/SAR-SEP IRA①计划	860	6.6	0.79	9.19
合计	4 770	36.7	13.91	29.17

资料来源：ICI，2022 Investment company fact book.

注：①SAR-SEP IRA 是 SEP IRA 的一种，允许雇员缴费。

二、广受欢迎的罗斯个人退休账户计划

罗斯 IRA 计划在 1998 年开始运行，适用于所有年龄的人群，任何时候都可以创建一个罗斯 IRA 计划。但向罗斯 IRA 计划缴费，则需满足以下两个条件：一是有可纳税收入，二是收入不高于某个水平（如已婚联合申报家庭年收入不高于 20.8 万美元、单身人士年收入不高于 14 万美元）。

罗斯 IRA 计划可以终身缴费、终身拥有。只允许税后缴费，投资收益无须纳税。59.5 岁之前领取缴费本金的话，无须纳税，但投资收益需要纳税并承担 10% 的罚金，缴费 5 年内领取的投资收益部分也是如此。如果到 59.5 岁之后领取，本金和投资收益无须缴纳联邦所得税。

缴费的上限，则取决于是单独向罗斯 IRA 计划缴费还是向罗斯 IRA 计划和传统 IRA 计划同时缴费。如果是前者，则年度缴费上限为 6 000 美元（50 岁及以上人员为 7 000 美元），这一限额在 2023 年提高到 6 500 美元（与传统 IRA 计划一样）。如果是后者，该上限要被向其他 IRA 计划缴费的金额扣减（不含雇主的缴费）。

罗斯 IRA 计划的领取规定，大部分与传统 IRA 计划相同。不同的地方主要有两处：一是罗斯 IRA 计划拥有 5 年之后，可以提前提取投资收益用于身故、残疾等情况（与传统 IRA 计划相同），无须纳税；二是延迟领取，罗斯 IRA 计划没有惩罚性规定，也就是说余额可以终身存放在账户中享受优惠政策。

与传统 IRA 计划相比，罗斯 IRA 计划比较灵活，一是缴费的本金随时可以领取，无须再缴纳税金，投资收益如果在 59.5 岁之前支取，则需缴纳 10% 的罚金；二是缴费没有年龄上限，退休后仍然可以继续向账户缴费，投资收益享受税收优惠待遇。截至 2021 年年底，美国有 2 730 万户家庭参加了罗斯 IRA 计划，占美国家庭总数的 21%。罗斯 IRA 计划面向的是中低收入人群，其账户平均金额 4.85 万美元，远低于传统 IRA 计划的 32.23 万美元的平均值（表 2-2）。

三、鼓励小企业为个人建立雇主发起型个人退休账户计划

雇主发起型 IRA 计划包括三种：SIMPLE IRA 计划、SEP IRA 计划、SAR-SEP（Salary Reduction SEP）IRA 计划。

SIMPLE IRA 计划生效于 1996 年，面向 100 人以下的小企业，是由雇主为雇员设立的储蓄激励型匹配计划。缴费由三部分构成：一是雇员工资中扣减的缴费，2022 年该上限为 1.4 万美元；二是可追加缴费，允许 50 岁及以上年龄的雇员增加缴费，最高不超过每年 3 000 美元，上述雇员的缴费可以税前扣除；三是雇主匹配缴费，上限是雇员工资收入的 3%（不少于 1%），但低于 3% 的年份，在 5 年中最多只能有 2 年。也有一种制度安排是雇主接受非选择性缴费，即无论雇员是否缴费，雇主都向账户缴费，此时比例固定为 2%。SIMPLE IRA 计划必须在年满 72 岁后开始领取，提前领取需要承担 10% 的罚金。

SEP IRA 计划是雇主代表雇员向 IRA 计划缴费，雇主按雇员收入，为自己和每个雇员缴纳同等比例的费用，缴费额有较高的弹性。例如，企业某年运营不佳或经济情况较差时，可选择较低的缴费比例甚至不缴

费，而最高缴费比例为雇员收入的25%，每年不超过6.1万美元（2022年标准），缴费上限远超过传统IRA计划。70.5岁以后可以继续缴费，但72岁以后必须开始领取。同时，自雇者缴纳的SEP IRA计划还享有全部缴纳金额和一半自雇税的减免。

SAR-SEP IRA计划是SEP IRA计划的一种，允许雇员缴费。美国1996年创立SIMPLE IRA计划之后，就不再允许雇主建立新的SAR-SEP IRA计划，在此就不做介绍了。

截至2021年年底，美国有860万户家庭参加了雇主发起型IRA计划，占美国家庭总数的6.6%，占比较低，平均每户积累金额9.19万美元（表2-2）。

四、不同类型个人退休账户计划满足不同层次人群的养老需求

总的来看，美国个人养老金计划的主流是传统IRA计划，是典型的EET模式（缴费和投资阶段免税，领取阶段纳税），无论是参加的家庭数量还是积累的金额，都是最高的。但考虑到个人情况的差异性很大，在20世纪90年代末期，美国又陆续推出了罗斯IRA计划和SIMPLE IRA计划等，旨在照顾不同层次人群的个人养老需求。

TEE模式（缴费阶段纳税，投资和领取阶段免税）的罗斯IRA计划，专门针对中低收入人群。因为中低收入人群的个人所得税税率较低，EET模式的传统IRA计划，对其税收递延效果不明显，因此会影响中低收入人群参加传统IRA计划的积极性。而TEE模式的罗斯IRA计划，尽管在缴费阶段不免税，但在投资和领取阶段提供了免税政策，且支取灵活、缴费没有年龄上限，账户余额可终身积累，很受中低收入人群欢迎。

面向小企业和自雇人士的SIMPLE IRA计划和SEP IRA计划，满足了小企业雇员和自雇人士参加IRA计划的需求。SEP IRA计划仅雇主缴费，较高的缴费上限、灵活的缴费比例和对企业缴税的抵扣减免使其对自雇人士有较大的吸引力。而SIMPLE IRA计划由雇主为雇员匹配缴费或非选择性缴费（比例略低），雇员可选择性缴纳，可以提升个人参加IRA计划

的积极性,也能降低小企业建立养老金的难度。

需要指出的是,美国的个人养老金与个人所得税密切相关,因此需要个人准确理解税收政策规定、正确计算各种额度、精确填写纳税申报表格。美国个人每年填写的纳税申报表格,内容非常复杂,这也给个人带来了较大的负担。同时,美国投资过程是征税的,因此个人养老金在投资过程的免税额度才有激励意义。

第四节 年金转账政策促进个人退休账户计划规模快速增长

从图 2-8 可以看出,美国第二支柱与第三支柱养老金的总量持续上升,其中第三支柱增长更快,相较于第二支柱的比例迅速提高。1980 年年初第三支柱规模只有第二支柱规模的 18%,而到了 2021 年年底该比例已经超过 72%。

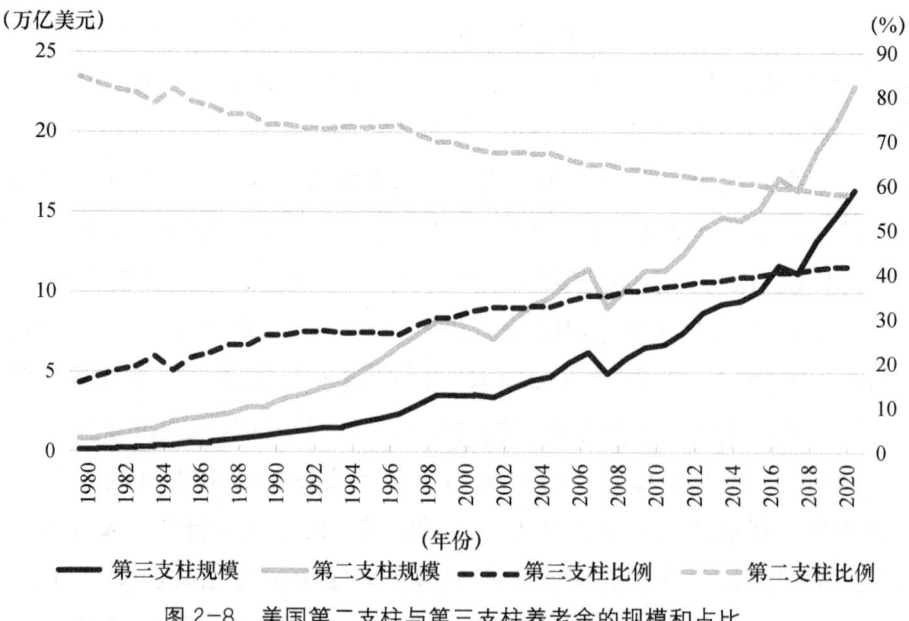

图 2-8 美国第二支柱与第三支柱养老金的规模和占比

资料来源:ICI,2022 Investment company fact book。

美国第三支柱 IRA 计划规模的迅速增长，得益于一项名为转账的政策。转账是指投资者因为更换工作等，将现金或资产从一个合格的退休计划或账户转移到另一个退休计划或账户，而不会受到税收处罚。但如果个人从转入的账户中领取资金，则仍要符合领取的政策规定，不合规定的提前支取仍需要支付10%的罚金。

从表2-3就可以看到，转账的灵活性很高，第二支柱与第三支柱之间、第二支柱的不同计划之间、第三支柱的不同计划之间都可以进行转账，只不过某些转账需要满足一定的要求（见表2-3中注解）。

表2-3 各类年金计划之间的转账规定

年金计划	罗斯 IRA	传统 IRA 计划	SIMPLE IRA 计划	SEP IRA 计划	457(b)	合格退休金计划[1]	403(b)	指定罗斯账户[1]
罗斯 IRA 计划	可以[2]							
传统 IRA 计划	可以[3]	可以[2]	可以[2/7]，两年后	可以[2]	可以[4]	可以	可以	
SIMPLE IRA 计划	可以[3]，两年后	可以[2]，两年后	可以[2]	可以[2]，两年后	可以[4]，两年后	可以，两年后	可以，两年后	
SEP IRA 计划	可以[3]	可以[2]	可以[2/7]，两年后	可以[2]	可以[4]	可以	可以	
457(b)	可以[3]	可以	可以，两年后	可以	可以	可以	可以	可以[3/5]
合格退休金计划	可以[3]	可以	可以，两年后	可以	可以[4]	可以	可以	可以[3/5]

续表

年金计划	罗斯IRA	传统IRA计划	SIMPLE IRA计划	SEP IRA计划	457(b)	合格退休金计划[1]	403(b)	指定罗斯账户[1]
403(b)	可以[3]	可以	可以,两年后	可以	可以[4]	可以	可以	可以[3/5]
指定罗斯账户	可以							可以[6]

资料来源：美国国税局。

注：1. 合格退休金计划包括利润分享计划、401（k）、DB 计划等；指定罗斯账户不是罗斯 IRA 计划，是指在 401（k）或 403（b）或 457（b）计划下的独立账户，其接受的选择性递延缴费被称作罗斯缴费，转入要纳入个人收入口径，但后续符合规定的支付就不再纳税。

2. 在任何 12 个月内仅允许一次转移。

3. 必须包含在收入口径内。

4. 必须有独立账户。

5. 必须在同一计划内转移。

6. 任何发放的不征税金额必须通过受托人之间的直接转账进行转移。

7. 适用于 2015 年 12 月 18 日之后的转账。

图 2-9 显示了传统 IRA 计划的资金来源。规模最大的传统 IRA 计划（占所有 IRA 计划的 84.8%），正常缴费资金自 1996 年以来都维持在 100 亿~200 亿美元，而转账的资金持续快速增长，到 2019 年已经是正常缴费资金的 26.7 倍，达到 5 357 亿美元。转入的来源主要是雇主发起型 DC 计划，也就是第二支柱。可见，第二支柱与第三支柱间的自由转换为雇员提供了极大的便利，这也是美国第三支柱规模增长的主要动力。

2021 年，有 57% 的传统 IRA 计划中包含转账资产，其中 85% 的人会选择将全部的雇主养老金资产转入 IRA 计划。据调查，员工将养老金计划的资产转入传统 IRA 计划，最主要的三个原因：转换工作，不想将养老金放在前雇主的养老金计划下（25%）；整合个人的养老金资产以统一归集管理（22%）；希望有更多的投资选择（13%）。①

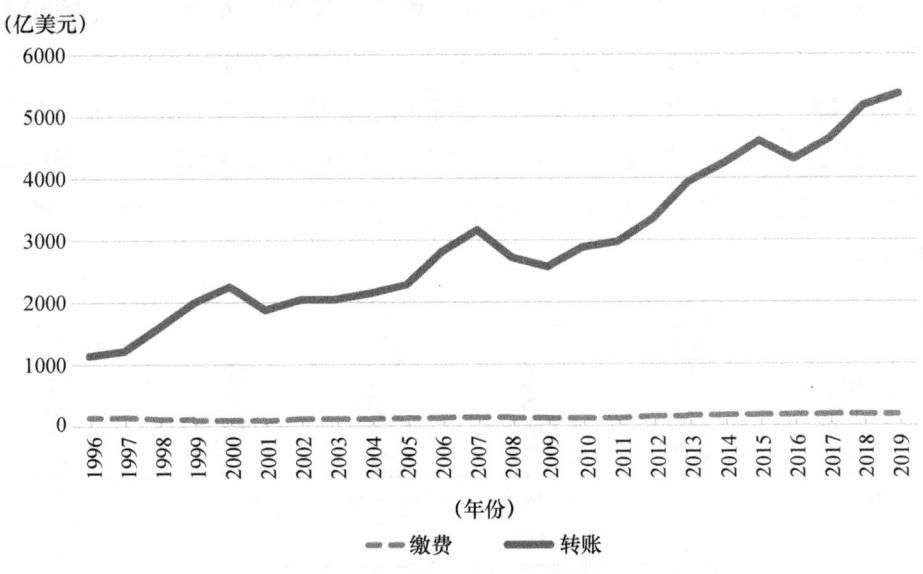

图 2-9 传统 IRA 计划的资金来源

资料来源：ICI, The US Retirement Market, Second Quarter 2022.

其他类型的 IRA 计划，其资金来源主要是正常的缴费，转账资金均大幅度低于正常缴费规模。

第五节 美国家庭参加个人退休账户计划的情况

据调查，截至 2021 年年底，在美国 1.3 亿户家庭中，养老金计划的普及率达到 63%。第二支柱普及率较高（占 50%），第三支柱普及率较低（占 37%，与第二支柱有 30% 重合）。但也有 37% 的家庭没有参加任何第二支柱或第三支柱的养老金计划。

---

① ICI, The Role of IRAs in US Households' Saving for Retirement, 2021.

一、年龄越大参加个人退休账户计划的比例越高

从图 2-10 可以看出,随着年龄的增长,参加 IRA 计划的比例在上升,35 岁以下人群参加率为 31%,未达到 37% 的平均值;35~44 岁年龄段的人群,参加率为 36%,基本接近平均值;55~64 岁年龄段参加率最高;到 65 岁以后,仍有 36% 的人员留在 IRA 计划中领取养老金甚至持续缴费。如何鼓励年轻人尽早参加个人养老金计划,是 IRA 计划面临的挑战之一。

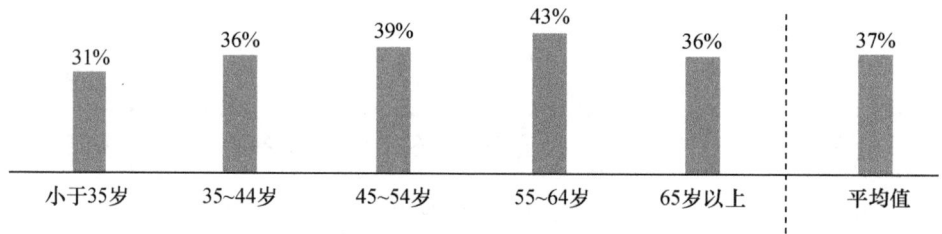

图 2-10 美国参加 IRA 计划的家庭户主年龄情况

资料来源:ICI, The Role of IRAs in US Households' Saving for Retirement, 2021.

二、参加个人退休账户计划的家庭,中等及以上收入占比更高

图 2-11 显示了参加 IRA 计划的家庭收入分布情况,从家庭年收入 5 万~7.5 万美元的区间开始,其占比就达到或超过了美国全部家庭的收入分布区间(右柱)。而美国全部家庭收入的中位数就是 6.5 万美元,这说明越富裕的家庭,越有可能参加 IRA 计划,而低收入家庭更倾向于满足短期消费需求。年收入超 5 万美元的家庭中有 48% 参加 IRA 计划,且年收入越高的家庭参加比例越高,而年收入低于 5 万美元的家庭中 IRA 计划参加率只有 18%。对于低收入家庭而言,也有一部分能参加 IRA 计划,他们大都选择罗斯 IRA 计划。如何让更多的中低收入家庭受惠于个人养老金,这也是美国养老金制度面临的挑战。

第二章 美国个人养老金 · 35

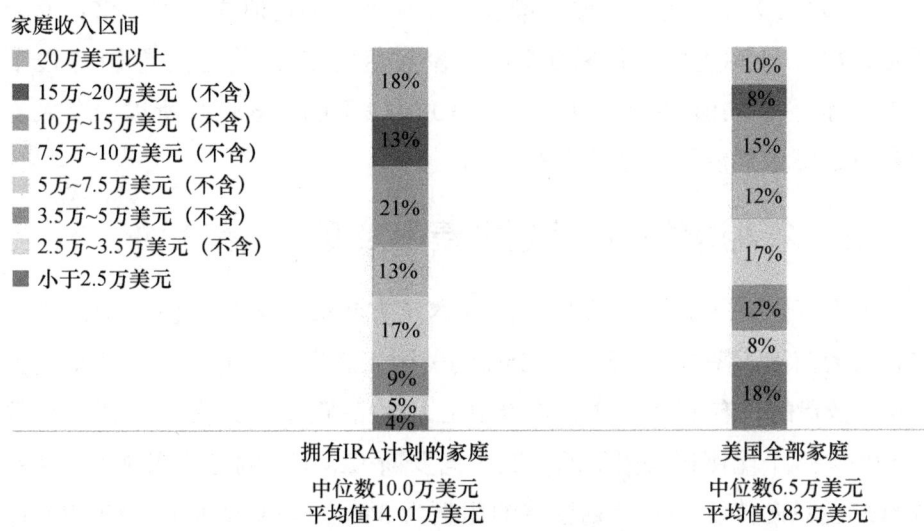

图2-11 美国参加 IRA 计划的家庭收入区间

资料来源：ICI, The Role of IRAs in US Households' Saving for Retirement, 2021.

三、参加时间越长，个人退休账户积累的资金越多

图2-12 显示了参加 IRA 计划的时间与资产规模的关系。参加时间少于 10 年的，其积累资金的中位数和平均值分别为 2.6 万美元和 10.5 万美元，参加时间在 10~19 年的，积累资金的中位数和平均值就上升到 10.1

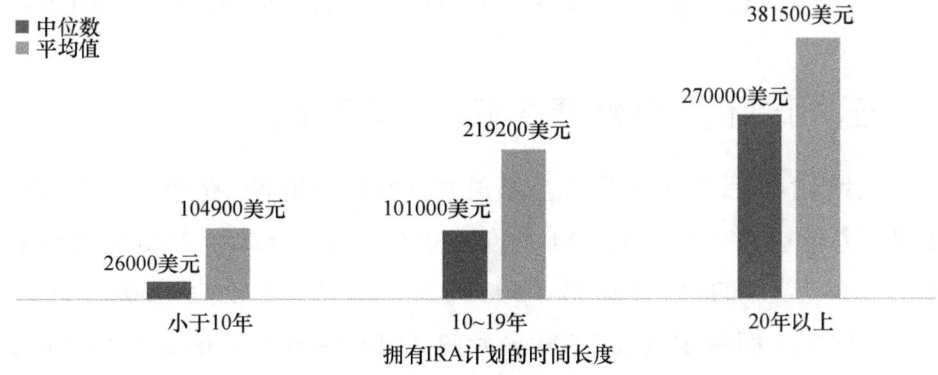

图2-12 美国参加 IRA 计划的时间与积累金额

资料来源：ICI, The Role of IRAs in US Households' Saving for Retirement, 2021.

万美元和21.9万美元,中位数增长了2.9倍,平均值增长了1倍;而参加时间在20年以上的,积累资金的中位数达到27万美元,是10年以下的10.4倍,平均值38.2万美元,是10年以下的3.6倍。所以,个人养老金还是要尽早参加、尽早积累。

四、个人退休账户计划缴费率较低,只有13%

个人开立IRA是比较容易的,基本没有年龄的限制,但缴费需要以有收入为前提。图2-13显示了35%的美国家庭有IRA账户,不缴费的占22%,缴费的只有13%。这意味着IRA中的活跃账户只占美国家庭总数的13%,这个比例还是很低的。其中向罗斯IRA计划缴费的比例多一些,占50%,只向传统IRA计划缴费的比例为34%,其他家庭向传统IRA计划和罗斯IRA计划同时缴费。

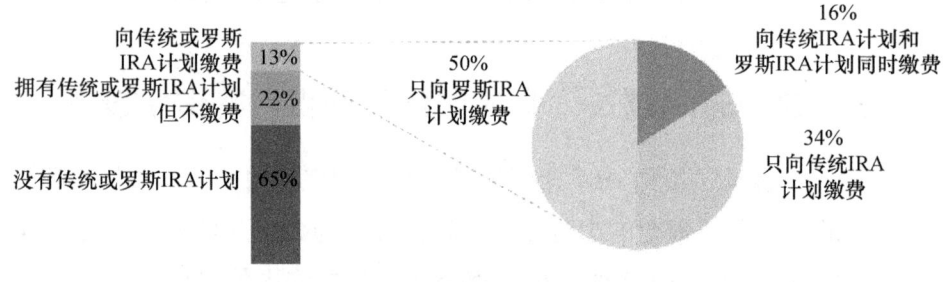

图2-13 美国IRA计划缴费率

资料来源:ICI, The Role of IRAs in US Households' Saving for Retirement, 2021.

五、个人的实际缴费并不总能达到上限

虽然IRA计划缴费上限随生活成本指数不断提高,但个人的实际缴费并不总能达到上限。图2-14是传统IRA计划拥有人在2018年缴费金额的分布,当年的缴费上限是5 500美元(50岁及以上是6 500美元)。只有50%的人满额缴费(5 500美元的22.9%与6 500美元的27.1%之和),还有一半的人没有用满缴费上限,其中26.5%的人缴费不足2 000美元。

第二章 美国个人养老金 · 37

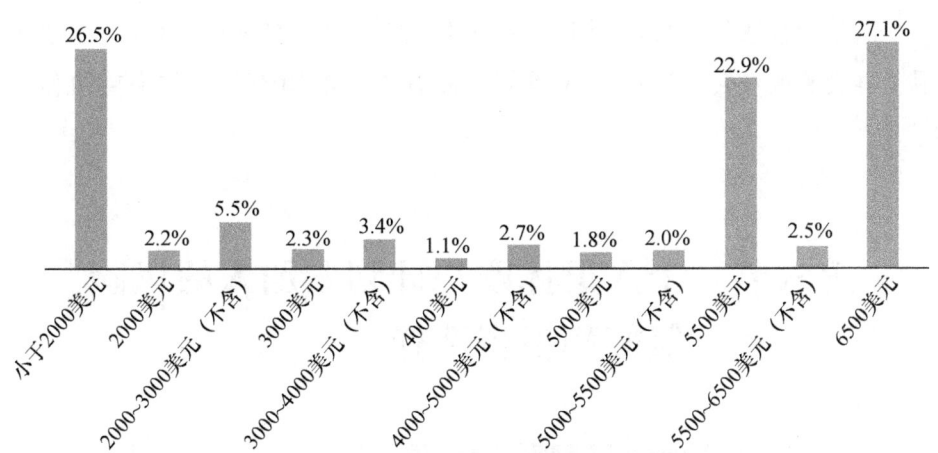

图 2-14 2018 年美国 IRA 计划缴费区间分布
资料来源：ICI, Traditional IRA investors' activity 2018.

六、退休后将个人退休账户资金继续投资也是常态

从图 2-15 可以看到，2021 年未退休但已领取养老金的人数比例有 4%，可能是临时急用或者是符合条件的提前领取。在退休且达到领取年龄后，未领取的人数占 25%，已领取的只有 19%。未领取的比例高于已领取的，说明更多的退休人员将 IRA 计划的资金继续投资，以获取持续的投资收益。而领取的家庭中，有 40% 的家庭领取金额达到 2 万美元以上（大约占美国家庭收入中位数 5.86 万美元的 1/3）。

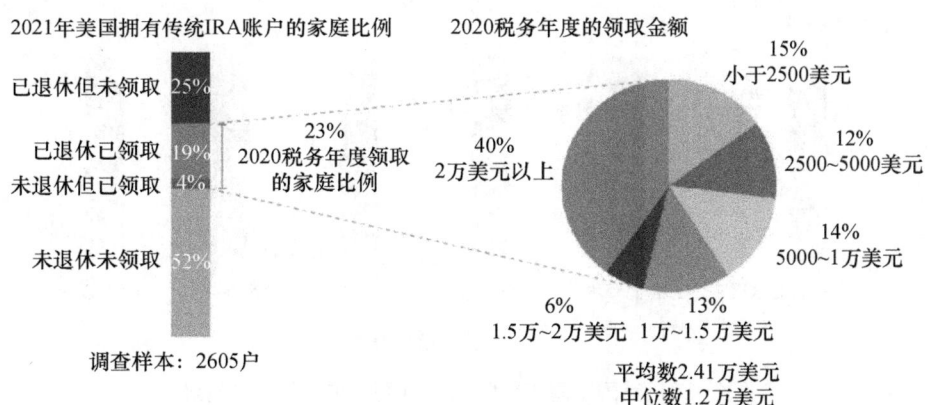

图 2-15 美国退休人员将 IRA 计划资金继续投资的情况
资料来源：ICI, The Role of IRAs in US Households' Saving for Retirement, 2021.

退休后领取的金额用于生活费用的占第一位（41%），但也有36%的用于再投资或者转入其他 IRA 计划，还有 16% 的用于购买住宅或维修住宅。

第六节　个人退休账户计划参加人的风险偏好和投资选择

一、年龄越大承受风险的意愿越弱

调查表明，在所有参加 IRA 计划的家庭中，户主年龄越大，承担风险的意愿越弱。小于 35 岁的人群承担风险意愿最强，有 51% 的家庭愿意承担平均水平以上的风险并获取平均水平以上的收益；35~44 岁、45~54 岁两个年龄段该比例保持稳定，分别为 46% 和 47%；55~64 岁该比例下降到 41%，而 65 岁以上该比例急剧下降到 20%（见图 2-16）。

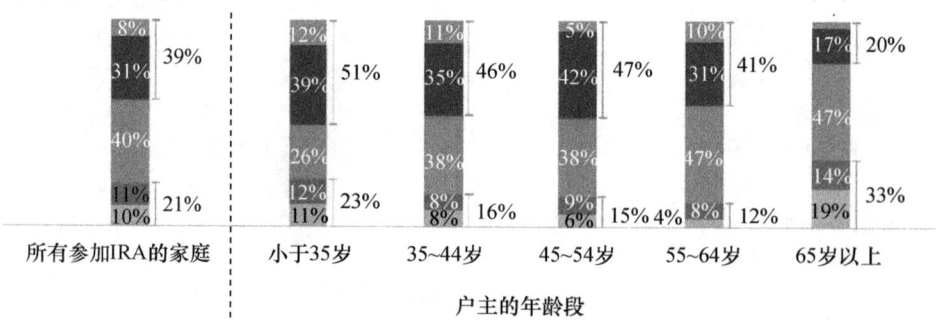

图 2-16　美国不同年龄段 IRA 计划参加人的风险偏好

资料来源：ICI, The Role of IRAs in US Households' Saving for Retirement, 2021.

而承担平均水平风险、平均水平收益的家庭比例，却随着年龄上升而上升，从 35 岁以下的 26% 到 55 岁以上的 47%。55~64 岁年龄组，承担平均水平风险和平均水平以上风险的人数比例合计达 88%，即使到了 65 岁以上，该比例仍有 67%。这也说明愿意承担平均水平风险和平均水平以上风险的人群还是占据主流。尽管年龄越大风险承受能力越弱，但绝大多数老年人仍希望承担平均水平或以上的风险、获取平均水平或以上的收益，老年人并不是没有风险承受能力。

值得注意的是，35 岁以下年龄组追求高于平均水平的风险和收益的比例是所有年龄组中最高的（51%），这与我们认为年轻人更愿意承担投资风险的直觉是相符的。但同时，不愿意承担任何风险的比例（11%）仅次于 65 岁以上年龄组，低于平均水平风险的比例也是如此。年轻人的风险偏好呈现出两极分化的特征。

这其中一个原因是，35 岁以下年龄组中会有大量的小额账户，这种小额账户来自雇主养老金的自动转账，大都投资于货币市场。自 2005 年起，法规规定当雇员更换工作而转出雇主养老金计划且转出金额少于 5 000 美元时，要求转出高于 1 000 美元而低于 5 000 美元的金额到 IRA 计划中，且该笔金额必须投资于在保本的基础上提供一定收益的产品，例如货币基金、存款证书等。同时也有管理成本与投入产出比的经济原因，如一部分年轻的 IRA 计划参加人出于短期用钱需求如教育或购房，会更多考虑流动性问题。上述原因会导致这部分年轻人的风险偏好偏低。

二、 IRA 投资的产品主要有共同基金、银行存款和保险产品

在 IRA 计划起步早期，银行存款占据绝对主导地位，最高时占比超过 80%。但之后占比就一直下降，直至 20 世纪末期降低到 10%，到 2021 年年底进一步降低到 5% 左右。保险产品的占比一直不高，早期占比 10% 左右，逐步下降到 2021 年年底的 4% 左右。

而共同基金占比早期不足 5%，之后呈上升态势，在 2005 年达到

52%的高峰，之后慢慢下降到45%左右，但仍为 IRA 计划投资的最主要的金融产品（见图 2-17）。

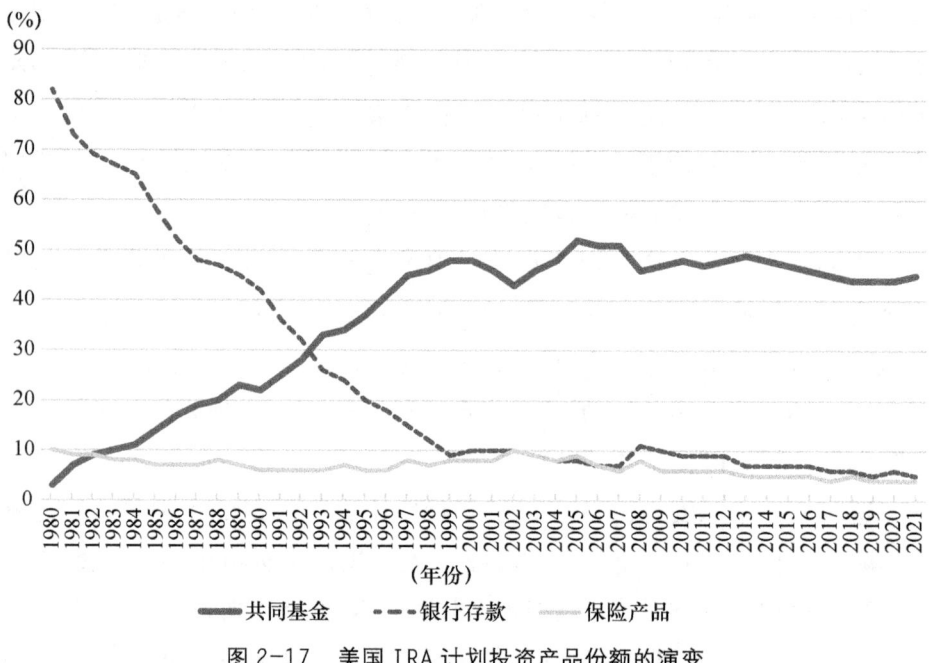

图 2-17　美国 IRA 计划投资产品份额的演变

资料来源：ICI，The US Retirement Market，Second Quarter 2022.

三、个人退休账户计划参加人偏爱权益投资

在共同基金中，IRA 计划主要投向股票基金，包括美国国内和全球投资两类，合计占比最高时曾达到 73%（20 世纪末期），到 2021 年年底，占比也达 58%。混合基金次之，约占 19%，债券基金约占 17%，货币市场基金最少（见图 2-18）。

从具体资产来看，权益类资产占据了最大的比例（以传统 IRA 计划为例）。权益资产包括 IRA 计划投资的股票、股票基金以及平衡型基金中的股票部分。股票市场的波动也对传统 IRA 计划的投资有较大影响。平均来看，26~59 岁的人群在 2010 年有 75.7% 的权益资产比例，到 2011 年降低到 74.0%，反映出股市的放缓。而随着股市在 2012—2017 年的逐渐

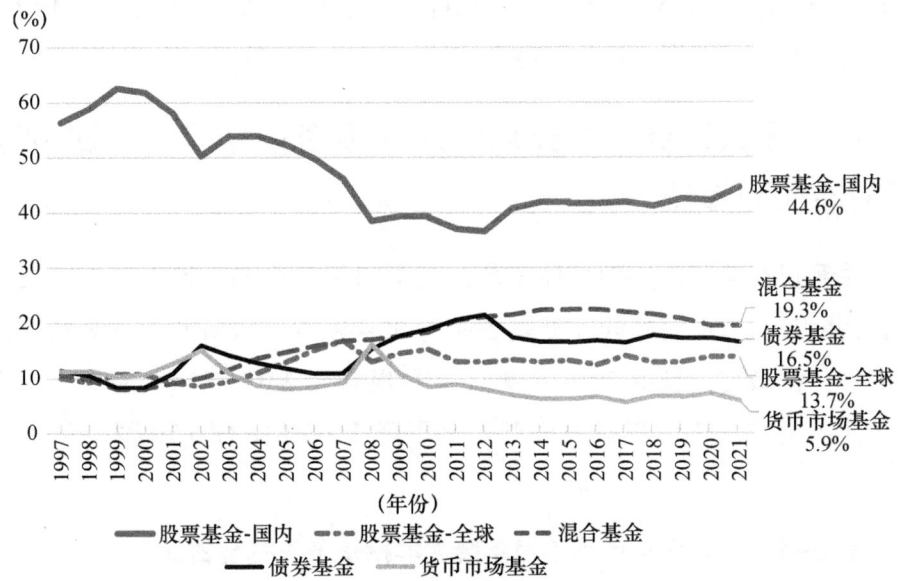

图 2-18 美国 IRA 计划投资共同基金的类别占比

资料来源：ICI, The US Retirement Market, Second Quarter 2022.

繁荣，权益资产比例也随之提升到了 78.9%。到 2018 年股票价格再次下跌，权益类持仓比例也再次下降到 76.7%（见图 2-19）。

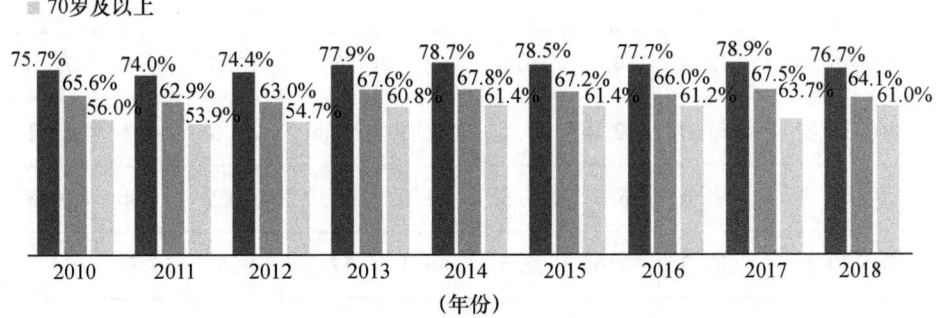

图 2-19 不同年龄段传统 IRA 计划参加人的权益资产比例

资料来源：ICI, Traditional IRA investors' activity 2018.

同时也可以看到，高年龄段的 IRA 计划参加者平均投资权益类资产比例相较于低年龄段会低一些，但绝对比例并不低，70 岁及以上的参加者权益类资产占比仍在一半以上。跟随市场波动（风险）赚取平均收益，是养老金作为长期资金的重要特征。

四、个人退休账户计划参加人投资权益类资产比例随年龄增加而降低

尽管权益类资产比例总体较高，但不同年龄段的人群，其权益类资产比例随年龄增加而降低（见表2-4）。30~49岁IRA计划参加者的权益类资产比例最高，且由2010年72%左右提升至2018年80%左右。随投资者年龄递增，整体权益类资产比例下降至60%左右（70岁及以上人群）。

表2-4 美国IRA计划不同年龄人群投资各类基金占比   %

年龄	2010年				2018年			
	股票和股票型基金	目标日期混合型基金的权益占比	非目标日期混合型基金的权益占比	权益占比总计	股票和股票型基金	目标日期混合型基金的权益占比	非目标日期混合型基金的权益占比	权益占比总计
18~29岁	42.0	14.2	6.1	62.3	51.1	16.5	4.8	72.4
30~39岁	55.0	12.0	5.1	72.1	54.6	21.8	4.7	81.1
40~49岁	60.0	6.5	5.5	72.0	58.9	15.2	5.4	79.5
50~59岁	56.0	3.6	6.5	66.1	57.0	8.5	7.0	72.6
60~69岁	48.7	1.9	6.9	57.5	48.6	4.4	8.9	61.9
70岁及以上	47.2	0.6	8.3	56.1	48.2	1.9	10.0	60.1
全部	51.7	2.9	6.9	61.5	51.1	5.6	8.6	65.2

资料来源：ICI, Traditional IRA investors' activity 2018.

年龄较小的人群中，权益类资产比例较高的一个因素是配置了较高比例的目标日期混合型基金。例如 18~29 岁的 IRA 计划参加者会将 16.5% 的 IRA 计划资产投向目标日期混合型基金（2018 年年底数据），而这一比例在 30~39 岁人群中则上升至 21.8%。究其原因，在于年轻人群风险偏好较高，更希望利用权益投资长期收益的优势为自己积累更为丰厚的养老金。目标日期混合型基金事先设定了到期年份，符合年轻人群未来年龄增大权益配置比例下降的风险特征。而对于老年人来讲，更重要的是 IRA 计划要提供稳定的退休收入现金流，因此目标日期混合型基金就不太适合他们了。

五、30 岁以下人群完全不配置权益类资产的比例较高

图 2-20 是按权益资产每增加 20% 的配置比例为一组，区分不同年龄段的人群，观察同一年龄段同组配置比例下 2010—2018 年的人数比例变化。我们可以看到，18~29 岁的人群，完全不配置权益类资产的比例最高，且 2018 年高于 2010 年，接近 50%。这与我们前文中提到的 35 岁以下年轻人不愿意承担任何风险的比例相对较高也是一致的。

44 · 国外个人养老金的发展经验与中国实践

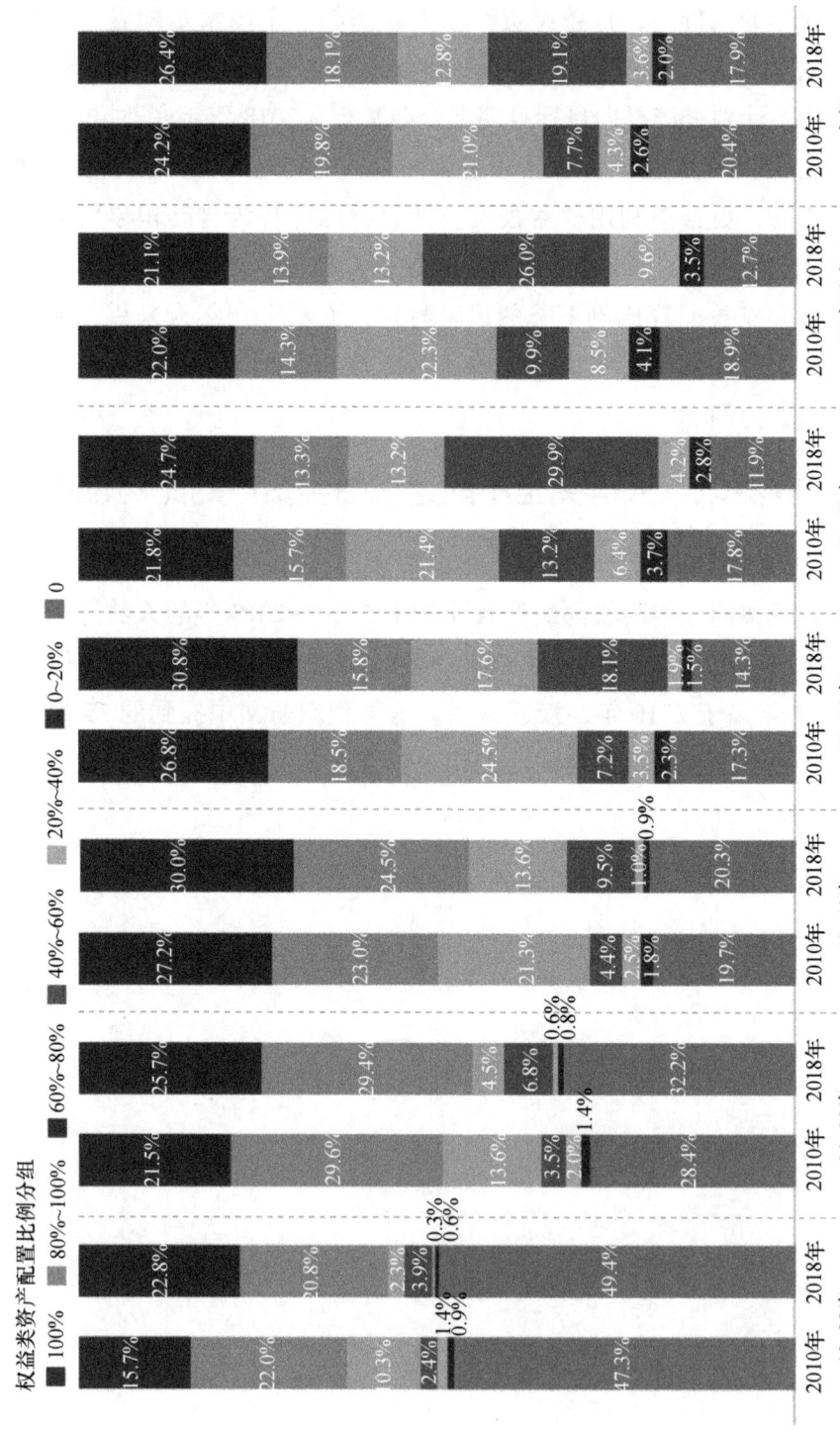

图2-20 传统IRA计划参加人不同年龄组的权益类资产配置比例随时间的变化

资料来源：ICI, Traditional' IRA investors activity 2018.

第七节 个人退休账户计划投资收益情况

一、个人退休账户计划总体收益率评估

我们以美国投资公司协会（ICI）公布的数据为基础，以年度 IRA 计划资产规模的增长扣除年度净现金流入，对 IRA 计划整体收益情况进行考察。据测算，近 5 年（2014—2019 年）、近 10 年（2010—2019 年）、近 15 年（2005—2019 年）传统 IRA 计划的投资年化复合收益率分别为 5.8%、6.6%、5.2%。同时，对比标准普尔 500 总回报指数在过去 20 年间的收益率，传统 IRA 计划的投资收益率与标准普尔 500 指数的投资收益率的相关系数达 0.94，这与 IRA 计划投资权益资产比例较高是息息相关的（见图 2-21）。

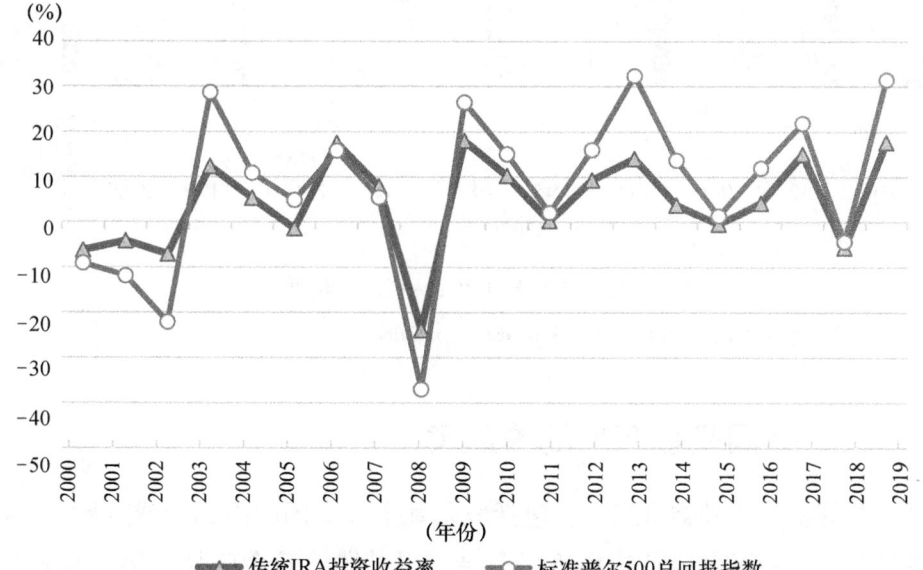

图 2-21 传统 IRA 计划投资收益率与标准普尔 500 总回报指数的相关性

资料来源：ICI，Bloomberg.

IRA 计划的整体收益表现主要受到股票和债券两大类资产的影响。据统计，2010—2018 年，以标准普尔 500 总回报指数为代表的大型股票年化收益率为 11.3%，以罗素 2000 指数为代表的小型股票年化收益率为 8.5%，以彭博巴克莱美国综合债券指数为代表的债券年化收益率为 2.8%（见图 2-22）。从这个角度看，股票是值得长期投资的标的，与养老金资产的长期属性比较匹配。但股票收益的短期波动性也很大，如 2011—2020 年，罗素 2000 指数增长率有三年为负值（2018 年 -11%，2022 年以来近 -18%），需要持有人有较强的风险承受能力。债券投资也有一定负收益概率，但总体而言，收益波动率比股票要小很多。

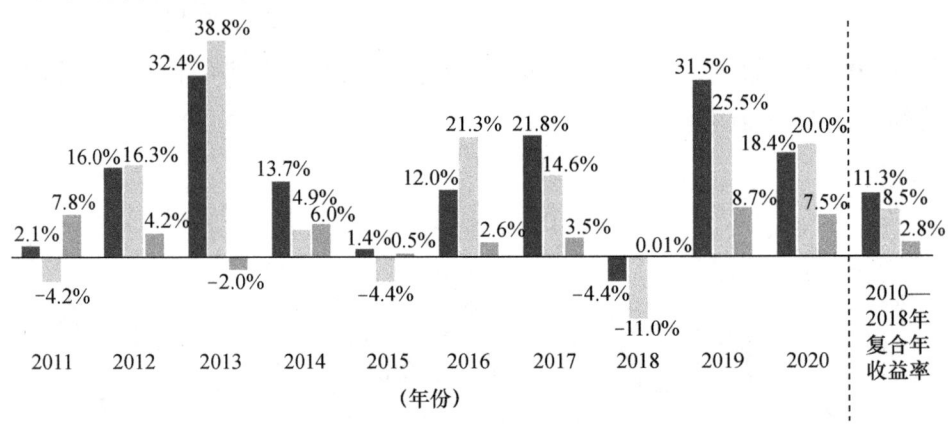

图 2-22　各类指数 2011—2020 年收益率

资料来源：ICI, Traditional IRA investors' activity 2018.

二、共同基金产品的收益率

共同基金的种类有很多，包括股票基金（美国国内或全球市场）、债券基金、混合基金以及货币市场基金。以某股票基金产品为例，其 80% 以上资金投资于股票市场，最多 20% 投资于外国股票，主要投向大型价值股。该基金过去 10 年平均年化收益率超过 10%，这对长期投资者的吸引力是很大的。但股票基金收益率的波动也比较大，该产品在 2021 年 9

月 30 日至 2022 年 9 月 30 日的亏损约达 20%（见表 2-5）。

表 2-5　　　美国某股票基金产品投资收益情况

（截至 2022 年 9 月 30 日）　　　　　　%

投资收益	最近 1 年年化收益率	最近 3 年年化收益率	最近 5 年年化收益率	最近 10 年年化收益率
产品收益	-19.92	6.13	7.20	10.46
基准指数	-15.47	8.16	9.24	11.70
同类平均	-15.83	6.77	7.74	10.38

资料来源：http://www.tiaa.org.

债券基金的收益比较平稳，但收益率也比较低。表 2-6 列举的某债券基金产品主要投资于 5 年期以内的美国国债和投资级企业债，也包括外国债券。其收益水平较低，过去 10 年平均年化收益率还不到 1%。这与美国利率长期走低是息息相关的，IRA 计划参加人选择债券基金的较少，主要还是选择股票基金。

表 2-6　　　美国某债券基金产品投资收益情况

（截至 2022 年 9 月 30 日）　　　　　　%

投资收益	最近 1 年年化收益率	最近 3 年年化收益率	最近 5 年年化收益率	最近 10 年年化收益率
产品收益	-4.60	-0.29	0.75	0.89
基准指数	-5.07	-0.41	0.70	0.81
同类平均	-6.80	-0.61	0.66	0.94

资料来源：http://www.tiaa.org.

三、保险产品的收益率

保险产品一般分为定额年金和变额年金。定额年金一般有最低保证利率（如 1% 或 3%），实际利率在最低保证利率基础上变动，按年公布。表 2-7 就是某定额年金产品历年的结算收益率（截至 2022 年 10 月底）。

表 2-7　美国某定额年金产品积累期历年的结算利率

结算利率/%	起始日期	终止日期
6.00	2022-10-01	2022-10-31
5.75	2022-08-01	2022-09-30
5.50	2022-07-01	2022-07-31
5.25	2022-06-01	2022-06-30
5.00	2022-05-01	2022-05-31
4.50	2022-03-01	2022-04-30
4.25	2022-01-01	2022-02-28
3.95	2020-01-01	2021-12-31
4.35	2012-01-01	2019-12-31
4.60	2006-01-01	2011-12-31
4.90	—	2005-12-31

资料来源：http://www.tiaa.org.

表 2-8 是该定额年金产品领取期历年的折算系数，领取的资金规模乘以折算系数，就是领取人每年能领取的金额。有单人的，也有双人的（一般为配偶或赡养人），一般有保证领取的年限（10 年或 20 年），之后就终身领取至身故。我们可以看到，折算系数逐步在下降，这与美国人口的老龄化是直接相关的，而且近几年调整折算系数的频率明显加快。

表 2-8　美国某定额年金产品领取期历年的折算系数
（按本金的百分比，67 岁开始领取）　　　　　　%

领取的时间	单人/10 年保证领取期	双人/20 年保证领取期
2022 年	7.3	6.4
2021 年	7.4	6.5
2020 年	7.5	6.6
2016—2019 年	7.6	6.7
2012—2015 年	7.7	6.7

续表

领取的时间	单人/10年保证领取期	双人/20年保证领取期
2002—2011年	8.3	7.3
2002年之前	10.3	9.3

资料来源：http://www.tiaa.org。

变额年金与定额年金不同，积累期不提供最低保证利率，按照投资策略规定的范围投资于债券或股票等资产，按照实际投资收益结算收益率。表2-9是80%资产投资于美国国内和全球股票的某变额年金产品的收益表现以及对标业绩基准和行业平均的情况。

表2-9　　美国某变额年金产品投资收益情况
（截至2022年9月30日）　　　　%

投资收益	最近1年年化收益率	最近3年年化收益率	最近5年年化收益率	最近10年年化收益率
产品收益	-21.97	4.65	4.44	7.62
基准指数	-20.66	3.75	4.44	7.28
同类平均	-19.64	3.07	3.84	6.99

资料来源：http://www.tiaa.org。

四、存款产品的收益率

IRA计划存款产品是受联邦存款保险公司保护的，但每个储户被保险金额最高为25万美元。很多美国银行都提供IRA计划的定期存款业务，期限从3个月到10年不等。一般来说，大型知名银行的报价会低一些，小型银行和网络银行的报价会高一些。

从美国一些银行2022年10月的报价来看，3个月IRA计划定期存款利率最低的只有0.05%，高的有1.75%；1年IRA计划定期存款利率为3%~3.5%，5年期为3.5%~4%，7~10年期在3.5%左右。[1] 2022年美

---

[1] https://www.bankrate.com/banking/cds/ira-cd-rates/.

联储多次快速加息,造成银行利率也随之快速上涨。目前的 IRA 计划定期存款利率应该是多年以来最高的。从上文不同年限的利率报价也可以看出,期限超过 1 年之后,银行利率报价并不会随着时间的延长而升高,无论是 5 年还是 10 年利率,都只比 1 年期利率高 0.5% 左右。显然银行也担心未来利率走低造成亏损。

一般情况下,IRA 计划定期存款的利率比普通定期存款会略高一些,存款的安全性和收益率都有保证。尽管如此,银行也会明确提示,定期存款不适用于风险偏好较高的人群,会影响其获取更高收益的机会。

第八节 养老目标基金产品

如前文所述,IRA 计划可投资的产品种类较多,且每一大类产品也包括数量众多的具体产品。例如,截至 2021 年年底,美国的共同基金产品总数就有 7 481 只,其中美国国内股票基金 2 930 只、全球股票基金 1 450 只,混合基金 699 只,债券基金 2 097 只。[①] 在如此多的产品中选择合适的产品或产品组合,对普通美国人来讲是一个巨大的挑战。应对这一问题的解决方案之一,就是投资目标基金产品。

一、目标基金产品

目标基金产品产生于 20 世纪末期,又分为目标日期基金和目标风险基金(也叫生活方式基金)两大类,分别瞄准预期退休年份和预期风险水平。

目标日期基金采用长期滚动配置策略,配置的股票、债券和现金类资产的比例,根据距离目标日期的时间自动调整(见图 2-23)。一般来说,在产品启动初期,距离目标日期时间较长,配置的股票比例较高,以获取股票的长期收益。随着距离目标日期越近,股票配置比例越低、债券配置比例越高。达到目标日期后,该类产品就转为稳健平衡型,债

---

① ICI, 2022 Investment company fact book.

券配置比例更高，股票配置比例更低，辅以部分现金类资产，以保证产品支付能力。股票配置比例的变化一般称为"下滑路径"。

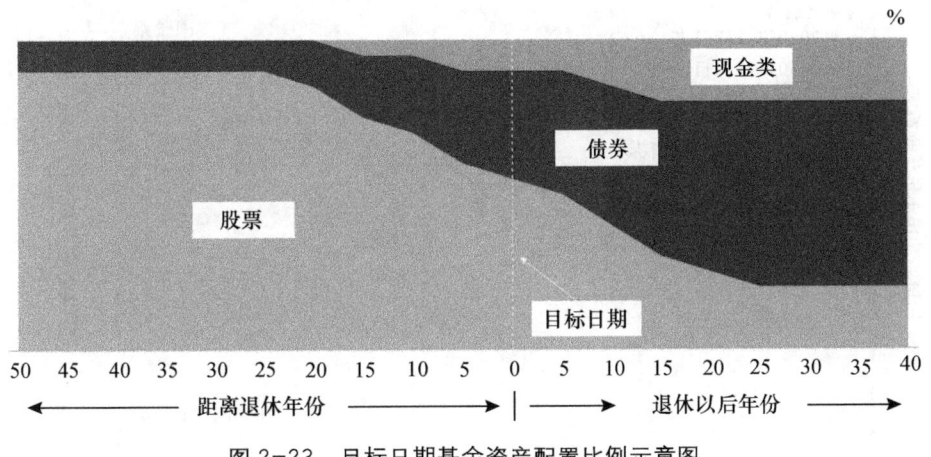

图2-23　目标日期基金资产配置比例示意图

另一种目标基金产品是目标风险基金，该类产品会长期固定在某一风险偏好水平，并不随投资人年龄的增加而变化。人们的风险偏好随着年龄的增加会逐步改变，因此需要不时变更目标风险基金的选择。而目标日期基金仅与退休年龄相关，一旦选定就不需要再变动，因此目标日期基金更受IRA计划参加人的欢迎。

二、目标日期基金收益率和波动率的关系

图2-24展示了不同到期时间目标日期基金的收益率和波动率的关系。相对远期到期的目标日期基金（如2040年到期），其波动率明显比近期到期的产品要高（2020年到期），年化收益率也相对要高。而已进入退休支付阶段的目标日期基金，波动率明显较低，同时收益水平也较低。

三、个人退休账户计划参加人选择目标基金的情况

据ICI统计，截至2021年年底，IRA计划参加人持有目标日期基金和目标风险基金的规模分别为3 360亿美元和1 170亿美元（见图2-25）。

截至2018年年底，传统IRA计划有9.6%的资产投向目标日期基金。

尤其是 18~59 岁的群体，该比例更高（见表 2-10）。

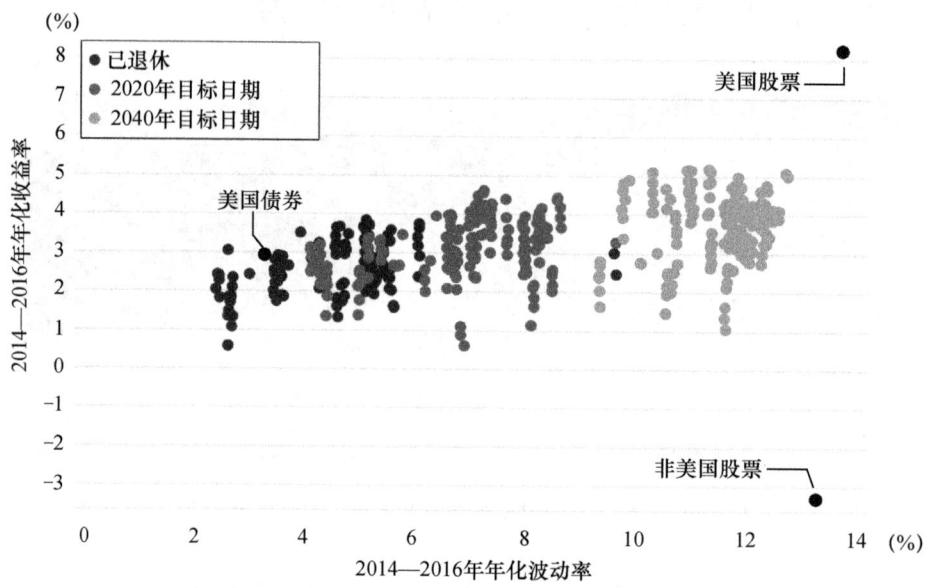

图 2-24　目标日期基金收益率与波动率的关系

资料来源：Deloitte, Characteristics and Performance of TDFs in the United States, 2017.

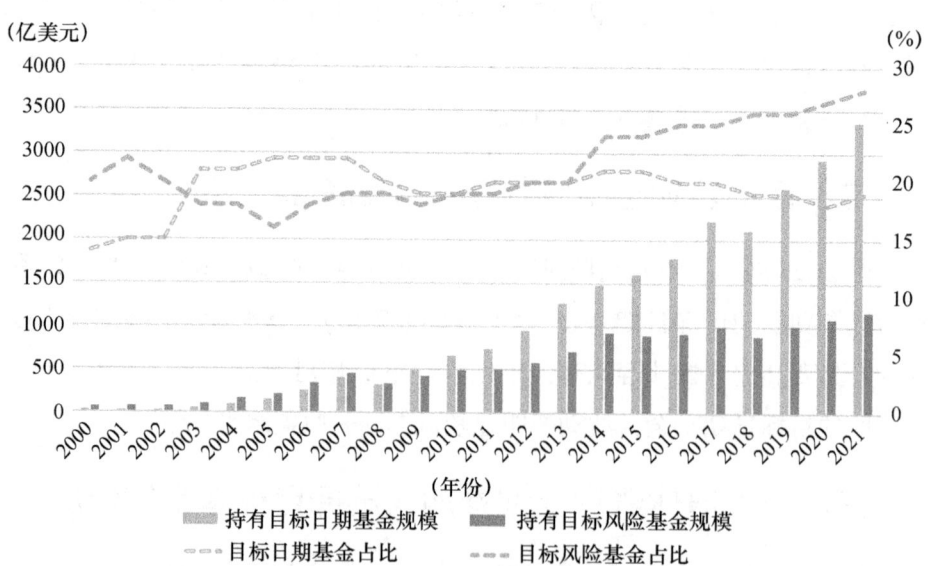

图 2-25　IRA 计划参加人持有目标日期基金和目标风险基金的规模和占比

资料来源：ICI, The US Retirement Market, Second Quarter 2022.

表2-10 不同年龄段投资各类型基金的比例

%

年龄段	权益及权益基金	平衡基金权益部分		平衡基金非权益部分		债券及债券基金	货币市场基金	其他投资	权益合计
		目标日期	非目标日期	目标日期	非目标日期				
18~29岁	51.1	16.5	4.8	2.5	3.6	4.4	9.7	7.4	72.4
30~39岁	54.6	21.8	4.7	3.4	3.5	4.7	5.0	2.3	81.1
40~49岁	58.9	15.2	5.4	3.7	4.0	7.2	4.7	0.9	79.5
50~59岁	57.0	8.5	7.0	4.6	5.3	11.5	5.6	0.5	72.6
60~69岁	48.6	4.4	8.9	4.7	6.6	19.4	7.0	0.4	61.9
70岁以上	48.2	1.9	10.0	3.1	7.5	22.3	6.6	0.4	60.1
全部	51.1	5.6	8.6	4.0	6.4	17.5	6.3	0.5	65.3

资料来源：ICI, Traditional IRA investors' activity 2018.

美国 IRA 计划参加人选择的目标日期基金，其到期日基本与预期退休年龄对应。比如 20~29 岁年龄段的人群，选择 2055—2065 年到期的目标日期基金（见图 2-26）。

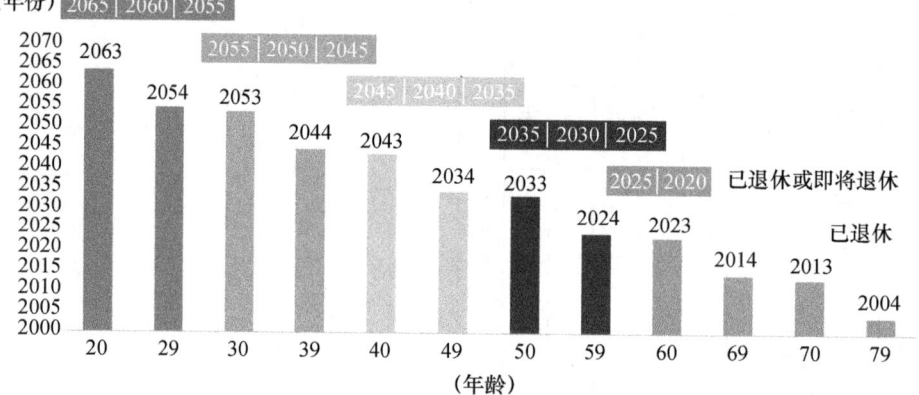

图 2-26　2018 年年底 IRA 计划参加人持有目标日期产品的年龄分布
资料来源：ICI，Traditional IRA investors' activity 2018.

第九节　个人退休账户计划参加人广泛使用投资顾问服务

为解决 IRA 计划参加人选择产品的难题，金融机构除了提供标准化的目标基金产品，还广泛提供养老投资顾问服务。有 75% 的 IRA 计划参加人通过专业投资机构建立 IRA，选择金融产品（见图 2-27）。其中全牌照经纪公司以及独立的财务顾问事务所占主导，分别占 34% 和 28%。IRA 计划参加人也通过银行或储蓄机构（21%）和共同基金公司（20%）建立账户并选择产品。

IRA 计划参加人在确定个人养老金的资产配置策略时，最主要的咨询方是专业的财务顾问，占所有参加人的 78%，而且有 70% 的参加人将其作为咨询的第一选择（见图 2-28）。与标准化配置策略的目标基金相比，养老投资顾问会根据个人资产负债情况、主客观风险承受能

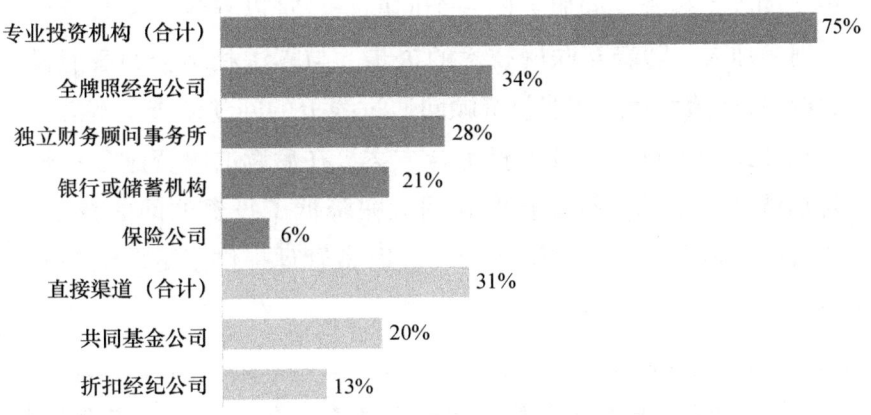

图 2-27　IRA 计划养老投资顾问服务的渠道分布

资料来源：ICI, The Role of IRAs in US Households'Saving for Retirement, 2021.

力、预期退休日期、预期退休生活水平及节税等个性化需求，设计个性化的资产配置方案。这降低了个人选择产品的难度，还提升了投资目标的精细度与匹配度。美国很多共同基金在提供个人养老金产品的同时增加了投资顾问服务，为 IRA 计划参加人提供细致、全面、长周期的"一站式"服务。

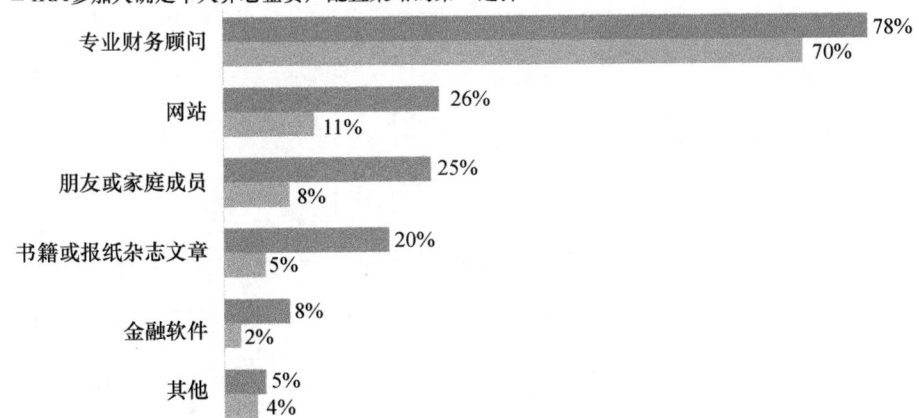

图 2-28　IRA 计划参加人确定资产配置策略的咨询渠道

资料来源：ICI, The Role of IRAs in US Households' Saving for Retirement, 2021.

传统的人工投资顾问服务的一个问题是，难以有效覆盖数量众多的 IRA 计划参加人。随着互联网技术的进步，与算法相结合的智能投资顾问于 2008 年开始萌芽。智能投资顾问通过线上的问卷调查了解客户，通过算法和数据分析自动生成投资组合方案，在后续的投资过程中长期陪伴并自动调仓再平衡。智能投资顾问大幅降低了投资顾问的技术门槛，扩大了人群的覆盖范围，为退休养老的财富管理提供了更广泛易得的普惠性服务。

> 总体来看，美国三支柱养老保险体系比较完备，养老金储备比较充裕。但美国养老金也有一些结构性的问题。IRA 计划发展近 50 年，对美国家庭的总体覆盖率也刚超过 1/3，真正缴费的比例更只有 13%，覆盖率还是比较低的。而且中高收入人群参加率高于低收入人群。如何进一步提高个人养老金的覆盖率，充分满足不同层次人群的养老需求，美国也还需要持续探索。

第三章
加拿大个人养老金

第一节　加拿大已进入人口深度老龄化阶段

一、加拿大较早进入老龄化社会

早在1951年加拿大就进入了老龄化社会,到1995年达到了经合组织国家平均老龄化水平,2010年进入深度老龄化社会,逐渐接近高收入国家的老龄化程度,老龄化有加速趋势。2021年年底加拿大65岁及以上人口比例达到18.56%,略低于高收入国家平均水平(见图3-1)。

二、加拿大三支柱养老保险体系

加拿大三支柱养老保险体系总体框架如下:第一支柱为老年收入保

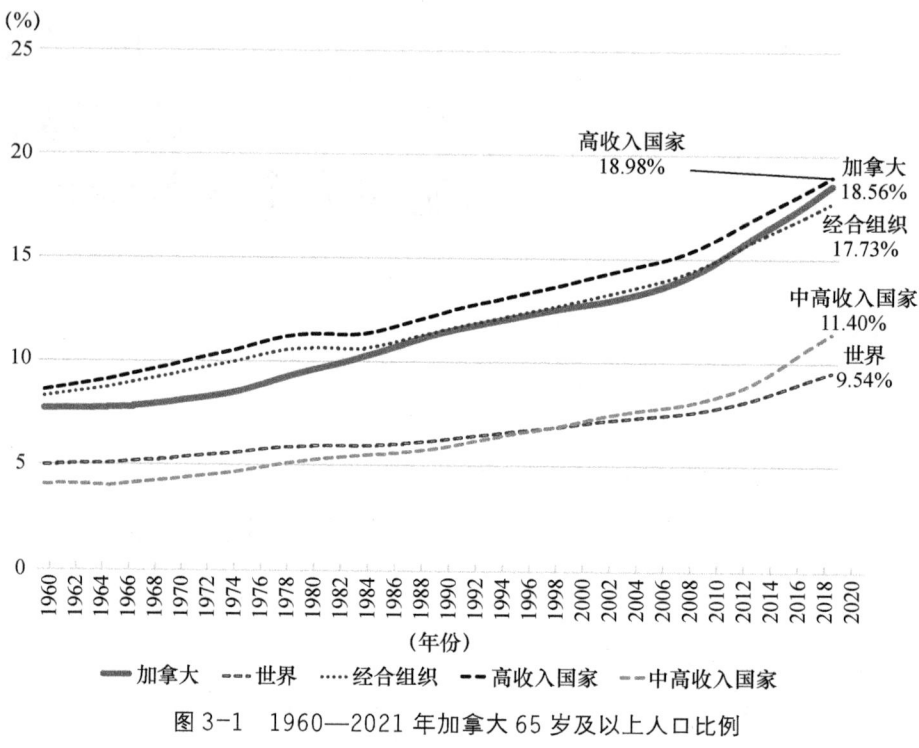

图 3-1　1960—2021 年加拿大 65 岁及以上人口比例

资料来源：世界银行，作者制图。

障计划、老年收入保障补贴以及加拿大养老金计划；第二支柱为注册养老金计划和雇主储蓄计划；第三支柱为注册退休储蓄计划及免税储蓄和投资账户（见图 3-2）。

到 2020 年年底，加拿大的养老金替代率为 63.3%，明显高于经合组织国家平均水平，在发达国家中属于养老保障比较充足的。当然，这也有赖于加拿大独特的资源禀赋和较少的人口数量，是世界上很多国家无法简单模仿的。

三、加拿大家庭资产较为充足

根据加拿大统计局的统计数据，截至 2022 年 6 月底，加拿大居民家庭资产平均为 111.3 万加元，其中金融资产和非金融资产比较均衡。金融资产户均 54.4 万加元，非金融资产户均 56.9 万加元（主要由房地产

第三章 加拿大个人养老金 · 59

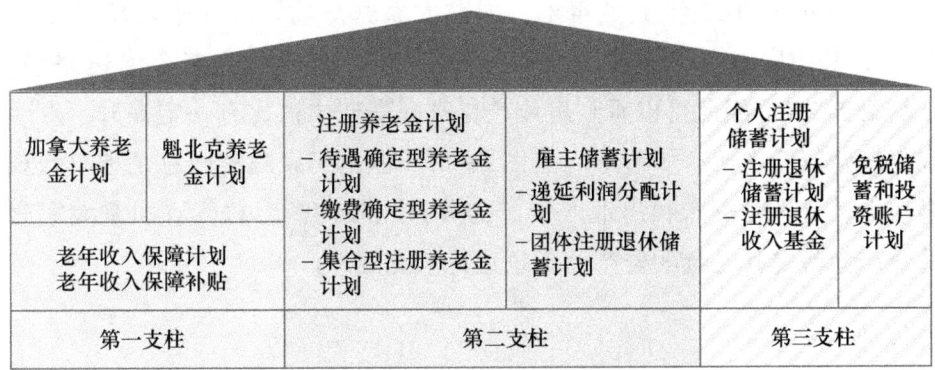

图 3-2 加拿大三支柱养老保险体系

资料来源：作者根据相关资料整理。

构成）。家庭金融资产中，户均寿险和私人养老金资产18.2万加元，低于其他金融资产（36.2万加元）。

自2010年以来，加拿大家庭金融资产总额从8.62万亿加元增长到18.01万亿加元，其中寿险和养老金资产从1.65万亿加元增长到2.95万亿加元（见图3-3）。

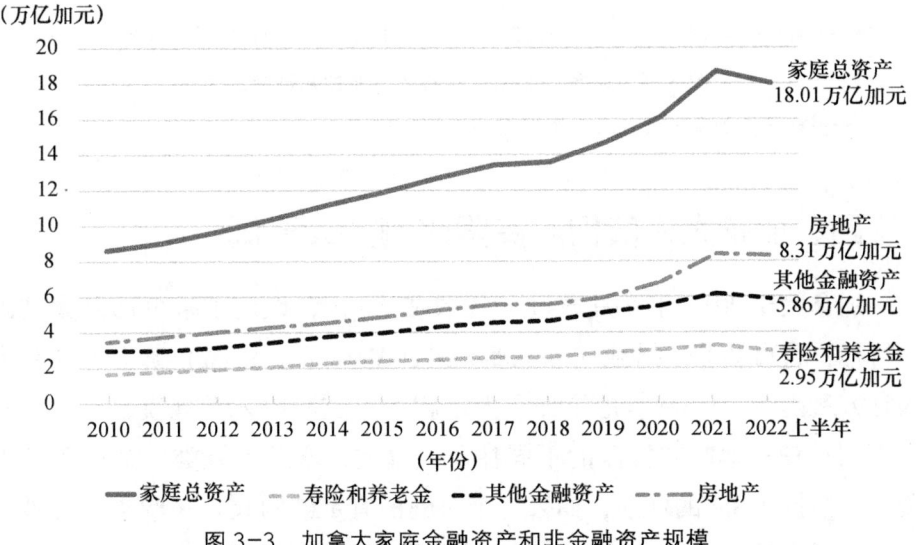

图 3-3 加拿大家庭金融资产和非金融资产规模

资料来源：加拿大统计局，家庭经济账户分布。

2010年至2022年上半年末,加拿大家庭户均资产年平均增长率为6.6%,其中房地产年均增速较快,为7.9%,寿险和养老金增速略慢,年均为5.2%,因此可以看到房地产在家庭资产中占比有一定提升,寿险和养老金资产占比有所下降(见图3-4)。但由于家庭资产总量和户均规模较大,且金融资产和房地产资产的分布比较均衡,总体看加拿大家庭的资产储备尤其是金融资产储备还是比较充足的。

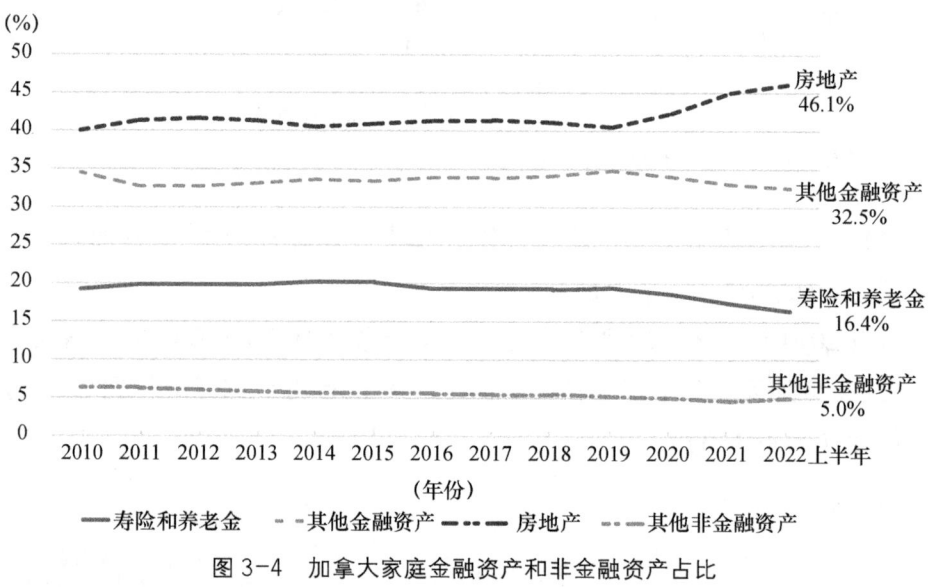

图3-4 加拿大家庭金融资产和非金融资产占比

资料来源:加拿大统计局,家庭经济账户分布。

四、加拿大人口相对贫困比例持续降低

加拿大于2019年6月通过了《减贫法》,它设定了减少加拿大贫困的目标,将市场篮子措施(Market Basket Measure,MBM)确立为加拿大的官方贫困线。MBM考虑了加拿大家庭的可支配收入和规模,以及加拿大53个MBM地区和社区的不同住所、食物、衣服、鞋类、交通和其他费用。根据MBM的标准,如果一个家庭没有足够的收入来购买一套被认为代表适度基本生活水平的商品和服务,则被认为是贫困的。

根据加拿大统计局的调查数据,2015年以来,各年龄段的人员相对

贫困率都在降低，其中65岁及以上老年人的相对贫困率大幅度低于18岁以下和18~64岁人口，而且在2020年进一步降低到3.1%。这无疑说明加拿大对老年人的养老保障是比较充足的（见图3-5）。

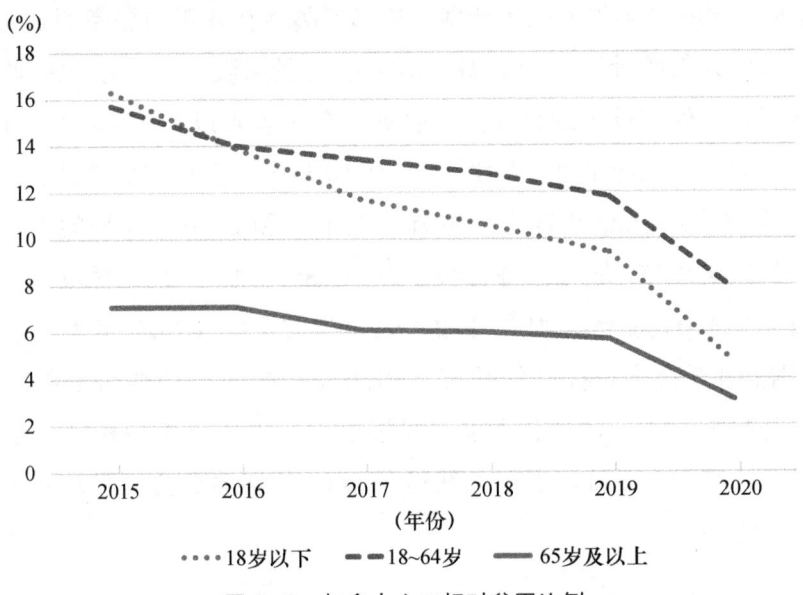

图3-5　加拿大人口相对贫困比例

资料来源：加拿大统计局。

注：按年龄分列的低收入统计，基于2018年MBM标准。

第二节　降低老年贫困的养老保险第一支柱

加拿大养老保险第一支柱包括三大养老金计划：老年收入保障（OAS）计划、老年收入保障补贴（GIS）以及加拿大养老金计划（CPP，在魁北克名为QPP）。

一、老年收入保障计划

老年收入保障计划是每月支付给65岁及以上的加拿大人的养老金，领取人必须在加拿大有合法的身份并满足居住要求。如果居住在加拿大，必须在申请获得批准时为加拿大公民或合法居民，且 18 岁以后在加拿大居住了至少 10 年。如果居住在加拿大境外，需离开加拿大前一天是加拿大公民或合法居民，且 18 岁以后在加拿大居住了至少 20 年。从 2023 年 4 月开始，领取老年收入保障计划的资格年龄将在 6 年内提高到 67 岁。

老年收入保障计划无须缴费，由加拿大联邦政府的一般税收收入资助。老年收入保障计划的领取金额取决于个人收入以及 18 岁之后在加拿大居住的时间，每年 1 月、4 月、7 月和 10 月政府根据居民消费价格指数（CPI）调整。以 2022 年四季度的标准为例，领取 OAS 计划的人的年收入必须低于 129 757 加元，每月最多领取 685.5 加元（75 岁及以上老年人为每月 754.05 加元）。如果年收入超过门槛金额（2022 年为 81 761 加元），则需在最高支付标准的基础上扣减（扣减超过门槛金额的 15%）。需要注意的是，OAS 计划收入也需要按个人所得税标准纳税。截至 2022 年 3 月底，有 689.3 万名老年人获得了 OAS 计划养老金，平均每月领取 558.8 加元。①

二、老年收入保障补贴

老年收入保障补贴是每月支付给低收入的 OAS 计划领取人，这项补贴也无须缴费，而且是免税的。要获得 GIS 的支付，申请人必须住在加拿大，必须是合法的加拿大居民并且在联邦个人所得税申报时净收入满足年度收入测试。老年人从 65 岁起即可享受 GIS 的支付（与 OAS 计划一样领取该计划的资格年龄将提高到 67 岁）。收到的 GIS 金额取决于婚姻状况和收入，例如单身或离婚或寡居人士的年收入上限为 20 784 加元，已婚但配偶没有领取 OAS 计划的年收入上限为 49 824 加元，每月可以领取 1 023.88 加元（均为 2022 年四季度标准）。截至 2022 年 3 月底，有 220 万老年人获得了 GIS 支付，平均每月领取 530.6 加元。但由于收入超过最低标准的因素，其中只有 6.9% 的老年人可以获得全额 GIS 补贴。②

---

① 加拿大就业和社会发展部数据。
② 加拿大就业和社会发展部数据。

三、加拿大养老金计划

加拿大养老金计划面向年满 18 岁并在魁北克省以外的加拿大地区工作,且年收入超过最低金额(每年 3 500 加元)的人。缴费比例为 9.9%,雇主和雇员各承担一半(自雇人士承担全部缴费)。缴费基数最低为每年 3 500 加元,上限根据加拿大平均工资的增长在每年年初设定(2022 年为 64 900 加元)。养老金开始发放时,CPP 的缴费结束,因此缴费年龄最晚可以到 70 周岁。加拿大从 2019 年 1 月 1 日开始实施 CPP 增强计划,分 7 年逐步增加缴费比例,到 2023 年增加到 2%,仍由雇主和雇员平均分担。CPP 增强计划的目标是使养老金替代率从原来的 25% 提升到 33%。

领取 CPP 的条件是年满 60 岁且至少有过一次有效的 CPP 缴费。每月的领取金额取决于雇员整个工作生涯的平均收入、CPP 缴费以及开始领取的年龄。领取养老金的标准年龄为 65 岁,最小年龄为 60 岁,最晚年龄为 70 岁。CPP 养老金每年根据居民消费价格指数(CPI)即生活费用的增加而增加。按照 2022 年 7 月的标准,65 岁开始领取养老金的老年人,每月最高可以获得 1 253.59 加元。如果在 65 岁之前领取 CPP 养老金,每月所支付的金额要减去 65 岁之前开始领取的月数乘以 0.6%。但如果选择 65 岁之后再领取养老金,每延迟一个月将增加 0.7% 的养老金。CPP 养老金也是应税收入。截至 2022 年 3 月底,有 565.4 万人领取 CPP 养老金,平均每人每月领取 617 加元。① 魁北克养老金计划与 CPP 非常类似,就不具体介绍了。

说起加拿大养老金计划,其在 1997 年的改革是非常成功的。为此负责管理加拿大养老金的公司还专门出版了一本书,名为《拯救未来:加拿大养老金 1997 改革纪实》。加拿大在 20 世纪 90 年代面临人口老龄化危机,加拿大养老金可能很快就收不抵支、资金枯竭。为了解决这个问题,加拿大对 CPP 实施了一揽子改革方案,瞄准未来 75 年,确保加拿大养老

---

① 加拿大就业和社会发展部数据。

金可持续发展。到 2022 年 9 月底，CPP 基金规模已经达到 5 290 亿加元，过去 10 年间累计净收入 3 030 亿加元，年均收益率达到 10.1%。[①] 自 2014 年起，加拿大养老金的规模就超过了精算假设所需规模。到 21 世纪末，投资收益的目标都是维持 CPP 的支付能力。

第三节　种类繁多的养老保险第二支柱

1985 年加拿大通过了《养老金福利标准法》（PBSA）和《养老金福利标准条例》（PBSR），启动了适用于加拿大联邦监管的私人养老金计划。雇主支持的养老金计划通常称为注册养老金计划（RPP），包括三种：待遇确定型养老金计划（DBPP）、缴费确定型养老金计划（DCPP）以及集合型注册养老金计划（PRPP）。另外还有两种雇主储蓄计划与养老金相关，包括递延利润分配计划（DPSP）和团体注册退休储蓄计划（GRRSP）。

一、注册养老金计划

注册养老金计划的发起人通常是雇主，公共部门和私营部门的雇主均可，受联邦监管的雇主在加拿大联邦注册养老金计划，其他私营部门的雇主向其省级养老金管理人注册。参加注册养老金计划的雇员，在规定的退休年龄之前无法提取，除非某些特殊情况，如经济困难或预期寿命缩短（通常定义为两年或更短），或者账户余额很低。

RPP 有两个阶段：储蓄阶段和领取阶段。在储蓄阶段，由于雇员可能会在不同公司工作，因此，雇员可以选择将养老金留在其前雇主的 RPP 中，也可以将养老金转移到新雇主的 RPP 中。如果新雇主没有 RPP，雇员也可以将养老金转移到金融机构的保留账户中，或者直接使用养老金余额购买寿险公司的延期年金产品。需要注意 DBPP 的资金不

[①] 加拿大养老金投资管理公司数据。

能转移。

领取待遇的年龄不能晚于雇员年满 71 岁的年底，这时储蓄阶段即转换为领取阶段。领取阶段必须是定期或终身领取，可用的选项包括：终身收入基金（LIF）、锁定退休收入基金（LRIF）、注册退休收入基金（PRRIF）、限制性终身收入基金（RLIF）。

注册养老金计划包括以下三项计划。

（一）待遇确定型养老金计划

DBPP 的退休收入是预先设定、持续终身的，还有雇员死亡给付配偶的条款。待遇支付标准通常按以下三种方式之一计算：按最后平均收入、按职业平均收入或按每年固定金额，并且通常随着生活成本指数的调整而增加。DBPP 的成员不能做任何投资决策，而由计划发起人选择投资，以保证在退休时承诺的养老金水平。DBPP 以团体为基础向雇员提供，也可以为企业主和董事单独设置，这样的计划被称为个人养老金计划（IPP）。

DBPP 可以为企业的所有雇员或某类雇员创建一个计划。连续服务两年的全职雇员均有资格加入计划，兼职雇员在工作 24 个月后，如满足最低工作时间或收入标准的，也有资格加入。DBPP 主要由雇主缴费，雇员也可以做自愿性缴费（AVC），自愿性缴费存放在由 DCPP 构成的账户，由雇员做投资决定，这种两层计划称为"组合计划"或"混合计划"。

DBPP 的成员可以选择在退休时或停止就业时领取养老金的折算价值，折算值是由精算师根据许多因素计算得出的，如利率和雇员年龄。折算值一旦锁定，总额必须转移到另一个储蓄阶段的账户。DBPP 成员死亡后，其配偶有权获得至少 60% 的养老金。如果不是配偶，则受益人可能会收到一笔一次性折算退休金。

（二）缴费确定型养老金计划

DCPP 也称为"货币购买计划"（MPP）。支付给 DCPP 成员的退休金完全基于缴费和计划中累积的投资收益，雇主对支付的养老金数额没有任何承诺。DCPP 的成员自主决定 DCPP 内的资金如何投资，当然也会有默认投资选项。

雇主可以要求全职雇员加入其 DCPP 计划，或者让雇员决定是否加入。兼职雇员也可能有资格加入，可能需要满足与 DBPP 相同的资格要求。雇主和雇员都可以向 DCPP 缴费。雇主有最少缴费要求，雇员的缴费不是强制性的，但不允许额外的自愿捐款。

雇员退休时 DCPP 资金必须转移到保留账户中，如果退休人员尚未准备好开始领取养老金，他可以继续在保留账户中。如果他准备开始领取养老金，则必须将其养老金账户价值转移到定期收入基金或人寿年金中。

（三）集合型注册养老金计划

PRPP 是 DCPP 养老金计划的一种。在魁北克，如果雇主有 5 名或以上雇员，并且不提供注册养老金计划，则必须实施 PRPP。该养老金计划由雇主之外的第三方负责运营管理，提供 PRPP 的投资选项，雇员选择其中的投资方式。

PRPP 的雇主和雇员缴费都不是强制性的，年度缴费的最高限额等于 RRSP 的缴费限额。也可以通过 RRSP 或 DPSP 向 PRPP 进行转账。目的是为那些不是 RPP 或雇主储蓄计划（例如 GRRSP）成员的人提供低成本的退休储蓄计划。

全职雇员立即有资格加入 PRPP。兼职雇员在完成连续工作 24 个月后可以加入 PRPP。当他们有资格时，即自动注册 PRPP。如果雇员不希望加入 PRPP，则必须在收到注册通知后 60 天内选择退出。

二、雇主储蓄计划

雇主储蓄计划包括递延利润分配计划（DPSP）、团体注册退休储蓄计划（GRRSP）等。雇主储蓄计划不是严格意义上的养老金计划，没有锁定资金的规定，也不受养老金立法和标准的约束，但其缴费会影响雇员的可用 RRSP 额度。

DPSP 是由雇员提供的,与该计划成员的雇员分享业务利润。DPSP 的发起人决定哪些雇员符合计划成员资格,但雇主的重大股东及其直系亲属没有资格获得。缴费仅由雇主提供,没有最低缴费要求,缴费上限为雇员年薪的18%或DCPP限额的50%(以较小者为准)。最多两年即归属于雇员。缴费会减少雇员可用的 RRSP 缴费额度,而且所有缴费都按与正常收入相同的税率纳税。

GRRSP 除了由雇主提供以外,条款与 RRSP 相同,只是管理成本更低,投资选择也更少一些。GRRSP 由雇员缴费,雇主也可以缴费。雇员的缴费可为自己减税,雇主的缴费是雇员的应税收入。对 RRSP 和 GRRSP 的缴费不能超过个人该年度的 RRSP 扣除总限额。各类注册养老金计划的年度缴费限额见表3-1。

表 3-1　各类注册养老金计划的年度缴费限额表　　加元

年份	DCPP 限额	DBPP 限额	RRSP 限额	DPSP 限额
2023 年	31 560	3 506.67	30 780	15 780
2022 年	30 780	3 420.00	29 210	15 390
2021 年	29 210	3 245.56	27 830	14 605
2020 年	27 830	3 092.22	27 230	13 915
2019 年	27 230	3 025.56	26 500	13 615
2018 年	26 500	2 944.44	26 230	13 250
2017 年	26 230	2 914.44	26 010	13 115
2016 年	26 010	2 890.00	25 370	13 005
2015 年	25 370	2 818.89	24 930	12 685
2014 年	24 930	2 770.00	24 270	12 465

资料来源:加拿大税务局。

三、加拿大注册养老金计划规模和人数

2020 年加拿大 RPP 资产规模达到2.2万亿加元,比2019年增加近1 120亿加元。计划数量为 16 359 个,参加人数 659.3 万人,人均规模

33.4万加元。其中参加 DBPP 的人数最多，有442.6万人，占注册养老金计划参加人数的67.1%；参加 DCPP 的人数有121.5万人，占18.4%。2020年注册养老金计划的覆盖率（即 RPP 覆盖的所有雇员人数的比例）在2020年为39.7%，高于2019年的37.1%，主要原因是劳动力人数减少。①

第四节 自愿参加的养老保险第三支柱

注册储蓄计划是加拿大养老保险第三支柱，是参加人在加拿大税务局（CRA）注册的个人投资账户。只有在 CRA 注册才能使参加人获得税收优惠。注册储蓄计划适用于以下用途：退休、免税储蓄和投资、大专/大学学费、长期残疾的费用。后两者与养老无关，不在本书介绍的范围。

与 RPP 类似，个人注册储蓄计划也有两个阶段，注册退休储蓄计划（RRSP）为储蓄阶段，注册退休收入基金（RRIF）为领取阶段。

一、注册退休储蓄计划

RRSP 是一项自愿储蓄计划，旨在通过税收优惠鼓励退休储蓄。RRSP 共有三种类型的账户：托管账户仅限于投资担保投资证书（GIC）、共同基金和分离基金；自主账户的投资者有多种选择，包括托管账户的所有投资项目，以及股票、债券和交易型开放式指数基金（ETF）等；完全管理账户是由专业的投资经理创建和管理定制的投资组合。

RRSP 的资格和缴费。在年底前未满71岁的个人，均可向 RRSP 缴费。缴费比例为上年收入的18%，且不高于加拿大税务局公布的上限金额（2022年为30 780加元）。账户所有者未使用完上一年最大的缴费限额，可以结转至随后的几年。收入是指从工资和薪金、就业奖金、抚养费、租金中获得的收入和商业收入，不包括从投资或养老金获得的收入。

① 加拿大统计局数据。

个人的年度缴费限额可能会受以下因素影响：上一年度向 RPP 或 DPSP 缴费的金额、配偶的计划缴费。允许一次性超额缴费 2 000 加元，但不可抵税。如果计划参加者超额缴费超过允许的 2 000 加元，超额缴费部分每月将被征收 1% 的罚款。如果资金是从 DPSP、GRRSP 或其他 RRSP 转移到 RRSP 的，转移不视为缴费。

RRSP 配偶计划是指由配偶一方向另一方的 RRSP 缴费。该计划是通过将收入较高一方的一部分收入分配给收入较低的一方，从而减少夫妻二人个人所得税的总和。配偶计划的缴费以接受方的缴费限额为基础，并减少缴费方的 RRSP 缴费限额。如果接受方配偶比自己年轻，则配偶 RRSP 可以将缴费的税收优惠延长至 71 岁以上，直到年轻的配偶达到 71 岁的那一年。

RRSP 可享受以下税收优惠。可以从联邦和省级税前收入中扣除对 RRSP 账户的缴费，投资收益在领取之前不会被征税。开立 RRSP 账户的用户还可以免税提取账户资金，用于房屋购买计划（Home Buyer's Plan，HBP）和终身学习计划（Lifelong Learning Plan，LLP）。HBP 用于购买或建造个人或相关残疾人的首套房屋；LLP 用于资助成年人或其配偶进行全日制教育或培训。两项计划均限制了可提取的金额，并规定了使用资金和还款的条件。如果未按照计划条款还款，会被计入应税收入作为罚款。

RRSP 参加人可以随时从 RRSP 提款。但管理账户的金融机构有义务扣留部分提款税，实际税款可能大于预扣税，余额将在提交纳税申报单时计算。

RRSP 参加人在年满 71 岁时，必须将资金转移到继续延税的账户，也可以提取 RRSP 并为所得纳税。可转移的选项包括 RRIF 账户，RRSP 中的投资可以不变现转移到 RRIF。

到 2020 年年底，加拿大参加 RRSP 的人数为 620 万人，占纳税人总数的 22.3%。资产规模 1.45 万亿加元，人均积累 23.4 万加元。

二、注册退休收入基金

RRIF 的目的是支付养老金（可以在退休前开始支付），RRIF 继续在 RRSP 账户上递延纳税。RRIF 中提供与 RRSP 相同的投资选项，并由账户持有人决定投资内容。但 RRIF 账户持有人必须每年最少从其账户中提款一次，并被纳入个人收入征税。超过最低提款额会有预提税。最低提款额是随着年龄增长而增加的账户价值的百分比。可以根据年龄较小的配偶百分比来提款，这样可以使账户持续更长的时间（从而延税时间更长）。

最低提款不必以现金形式。从 RRSP 转入 RRIF 的资金，还可以继续非变现转移到非注册投资账户或免税储蓄账户，这样在纳税完成后，后续在上述账户中的投资可以享受投资收益免税。

三、免税储蓄和投资账户

免税储蓄和投资账户（TFSA）计划始于 2009 年，账户内的缴费已被征税，存入账户后的投资收益（例如资本收益）和提款都不征税。年龄在 18 岁或以上且具有有效社会保险号码的任何人都可以开设 TFSA。TFSA 非常适合那些从其他注册账户中提取储蓄的人，可以避免对后续的投资收益进一步征税。例如，对 RRIF 提款要征税。其账户持有人可能不需要一次性提取全部资金，如果资金存入非 TFSA 并获得投资收益，账户持有人将被征税；如果存入 TFSA，则无须再缴税。

TFSA 缴费的年度限额不是基于收入，因此没有工作的人也可以向 TFSA 缴费，而且可以结转任何一年未使用的缴费额。2009 年 TFSA 制度起步时的缴费上限为 5 000 加元，限额与通货膨胀挂钩，并四舍五入到最接近的 500 加元，到 2022 年 TFSA 缴费上限已提高到 6 000 加元。TFSA 有多种投资选择，类似于 RRSP，包括 GIC、股票、债券、共同基金和独立基金。

TFSA 可以随时提款，且提款后可以在次年及随后的任何年份重新将提取款项存回账户，不影响当年的最大缴费额，提款无须缴税。通过

TFSA 获得的收入和从账户中提款不会影响个人获得福利资格，例如 OAS 计划和 GIS。

截至 2019 年缴费年度，加拿大参加 TFSA 计划的人数达到 1 530.4 万人，人均 TFSA1.5 个，总规模 3 502 亿加元，人均 2.3 万加元。

加拿大养老保险三支柱的积累规模都在持续增长。截至 2021 年年底，第一支柱加拿大养老金和魁北克养老金（公共养老金）规模合计 0.66 万亿加元（OAS 计划和 GIS 资金来源为税收，非积累制），第二支柱雇主支持的养老金（企业养老金）规模 2.54 万亿加元，第三支柱个人养老金规模 1.67 万亿加元。从绝对规模看，第二支柱最大，第三支柱次之；第二支柱与第三支柱规模较大，也提升了加拿大养老保险体系的充足度。但从 2012—2021 年的年均增速看，第一支柱年均增速最快，为 15.4%，其次是第三支柱的 6.7%，第二支柱增速最慢，为 5.3%。这也是因为第一支柱是强制性的，而且加拿大 2019 年又推出了增强计划，提高了缴费比例；而第二支柱与第三支柱是自愿性质的，规模增速自然比第一支柱慢一些。第二支柱与第三支柱的增速差异，可能是第二支柱可以向第三支柱转账所致。加拿大三支柱养老金的历年规模（见图 3-6）。

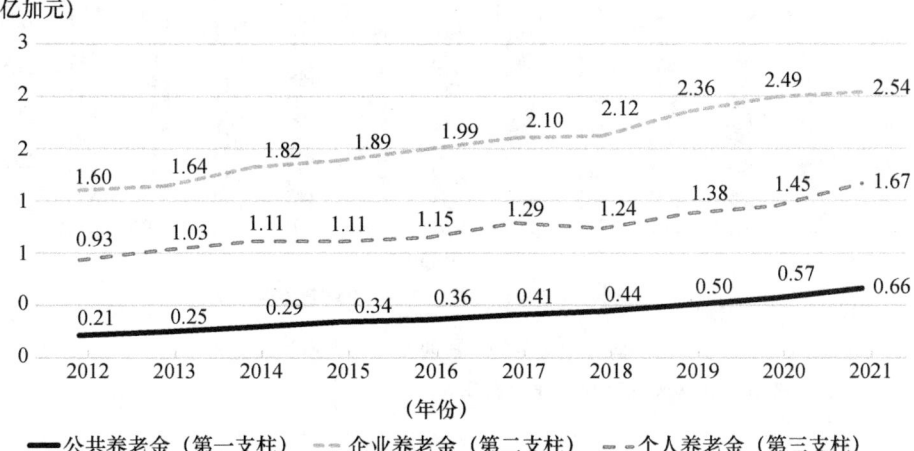

图 3-6 加拿大三支柱养老金的历年规模

资料来源：加拿大统计局，作者制图。

第五节 个人养老金的参加情况

一、注册退休储蓄计划的参加人数

RRSP 的参加人数，除了 2016 年、2019 年两个年份外，人数都在增长，2019 年的下降是受到新冠肺炎疫情的影响。从缴费人数占纳税人数的比例看，2010 年以来覆盖率却一直在下降，2020 年覆盖率的上升，一方面是 RRSP 缴费人数创了新高，另一方面也受工作人口数量下降的影响（见图 3-7）。

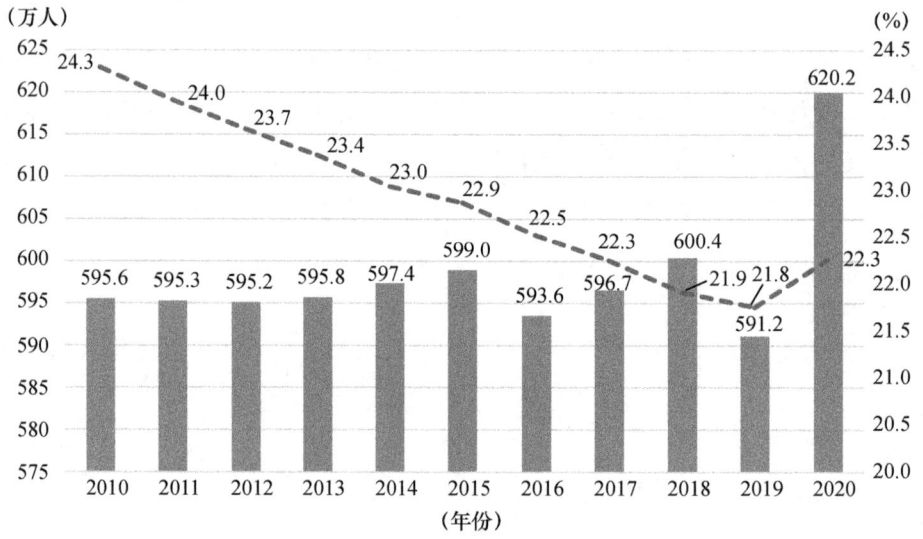

图 3-7　RRSP 参加人数和覆盖率

资料来源：加拿大统计局，作者制图。

二、注册退休储蓄计划的缴费金额

RRSP 缴费金额自 2010 年以来缓慢提高，从人均 2 790 加元提高到

3 600加元。但从性别来看，男性缴费金额明显高于女性（见图3-8）。

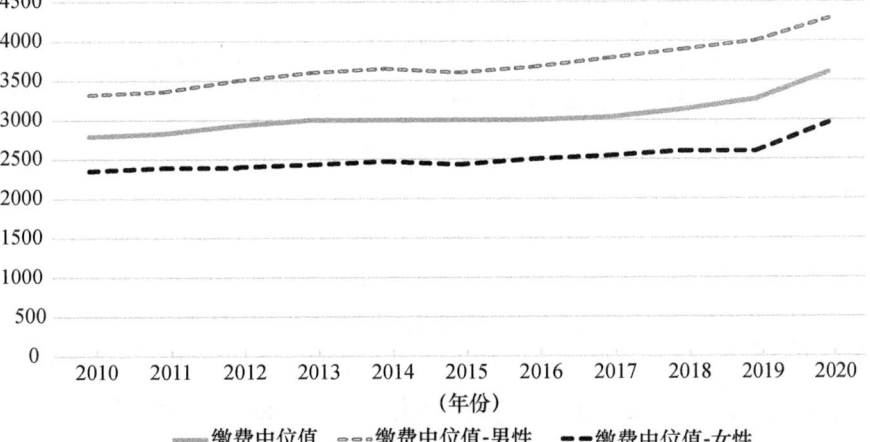

图3-8　RRSP缴费中位值

资料来源：加拿大统计局，作者制图。

三、不同年龄段人员参加注册退休储蓄计划的情况

从不同年龄段人员参加RRSP的比例看，24岁以下雇员参加率最低，多年来一直在3%左右。25~34岁年龄段雇员，参加率不足20%。35~44岁、45~54岁和55~64岁这三个年龄段人员参加率最高，2020年都在25%左右。但45~54岁年龄段参加率在逐年缓慢下降，35~44岁年龄段参加率保持稳定，55~64岁年龄段参加率有小幅提高。但到达退休年龄后，参加率又下降到6%，主要是转入领取阶段所致（见图3-9）。

四、不同收入水平人员参加注册退休储蓄计划的情况

不同收入水平的人员，RRSP参加率有明显差别。低收入人员（年收入小于2万加元）的参加率一直很低且在下降，从2010年的5%下降到2020年的2%。2万加元至4万加元（不含）收入人员的参加率有所提高，但也在逐年下降，从2010年的22%下降到2020年的12%。4万加元至6万加元（不含）收入人员的参加率比6万加元至8万加元（不含）

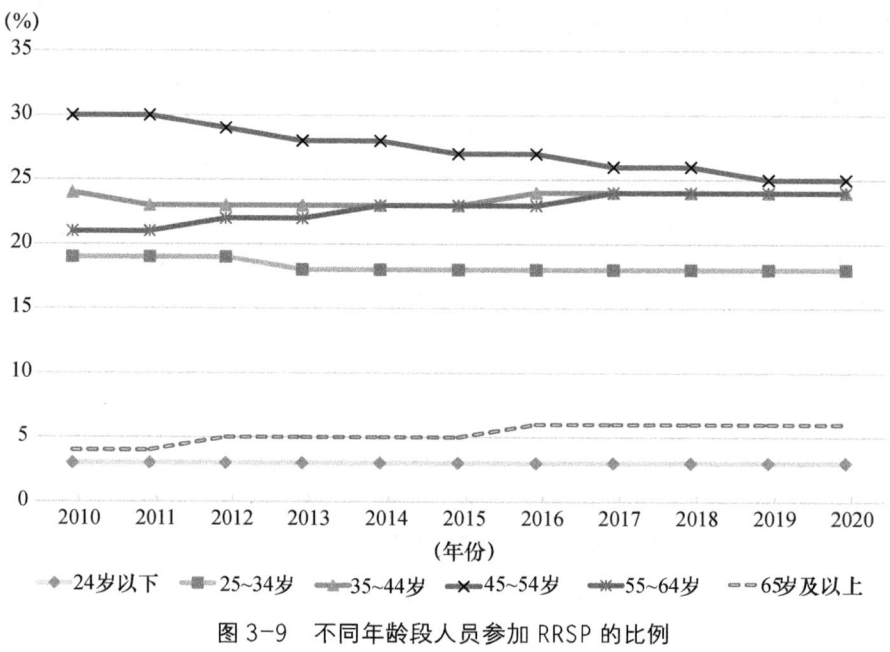

图 3-9　不同年龄段人员参加 RRSP 的比例

资料来源：加拿大统计局，作者制图。

收入人员要高一些，但也在逐年缓慢下降，而后者的参加率保持平稳。参加率最高的是高收入人员，8 万加元以上收入人员的参加率，自 2010 年以来一直在提高，从 27%增长到 2020 年的 44%（见图 3-10）。

五、免税储蓄和投资账户计划的参加情况

TFSA 计划参加人员以 25 岁以上人员为主，各个年龄段分布比较均衡，而且到 65 岁以后仍有很多人参加，作为养老金提取后持续投资的税收筹划工具。不同收入层次参加 TFSA 计划的人员，中等收入层次人数较多，较低收入和较高收入参加人数均较少。TFSA 的缴费和提取都比较频繁，平均每人每年缴费 15.4 次，提取 5.4 次，年度平均缴费和提取金额都在 8 100 加元左右。① 需要注意缴费金额超过了年度上限，这说明提取的金额较多，未使用的额度可以在随后继续缴费，这对个人来说比较灵活。

---

① 加拿大统计局数据。

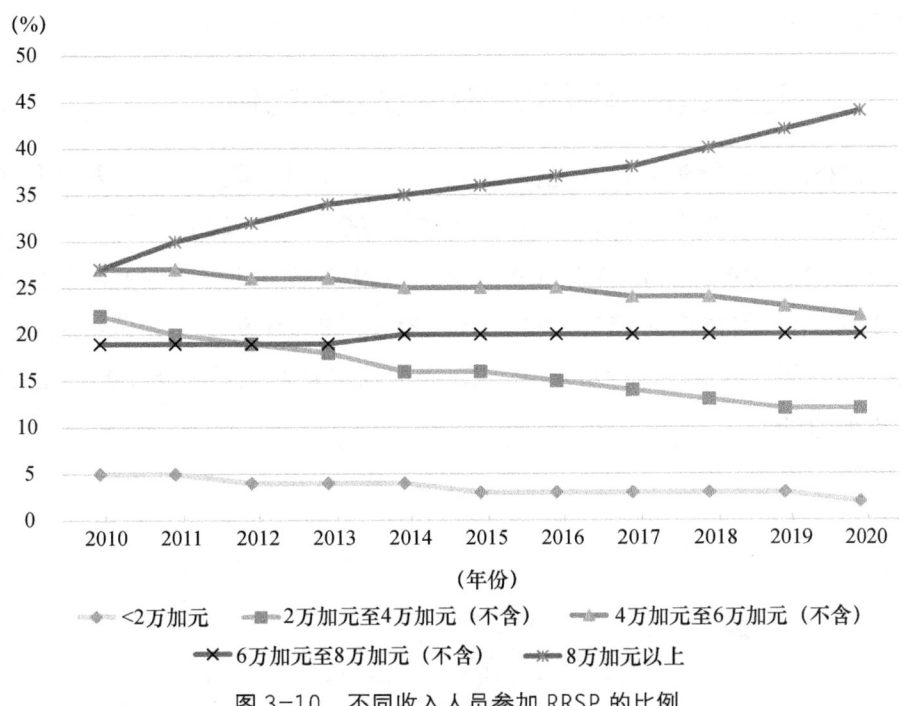

图 3-10　不同收入人员参加 RRSP 的比例

资料来源：加拿大统计局，作者制图。

第六节　个人养老金的投资情况

一、个人养老金的投资范围

注册退休储蓄计划（RRSP）、注册教育储蓄计划（RESP）、注册退休收入基金（RRIF）、注册残疾储蓄计划（RDSP）和免税储蓄和投资账户（TFSA）必须将其投资限制在合格投资上。以下是合格投资的常见类型：货币、担保投资保证和其他存款；大多数在指定证券交易所上市的证券，例如公司股份、认股权证和期权，以及交易所交易基金和房地产信托投资基金的单位；互惠基金和独立基金；加拿大储蓄债券和省级储蓄债券；在指定证券交易所上市的公司的债务义务；具有投资级评级的债务；保险抵押贷款或抵押。

二、注册退休储蓄计划投资收益率的估计

RRSP 历年投资收益率见图 3-11，按［（当年收益金额+资产估值调整）/年末年初平均资产金额］计算。2001 年以来的 20 年间，平均负收益次数为 4 次，相当于 20% 的年度亏损概率。其中亏损幅度最大的是 2008 年，收益率为 -17.37%，但紧随其后的 2009 年，又是年度收益最高的一年，收益率为 18.49%。20 年加权平均收益率为 6.59%，还是比较理想的。

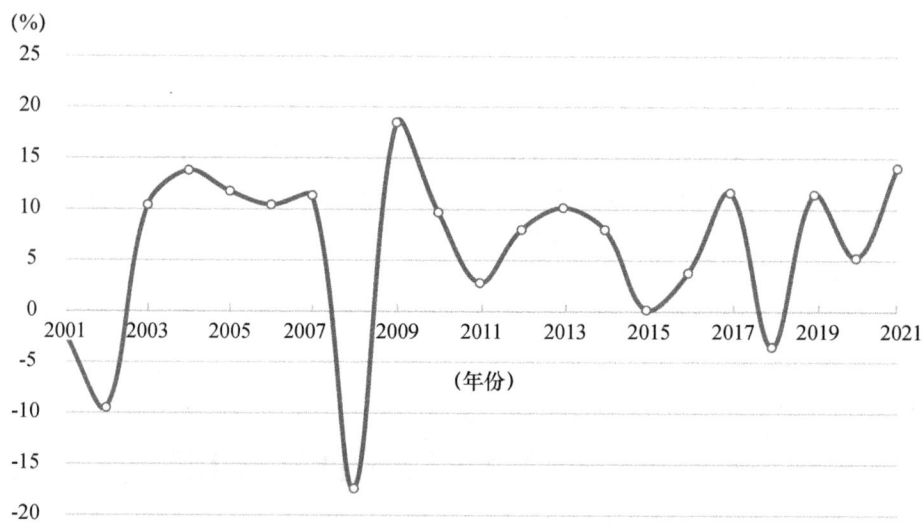

图 3-11 RRSP 年投资收益率

资料来源：加拿大统计局，作者计算并制图。

三、具体产品的投资收益率

以某加拿大资产管理公司产品的收益情况为例。权益、平衡和固定收益型产品过去 1 年、3 年、5 年、10 年年均收益率与收益率标准差见图 3-12。过去 1 年三大类产品收益率均为负值，但固定收益型产品亏损最大，达 -7.58%，这可能超出了很多人的认知。固定收益型产品实际上也会亏损，还可能大幅度亏损，这主要是因为美元持续大幅度加息，加

拿大作为紧靠美国的邻国，其债券收益也受到影响。

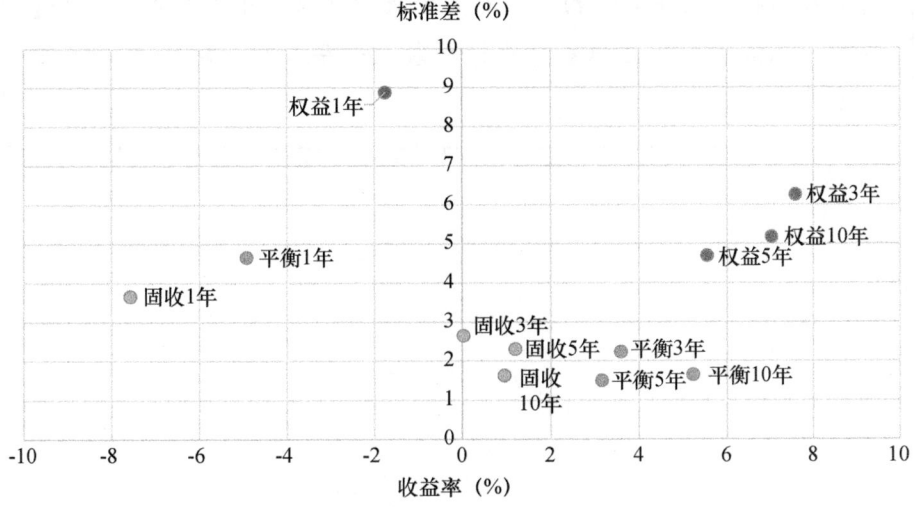

图 3-12　加拿大某资产管理公司三大类产品收益率和收益率标准差
（截至 2022 年 11 月底）

资料来源：https://www.agf.com/ca/en/index.jsp.

过去 3 年三大类产品平均收益均为正值，但固定收益型收益率刚刚超过 0，权益型收益率最高，达 7.59%，且标准差低于过去 1 年权益型标准差。平衡型处于两者之间。

过去 5 年和 10 年，固定收益型的平均收益率仅在 1% 左右，平衡型为 3%~5%，权益型为 5%~7%，标准差也随时间的延长而进一步下降，表明权益型产品收益率的确定性随着时间的增加而增加。养老金作为长期资金，长期持有权益型产品，也会获得较高的收益。

总的来看，加拿大是福利社会，对老年人的养老保障比较完善，老年人的贫困率也低于社会平均水平。但加拿大养老保险三支柱中，政府的公共养老金规模低于第二支柱与第三支柱养老金，其待遇水平也仅仅能够保障老年人的基本生活水平。同时，大部分加拿大人在进入退休年龄后，都会选择把住房卖掉，然后住进各种有福利补贴的养老机构,靠养老金及投资收益来支付养老费用。因此,充裕的养老金积累对维持加拿大老年人的生活水平是非常重要的。

第四章
英国个人养老金

第一节 英国很早就进入老龄化社会

一、英国进入老龄化社会的时间早在1960年之前

英国65岁及以上人口比例超过7%的年份早于1960年。到1975年，英国就进入了深度老龄化社会，65岁及以上人口比例超过14%。之后老龄化速度比较平稳，大约到了2008年，老龄化速度开始加快。到2021年年底，该比例已经接近19%，与高收入国家平均水平相当，高于经合组织国家平均水平（见图4-1）。

二、英国已建立三支柱养老保险体系

英国现代养老保险制度始建于20世纪40年代，当时规定可以领取

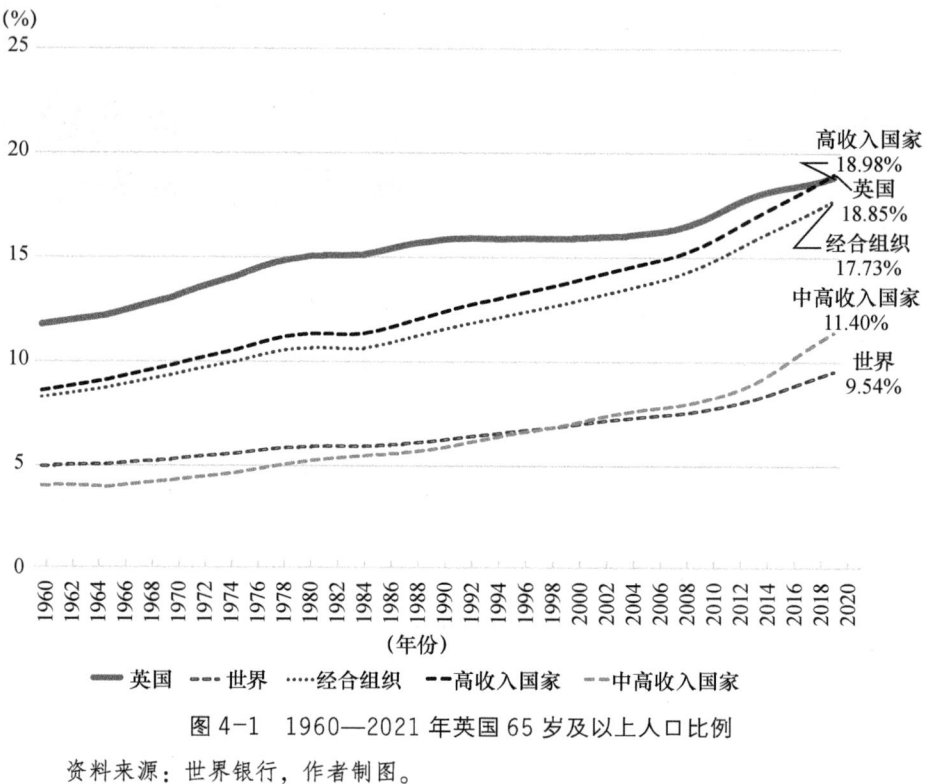

图 4-1 1960—2021 年英国 65 岁及以上人口比例

资料来源：世界银行，作者制图。

国家养老金的年龄为男性 65 岁、女性 60 岁。80 多年来，英国养老保险制度历经多次改革，形成了目前的三支柱体系。

第一支柱为国家养老金（the new State Pension，nSP）；第二支柱为职业养老金，其中职业养老金也包括了一部分个人养老金（雇员个人以合同形式与提供商签约），称为团体型个人养老金计划（Group Personal Pension Schemes），这部分并入第三支柱；第三支柱为个人养老金，包含团体型个人养老金计划和个人型个人养老金计划，以及个人储蓄账户（ISAs）计划，后者属于广义的个人养老金（见图 4-2）。

截至 2020 年年底，英国男性平均收入水平的总替代率（强制+自愿养老保险合计）为 49%，低于经合组织国家平均水平。根据英国统计局的调查，从退休后收入的期望来源来看，单位雇员最依赖职业或个人养老金，而自雇人士则比较分散，国家养老金、职业或个人养老金、储蓄

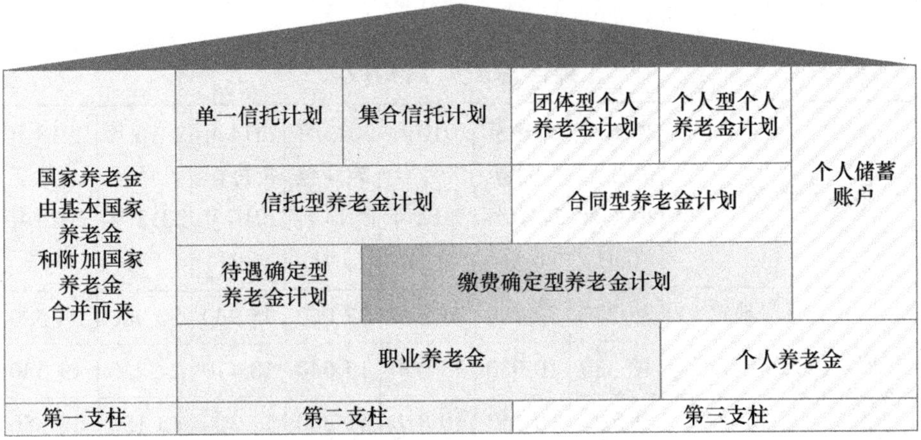

图 4-2 英国三支柱养老保险体系

资料来源:英国养老金政策研究所,作者制图。

投资性收入和财产性收入大致相当。这也体现第二支柱与第三支柱对自雇人士的保障力度相对不足(见表 4-1)。

表 4-1　　　　英国退休收入的期望来源调查　　　　　　　%

人员类型	国家养老金及相关待遇	职业或个人养老金	储蓄、投资、工作收入以及商务收入	财产
雇员	19	52	11	11
自雇人士	24	23	23	20

资料来源:英国统计局,英国退休储蓄报告。

三、私人养老金[①]已是英国家庭财富最主要的组成部分

根据英国统计局的调查,截至 2020 年 3 月底,英国私人养老金规模达 6.45 万亿英镑,居英国家庭财富的首位,占比达 42%。比 2006—2008 年调查的时间段提高了 8 个百分点。其次是家庭房地产财产,达 5.46 万亿英镑,占比 36%。金融资产只排第三位,为 1.93 万亿英镑,占 13%,

---

① 英国私人养老金包括职业养老金和个人养老金。

见表4-2。

表4-2　英国家庭财富构成

家庭资产类型		2006年7月至2008年6月	2008年7月至2010年6月	2010年7月至2012年6月	2012年7月至2014年6月	2014年7月至2016年6月	2016年4月至2018年3月	2018年4月至2020年3月
家庭资产规模/亿英镑	房地产	35 370	33 790	35 280	38 060	45 060	50 900	54 580
	金融资产	10 430	10 930	13 090	15 640	18 470	21 240	19 330
	实物资产	9 610	10 160	10 810	11 300	12 300	13 150	13 850
	私人养老金	28 860	34 590	35 300	43 850	53 500	60 980	64 450
	合计	84 260	89 460	94 480	108 860	129 340	146 280	152 210
家庭资产占比/%	房地产	42	38	37	35	35	35	36
	金融资产	12	12	14	14	14	15	13
	实物资产	11	11	11	10	10	9	9
	私人养老金	34	39	37	40	41	42	42
	合计	100	100	100	100	100	100	100

资料来源：英国统计局，英国居民财富报告。

注：数据汇总差异由四舍五入的误差导致。

第二节　待遇仅与缴费年限挂钩的养老保险第一支柱

一、国家养老金计划的沿革

英国国家养老金计划是2016年4月由基本国家养老金（basic State Pension, bSP）和附加国家养老金（Additional State Pension, ASP）合并而来。bSP可以理解为覆盖全民的基本养老保险；ASP经历过三个阶段：

1961—1975年的渐近式退休福利（Graduated Retirement Benefit，GRB），1978—2002年的收入相关养老金计划（State Earnings Related Pension Schemes，SERPS），以及2002—2016年的国家第二养老金（State Second Pension，S2P）。S2P目标人群是中低收入者以及看护长期病患或身体残疾者的从业人员，它的支付采用逐级递减的计发方式，向低收入者倾斜，实现对弱势群体的基本保障。2016年，bSP和S2P合并到新的统一的国家养老金计划（the new State Pension，nSP），但其过去的缴费情况会按一定规则纳入nSP中，并未直接清零。

英国国家养老金的覆盖率较高。在2018—2019年度，参加国家养老金的人数约3 576万人，占工作年龄人口的比例为86%，没有任何缴费或视同缴费的人数占14%，总体覆盖率还是比较高的。其中只有视同缴费的人群占11%，达443.7万人，这体现了国家养老金相当大的收入调节力度（见表4-3）。

表4-3　　　　英国国家养老金的覆盖率　　　　万人，%

人口分类	只有缴费	只有视同缴费	缴费和视同缴费均有	不足一年	没有任何缴费或视同缴费	工作年龄人口合计
男性	1 386.3	151.9	21.0	216.9	306.1	2 082.3
女性	1 237.9	291.8	68.3	201.7	285.2	2 084.8
合计	2 624.2	443.7	89.3	418.6	591.3	4 167.1
占工作年龄人口比例	63	11	2	10	14	100

资料来源：英国养老金政策研究所，2022年养老金情况报告。
注：数据为2018—2019年度调查数据。

二、国家养老金的缴费规定

整合后的nSP仍为现收现付制，其资金来自雇主和雇员缴纳的国民保险税。nSP目标是保障每个退休人士的最低生活标准，对整个社会财富的再分配力度非常大。任何人只要缴费年限数相同，无论个人缴费金额多少，都将领取同等水平的养老金。缴费（或视同缴费）年限满35年后，达到退休年龄就可以领取全额的国家养老金，金额为每周185.15英镑（2022—2023年标准）。可以领取的最低缴费年限是10年，领取金额按缴费年限与35年的比例折算。

国家养老金的缴费比例与雇员分类和收入相关。满足要求的缴费即为合格缴费年限，同时英国还可以认定28项豁免情况，符合其中标准的，即使不缴费也记为"视同缴费年限"（credit）。视同缴费的情形包括法定病假、法定产假、陪产假等。

正常缴费分为四种情形。第一类缴费人数占比最大，是雇主和雇员缴费，雇主15.05%，年满16岁的雇员缴纳13.25%（适用于高于起征标准但低于收入上限标准的部分，标准分别为190英镑/周、967英镑/周）和3.25%（适用于高于收入上限标准的部分）。雇员收入低于起征标准但高于最低收入标准（123英镑/周），无须缴费就可以获得视同缴费年限。值得一提的是，为了应对新冠肺炎疫情带来的卫生费用上涨，英国临时提高了缴费比例（1.25%），从2023年4月开始，这个1.25%还会成为单独的税种。

自雇人士有两种缴费情形，一种是与个人收入挂钩的缴费，另一种是与利润挂钩的缴费。无论是雇员还是自雇人士，都可以自愿追加缴费，以补足缴费年限。这三类缴费标准就不一一赘述了。

三、国家养老金的退休待遇

可以获得国家养老金的退休年龄在逐渐提高。2010年女性退休年龄从60岁提高到65岁，与男性统一。2018年，男性和女性退休年龄共同提高到66周岁（2020年达标），到2028年和2039年，退休年龄将被进一步提高到67和68周岁。

对低收入和低储蓄的退休人员提供补贴。该项补贴名为养老金补贴，对每周领取不足182.6英镑且储蓄金额较低的退休人员，提供保证补贴和/或储蓄补贴，使其退休收入高于182.6英镑/周。至2021年11月，此项补贴覆盖约140.3万人。

英国新的国家养老金制度 nSP 的引入，旨在统一国家经办的基本养老保险，通过高强度的收入调节，以保障所有退休人员的基本生活水平。统一后的 nSP，养老金替代率提高到 24.7%（2021年），之后年份逐步提升，到2050年预计达到26.9%。而如果 bSP 仍持续存在的话，其替代率会从2021年的18.9%缓慢提升到2050年的20.6%（见图4-3）。

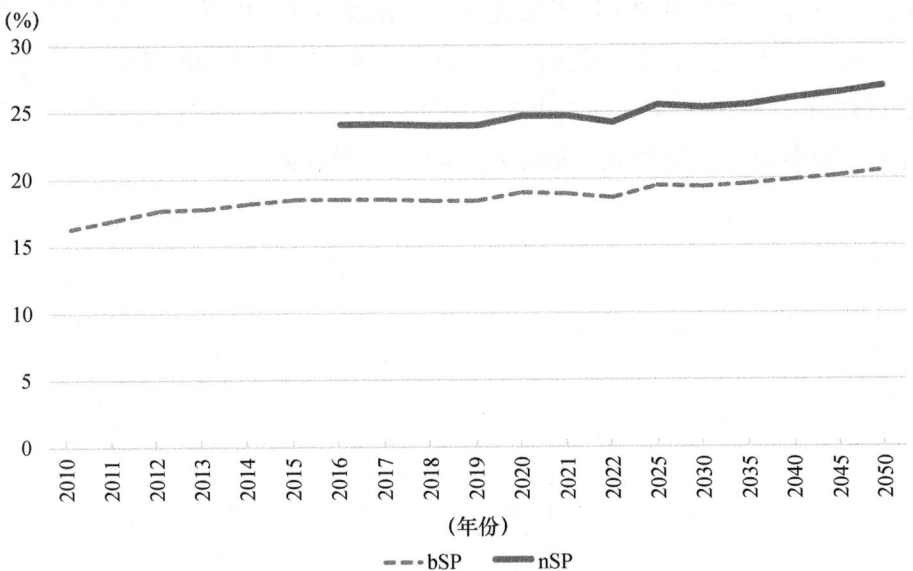

图 4-3 英国新旧国家养老金制度替代率对比和预测

资料来源：英国养老金政策研究所，作者制图。

注：2022年之后的数据为基于2021年的预测值。

第三节 涵盖待遇确定型、缴费确定型养老金计划的职业养老金

1973年，英国在《社会保障法案》中引入了职业养老金（Workplace Pension）。职业养老金是自愿性质的，由雇主为雇员提供，双方共同缴费，且缴费一般享有税收优惠。

一、职业养老金计划的模式

职业养老金计划可以分为待遇确定型（DB）养老金计划和缴费确定型（DC）养老金计划两种模式。参加 DB 养老金计划的主要是公共部门，到 2019 年底成员约有 660 万人。公共部门很少参加 DC 养老金计划，因为 DB 养老金计划的待遇承诺是由财政税收兜底的，有天然的保证；只有少量私营部门雇员参加 DB 养老金计划，成员约有 90 万人。私营部门主要参加 DC 养老金计划，成员约有 1 060 万人，是参加 DB 养老金计划人数的 12 倍（见图 4-4）。DC 养老金计划人数在 2013 年后急速上升，这得益于一项名为"自动加入"的制度，将在后文具体介绍。

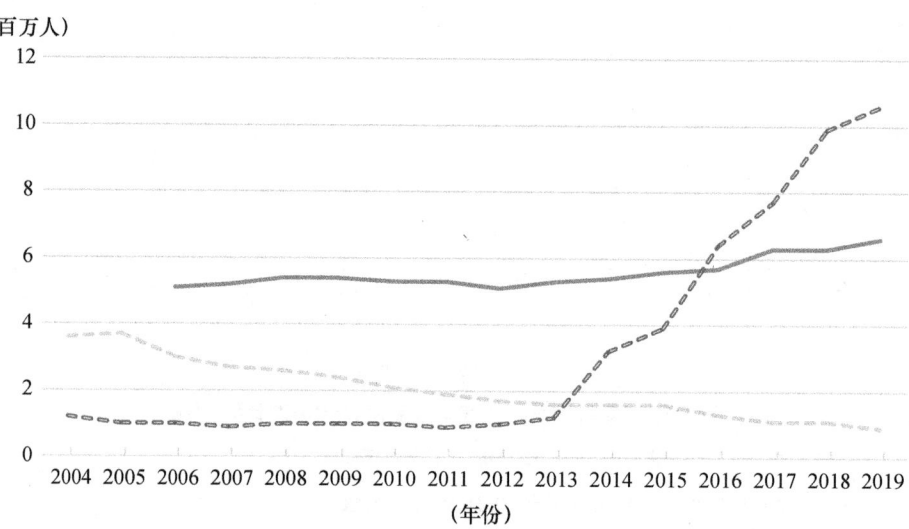

图 4-4　英国 DB 和 DC 养老金计划历年活跃成员数量

资料来源：英国统计局。

注：上述数据不含保留账户人数。

二、缴费确定型养老金计划涵盖了职业和个人养老金

DC 养老金计划涵盖了职业养老金和个人养老金，区分标准是信托型还是合同型。DC 养老金计划下的信托型养老金计划是由企业建立和运行

的，由受托人负责管理，对计划成员承担信托责任并进行投资管理。信托型养老金计划包括集合信托计划（Master Trust Schemes）和单一信托计划（DC Trust Schemes）两种。前者面对多个雇主开放，比如著名的NEST就是一种集合信托计划；后者的一个计划仅有一个雇主参加。集合信托计划的法律责任较重，数量较少，截至2022年年初，只有36个集合信托计划仍在运行。

职业养老金中的个人养老金都是合同型的，由雇员个人与提供商签订合同，个人选择相应的投资产品。职业养老金计划下的个人养老金为团体型个人养老金计划，主要包括团体个人养老金（Group Personal Pension，GPP）和团体利益相关者养老金（Group Stakeholder Pension，GSP）。与纯粹的个人养老金相比，职业养老金计划下的个人养老金的管理费用较低（前10年不超过1.5%，之后不超过1%），且不允许收取退出费用。自动加入制度实施后，上述标准统一为：所有符合自动加入规则的养老金计划，其默认投资组合的收费不能超过0.75%（不含交易费用和投资表现费）。

GPP由雇主提供，并通过集合的形式由雇员与养老金计划提供商直接签订集合养老金计划合同，将集合资产直接交由养老金提供商管理。GPP计划只要满足职业养老金"自动加入"的要求，也可以作为职业养老金"自动加入"的选项。在GPP计划下，个人有独立的养老金账户，可以对众多的投资计划和投资产品进行选择。由于GPP计划是合同形式，改变工作并不会影响GPP养老金计划的缴费和管理。相较于GSP计划，GPP计划的投资范围更广，但是管理费用更高。相较于自主投资式个人养老金（SIPP）计划，GPP计划由雇主发起，SIPP计划由个人发起，并且GPP计划的费用更低，但是投资范围更小。[①]

GSP是指2001年4月后，所有拥有5名或以上雇员的雇主，如果雇员提出要求，则必须为雇员参加一个GSP计划，雇员缴费从工资中扣除，由雇主代缴。雇主当时不需要缴费。但在2012年10月1日后，被"自动

[①] 中国保险资产管理业协会，英国篇"个人养老金与税优政策"。

加入"政策整体替代。

即将引入的集合型缴费确定养老金计划。值得一提的是，按照《英国养老金法案2021》，在DB和DC养老金计划之外，将出现第三种类型的职业养老金计划，即集合型缴费确定（Collective Defined Contribution, CDC）养老金计划。从2022年8月起，CDC养老金计划允许开始注册设立。第一个设立的CDC计划可能是英国皇家邮政养老金计划。简单来说，CDC计划既有积累期还有支付期，CDC计划的管理者将设立一个目标养老金计划，如果CDC计划没有达到目标计划的资金积累程度，支付的金额将会下降。CDC计划融合了DC和DB养老金计划的特点，既有缴费确定的特征，也有待遇支付的"目标"，只是这个"目标"并不能承诺。CDC养老金计划在荷兰、丹麦和加拿大已有实践经验。

三、英国职业养老金的发展情况

截至2022年3月底，英国职业养老金覆盖率约为88%[1]，参加人数约为4 488万人，其中活跃成员数量1 423万人，保留账户2 353万个，另有712万人已开始领取养老金。职业养老金计划总资产达2.76万亿英镑，其中DB计划规模占绝对主导，合计达2.53万亿英镑，DC计划主要在私营部门，规模为2 330亿英镑。[2]

从英国统计局的问卷调查看，截至2021年年底，在职业养老金中，团体型个人养老金占比约26.2%（GPP+GSP）（见表4-4）。

表4-4　英国职业养老金的分布（截至2021年）　　　　　%

雇员	DB养老金计划	DC养老金计划	GPP	GSP	未知
所有雇员	35.5	36.4	20.3	5.9	1.9
公共部门	89.7	6.3	1.9	0.5	1.6
私营部门	9.4	51.7	28.5	8.4	2.0

资料来源：英国统计局，年度工作时间和收入调查。

---

[1] 英国劳工部，职业养老金参加和储蓄趋势报告2009—2021。
[2] 英国统计局，2022年英国资金积累型职业养老金报告。

退休人员从职业养老金计划和个人养老金计划领取的金额见表 4-5。职业养老金平均为 288 英镑/周，个人养老金平均为 116 英镑/周。其中单一领取者领取金额较低，夫妇共同领取者领取金额较高。

表 4-5　英国退休人员从职业和个人养老金计划领取的金额（截至 2021 年）　　英镑/周

领取者类型	职业养老金		个人养老金	
	平均值	中位数	平均值	中位数
单一领取者	192	126	90	41
夫妇共同领取者	368	277	130	62
所有领取者	288	198	116	54

资料来源：英国养老金政策研究所，2022 年养老金情况报告。

第四节　个人养老金计划

英国的个人养老金在 1986 年由《金融服务法案》（The Financial Services Act）建立，广义的个人养老金是由法律规定一定提取限制，同时又受到政府一定优惠鼓励的，以养老为目的的长期化个人财富安排。个人型个人养老金计划即纯粹的个人养老金，包括自主投资式个人养老金（SIPP）和利益相关者养老金（SP）。在 2001 年 4 月之前，个人养老金只允许自雇人士或没有参加职业养老金计划的人士加入。从 2006 年 4 月开始，所有年龄低于 75 岁的人均可加入个人养老金计划。个人养老金计划的收费标准也有上限，默认投资组合的管理费率不能超过 0.75%。

一、自主投资式个人养老金

SIPP 是 DC 型个人养老金计划，个人享有更多的资产配置选择权，许多高收入者都选择加入 SIPP，以便更多地参与投资过程并获得更高收益。由于雇员工作的变化，可能有多个雇主曾向其提供职业养老金计划，

SIPP 可以将现有的几个养老金组合成一个，便于个人统一管理，并更为自由地利用好缴费额度，合理决定缴费的时间和金额。要设立 SIPP，个人必须未满 75 岁。个人还可以为受抚养人（包括 18 岁以下的人）设立 SIPP（这被称为初级 SIPP，有自己的特殊规则）。

与雇主提供的职业养老金计划相比，SIPP 的投资选择更多，可以更好地根据个人的风险承受能力选择合适的投资产品，以获取更高的投资收益水平。可以投资的品种包括：股票、国债、单位信托、投资信托、保险公司管理的基金、交易储蓄保单、存单、国家储蓄和投资机构（National Savings & Investments，NS&I）的产品，商业地产等。

NS&I 是英国最大的储蓄组织之一，起源可以追溯到 1861 年。NS&I 既是政府部门，也是财政大臣的执行机构。NS&I 的产品主要包括存款和政府债券，约有 2 500 万个客户，资产规模超过 2 070 亿英镑。当客户投资 NS&I 产品时，就等于向政府贷款，这些贷款用于公共投资。作为回报，政府支付利息或高级债券的票息，且为所有存款提供 100% 的安全性。

SIPP 可以投资商业地产，获益方式是房产价值的增值或者租金收入。对于经营企业并需要营业场所的个人，这种投资尤其有用。个人可以通过自己的 SIPP 购买自己的房屋，然后支付租金，租金进入个人的 SIPP，因此个人最终能从中受益。但是 SIPP 不能直接用来购买住宅物业，一些 SIPP 允许投资房地产信托投资基金产品，这些产品将住宅物业包括在内。

SIPP 具有安全性。与股票市场上任何类型的投资一样，SIPP 中持有的资产价值跟随市场估值变动。如果 SIPP 提供方公司倒闭，仍然有保护措施。一种情形是提供方仅管理 SIPP 资产但不持有它们，因此这些资产仍属于 SIPP 参加人，仍然是安全的；另一种情形是 SIPP 提供方持有资产，在这种情况下，金融服务补偿计划将负责赔偿损失，赔偿额最高可达 85 000 英镑。简而言之，SIPP 提供了更多的投资选择，甚至包括商业地产等实体投资，其风险并不比任何其他养老金计划更大或更小。

SIPP 有两种主要类型：完整的 SIPP 和低成本的 SIPP。完整的 SIPP 提供更广泛的投资选择，并且通常带有一定程度的投资支持，可帮助个人作出决策和管理某些交易。因此完整的 SIPP 的费用更高，通常更适合那些养老基金规模较大的人。低成本的 SIPP 的资金要求可以低至 5 000 英镑，但不会获得相同水平的投资支持，需要自己管理资金（当然个人可以寻求外部财务顾问的帮助，可能需要另外支付费用）。一些低成本的 SIPP 也提供了现成的投资组合，供个人选择。

参加 SIPP 的雇员比例较低，根据英国劳工部的调查，2017 年参加 SIPP 的私营企业雇员比例仅为 3%，2019 年小幅提升到 4%。因此，英国的个人养老金还是主要以职业养老金中的 GPP 和 GSP 形式存在，其中 GPP 是主流。

SP 作为一种 DC 型的个人养老金计划，多被自雇者和失业人员选择。SP 在很多方面都受到规则限制，如管理费上限，缴费水平灵活但较低，转移和终止没有手续费，以及提供默认投资组合等。相较于其他的个人养老金计划，SP 费用更加低廉和透明，更加适合中低收入人群。

二、个人储蓄计划

除了以上提到的个人养老金制度中的 SIPP 与 SP 之外，英国还有一种个人储蓄账户（Individual Savings Accounts，ISAs）计划，该计划限定投资范围，提供一定免税额度，用于个人中长期投资储蓄，也可以视作广义上的个人养老投资工具。

ISAs 分为四类账户：现金 ISAs、股票/基金 ISAs、创新金融 ISAs 和终身 ISAs（见表 4-6）。现金 ISAs 免收存款的利息税，股票/基金 ISAs 免收 20% 的资本利得税，创新金融 ISAs 免收投资收益税，终身 ISAs 除免资本利得税之外还享有政府 25% 的对应缴费补贴。每个人最多可以各开一种账户，账户可以通过银行、券商、P2P 贷款机构等金融机构开立。

表 4-6　　　　个人储蓄账户的分类和特点

账户类型	投资范围	账户开立及提取条件	收益率范围
现金 ISAs	银行储蓄、NS&I 产品	超过 16 岁的英国居民	1.7%~4.05%

续表

账户类型	投资范围	账户开立及提取条件	收益率范围
股票/基金 ISAs	股票、单位信托、投资基金、公司债券、国债	超过18岁的英国居民	根据投资情况，平均收益率高于现金 ISAs
创新金融 ISAs	P2P贷款（账户内的金额直接点对点借贷给个人或企业，收取借贷利息作为收益）、企业融资（直接投资企业债权）	超过18岁的英国居民	3.08%~15%，高风险高收益
终身 ISAs	分为现金终身 ISAs 和股票基金终身 ISAs，分别投资于银行储蓄、NS&I 产品或股票、单位信托、投资基金、公司债券、国债	超过18岁但不超过40岁的英国居民，必须从40岁前开始缴费，最多可以缴费至50岁。个人缴费不超过4 000英镑/年，对于个人缴费的金额，政府会给予25%的对应补贴，补贴最高不超过1 000英镑/年。50岁以后既不可继续缴费，也不享有补贴，50岁至提取前账户仅享有投资收益。领取条件可以是购买首套住房（价值不超过45万英镑），或年满60岁，或因患病生存期不满1年。领取是免税的，提前领取需缴纳25%的罚金	根据投资情况

续表

账户类型	投资范围	账户开立及提取条件	收益率范围
青少年 ISAs	分为青少年现金 ISAs 和青少年股票基金 ISAs，投资范围与成年人账户相同	由家长或监护人为青少年开立，至青少年年满 18 岁后可以领取，投资和征税与普通 ISAs 相同，每年免税额度为 9 000 英镑。账户管理权在青少年 16 岁时转给青少年本人，在 18 岁时允许领取或自动转为成人账户	根据投资情况

资料来源：https://www.isa.co.uk/.

每年所有 ISAs 账户的总免税额度为每人每年 20 000 英镑，其中终身 ISAs 的额度不超过每年 4 000 英镑。另外还有 2011 年建立的为未成年人开立的青少年 ISAs，每年免税额度为 9 000 英镑，由监护人开立，至青少年年满 18 岁后可以领取。除了终身 ISAs 和青少年 ISAs 外，其他的 ISAs 是没有领取限制的，随时可以取出，领取全部免税。对于灵活账户而言，取出的部分不占用当年额度；对于非灵活账户而言，即便在当年取出，也视为占用当年的总额度。

ISAs 四类账户中，开立和缴费最多的是现金 ISAs 账户，可以看出人们更多地利用 ISAs 账户进行低风险储蓄，而风险相对较高的股票/基金 ISAs 和创新金融 ISAs，虽然账户数量没有很多，但账户平均缴费更高。终身 ISAs 的账户平均缴费达 2 303 英镑，考虑到缴费上限为 4 000 英镑，对于有买房或退休储蓄需求的人而言，还是有一定吸引力的（见表 4-7）。ISAs 账户比个人养老金的免税额度低，但可以视为一种免税额度的补充，从长期积累的角度依然有避税和养老储蓄积累的价值。

表 4-7 各类 ISAs 的账户数量和缴费金额（截至 2020 年）

账户类型	开立账户数量/万个	总缴费/亿英镑	账户平均缴费/英镑
现金 ISAs	970.3	487.45	5 024
股票/基金 ISAs	272.7	242.02	8 875
创新金融 ISAs	3.4	4.38	12 882
终身 ISAs	54.5	12.55	2 303
总计	1 300.9	746.40	5 738
青少年 ISAs	102.3	9.71	949

资料来源：英国税务与海关总署，2021 年年度储蓄统计。

SIPP 和 ISAs 各有优势，很多人会选择同时参加，ISAs 账户的缴费规模要高于 SIPP 的缴费规模，SIPP 更适合作为退休以后的长期目标储蓄，ISAs 更适合中期目标，提取更灵活，其中终身 ISAs 既可以为老年生活储蓄，也可以为买房等需求储蓄。

第五节 职业养老金和个人养老金的缴费和领取

可以享受税收优惠的养老金计划，必须提前获得英国税务与海关总署的注册，且严格按照其规则进行投资。对于职业养老金，最低缴费比例目前为 8%，其中雇主至少缴纳 3%，雇员为 4%，另外的 1% 来自政府的税收减免。

一、个人能享有的养老金税收优惠额度

个人能享有的养老金税收优惠，年度上限为 4 万英镑且不能超过个人收入上限，终身额度为 107.31 万英镑。缴费额度包括雇主的缴费、雇员个人缴费以及获得的任何税收减免。该额度适用于个人参加的所有养老金计划，而且如果个人年收入超过 20 万英镑且调整后收入超过 24 万英镑，则年度税收优惠额度会按收入每多 2 英镑而减少 1 英镑，直至最低额度 4 000 英镑，这称为锥形年度津贴（Tapered Annual Allowance，TAA）。

如果个人提前灵活支取了养老金，超过了免税额度，则年度缴费上限就会降低到 4 000 英镑，这被称为货币购买年度津贴（Money Purchase Annual Allowance，MPAA）。

在过去 3 个税务年度内没有使用的缴费额度，个人仍可以补缴。但超过 3 年的未使用额度，就不能继续补缴了。

所有职业养老金计划都提供了额外自愿缴费安排（AVCs），例如在 2001 年 4 月至 2006 年 4 月，参加职业养老金计划的雇员，如果年收入低于 3 万英镑，则允许向养老金计划额外缴纳 3 600 英镑。而且这是按一个雇佣关系确定的金额，如果雇员在多地打工，每个打工的地方只要符合上述条件，都可以缴费 3 600 英镑。

二、英国雇员养老金缴费比例的分布情况

从图 4-5 可以看到，英国雇员参加养老金计划，其缴费比例集中在工资收入的 2.5%~4.5%，到 2021 年底该缴费比例群体占全体雇员的 43.8%；其次是 4.5%~6.5%，占比为 25.7%；即使高于工资收入比例 6.5% 的，也有 23.8%；低于工资收入 2.5% 缴费比例的占比，已经从 1/3

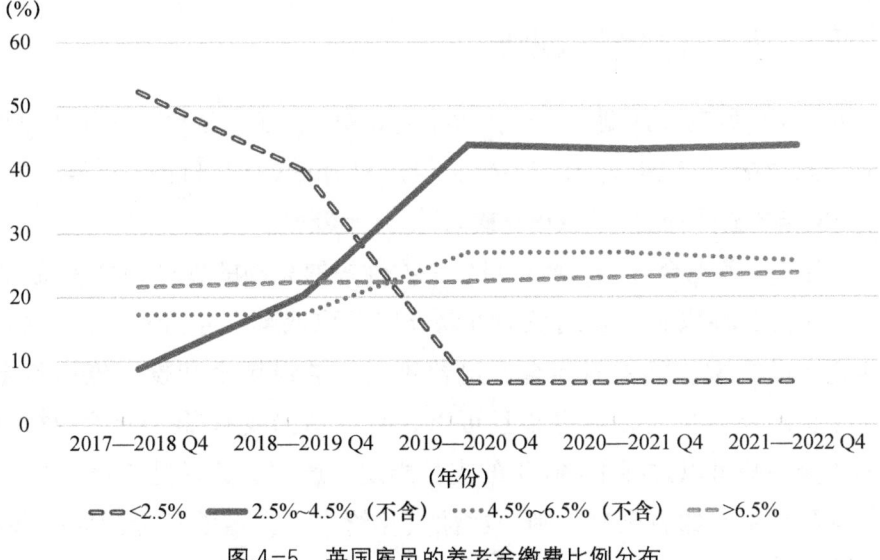

图 4-5　英国雇员的养老金缴费比例分布

资料来源：英国劳工部，2009—2021 年职业养老金参加和储蓄趋势报告。

左右下降到6.7%。可以说雇员参加养老金计划的缴费积极性还是很高的。

三、雇员获取养老金税收优惠的方法

雇员获取养老金税收优惠的方法主要有以下两种。一种方法是先扣除后返还法。雇主在发放工资时正常扣除税款，然后在税后工资中扣除雇员的养老金缴费并缴纳至养老金管理机构。然后养老金管理机构直接向政府申请20%的税收减免，并将其缴纳至雇员的养老金账户。另一种方法是净工资法。雇主会在缴纳个人所得税之前为雇员缴纳养老金，雇员因此会支付较少的税款。上述两种方法采取哪一种，主要取决于雇主的选择。对于个人养老金，缴费通常来自个人的税后工资，个人养老金的管理机构向英国税务与海关总署申请20%的税收返还并缴纳至个人养老金账户中。

如果是税率较高的雇员，还可以向英国税务与海关总署申请进一步的税收减免，通常需要雇员个人填写相关表格提出申请。例如雇员个人所得税率为40%，则可以申请额外的20%税收减免。

四、养老金的领取规定

对于DC养老金计划（含个人养老金部分），通常从55岁就可以开始领取（从2028年起提高到57岁），但过早开始领取可能造成养老金不足。DB养老金计划通常从60岁或65岁开始领取。

对于DC养老金计划，雇员可以一次性提取总额的25%并享受免税待遇，其余部分领取时需要纳税，可以分期领取或购买年金产品。可购买的年金产品类型包括终身年金、定期年金、增强年金和投资连结年金。终身年金确保终身支付养老金且可以在身故后给受抚养人继承的权利；定期年金一般可以选择1~40年的支付周期，通常的选择是5~10年，在支付期限结束时如有余额，则一次性支付给个人；增强年金则对一些重大疾病提供身故保障，可能会获得较高的保额；投资连结年金也是一种终身年金，其中部分收入有保证，部分与投资业绩相关。

第六节 自动加入制度促进了职业养老金计划的快速普及

一、自动加入制度要点

自动加入制度（Auto Enrolment，AE）是根据 2008 年养老金法引入的。英国的每个雇主都必须自动将符合条件的雇员纳入职业养老金计划并为雇员缴费，目前标准为年龄在 22 岁至开始领取国家养老金年龄之间且年收入超过 10 000 英镑的雇员。雇员可以选择退出该计划，但雇主必须每三年重复自动加入的动作（re-enrolment）。

职业养老金计划雇主的缴费费率逐步提高。2018 年 4 月 5 日之前，最低缴费比例设定为每名自动加入雇员的合格收入的 2%，雇主至少缴纳 1%。之后缴费比例增加到 5%，雇主至少缴纳 2%。2019 年 4 月 6 日以后，缴费比例上升至 8%，雇主至少缴纳 3%。

自动加入制度逐步覆盖到所有企业。2012 年 10 月至 2015 年 6 月，自动加入制度成为对大中型雇主的强制性要求。2015 年 6 月至 2017 年 5 月，这一范围扩大到小型和微型雇主。

二、自动加入制度的效果明显

根据英国劳工部的抽样调查报告，私营企业合格雇员参加职业养老金计划的比例，从 2012 年的 42% 迅速提高到 2021 年的 86%。当然，英国公共部门参加职业养老金计划的比例一直非常高，这与自动加入制度无关（见图 4-6）。

对于不同规模的企业，参加职业养老金计划的比例均在提高。私营部门中，5 人以上的企业参加率都超过了 80%。只有不足 5 人的微型企业，参加率略低，为 57%。但与自动加入制度实施前的 2012 年相比，也有很大的提高，在此之前多年徘徊在 13% 的低水平（见图 4-7）。在自动

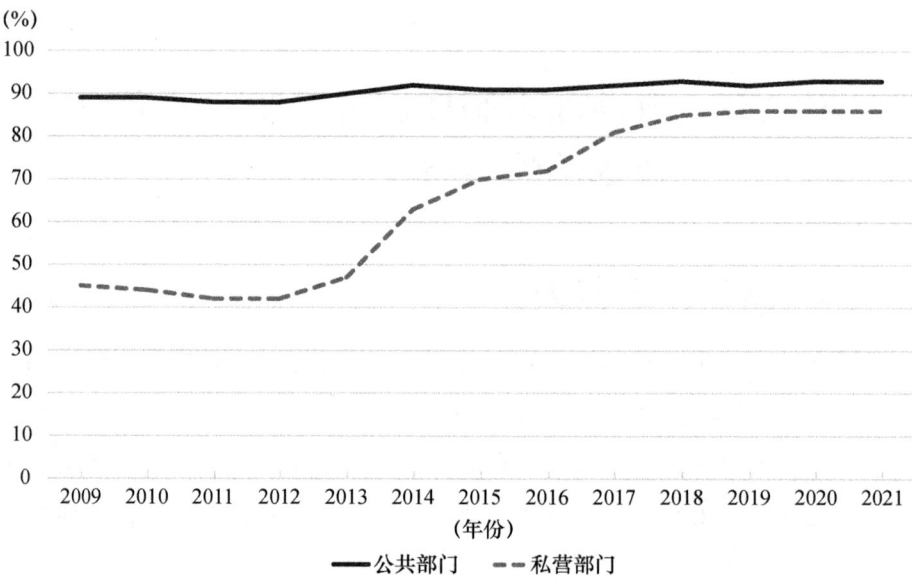

图 4-6　英国合格雇员参加职业养老金计划的比例

资料来源：英国劳工部，2009—2021 年职业养老金参加和储蓄趋势报告。

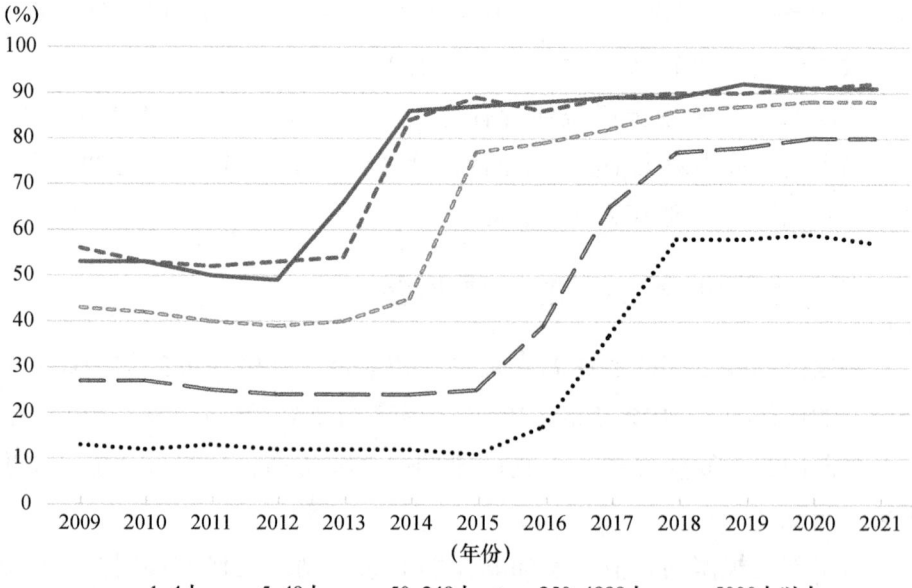

图 4-7　英国不同规模企业（私营部门）参加职业养老金的比例

资料来源：英国劳工部，2009—2021 年职业养老金参加和储蓄趋势报告。

加入制度实施后，公共部门也呈现了参加率进一步提高的趋势，从2012年80%~90%提高至2021年各规模企业参加率均超过90%。同时，公共部门和私营部门都是规模最大的企业参加率最高。

对于不同年龄和收入的雇员，也尽可能实现了职业养老金的普惠性。年收入1万英镑以上的雇员，参加率普遍超过了80%；不同年龄段的雇员，参加率普遍超过了85%（见图4-8和图4-9）。

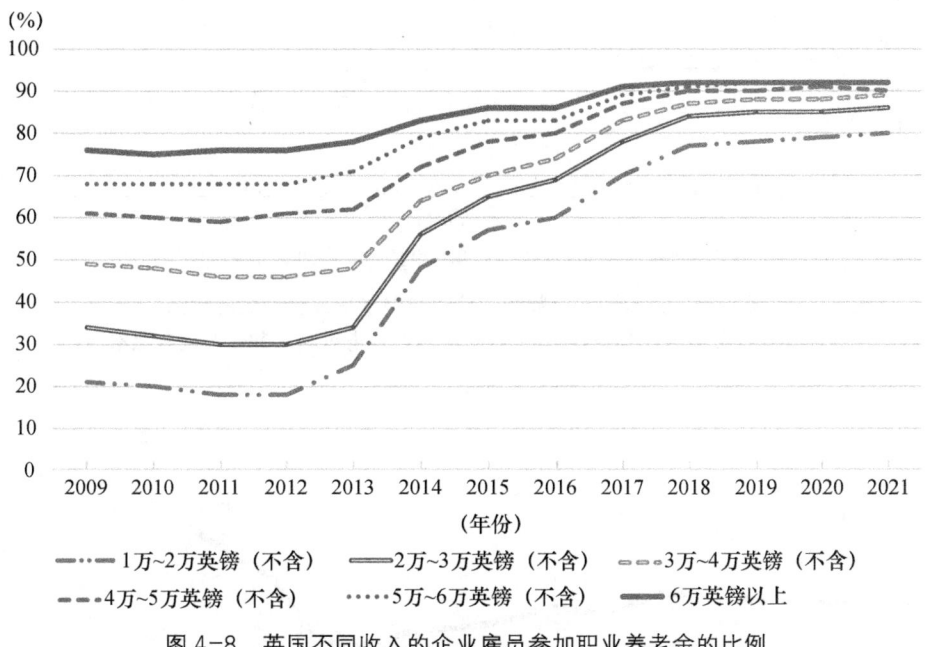

图4-8 英国不同收入的企业雇员参加职业养老金的比例

资料来源：英国劳工部，2009—2021年职业养老金参加和储蓄趋势报告。

三、自动加入制度的意义

如上所述，个人养老金的一部分是在企业的职业养老金计划中，以个人合同形式存在。而且自动加入制度规定，如果企业的所有雇员都同意加入职业养老金计划下的合同型养老金计划，企业可以豁免对雇员的自动加入责任，这无疑也促进了个人养老金计划的增长。自2012年推出自动加入制度以来，个人养老金参加率提高了1倍（见图4-10）。

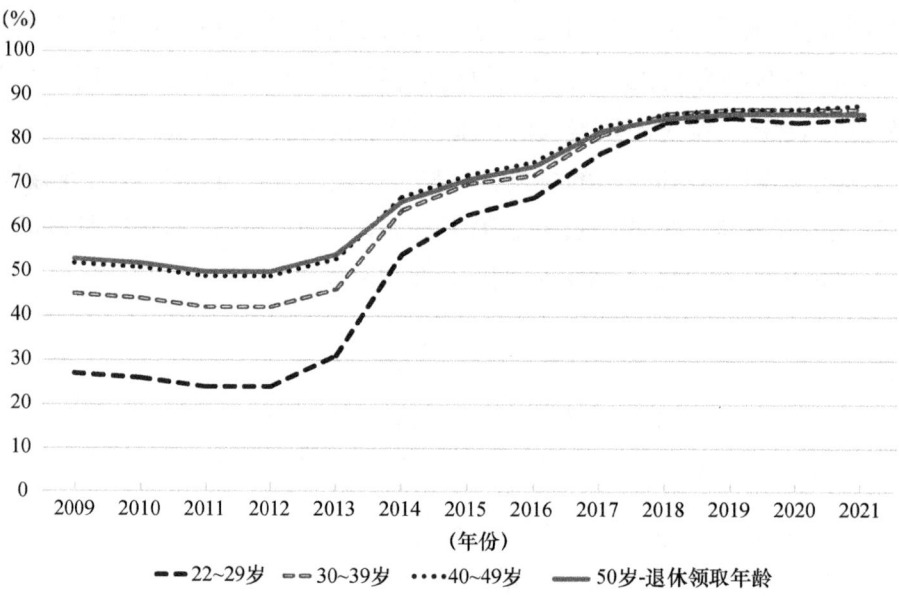

图 4-9 英国不同年龄的企业雇员参加职业养老金的比例

资料来源：英国劳工部，2009—2021 年职业养老金参加和储蓄趋势报告。

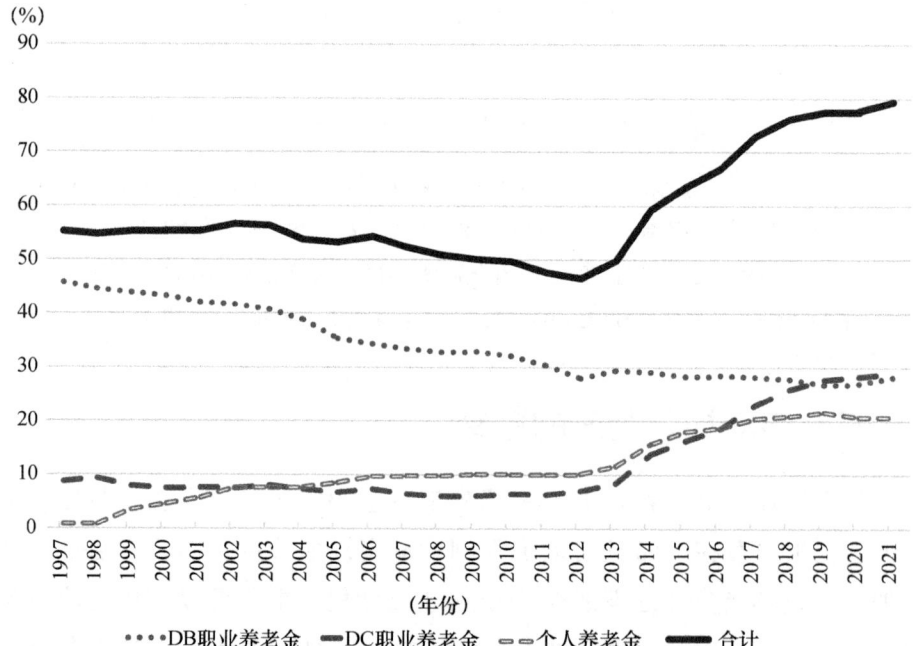

图 4-10 英国第二支柱与第三支柱养老金的参加率

资料来源：英国统计局。

第七节　国家职业信托基金

国家职业信托基金（National Employment Savings Trust，NEST），是根据《养老金法案2008》制订的职业养老金计划，以促进自动加入制度的实施。NEST是一种集合信托（Master Trust）计划，可以有多个雇主共同参加，是团体型，不属于个人养老金。

NEST的建立，目的是配合自动加入制度，解决中小企业以及自雇人士参加职业养老金计划的难题。对于中小乃至微型企业，企业存续不稳定，雇员人数又非常少，使其很难找到质优价廉的职业养老金计划服务提供商。2010年，由英国劳动和养老金部牵头成立了一个非营利公共服务组织，即NEST主体公司，定位是非营利公共服务企业，致力于为企业提供低成本且优质的养老金计划，即NEST计划。

截至2022年3月底，已有97.5万个企业选择参加NEST计划，其中98%的企业雇员数都低于50人。参加人数超过1 110万人[①]，大约每3位雇员就有一位参加了NEST。应该说NEST为解决中小微企业和自雇人士参加职业养老金计划做出了重要贡献。

NEST的资产规模达到了244亿英镑，主要提供目标日期基金作为默认投资选择。目标日期基金到期年份从2021年到2066年，每年对应一只目标日期基金产品。NEST参加人有99%都选择了与退休年龄对应的目标日期基金作为投资产品。另外还有其他6个产品供参加人选择：高风险、伦理增长、退休前、低增长、伊斯兰、引导式退休。

NEST的长期投资收益目标是超过通货膨胀率3%。截至2021年6月30日，NEST的平均年化收益率为10.2%，年化波动率为9%。与其他集合信托型养老金计划相比，NEST的收益率略高，但风险低于平均水平。其中代表性的NEST2040目标日期基金，过去10年年化投资收益率达

---

① NEST Corporation, Annual report and accounts 2021 to 2022.

9.2%，大幅度超过 5.1% 的目标收益率。①

第八节 个人养老金的参加情况

一、第二支柱与第三支柱养老金整体参加情况

英国养老金的第二支柱与第三支柱密不可分。在低于领取国家养老金年龄的人群中，向不同养老金计划缴费的比例，从 2006 年到 2020 年的变化为 DB 养老金计划缴费率有所上升，从 20% 小幅上升到 23%；而 DC 养老金计划上升最快，从 9% 上升到 26%；只参加个人养老金计划并缴费的比例下降较多，从 10% 下降到 4%（见表 4-8）。这说明，自动加入制度实施后，以 DC 养老金计划为主体的增长是主流，个人养老金需求也纳入团体型职业养老金计划中了，以合同形式存在，个人仍可以与养老金提供商直接签订合同，享有团体养老金的费率优惠，且还保留较大的投资灵活性。

表 4-8　英国不同时间段参加不同类型养老金计划的人数比例　　　　　　%

时间段	只参加 DB 养老金计划	只参加 DC 养老金计划	只参加个人养老金计划	参加一种以上养老金计划
2006 年 7 月至 2008 年 6 月	20	9	10	5
2008 年 7 月至 2010 年 6 月	21	8	11	6
2010 年 7 月至 2012 年 6 月	21	8	8	6

① NEST Corporation, Annual report and accounts 2021 to 2022.

续表

时间段	只参加 DB 养老金计划	只参加 DC 养老金计划	只参加个人养老金计划	参加一种以上养老金计划
2012 年 7 月至 2014 年 6 月	21	11	8	5
2014 年 7 月至 2016 年 3 月	22	16	7	5
2016 年 4 月至 2018 年 3 月	24	21	5	4
2018 年 4 月至 2020 年 3 月	23	26	4	4

资料来源：英国统计局，英国退休储蓄报告。

二、公共部门和私营部门的参加情况

图 4-11 展示了公共部门和私营部门参加 GPP 和 GSP 的情况，私营部门参加 GPP 或 GSP 的比例远高于公共部门。这是由于公共部门主要参加 DB 养老金计划，保障程度较高，因此另外参加职业养老金中的个人养老金比例就比较低，GPP 和 GSP 都不足 2%。私营部门中，参加 GPP 的比例大幅度高于 GSP，这与自动加入制度推出后，GSP 不再成为 5 人以上雇主的强制性要求有关。此外，私营部门参加 GPP 的比例在缓慢下降，说明职业养老金覆盖面提高后，对个人养老金也有一定的替代作用。

三、个人养老金的总体参加情况

从表 4-9 可以进一步看出，参加个人养老金的以自雇人士为主，但比例仍逐年下降，从 2006 年的 39% 下降到 2020 年的 19%，降幅达 50%。

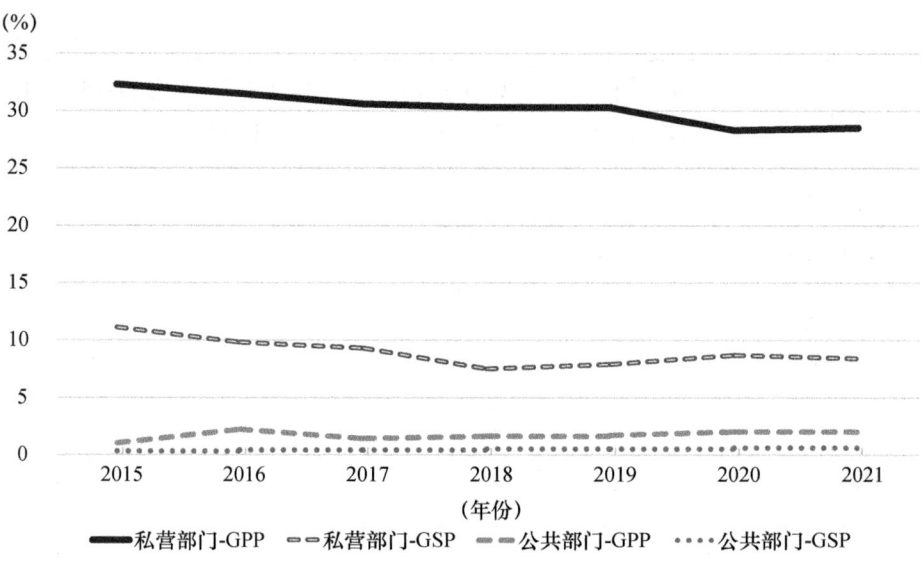

图 4-11　英国公共和私营部门雇员参加职业养老金的比例

资料来源：英国统计局，工作时间和收入年度调查（养老金部分），作者制图。

雇员只参加个人养老金的比例更低，到 2020 年只有 2%。这与自动加入制度以及 NEST 的设立也有直接关系。

表 4-9　英国雇员和自雇人士参加养老金的情况　　　　　　　%

时间段	雇员		自雇人士	
	只参加 DC 养老金计划	只参加个人养老金	只参加 DC 养老金计划	只参加个人养老金
2006 年 7 月至 2008 年 6 月	13	9	2	39
2008 年 7 月至 2010 年 6 月	11	8	2	36
2010 年 7 月至 2012 年 6 月	12	7	6	29
2012 年 7 月至 2014 年 6 月	16	6	3	26

续表

时间段	雇员		自雇人士	
	只参加DC养老金计划	只参加个人养老金	只参加DC养老金计划	只参加个人养老金
2014年7月至2016年3月	22	5	5	23
2016年4月至2018年3月	30	3	—	19
2018年4月至2020年3月	38	2	—	19

资料来源：英国统计局，英国退休储蓄报告。

四、个人养老金的缴费人数和规模

个人养老金缴费人数及规模见表4-10和表4-11。从参加人数上看，SP的参与度较低，以非SP即GPP和SIPP为主，2020—2021年各计划预计参加总人数684万人。从缴费规模上看，2020—2021年总计达117.4亿英镑，其中SIPP的缴费占比最高。

表4-10　个人养老金缴费人数（截至2020年）　　万人

计税年份	GPP	SIPP	GSP	SP	总计	自雇者缴费
2013—2014年	298	379	80	79	836	60
2014—2015年	387	340	64	61	852	52
2015—2016年	399	338	81	103	921	45
2016—2017年	428	299	120	51	898	42
2017—2018年	440	312	123	49	924	39

续表

计税年份	GPP	SIPP	GSP	SP	总计	自雇者缴费
2018—2019年	482	310	105	41	938	37
2019—2020年	457	350	100	40	947	32
2020—2021年（预计）	284	335	34	31	684	32

资料来源：英国税务与海关总署，2022年私有养老金统计报告。

表4-11　个人养老金缴费规模（截至2020年）　　　亿英镑

计税年份	GPP	SIPP	GSP	SP	总计	自雇者缴费
2013—2014年	17.1	49.2	5.0	9.9	81.2	17.0
2014—2015年	19.1	51.1	3.1	15.5	88.8	17.8
2015—2016年	22.8	63.0	4.9	8.6	99.3	19.7
2016—2017年	22.4	54.4	4.3	7.7	88.8	15.8
2017—2018年	20.1	57.6	5.1	9.6	92.4	12.4
2018—2019年	29.2	57.0	4.5	7.1	97.8	11.5
2019—2020年	37.6	56.8	5.0	6.5	105.9	17.3
2020—2021年（预计）	33.8	75.0	3.2	5.4	117.4	19.7

资料来源：英国税务与海关总署，2022年私有养老金统计报告。

五、不同年龄段人群参加个人养老金的情况

图4-12展示了英国不同年龄段人群参加个人养老金的比例，22~29岁与30~39岁这两个年龄段的比例最高，2019年接近25%，但之后有所下降。40岁以后年龄段略低，但逐年稳中有增（包括临近退休年龄段）。即使退休后，继续参加个人养老金的比例也一直在增长，到2021年已超过10%。

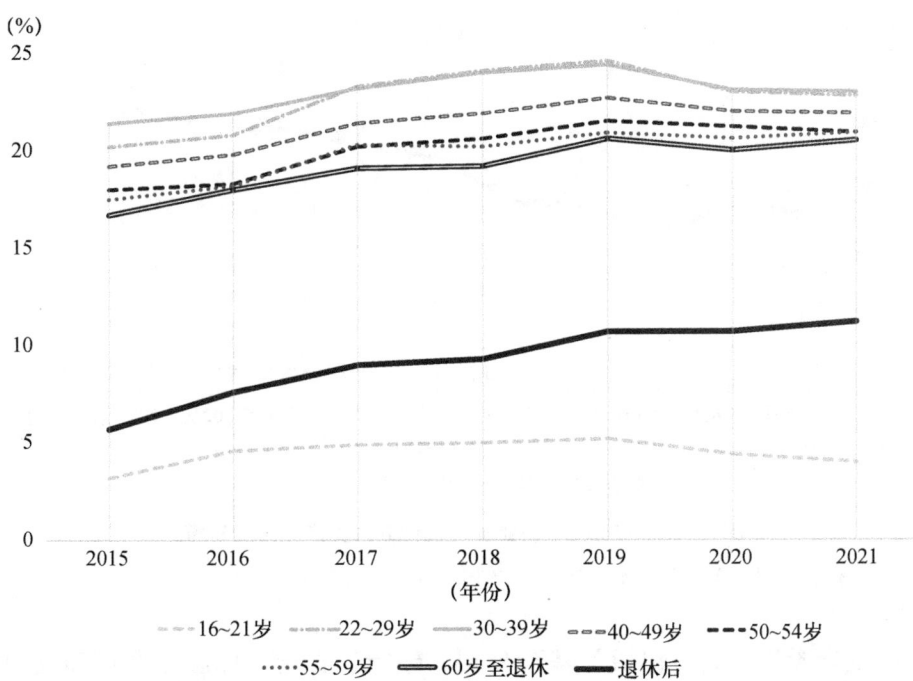

图 4-12　英国不同年龄段人群参加个人养老金（GPP 和 GSP）的比例
资料来源：英国统计局，工作时间和收入年度调查（养老金部分），作者制图。

第九节　职业养老金投资选择与收益情况

由于 GPP 和 GSP 均在 DC 职业养老金计划中，我们通过分析 DC 职业养老金计划的投资配置，来观察个人养老金的投资选择。

一、职业养老金的投资配置

根据英国统计局的数据，截至 2022 年一季度末，投资于集合投资工具的资金占绝对主导，为 2 120 亿英镑，占比超过 90%，另有 200 亿英镑的直接投资，以长期债券为主（包括英国国债和企业债），保险产品规模非常小，只有 10 亿英镑左右，占比不足 0.5%（见图 4-13）。

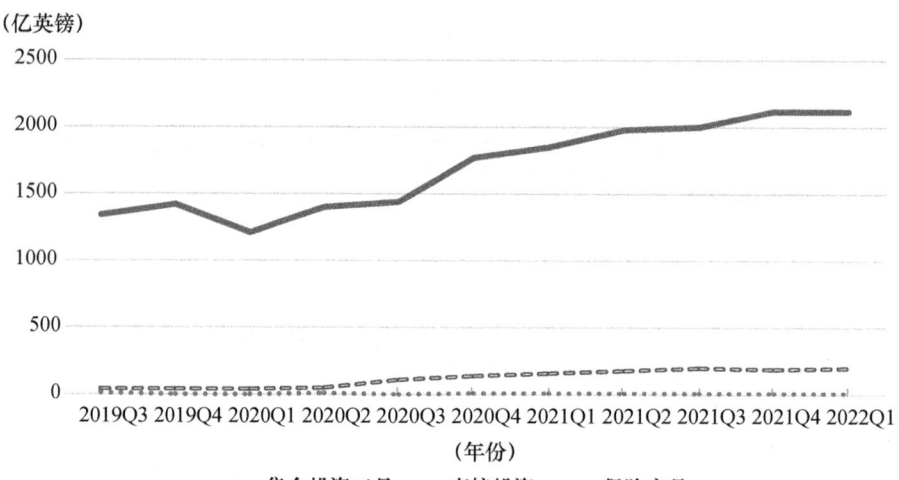

图 4-13 英国 DC 职业养老金计划大类产品投资规模

资料来源：英国统计局，2022 年英国资金积累型职业养老金报告。

集合投资工具，包括了基金公司、银行、券商、保险公司的基金和资管产品。将集合投资工具的大类资产投资方向进一步细分，2022 年第一季度，权益和混合资产投资比例最高，都超过 1/3，合计近 70%；固定收益资产占 11%；其他资产如现金、商品、能源、结构性产品等占 12%；货币和财产性投资占比低于 5%（见图 4-14）。

二、职业养老金计划的风险收益特征

图 4-15 中的点代表了某个职业养老金计划的年化平均收益率和波动率，不同形状代表不同的统计区间（分别为过去 5 年、3 年和 1 年）。总体观察，波动率和收益率呈现正相关关系，收益越高、波动越大（相关系数约为 0.56）。

企业顾问养老金平均收益指数（Corporate Adviser Pensions Average，CAPA）过去 5 年平均年化收益率最高为 5.7%，过去 3 年平均为 5.1%，而过去一年为负收益（-5.3%）。这说明养老金长期收益突出，但短期不排除负收益的可能。

CAPA 收益的波动率处于适中水平。过去 5 年波动率为 11.3%，略低

第四章　英国个人养老金 · 109

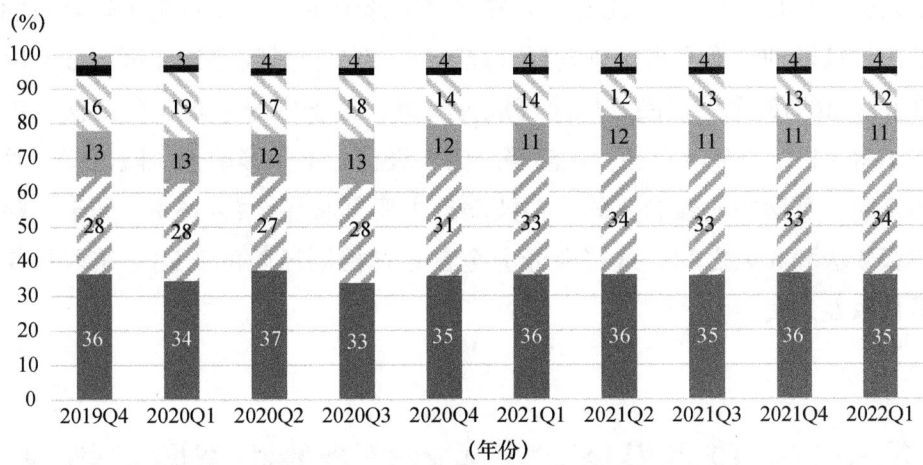

图 4-14　英国 DC 职业养老金计划集合投资产品的资产分解

资料来源：英国统计局，2022 年英国资金积累型职业养老金报告。

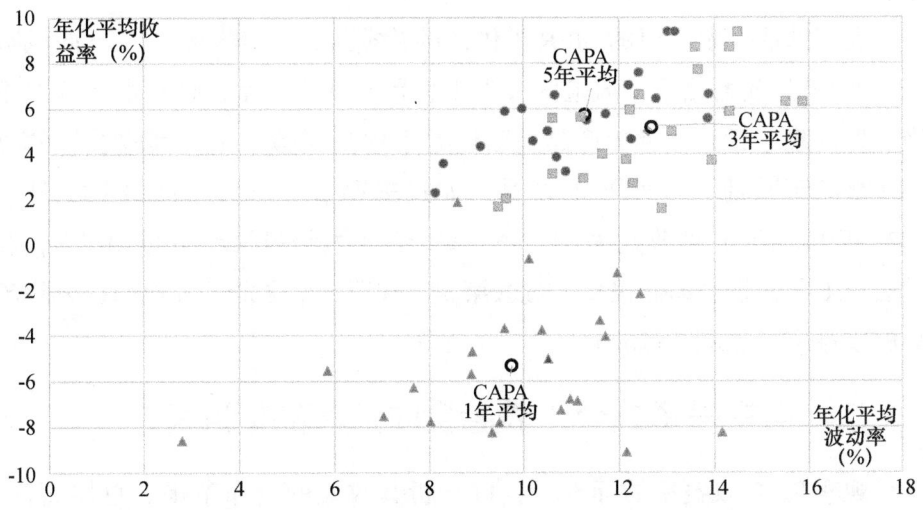

图 4-15　职业养老金计划过去 5 年收益率与波动率对比

注：①本图描述距离退休 30 年的年轻群体，数据截至 2022 年 6 月底。②圆点代表该职业养老金计划过去 5 年年化平均收益率与波动率，正方点代表该职业养老金计划过去 3 年年化平均收益率与波动率，三角形点代表该职业养老金计划过去 1 年年化平均收益率与波动率。

资料来源：https://capa-data.com。

于过去 3 年的 12.7%，过去一年波动率略低于 10%，分布在比较合理的范围。按欧洲证券和市场管理局（ESMA）的 7 级风险评估体系，波动率在 5%~10%的金融产品，风险等级为 4 级，处于中等风险区间。波动率在 10%~15%的金融产品，风险等级为 5 级，处于中等偏上风险区间。总体来看，英国职业养老金的收益波动率主要分布在 8%~15%，处于风险等级 4 级和 5 级之间。这符合养老金在合理控制风险的基础上获取长期最优收益的目标。

第十节 自主投资式个人养老金的投资收益情况

一、不同风险等级自主投资式个人养老金的收益率

我们选取一家主要的 SIPP 提供商的数据进行具体分析。从不同风险等级的 SIPP 收益率看，风险等级为 4 级和 5 级的产品，收益水平基本相当。但风险等级为 6 级的产品，已经处于中高风险水平，其收益好的时候明显高于其他风险水平的产品。如过去第 2 年（即 2020 年 11 月至 2022 年 10 月底）的收益为 31.7%，高于其他两级风险产品的 23.1%，但过去第 1 年的收益却低很多，过去第 3 年和第 5 年也低于其他两级风险产品的收益率（见图 4-16）。

二、自主投资式个人养老金收益率的标准差

观察 SIPP 收益率的标准差，以分析其收益的分布范围。总体而言，风险等级为 6 的 SIPP，其收益率的分布较宽，显示其变动区间较大（见图 4-17）。结合图 4-16 的情况，风险等级中等或略偏高的 SIPP 产品，其收益率比较稳定，且收益率变动区间较小。这说明中等或略高风险的 SIPP 产品，长期来说比较适合个人养老金。

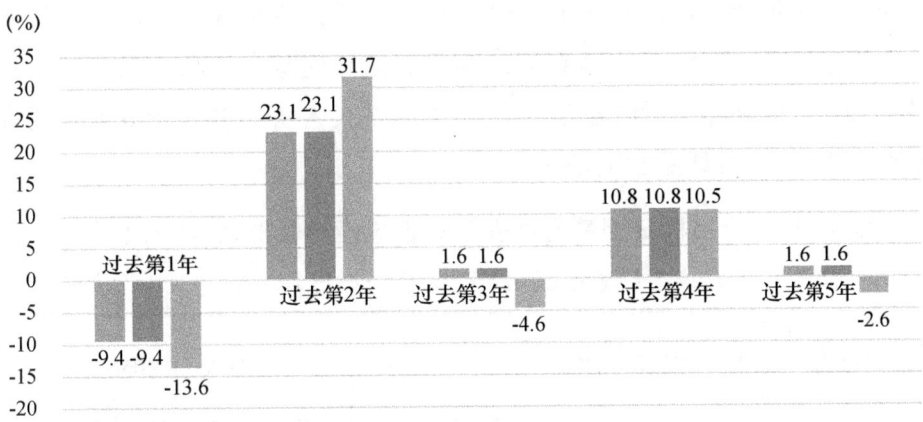

图 4-16　不同风险等级 SIPP 的收益率（截至 2022 年 10 月 31 日）

资料来源：https://www.vanguardinvestor.co.uk.

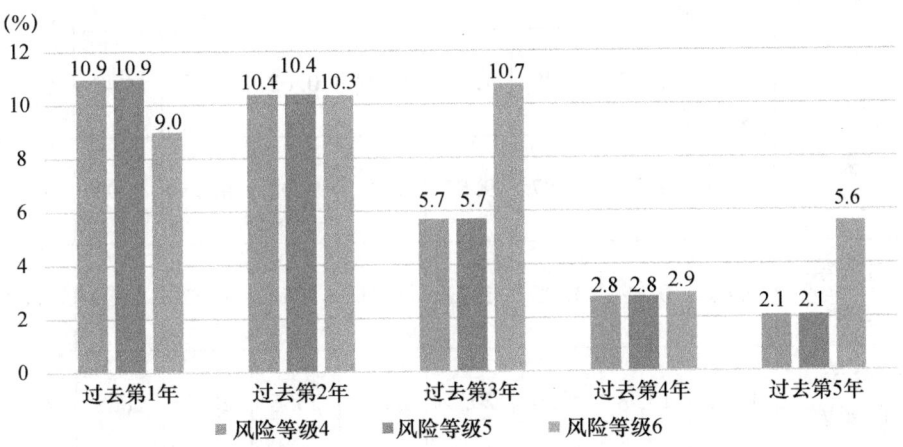

图 4-17　不同风险等级 SIPP 的收益率标准差（截至 2022 年 10 月 31 日）

资料来源：https://www.vanguardinvestor.co.uk.

三、自主投资式个人养老金的默认投资选择

SIPP 提供商也普遍提供标准化的产品作为默认投资选择，一般为目标日期基金和目标风险基金。对于目标日期基金，该公司提供了相隔 5 年的系列目标日期基金产品，其中 2015 年和 2020 年目标日期基金已到支

付期。从 5 年合计收益率（未年化）看，到期日期越远，其过去 5 年累计收益率越高。2045 年以后到期的 3 只目标日期基金产品，收益率都超过了 28%，简单年化后收益率约为每年 5.6%（与美国 IRA 计划的长期收益水平相当）。具体数据见表 4-12。

表 4-12　目标日期基金过去 5 年各年投资收益率（截至 2022 年 10 月 31 日）　　%

过去年份	2015	2020	2025	2030	2035	2040	2045	2050	2055
过去第 1 年	-8.82	-8.94	-9.51	-9.34	-8.65	-7.99	-7.35	-7.10	-7.10
过去第 2 年	9.34	13.35	16.32	18.10	19.79	21.56	23.32	23.50	23.49
过去第 3 年	2.08	1.72	1.49	1.23	0.97	0.62	0.39	0.42	0.37
过去第 4 年	8.46	9.27	9.87	9.87	9.91	9.92	9.93	9.93	9.96
过去第 5 年	0.40	0.82	1.02	1.22	1.41	1.54	1.67	1.66	1.67
合计收益率	10.8	15.7	18.6	20.5	23.2	25.6	28.2	28.8	28.7

资料来源：https://www.vanguardinvestor.co.uk.

对于目标风险基金，该公司提供了相隔 20% 权益比例的系列产品。权益上限比例越高，5 年累计收益率也越高。其中权益上限为 100% 的产品，过去 5 年收益率达到 39.4%，简单年化后收益率约为 8%，收益率水平较高。但需要注意的是，在过去一年的时间里，权益上限为 20% 的目标风险产品，其亏损幅度却远大于权益比例更高的产品。究其原因，在于债券投资的大幅度亏损（以美国为代表的国家大幅度加息导致的债券亏损)。所以低权益配置的目标风险产品，其风险同时来源于股票和债券，在特定情况下，亏损幅度很可能更大。具体数据见表4-13。

表4-13 目标风险基金过去5年各年投资收益率
(截至2022年10月31日) %

过去年份	权益上限 20%	权益上限 40%	权益上限 60%	权益上限 80%	权益上限 100%
过去第1年	-15.78	-13.15	-10.38	-7.48	-4.38
过去第2年	4.63	10.51	16.95	23.70	30.74
过去第3年	3.80	2.81	1.74	0.47	-0.99
过去第4年	9.77	9.74	9.84	9.94	10.06
过去第5年	-0.08	0.37	1.11	1.75	2.35
合计收益率	0.3	8.7	18.4	28.6	39.4

资料来源：https://www.vanguardinvestor.co.uk.

> 总的来说，英国养老金体系比较完善。第一支柱的再分配力度很大，主要发挥广覆盖、保基本的作用。第三支柱个人养老金与第二支柱职业养老金紧密结合，个人的税收优惠额度在第二支柱与第三支柱中共用。职业养老金自动加入制度生效以来，第二支柱的覆盖率迅速提升，提升了雇员个人养老积累的充足度。当然也需要指出，自动加入制度对个人养老金有一定的替代效应，英国个人养老金的参加率仅略高于20%，这是需要进一步解决的问题。

第五章
德国个人养老金

第一节 德国老龄化已非常严重

一、德国很早就进入老龄化社会

早在20世纪60年代,德国65岁及以上人口就超过7%,达到11.47%。到20世纪70年代初,德国已经进入了深度老龄化社会。到2021年年底,该比例已达到22%,在世界范围内仅低于日本、意大利、葡萄牙、芬兰和希腊,更大幅度高于经合组织和高收入国家平均水平,这给德国养老保险体系带来了沉重的压力(见图5-1)。

二、德国已建立三支柱养老保险体系

德国的养老保险体系,第一支柱为国家养老金,同时对低收入者自

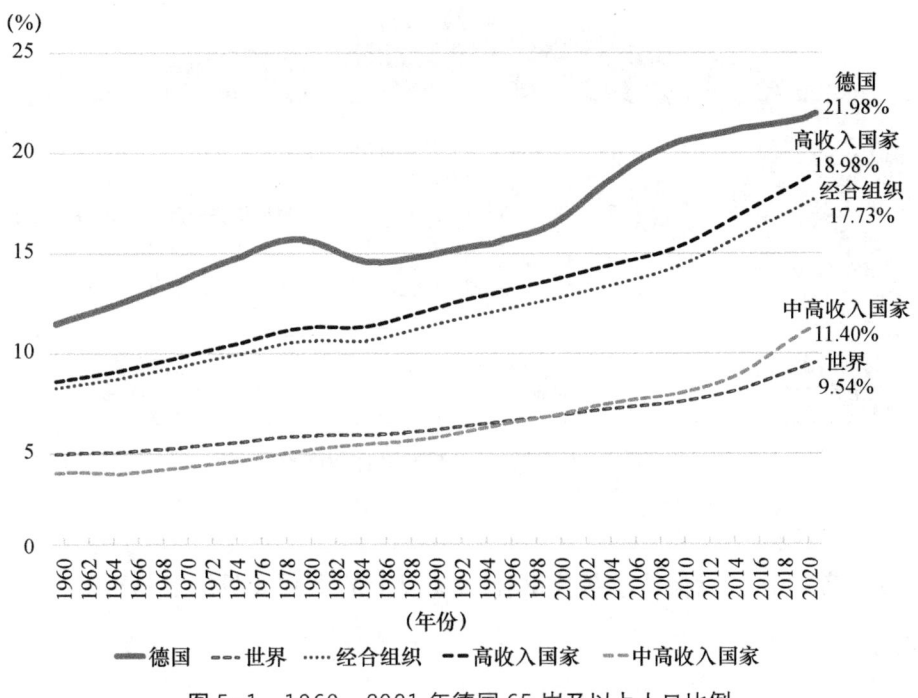

图 5-1　1960—2021 年德国 65 岁及以上人口比例

资料来源：世界银行，作者制图。

动提供养老金；第二支柱为职业养老金，包括类似 DB 计划的雇主直接经办模式，以及雇主委托外部机构经办模式；第三支柱为私人养老金，包括里斯特养老金、吕库普养老金（见图 5-2）。

德国 65 岁及以上非工作人口的退休收入来源及占比如下：国家养老金占 61%，国家提供的其他养老金福利占 14%，合计占比达到 75%；职业养老金占 8%；私人养老金占 7%。[①] 可以看出，德国养老保险三支柱，仍然严重依赖法定养老金，职业养老金和私人养老金的发展不够理想。

截至 2020 年年底，德国的养老金替代率为 55.7%，略低于经合组织国家平均水平，与日本相当。由于德国法定养老金资金压力巨大，德国政府在 2018 年宣布，到 2025 年，养老金替代率要削减到 48% 的水平，同时缴费比例不能超过 20%。为弥补养老金总替代率的不足，德国着重发

---

① 德国劳动和社会事务部数据，截至 2021 年年底。

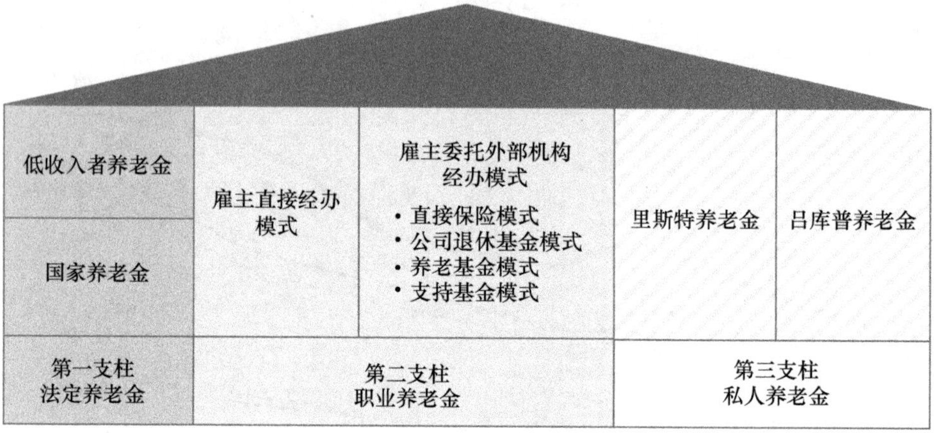

116 · 国外个人养老金的发展经验与中国实践

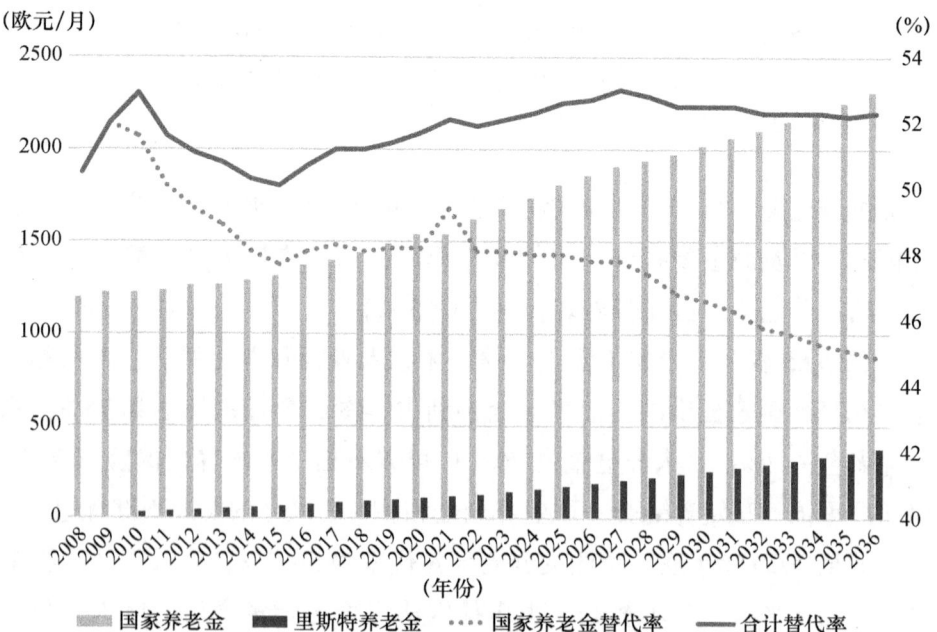

图 5-2 德国三支柱养老保险体系

资料来源：作者整理。

展私人养老金，以保持总替代率在52%以上的水平（见图5-3）。

图 5-3 德国养老金规模及替代率推演

资料来源：德国劳动和社会事务部，养老保险报告2022。

三、德国的私人养老金储备尚不充足

根据德意志联邦银行每三年一次的居民家庭财富和金融资产调查，截至 2017 年年底，德国居民家庭资产主要还是由实物资产构成，平均价值为 24.91 万欧元，其中自住物业平均价值为 25.88 万欧元，但拥有率仅为 44%；持有的金融资产金额持续提升，达到 5.68 万欧元，但与实物资产规模相比仍然较低。

金融资产主要构成是股票、共同基金、私人养老金和银行储蓄。从持有的平均金额看，居民直接投资股票的金额最大，为 4.37 万欧元，其次是共同基金，私人养老金的金额还略低于共同基金，为 3.32 万欧元。银行储蓄平均持有金额最低，虽然普及面相对最大（78%），但与 2010 年相比，普及面也有较明显的下降（下降 8%）。相比之下，私人养老金、共同基金、股票的普及面也没有提高（见表 5-1）。

表 5-1　　德国家庭财富和金融资产调查　　%，万欧元

资产类别	持有该类资产的家庭占比			平均值		
	2010	2014	2017	2010	2014	2017
实物资产	80	81	83	21.86	22.95	24.91
其中自住物业	44	44	44	20.58	23.14	25.88
金融资产	99	99	99	4.74	5.42	5.68
其中股票	11	10	11	2.91	3.87	4.37
其中共同基金	17	13	16	2.9	3.98	3.75
其中私人养老金	47	46	43	2.72	2.83	3.32
其中银行储蓄	78	72	70	2.25	2.94	2.76

资料来源：德意志联邦银行，2017 年德国家庭财富和金融资产调查。

第二节 国家养老金概况

国家养老金（GRV）是德国养老保险第一支柱。雇主和雇员都需要缴费，2022年缴费比例为18.6%（雇主和雇员各缴一半），缴费基数上限为7050欧元/月（原民主德国地区为6750欧元/月）。男性和女性退休年龄相同，均为65岁，从2012年到2029年，退休年龄要逐步提高到67岁。在德国至少工作5年才有资格领取国家养老金。

国家养老金的待遇与缴费水平和年限挂钩，与德国平均工资水平以及雇员自己积累的养老金积点（pension points）相关。将平均工资水平记为一个积点，实际缴费工资与平均工资相比较，得出积点的乘数，例如平均工资70%的缴费，积点要乘以0.7；平均工资1.2倍的缴费，积点要乘以1.2。2022年每个积点价值为每月36.02欧元（原联邦德国地区）、35.52欧元（原民主德国地区），积点价值每年7月1日调整一次。积点乘以价值，即为退休时领取的养老金水平。如果提前退休或延后退休，还要乘以年龄系数。每提前退休一个月扣减0.3%，每延迟退休一个月增加0.5%。提前领取养老金的年龄从63岁开始，至少缴费35年。

1990年原民主德国和原联邦德国合并后，原民主德国地区的养老金水平比原联邦德国地区低40%，因此德国制订了一个动态的追赶计划，到2022年7月1日，已经达到98.6%的一致性，计划到2024年7月1日后养老金待遇完全一致。

截至2020年12月31日，德国约有5680万人参加国家养老金，其中男性3000万人，女性2680万人。领取养老金人数为2122万人，人均每月领取约1090欧元。①

对于长期低收入人群，德国还提供了附加的低收入者养老金（Grund

---

① 德国劳动和社会事务部，养老保险报告2022。

rente），以确保低收入人群能获得最基本的生活保障。前提条件是在德国工作 33 年以上且平均收入低于德国平均工资的 80%。该项养老金从 2021 年 1 月 1 日生效，自动计算自动发放。预计约有 130 万人受益，平均每月领取约 75 欧元。

第三节　职业养老金概况

一、历史沿革

职业养老金（bAV）是德国养老保险第二支柱。通过雇主为雇员提供养老保障，在德国有着悠久的历史。早在工业化初期，即 19 世纪中叶，第一批雇主就通过辅助和支持基金为雇员提供养老保障。雇主也经常使用这种形式的公司养老福利来担负其社会责任。因此，德国职业养老金的形式比法定养老金存在的时间更长。与法定养老金不同，职业养老金在法律上不是强制性的，可以在劳动合同中达成一致，也可以在劳资双方的集体协议中进行规定。

2001 年德国开始推行里斯特养老金改革，核心是发展资金积累制的补充养老保险，对法定养老金实现部分替代，减轻国家养老金的支付压力。通过税收递延、税收减免或直接补贴等税收优惠措施，推广私人补充养老金，包括第二支柱的职业养老金和第三支柱的里斯特养老金，建立起三支柱养老保险体系。

二、职业养老金的模式

职业养老金以待遇确定型和混合型养老金为主，包括一种雇主直接经办模式和四种委托外部机构经办模式。

雇主直接经办模式，即待遇确定模式。在这种模式下，雇主直接向雇员支付养老金，而不委托外部机构管理。雇主向雇员承诺，一旦他退休，将向他支付约定的金额。雇主可以从应纳税所得额中扣除养老金缴费,该缴费不作为雇员的应税收入,雇员只有在退休领取时才纳税。这种模式不受政府监管或投资监管,但雇员养老利益是受到保护的,在雇主破产的情况下,德国养老金保险协会支付雇主承诺的福利。

直接保险模式。在这种模式下,雇主代表雇员投保人寿保险,并向保险公司缴纳保费,雇员有权直接获得保险公司合同规定的待遇支付。保险公司受到德国联邦金融监管局(Bafin)的监管。除了德国养老金保险协会外,直接保险还通过人寿保险公司"保护者"的保险基金对雇员利益进行保护。

公司退休基金模式。公司退休基金是为一个或多个雇主服务的独立保险公司。公司退休基金与下面提到的养老基金模式类似,但它与寿险公司一样都接受《保险监督法》的监管。

养老基金模式。养老基金是独立的法律实体,它为一个或多个雇主提供职业养老金计划,并受保险法监管。养老基金可以是一家公司、一家金融服务提供商或由雇主协会和工会设立的行业职业养老金计划。养老基金不需要一直保持100%资金充足率,允许最高10%的资金缺口(在这种情况下,允许在10年内补足)。

支持基金模式。支持基金是一个独立的法人实体,通常以协会形式成立,较少采用有限责任公司或基金会的形式。待遇支付的承诺仍由雇主负责,而不是支持基金来负责。在雇主破产的情况下,雇员受到养老保险协会的保护。支持基金可以由一家公司设立,也可以由多家公司设立集合支持基金。支持基金的缴费可以免税,雇主和雇员的缴费都不受限制。养老金领取时按普通收入征税。

三、职业养老金的缴费

职业养老金的缴费比例最初为4%(2020年金额上限为6 624欧元),缴费可税前扣除,领取时纳税,是典型的EET模式。职业养老金的缴费也在法定养老金缴费基数中扣除,因此法定养老金会略低(虽然也相应节约了社会保险缴费)。2017年,为了提高低收入者和小微公司雇员参加职业养老金的比例,德国通过了《强化职业养老金法案》,

主要措施就是引入了纯粹的缴费确定型职业养老金计划，适用于直接保险、公司退休基金、养老基金、支持基金四种委托外部机构经办的模式，雇员缴费比例从4%提高到8%（在法定养老金基数中扣除的比例仍为4%）。

对于月薪总额低于2 200欧元的雇员，国家对雇员缴费提供多达30%的财政补贴，每年最低补贴72欧元最高补贴144欧元（从2020年起，月薪上限提高到2 575欧元，补贴上限提高一倍到288欧元）。由于职业养老金缴费扣减了法定养老金的缴费基数，雇主因此节省了社会保险缴费金额。从2022年开始，雇主将有法律义务将雇员职业养老金缴费的15%作为雇主补贴，缴纳至雇员的职业养老金计划中。

据统计，在2020年，德国政府为职业养老金计划提供了1.76亿欧元的补贴，补贴金额几乎是前一年的两倍（2019年为8 910万欧元）。国家补贴覆盖了近8.21万雇主及100多万低收入雇员，占雇主总数的4.2%（2019年占3.4%，2018年占2.5%）。每位雇员平均获得171欧元的补贴（2019年为120欧元）。[①]

四、职业养老金的参加和积累情况

截至2018年年底，公司退休基金和养老基金的资产价值为2 319亿欧元。有167个公司退休基金和养老基金，共有874万人参加。

参加职业养老金计划的雇员人数从2015年的1 750万人增加到2019年的1 820万人，然而同期参加法定养老金的人数增加得更多，从3 120万人增加到3 380万人，这导致职业养老金覆盖率从2015年的56.2%下降到2019年的53.9%（见表5-2）。发生这一现象的主要原因在于：进入工作时间较短的雇员，较少选择薪酬递延，因此参加职业养老金的比例较低。

---

① 德国统计局数据。

表 5-2　　德国参加职业养老金计划的雇员人数　　万人，%

分类	2001 年	2015 年	2016 年	2017 年	2018 年	2019 年
参加法定养老金的雇员数量	2 800	3 120	3 180	3 260	3 330	3 380
其中：参加职业养老金的雇员数量	1 360	1 750	1 770	1 780	1 800	1 820
参加职业养老金雇员占比	48.7	56.2	55.6	54.6	54.1	53.9

资料来源：德国劳动和社会事务部，养老保险报告 2022。

此外，雇员参加职业养老金的比例也与公司人数规模相关（见图 5-4）。在雇员少于 10 人的公司中，参加职业养老金的雇员比例仅为 29%，但在拥有 50 名或更多雇员的公司中，至少有 48% 的雇员参加了职业养老金。对于雇员超过 1 000 人的公司，这一比例高达 88%。

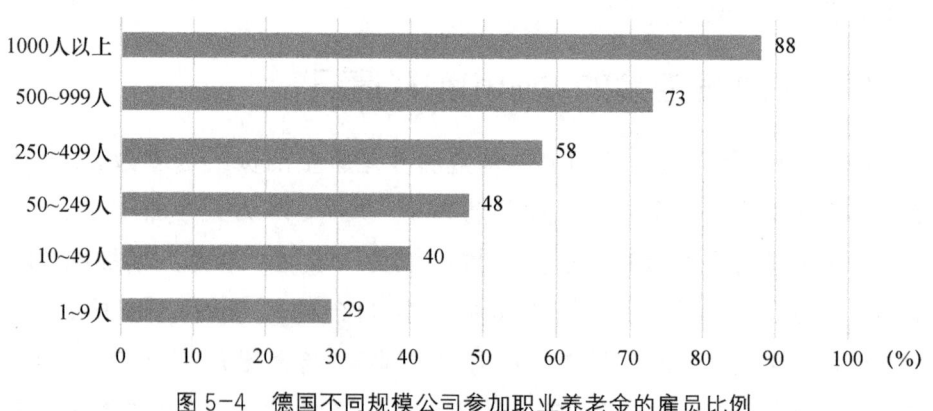

图 5-4　德国不同规模公司参加职业养老金的雇员比例

资料来源：德国劳动和社会事务部，养老保险报告 2022。

2019 年，德国 65 岁及以上的雇员中，有大约 29% 可以从职业养老金中获得养老金。平均每月领取金额约为 500 欧元，但有一半以上退休雇员领取的金额低于 300 欧元。相比国家养老金每月 1 090 欧元的平均金额，还是较低。

第四节　里斯特养老金和吕库普养老金

一、历史沿革

个人养老金包括里斯特养老金（Reister Rente）和吕库普养老金（Rürup Rente），是德国养老保险第三支柱。在人口老龄化的挑战下，德国在 2001 年和 2004 年进行了两次重大的养老保险改革，即里斯特和吕库普养老金改革。2005 年以后，德国个人养老保险制度变为了"三层次模式"：吕库普养老金在第一层次，里斯特养老金在第二层次，非税收优惠个人自愿性储蓄养老保险在第三层次，这三个层次构成了德国养老保险中的个人养老金体系。为便于理解，本节仍将个人养老金统称为第三支柱，主要介绍有税收优惠和财政补贴政策的里斯特养老金和吕库普养老金。

二、里斯特养老金

里斯特养老金是通过补贴激励和税收优惠鼓励目标人群自愿加入，目标人群范围较广，包括受法定养老金替代率降低影响的人、农业从业者、公务员、军人、领取失业保险金或工作能力下降养老金的人、在家中照料他人者。若夫妻双方仅一方为目标群体，另一方可作为间接受益者参与计划。但非法定养老保险参保人中的绝大多数个体劳动者和特定职业养老保险系统的参保人不在国家资助的范围内。里斯特养老金是 EET 模式，缴费可以作为特殊支出享受税收优惠。在退休领取养老金时，每月得到的养老金需要全额缴纳税款。缴费比例为前一年收入的 4%，每年最多 2 100 欧元，最低为 60 欧元。

里斯特养老金的财政补助方式有以下三种。①基础补贴每年 175 欧元（2018 年以来的标准）。对于单身者或夫妻双方都符合参加条件的，每人都可以得到 175 欧元的补助；夫妻双方仅一方符合参加条件，其配偶在每年最低储蓄60欧元的基础上，整个家庭可获得308欧元的补助。②子女补贴。2008年1月1日前出生的子女，每年可获得185欧元的补助；之后出生的子女，每年可获得300欧元的补助。补助期间为父母领取生育津贴的期间。③对新入职的年龄不满25岁的里斯特养老金参加人给予200欧元的一次性特别津贴。从2008年起，如果想获得全额补贴，需满足4%的缴费比例，如果缴费资金少，那么获得的国家补贴也相应地减少。

对政府来说，补贴可以使财政投入发挥更好的效果。据统计，每增加1欧元的政府补贴，可以促进1.9欧元的居民里斯特计划养老储蓄，其中对子女较多的家庭的缴费促进约为2.4欧元，而对没有子女的家庭约为1.1欧元。① 由此可见，政府补贴对撬动居民养老储蓄有直接的激励作用。

三、吕库普养老金

吕库普养老金是一种可以享受政府大数额、高比例退税方式的个人自愿投保的商业养老保险计划，对所有在德国居住和生活的纳税人开放，雇佣劳动者、个体劳动者、公务员和退休人员等均可根据个人意愿参保。

吕库普养老金更适合自雇人士和高收入者，因为年度税收优惠额度是与法定养老保险缴费合并计算的。举例来说，如某雇员每年的总收入为50 000欧元，其收入的18.6%用于法定养老保险，即9 300欧元（包括雇员缴费和雇主缴费）。这部分缴费将从最高税收优惠额度（2022年为25 639欧元）中扣除。那么该雇员还有16 339欧元可以投入吕库普养老金中。

参加吕库普养老金的缴费，可以作为"特别支出"免征个人所得税。但100%免税要到2025年以后。2005—2025年为过渡期，2005年的免税比例为60%，之后每年增加2%，2022年已达到94%。吕库普养老金在领取阶段的纳税比例也是分步骤实施的。2005年领取的养老金的50%需要

---

① STOLZ U, RIECKHOFF C. Aktuelle Ergebnisse der zulagen geforderten Alters-vorsorge [J]. Angestelltenversicherung, 2005 (5): 409-416.

纳税，此后需要纳税的养老金份额每年增长2%，2020年达到80%，随后每年增加1%，到2040年达到100%。

总体而言，里斯特养老金适合低收入者，吕库普养老金适合高收入者和未参加法定养老金的自雇人士。对高收入人群仅提供税收优惠，对低收入人群还提供财政补贴以减轻缴费负担。两种方式相互配合，可以实现个人养老金对不同层面人群更广泛的覆盖。

据统计，2020年德国政府为里斯特计划提供的财政津贴为27.7亿欧元，相应的税收优惠金额为9.9亿欧元，合计人均362欧元。财政津贴在里斯特养老金缴费总额中所占比例约为32.3%。①

第五节　里斯特养老金和吕库普养老金的参加情况

一、里斯特养老金的参加情况

截至2020年年底，德国参加里斯特养老金的人员数量为1 040.3万人，近十余年来，里斯特养老金参加人员数量非但没有增长，反而在缓慢下降，这与其保守的投资选择和不尽理想的投资收益有关（见图5-5）。里斯特养老金参加人数占缴纳法定养老金缴费人数的比例约为31.9%（2019年数据）。

2020年里斯特养老金缴费总额为116.6亿欧元（包括个人缴费和财政津贴），人均缴费1 121欧元。由于参加人数没有增长，因此过去几年的缴费总额也没有太大变化，均在116亿欧元左右。

参加里斯特养老金的人员主要来源于参加法定养老金的人群，占85.9%，公务员占6.3%。根据2019年的调查，约30%的人员有里斯特养老金，其中18%的人员既参加了职业养老金，也参加了里斯特养老金。

---

① 德国财政部，里斯特资金的统计评估。

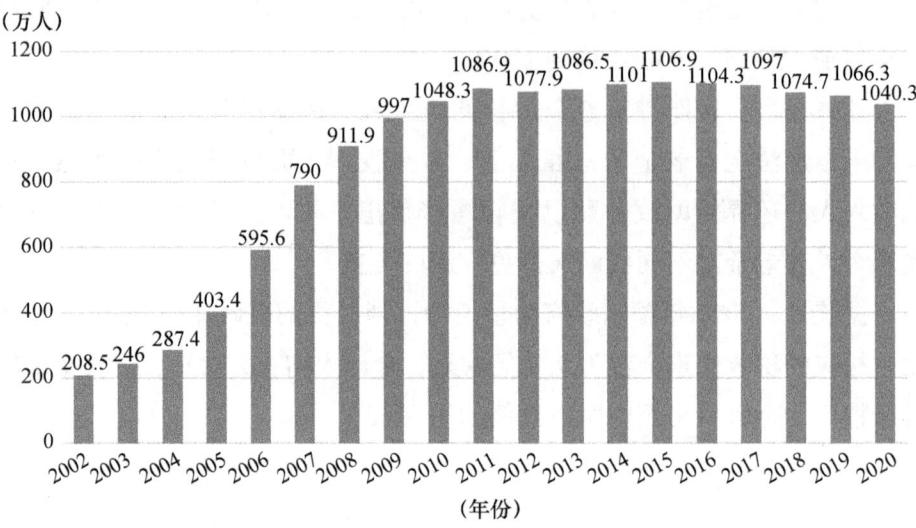

图 5-5 德国里斯特养老金参加人员数量

资料来源：德国财政部，里斯特资金的统计评估。

其中 35~54 岁年龄段的人员参加里斯特养老金的比例更高一些，为 34%，其他两个年龄段比例略低（见表 5-3）。

表 5-3　　德国参加里斯特养老金的人员年龄结构

（2019 年）　　　　　　　　　　　　　　　%

年龄	参加里斯特养老金比例	既有职业养老金又有里斯特养老金比例
总体	29.6	18.1
25~34 岁	26.4	15.0
35~44 岁	34.0	21.1
45~54 岁	34.0	20.8
55~65 岁	23.4	14.9

资料来源：德国劳动和社会事务部。

参加里斯特养老金的人员，以低收入者居多。但收入相对较高的人员占比也在逐年小幅提高（见表 5-4）。

表 5-4　　德国参加里斯特养老金的人员收入结构　　　　%

年收入区间	2017年占比	2018年占比	2019年占比
低于 1 万欧元	16.4	14.8	14.1
1 万~2 万（不含）欧元	16.9	16.2	15.3
2 万~3 万（不含）欧元	18.2	18.1	17.4
3 万~4 万（不含）欧元	17.2	17.4	17.2
4 万~5 万（不含）欧元	11.8	12.5	13.0
5 万~6 万（不含）欧元	7.3	7.7	8.2
6 万~7 万（不含）欧元	5.0	5.3	5.7
7 万欧元以上	7.1	8.0	9.1

资料来源：德国财政部，里斯特资金的统计评估。

总体而言，有 63.6% 的参加者没有享受子女补贴，应该属于参加工作不久的年轻人士。其他享受子女补贴的参加者中，有 1 个和 2 个子女的较多，且多归属在女性参加者中（见表 5-5）。

表 5-5　　德国参加里斯特养老金的家庭子女数量情况　　万，%

拥有子女情况	合计		男性		女性	
	数量	百分比	数量	百分比	数量	百分比
无子女	667.57	63.6	379.68	84.7	287.89	47.8
有子女	382.33	36.4	68.54	15.3	313.80	52.2
1 个子女	166.02	15.8	30.52	6.8	135.51	22.5
2 个子女	164.76	15.7	27.63	6.2	137.13	22.8
3 个子女	41.37	3.9	7.90	1.8	33.46	5.6
4 个及以上子女	10.18	1.0	2.48	0.6	7.70	1.3

资料来源：德国财政部，里斯特资金的统计评估。

二、吕库普养老金的参加情况

截至 2020 年 6 月底,吕库普养老金的合同总数为 234.9 万个(见图 5-6)。与里斯特养老金的数量相比,吕库普养老金显然要少很多,主要是因为吕库普养老金的福利无法继承(但遗属或残疾福利可以包含在合同中)。最近几年吕库普养老金的增长速度明显放缓,这与里斯特养老金的情况是类似的。

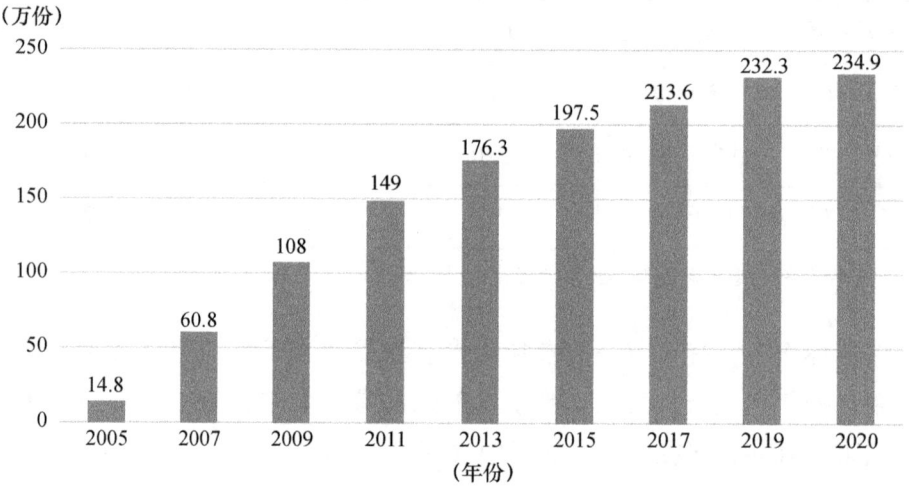

图 5-6 德国吕库普养老金历年合同数量(截至 2020 年第二季度末)

资料来源:德国劳动和社会事务部。

第六节 个人养老金的投资选择

一、投资范围规定

里斯特养老金的投资范围包括保险、银行储蓄、基金和住宅里斯特四大类,个人可根据自身偏好自由选择购买。吕库普养老产品只可以由保险公司提供,包括常规养老保险(有保底收益)、新型养老保险(利息盈余部分投资于股票基金）、投资连结型养老保险（有限的保证或没有保证）、基金连结产品（无保证收益，专门投资于股票基金）。

住宅里斯特是德国比较特殊的个人养老金投资产品，有些类似于我国的住房公积金制度。如果里斯特养老金参加人要购买或建造或改建住宅供自己长期居住，就可以提取住宅里斯特的资金用于偿还住房贷款的本金和利息。住宅里斯特分为储蓄和贷款两个阶段。在储蓄阶段，参加人需要达到一定的储蓄金额，通常相当于房屋储蓄金额的 30%~50%。满足这个比例后，参加人可以申请贷款。在贷款阶段，他们按月分期偿还贷款。由于里斯特养老金年度缴费上限只有 2 100 欧元，因此住宅里斯特贷款的额度也比较低，通常有 5 万欧元的上限。由于信贷利率长期处于低位，住宅里斯特储蓄阶段的利率通常略低于其他储蓄投资，因此房屋储蓄合同作为纯储蓄产品并不值得。但作为回报，在还款阶段的贷款利率较低，这就是住宅里斯特的一个优势所在。

二、养老金产品的认证

里斯特养老金和吕库普养老金产品都需要经过德国财政部认证，才可以进入投资选择范围。具体认证要求如下：①养老金待遇不得在 62 岁之前支付（对于 2012 年之前签订的合同，不得在 60 岁之前支付），但在 62 岁之前法定养老金已经开始支付的情况下除外；②在支付阶段开始时，产品提供商必须保证参加人的缴费和津贴本金可用于支付阶段（即缴费保护，类似于软性保本要求）；③产品合同必须提供终身福利，可以是终身年金，也可以是保证 85 岁之前的给付而剩余部分是终身年金；④允许在支付阶段开始时一次性提取最多 30% 金额；⑤养老金合同的获取和分配费用必须分摊至少 5 年等。

按 2022 年 9 月德国财政部披露的产品认证数量，仍在有效期的里斯特养老金产品约 3 120 只，吕库普养老金产品约 320 只，比里斯特养老金产品少了一个数量级。产品认证也不是终身制的，历年来由于各种原因终止认证的产品有 2 900 只左右。产品终止认证后就不可以再接受新参加者。

三、评定产品的风险收益等级

为了使参加人能够更好地评估养老金产品的收益和风险,产品提供商必须标明产品的风险回报等级(CRK)。风险回报等级分为5级,最低的CRK1意味着"低收益/低风险",最高的CRK5意味着"高收益/高风险"。具体描述见表5-6。

表5-6　　　　德国养老金产品的风险等级描述

风险等级	风险和收益描述
CRK1	积累期保证最低利率,或参考挂钩的利率提供安全投资,低收益、低风险。提供缴费保护承诺
CRK2	以安全为导向投资,但收益机会有限。提供缴费保护承诺
CRK3	提供平衡的投资和适度的收益机会。如果不提供缴费保护承诺,则存在中等损失风险
CRK4	提供以收益为导向的投资,具有更高的收益可能。如果不提供缴费保护承诺,则损失风险更高
CRK5	提供以收益为导向的投资,具有高收益的可能。如果不提供缴费保护承诺,则存在很高的损失风险

资料来源:德国财政部。

四、产品的收费项目和标准

根据2017年开始生效的《养老金合同认证法》,除了产品的风险收益等级分类之外,养老金产品提供商还必须列出支付阶段开始之前的收费项目和标准。产品提供商只能在累积阶段以合同方式收取允许的费用,如申购和销售成本、行政管理费用以及特定费用等。为了统一说明所发生的费用及其对产品收益的影响,便于对不同报价产品进行直接成本比较,法规还要求说明"有效成本"(也称为费用比率)。该指标表示现有成本(例如行政成本)造成的收益损失,并用于确定扣除成本后实现的实际收益。

自 2017 年 1 月 1 日起，每位参加者在签订个人养老金合同之前都必须收到一份单独的产品信息表（PIB）。产品信息表旨在帮助参加者了解产品可能的赢利机会和风险，以及产品的成本，并促进产品之间的比较。经过认证后的里斯特养老金和吕库普养老金产品，其产品信息表都必须在提供商的网站上公布。

五、里斯特养老金的投资选择

里斯特养老金的投资选择以保险产品为主。按合同数量计算的比例，到 2022 年上半年，保险产品占比达 66%，但与之前年份相比，选择保险产品的比例在逐渐下降。如果按金额计算，2019 年选择保险产品的比例已下降到 58.8%。投资基金的选择比例，从 2008 年左右起，就保持在 20% 左右不再提高。而住宅里斯特的选择比例有一定上升，2022 年上半年达到 11%。银行储蓄的比例一直不高，约 3%（见图 5-7）。

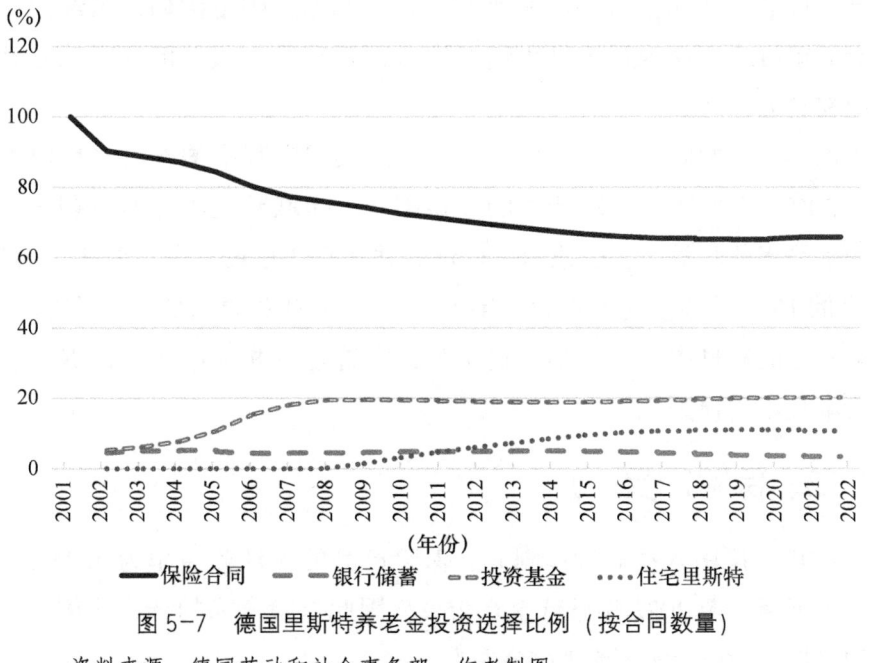

图 5-7 德国里斯特养老金投资选择比例（按合同数量）

资料来源：德国劳动和社会事务部，作者制图。

第七节　个人养老金的收益情况

德国个人养老金的投资策略比较保守，其中一个原因是产品认证的要求。例如在支付开始时有缴费本金的保本要求，以及支付阶段的年金化领取要求。另外一个因素是有效成本比较高，降低了实际收益率。整体而言，德国个人养老金里斯特计划的收益率较低，这也降低了人们参加个人养老金的积极性。

一、银行储蓄产品

银行储蓄产品的利率是可变的，通常是基于市场当前的储蓄利率。由于市场持续的低利率，银行储蓄产品的收益很低或根本没有收益。此外，编写并发布产品信息表也需要花费时间和成本，因此里斯特银行储蓄产品日益被其他里斯特产品所取代。在德国全国范围内，已经没有一家储蓄银行或大众银行提供里斯特银行储蓄产品，只有部分区域储蓄银行尚在勉力维持。

以某银行的储蓄产品为例，利率比公共固定利率债券的当前收益率低 0.50%，公共固定利率债券的收益率是上市联邦证券在所有剩余期限内的平均当前收益率，由德国央行计算并在每年度的 2 月、5 月、8 月和 11 月的 15 日发布。管理费为每年 10 欧元，如利息收入低于 10 欧元，则从前几年的利息中支付。如果仍不足，则管理费相应减少，以保证实收缴费本金不受损失。

二、保险产品

2001 年刚引入里斯特计划时，保险产品的保证收益率为 3.25%，之后逐年下降，至 2022 年已低至 0.25%。因此保险产品的选择比例从一开始的接近 100% 逐渐下降到 66% 左右。

以某公司 30 年期的保险产品为例，积累期 35 675 欧元的缴费，对应支付期每月 95.75 欧元，折算后的支付系数为 3.22%（年领取额/本金）。与美国类似产品相比，支付系数还是比较低的。该保险产品积累期的有效成本为 1.69%，按 3% 的测算收益率，实际收益率将降低到 1.31%。该保险产品的现金价值，到第 12 年，才达到累计缴费本金的 101.31%，主要原因在于合同签订后的前几年需要分摊初始和行政成本等。这无疑也降低了保险产品的吸引力。

德国消费者组织联合会对 65 家里斯特提供商的一项统计调查表明，里斯特养老金产品的"有效成本"约为投资收益的 25%，而且合同期限越短，分摊费用的时间越短，费用比率越高。图 5-8 展示了里斯特提供商的平均保险费用率，深色条形图的长度为费率比率的长限值。

图 5-8　里斯特提供商的平均保险费用率

资料来源：https://www.finanzen.de/altersvorsorge/riester-rente/kosten.

三、基金产品

德国的个人养老金选择基金产品的比例只有 20%，远低于美国等国家。原因并不在于基金产品的投资方向上，而在于产品认证的规定。因为在支付开始时，产品提供商必须保证缴费本金的可获得性。这虽然不是保证保本的要求，但却极大地影响了较高波动资产的投资。

例如投资于股票方向的基金，在市场下跌时很有可能被卖出并转入固定收益的稳健资产中。这样的操作最大限度地保护了参加人的本金安全，但却会错过下跌之后的反弹和上涨的机会。华尔街传奇彼得·林奇就说过，在过去70多年历史上发生的40次股市暴跌中，即使其中39次我提前预测到，而且在暴跌前卖掉了所有的股票，我最后也会后悔万分。因为即使是跌幅最大的那次股灾，股价最终也涨回来了，而且涨得更高。

由于里斯特产品提供商不得不帮助参加人控制投资风险，保护本金安全，在一定程度上损害了这类产品获得资本市场长期成长的机会，压缩了收益率上涨的空间，最终也损害了参加人的利益。

> 总的来说，德国个人养老金制度的成功之处在于税收优惠和财政补贴相结合，充分满足了不同年龄和收入群体的养老保障需求。财政补贴也发挥了杠杆作用，促进更多的人参加个人养老金。但弊端也比较明显，一是本金绝对安全降低了长期收益的空间，影响了个人参加的积极性；二是管理成本较高，也影响了实际收益率。因此里斯特养老金的参加数量近几年在下降。未来如何改革完善德国的个人养老金制度，显然也需要进一步探索。

第六章
法国个人养老金

第一节　法国的老龄化与养老保险体系

一、法国人口老龄化已非常严重

早在20世纪60年代，法国65岁及以上人口就超过7%，达到11.65%。到20世纪90年代初突破14%，进入深度老龄化社会。到2021年年底，该比例已达到21%，在世界范围内老龄化程度也位居前列，更大幅度高于经合组织和高收入国家平均水平（见图6-1）。

截至2020年年底，法国的养老金替代率为60.2%，略高于经合组织国家平均水平。但法国的养老金替代率较为依赖国家基本养老金，高福利的背后是持续加重的财政压力，法国养老金体系也面临赤字危机。

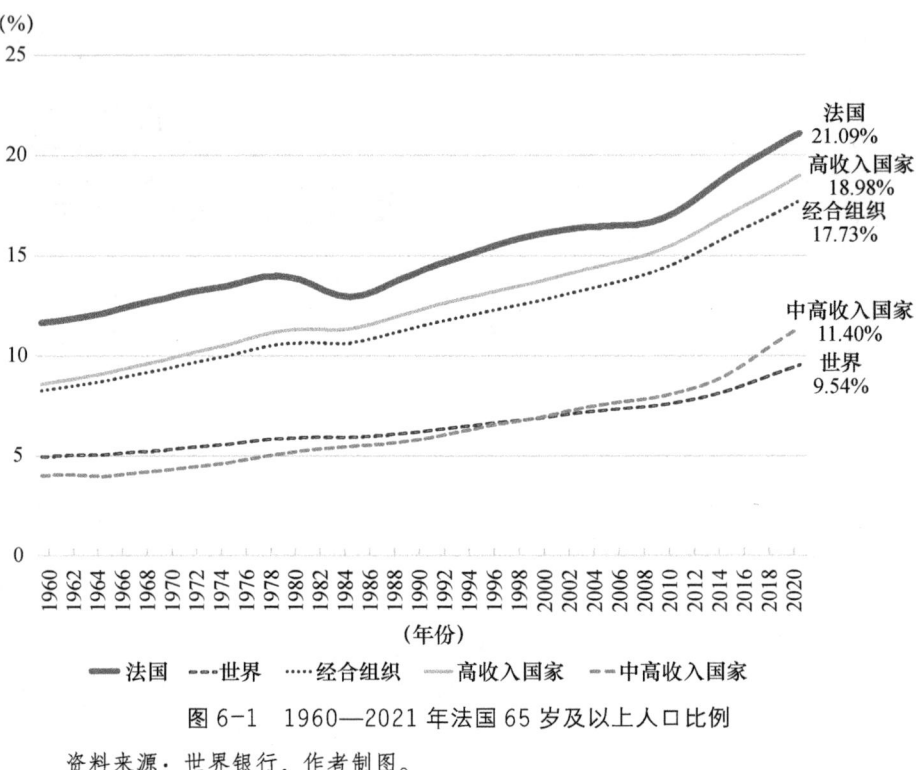

图 6-1　1960—2021 年法国 65 岁及以上人口比例

资料来源：世界银行，作者制图。

2021 年法国养老金支出占 GDP 比重已经高达 13.8%[①]，远远高出经合组织国家平均水平。

二、法国已建立三支柱养老保险体系

第一支柱为基本养老金（La Retraite de Base），根据所处行业执行对应制度，包括普通制度（Régime Général）、公务员制度、非工薪职员制度和特殊行业制度（Régime Spécial），其中覆盖最广的是普通制度中的国家养老保险（CNAV），下文中第一支柱主要介绍国家养老保险的相关情况。同时国家对低收入者提供养老救助（Minimum Vieillesse）。

第二支柱补充养老金（La Retraite Complémentaire）为强制型职业年金，也根据所处行业执行对应制度，部分行业第一支柱与第二支柱为一

---

① 法国养老金咨询委员会 2022 年报。

体,部分行业有自己独有的第二支柱养老金计划,其余行业中覆盖最广的是按职工(ARRCO)和管理人员(AGIRC)划分为两类缴费标准的补充养老金制度,2019年改革后合并为AGIRC-ARRCO制度。一般在统计法国补充养老金时主要以AGIRC-ARRCO为数据统计口径,因而本章第三节主要介绍AGIRC-ARRCO制度的相关情况。

第一支柱和第二支柱根据所处行业进行细分,是现收现付制,由雇主和雇员强制缴费。

第三支柱再补充养老金(La Retraite Supplémentaire)是自愿型累积制个人养老金,分为退休储蓄计划(PER)、人寿保险(Assurancevie)和个人储蓄账户。其中退休储蓄计划又分为个人型(PERin)和企业型(PERcol和PERob)。详见图6-2。

截至2020年年底,退休人员的平均每月税后养老金为1 341欧元,其中女性平均为1 050欧元,男性平均为1 667欧元。法国对于身故的退休人员,允许其配偶按一定规则以遗属抚恤金的形式领取其遗留的养老金。加上这一部分后,退休人员的平均每月税后总养老金为1 473欧元,其中女性平均为1 280欧元,男性平均为1 689欧元。

截至2020年年初,法国有83.9%的家庭拥有金融储蓄账户,62.1%的家庭拥有不动产,46.6%的家庭拥有人寿保险和退休储蓄。其中,越富有的家庭拥有退休储蓄资产的比例越高。养老资产在不同职业、不同收入水平的家庭中拥有的比例差异较大。储蓄、保险基金和养老基金是法国家庭金融资产占比最高的三大类。[①]

---

① 法国国家统计局数据。

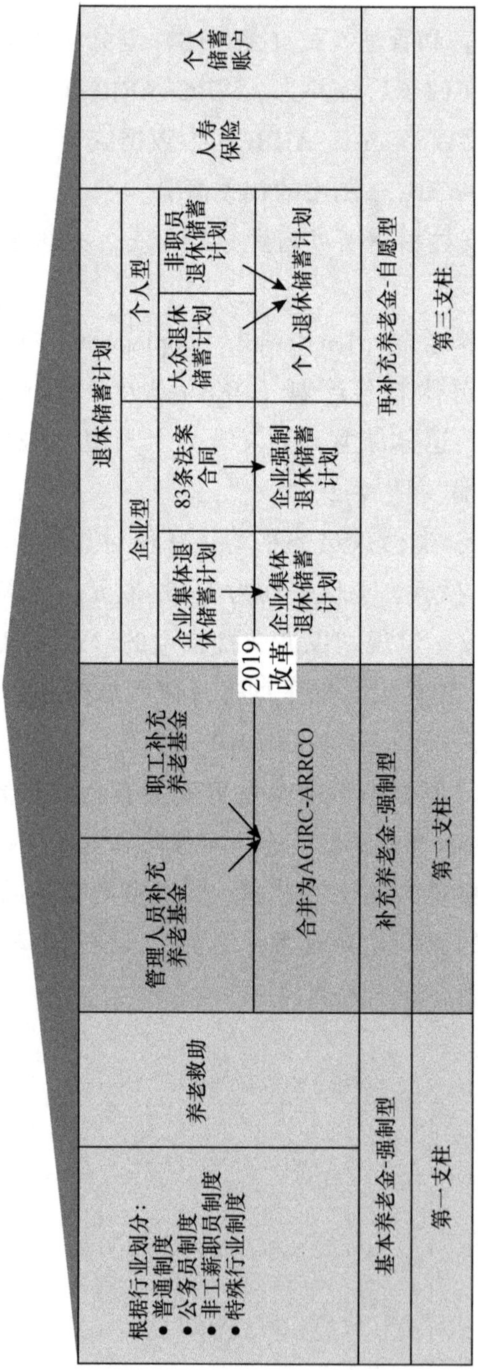

图6-2 法国三支柱养老保险体系

资料来源：作者整理。

第二节　多轨制碎片化的养老保险第一支柱

一、基本养老金制度

法国基本养老金体系多制度并行，不同群体福利差异较大。19世纪中叶，法国养老体制萌芽时，便呈现出了面向公务员、工人、私营雇员等不同行业和地区差异化的特征。在后续的发展中，也一直以各种碎片化的形式并行，不同的养老制度适用于不同群体。第二次世界大战后，法国现代养老金体系开始建设，1946年《社会保障法案》试图将各种分立的养老项目统一到综合性的普通制度，但引发了不同社会群体和行业协会的强烈反对。最后，第一支柱基本养老金仍针对不同行业人群分别执行不同的细分制度，以多轨制碎片化并行的方式持续至今。

目前法国基本养老金制度按职业大类上可以分为三类：工薪职员、公务员和非工薪职员。三大类中按细分行业又有多种分类，不同行业人群执行各自对应的基本养老金制度和补充养老金制度，多达几十种。各种制度间差异较大，部分特殊行业还可享受提前退休、更少的缴税、更高的待遇等高于平均水平的福利。对于工薪职员，主要包括执行普通制度的私营职员、农业职员等，以及执行特殊行业制度的电力燃气、公共交通、法国银行、公证处等行业的职员。对于公务员，主要包括国家公务员、地方公务员等，第一支柱与第二支柱为一体。对于非工薪职员，主要包括个体户和自由职业者等（见表6-1）。

自20世纪90年代以来，法国养老金体系失衡严重且逐渐显露结构性赤字危机。法国政府多次试图推行改革，推动基本养老金制度的统一，从而优化养老金收支平衡以及降低不同职业的福利待遇差距。但都遭到多轨制获益群体的强烈反对，并导致多次全国性罢工示威游行。马克龙政府于2019年发布的养老金改革草案，计划逐步取消特殊行业的退休福利，

表 6-1　　法国基本养老金制度

人员分类		基本养老金		补充养老金		再补充养老金
工薪职员	农业职员	农业社会互助中心	+	职工补充养老金+管理人员补充养老金	+	私立学校教师临时退休制度
	工、商、服务业职员	国家养老保险计划				
	私立学校教师					
	非公务员公共部门			非公务员公共部门补充养老金		
	民航职员			民航养老金		
	国家工人	国家产业工人特别养老金				
	特殊行业职员	法国银行、矿工、电力燃气、法国喜剧院、公证处、海员、巴黎国家歌剧院、斯特拉斯堡自治港、公共交通、铁路				
公务员	国家、法院、军队公务员	国家养老金			+	公务员补充养老金
	地方、医疗公务员	地方公务员国家退休基金				
	国会议员	国民议会养老金、参议院养老金				
非工薪职员	农业经营者	农业社会互助中心				
	个体户、商人和工厂经营者	独立社会保险				

续表

人员分类		基本养老金		补充养老金		再补充养老金
非工薪职员	自由职业者	全国自由职业者养老保险基金	+	公证员、部委官员、医生、牙医和助产士、药剂师、护士、兽医、保险机构、会计师、建筑师和其他自由职业者		
		全国律师社会保险基金				
	艺术家、作家	国家养老保险计划	+	教育和创意行业补充养老金		
	渔业雇主	国家海军荣军院				
	宗教成员	老弱病残神职人员保险	+	职工补充养老金		
	烟草零售店经营者	独立社会保险			+	烟草零售店经营者养老金
	法国经济、社会与环境理事会的议员和顾问	国民议会养老金,参议院养老金,法国经济、社会与环境理事会养老金				

资料来源:法国劳工部,作者整理。

将几十种碎片化的制度整合为全民统一的积分制,但此项改革也受到极大的阻力而未能如期实施。在2022年获得连任后,马克龙政府在2023年仍在继续推进养老金改革。

2023年已推行的新政包括延长缴费年限与最低退休年龄,自2023年9月1日起,最低退休年龄由62岁逐季度上调至2027年的63岁零3个月，2030 年达到 64 岁，最低缴费年限由 42 年上调至 2027 年的 43 年。且对于执行基本养老金中特殊制度的电力燃气，公共交通，公证处，法国银行，法国经济、社会与环境理事会的议员和顾问等行业与部门，自 2023 年 9 月 1 日后新招聘的雇员不再享有行业特殊制度，而是按普通制度执行。

二、基本养老金的缴费与领取

法国基本养老金实行现收现付制，其中针对工薪职员的普通制度（Régime Général），即国家养老保险（CNAV）是法国养老保险体系中覆盖人群最广、最重要的组成部分。下文主要介绍国家养老保险的相关情况。截至 2020 年年底，基本养老金缴费人数 2 808 万人，覆盖率约为 63.8%。截至 2021 年年底，领取基本养老金的退休人员共 1 488 万人，其中 62 岁及以上的退休人员占法国 62 岁及以上人口的 80.5%，人均每月领取 755 欧元。[①]

基本养老金制度的缴费率安排如下：工资在社保封顶额（2023 年为 3 666 欧元/月）以内的部分，按雇员 6.9%、雇主 8.55% 的比例缴费；工资超出封顶额的，还要按雇员 0.4%、雇主 1.9% 的比例，以工资总额为基数缴费。缴费率在 2016 年以前逐年递增，近 5 年保持不变。

基本养老金的支付金额受三个条件影响，分别为所从事职业对应的养老金制度、退休年龄和工作年限以及职业生涯的工作报酬。每个职业有对应的基本养老金制度和补充养老金制度，基本养老金制度根据缴费的季度数按年计算养老金；而补充养老金制度根据积分计算养老金，在退休时将每年获得的积分转化为每月的养老金。大多数人同时缴纳基本养老金和补充养老金或再补充养老金，而有些职业只有单一养老金制度，但里面整合了基本养老金和补充养老金。数十种养老金制度并存的复杂情况也使得法国养老金改革成为每一届政府的难题，马克龙政府最新的改革政策计划在 2023 年推行积分制养老金，将目前各行业的碎片化制度

---

① 法国基本养老金 CNAV2022 年报。

进行彻底统一。

缴费年限不足会使基本养老金被扣减，因而导致很多人延迟退休以提高养老金待遇。退休年龄和工作年限也同时影响养老金的金额，为了领取100%的养老金，需要达到最低缴费年限，没有达到最低缴费年限的人养老金会被扣减，超出最低缴费年限的人养老金会有所增加。目前缴费年限是根据出生年代划分，对于1957年前出生的人，要求缴费166个季度（41.5年）；1957—1973年出生的人，每隔3年标准会增加1个季度；对于1973年后出生的人，要求缴费172个季度（43年）。扣减根据缴费期限与标准期限的差距或者退休年龄与67岁的差距孰低者执行，如果退休时工作年限不够最低标准且年龄小于67岁，养老金会按一定百分比扣减。

目前法国法定的退休年龄为62岁，但多数人在62岁时并不能完成最低缴费43年的标准，因而为了养老金不打折扣，许多人选择延迟退休至缴满年限或至67岁，以便能够享有100%甚至更高比例的养老金。2017年参加基本养老金制度的人员平均退休年龄是63.4岁。

值得注意的是，有一些特殊情况会触发缴费年限的增加和扣减的降低，例如患病、残疾和丧失劳动能力。对于私营部门职员在2010年以后有生育或抚养子女的情况，也会自动在其缴费年限上增加8个季度。另外还有直接提高养老金金额的一些特殊情况，例如自生育第三个孩子起可享受养老金10%的直接上涨。法国老年抚养比从4一路降低到约1.7，即1.7个年轻人抚养一个老年人，这对法国现收现付制养老金体系的负面影响巨大，导致在养老金制度中设计了许多对生育的额外补贴条款。

基本养老金的金额基数取决于个人职业生涯的工作报酬。对于工薪职员、个体户和商人，基本养老金计算基数基于其职业生涯中报酬最高的25年的平均工资。其他制度可能有不同的计算方式，例如公务员的基本养老金是按最后一年的不含津贴补助的薪酬水平计算。如职业生涯中涉及多个行业，分别缴纳了不同的金额和年限，在退休时也会按对应行业的制度进行分别计算和发放。公共部门和私营部门在工资参数上的区别也导致其在养老金福利计算上的不平等。

对于弱势群体，还有一种最低养老金救助，即由老年人互助会提供的养老救助，为 65 岁及以上的老年人（或 62 岁及以上丧失劳动能力的老年人）提供最低保障。2022 年年底，大约有 58.2 万名老年人享受养老救助，平均每月领取 452 欧元。①

三、养老储备基金

由于人口结构的变化，现收现付制的养老保险第一支柱在 20 世纪就已经出现赤字风险。根据当时的预测，法国将在 2020—2050 年面临大规模养老资金缺口。于是，法国政府在 1999 年设立了养老储备基金（Fonds de Reserve pour les Retraites，FRR），目标是在 2020 年前不断储备累积一笔资产以应对未来的赤字，使危机平稳渡过。FRR 的资金来源于暂时的超额缴费以及外部筹集的资金，设立时计划该基金在 2020 年前只积累不支出，到 2020 年后开始向养老金制度支付。经过多次改革，FRR 扩大了资金来源，到 2010 年时盈余可观，其自身的投资收益已经可以覆盖预期支出，于是提前停止注资并开始为全国社保基金和国家养老保险基金支付。2004—2021 年，FRR 年化收益率为 4.1%。改革后的 2010—2021 年，FRR 年化收益率为 4.73%。

第三节　强制性、积分制且现收现付制的养老保险第二支柱

一、补充养老金制度

与很多国家不同，法国的养老保险第二支柱补充养老金是强制性、积分制且现收现付制的。第二支柱补充养老金也根据所处行业执行对应制度，部分行业第一支柱与第二支柱为一体，如公务员，部分行业有自

---

① https://www.statistiques-recherches.cnav.fr/le-minimum-vieillesse.html.

已独有的第二支柱计划，其余行业中覆盖最广的是按职工和管理人员划分为两类缴费标准的补充养老金制度。1972年法国通过法令要求私营部门雇员强制性加入补充养老金制度，职员加入职工补充养老金制度（ARRCO），管理人员加入管理人员补充养老金制度（AGIRC）。2019年的最新改革已将这两种制度融合在一起，称为AGIRC-ARRCO制度，两者在缴费等方面不再有区别。这也是覆盖人群最广的补充养老金，涉及工、商、服务业的职员以及高级管理人员等。除了以上强制性的补充养老金外，还有一种行政补充养老金，只有公务员、教师等少数职业享有。

一般在统计法国补充养老金时以AGIRC-ARRCO数据为主要统计口径，因此本节主要介绍AGIRC-ARRCO制度相关情况。补充养老金由雇主、雇员共同缴费，以积分制积累，积分的点数乘以积分的点值决定其退休时领取的养老金待遇，不同公司或岗位间差距较大。

2019年AGIRC-ARRCO总缴费人数达1 920万人，其中普通职员1 460万人，管理人员460万人。[①] 2021年AGIRC-ARRCO制度共支付了840亿欧元的养老金，领取的人数有1 333.7万人，平均每人每年领取5 871欧元，通过遗属抚恤金领取的金额平均为3 904欧元。强制性补充养老金的覆盖率较为理想，目前现收现付制在积分制度的调节下基本收支平衡。

二、补充养老金的缴费与领取

雇员和雇主的共同缴费决定雇员获得补充养老金的积分点数，雇主比雇员缴费更多，高薪的部分缴费更多。目前补充养老金是由雇主缴费60%，雇员缴费40%；对年薪低于43 992欧元的人，缴费率为7.87%；对于年薪在43 992~351 936欧元的人，以此部分工资为基数缴费21.59%。通过缴费获得积分点数的换算是通过［（工资×对应积分计算值）/养老金点数购买价格］计算得到，养老金点数购买价格也被称为参考工资。积分计算值和参考工资是由政府每年调整确定，2022年数据见

---

① 法国职业养老金AGIRC-ARRCO 2022年报。

表6-2。例如，年薪50 000欧元的人，缴费为43 992×7.87%+（50 000-43 992）×21.59%，即4 759.3欧元，而他获得的积分点数为［43 992×6.2%+（50 000-43 992）×17%］/17.431 6，即215点。

表6-2　　　　　　　补充养老金缴费及积分计算值

年度工作报酬	雇主缴费/%	雇员缴费/%	缴费合计/%	积分计算值/%	养老金点数购买价格/欧元
第一层：43 992欧元以内	4.72	3.15	7.87	6.2	17.431 6
第二层：43 992~351 936欧元	12.95	8.64	21.59	17	

资料来源：法国职业养老金AGIRC-ARRCO官网，作者整理。

职业生涯累计的积分点数在退休时可转换为养老金，也有转换系数，同样由政府调整设置。2022年的转换系数为1.349 8，例如退休时获得了1 000积分的人，会每年收到1 000×1.349 8，即1 349.8欧元。补充养老金通常是按月支付，但对于积分小于100的人是一次性支付，对于积分在101~200的人是按年支付。工资转为积分点数和积分转为养老金都涉及转换系数，政府可以通过调整系数而对补充养老金微调。获得的积分也有一些附加项影响，例如67岁以后申领是足额申领，67岁以前申领会有一定扣减；对有3个孩子以上的人会有额外增加值。每年11月1日会对养老金进行重新估算。

AGIRC-ARRCO制度积分转换系数的微调也可以影响养老福利的分配。积分点数的购买价格近年来进行了微调，2020年上调2.0%，2021年没有调整，2022年上调0.2%。积分转为养老金的转换系数逐年提高，2022年提高了5.12%，远高于前两年的1%。相对来讲，上调的购买价格变动远小于积分转换价格的向上变动，也算是对养老福利的进一步提升。[1]

整体来看，法国养老保险还是以第一支柱基本养老金制度占主导（见图6-3），其养老金支出的比例最高，合计占到71.9%，第二支柱以AGIRC-ARRCO制度为主，占到整体养老金支出的24.1%（其他第二支柱制度占整体养老金支出的3.8%）。

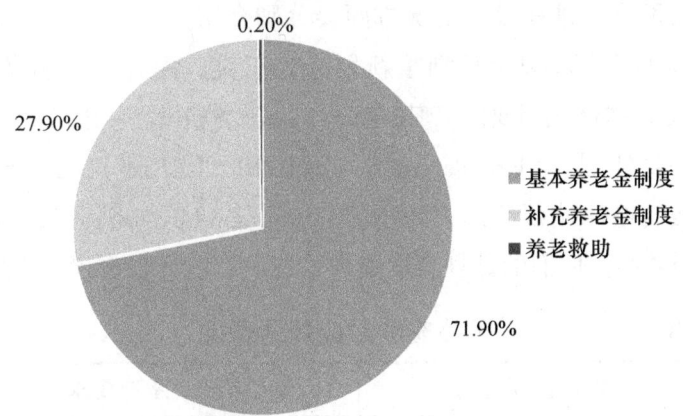

图6-3 法国第一支柱与第二支柱占养老金支出比例

资料来源：法国职业养老金AGIRC-ARRCO官网，作者整理。

第四节 改革后的养老保险第三支柱

一、再补充养老金制度

法国的第三支柱个人养老金是自愿积累型再补充养老金，包括退休储蓄计划和人寿保险。另外，还有广义的个人养老金，即带有一定税收优惠的个人储蓄账户。

退休储蓄计划在2003年推出时，分为个人名义缴费的大众退休储蓄计划和非职员退休储蓄计划，以及通过企业以集体形式缴费的企业集体

---

[1] 法国职业养老金AGIRC-ARRCO2022年报。

退休储蓄计划和 83 条法案合同。企业型计划由雇主缴费，雇员协同缴费，企业享受税收优惠，既有缴费确定型，也有待遇确定型，以缴费确定型为主。个人型计划中大众退休储蓄计划面向大众，非职员退休储蓄计划面向非工薪职员，如自由职业者、个体户等。人寿保险也是一种个人型的再补充养老金产品，但是在投资等方面与退休储蓄计划有一定区别，后文在税收安排和投资情况方面会分别介绍。

2019 年的改革将以上计划重新划分为三类，两种个人名义储蓄计划合并为个人退休储蓄计划（PER Individuel，PERin），PERCO 改为企业集体退休储蓄计划（PER d'entreprise collectif，PERcol），83 条法案合同改为企业强制退休储蓄计划（PER d'entreprise obligatoire，PERob）。目前是新旧计划并存，但旧的计划会逐渐被这三类新的计划替代。详见表 6-3。

表 6-3　　　　　　　　　再补充养老金计划类型

	个人签订合约	缴费要求
缴费确定型	*个人退休储蓄计划	自愿缴费
	大众退休储蓄计划	缴费周期、金额不限
	公务员退休储蓄计划	缴费周期、金额、支付方式不限
	地方议员退休储蓄计划	4%、6%、8%任选
	医院官员退休储蓄计划	按税后基本工资的百分比缴纳
	军人退休储蓄计划	有最低缴费额度要求
	非职员签订合约	缴费要求
	Madelin 合约	针对自由职业者、手工艺者、商人等非职员，强制按年缴费，首次签约时缴纳最低额度，之后每年可自愿提高缴费额度，上限为最低缴费额度的 15 倍
	农业人士合约	缴纳最低额度至上限（最低缴费额度的 15 倍）

续表

	集体签订合约	缴费要求
缴费确定型	*企业集体退休储蓄计划	自愿缴费+雇员储蓄：企业分红/雇主缴费（上限为个人缴费的3倍）/雇主首次或定期缴费
	*企业强制退休储蓄计划	自愿缴费+雇员储蓄：企业分红+雇员和雇主强制缴费（某些情况下）
	82条法案合同	按工资百分比，仅由雇主缴费
	83条法案合同	按工资百分比，由雇主和雇员共同缴费
	企业退休储蓄计划	按工资百分比强制缴费，雇员也可以自由增加
待遇确定型	39条法案合同	仅由雇主缴费
雇员储蓄计划	前企业集体退休储蓄计划	个人自愿缴费上限为年税后收入的25%，雇主缴费上限为社保封顶额的16%

资料来源：法国社会事务部研究评估及统计局，作者整理。

注：表中带*栏目为2019年最新改革后的新制度，其他制度会逐渐被新制度替代。

个人退休储蓄计划（PERin）是所有自然人都可参加的，无论是否有工作、是否已退休。缴费十分灵活，没有固定缴费频率要求，也没有最低开户金额限制，直到75岁都可以缴费，计划享受税收优惠。企业型退休储蓄计划中PERcol由一个雇主或一个协会组织为全部雇员或全部协会成员设立，缴费由雇员和/或雇主缴纳，主要面向最少一名雇员、最多250名雇员的中小型企业，缴费金额根据计划的具体条款而定，对缴费金额和频率没有限制。而PERob是强制性的，要求2019年1月1日前已经设立企业退休储蓄计划的企业为所有雇员设立的企业型计划，缴费包括雇员和/或雇主强制缴费部分，以及雇员自愿缴费部分，缴费金额根据计划的具体条款而定。

图 6-4 展示了 2020 年退休储蓄计划的参加人年龄分布。整体来看，30 岁以下年轻人参加比例不高，30~60 岁的参加者占到 76%。其中，个人退休储蓄计划参加者年龄略高于整体平均，40~60 岁群体占其中 68%；企业退休储蓄计划年龄分布较均衡。值得一提的是，新参加者即当年内新开立的账户中，年轻人的比例有所提升，提升主要来自企业集体退休储蓄计划。可以从中看到，依托企业集体合约建立退休储蓄计划对个人养老金覆盖率的提升，尤其是提升年轻人参与度的作用。

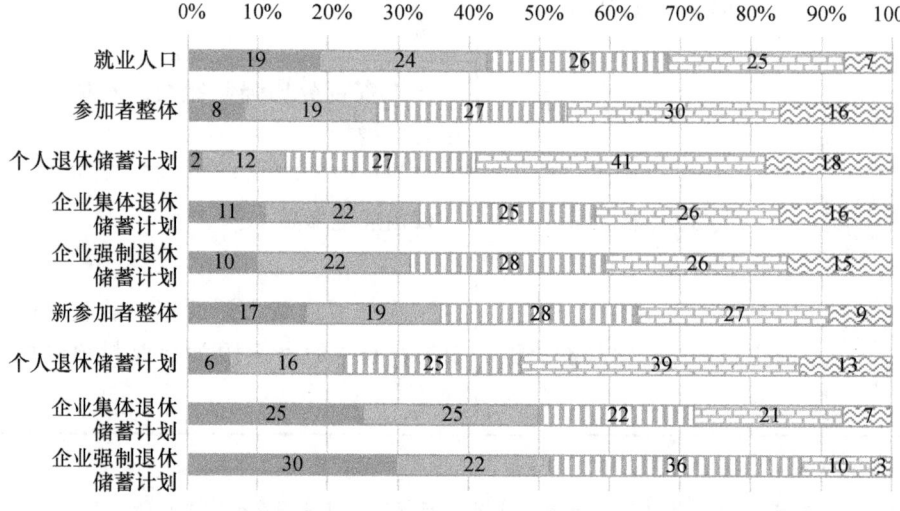

图 6-4　2020 年退休储蓄计划的参加人年龄分布

资料来源：法国社会事务部研究评估及统计局，作者整理。

同时，法国也有广义的个人养老金，即带有一定税收优惠的个人储蓄账户，包括 A 类账户、可持续发展账户、人民储蓄账户和股票储蓄计划。一般此类账户允许在一定额度内享受优惠的储蓄利率，且资本利得不征税。

A 类账户是其中最常见的，无论是否为法国居民，都可以享受每人最多一个账户，账户最高储蓄 22 950 欧元。儿童也可以开立账户，每个家庭的账户数不受上限约束。储蓄利率在 2022 年 8 月设定为每年 2%，该利率由国家每年调整两次。

可持续发展账户仅针对法国居民开立，每个家庭最多开立两个账户，账户最高储蓄 12 000 欧元。储蓄利率在 2022 年 8 月设定为每年 2%。

人民储蓄账户主要针对缴税较低的低收入法国居民，开立账户需要提供缴税低于一定额度的纳税证明，储蓄额度上限为 7 700 欧元，储蓄利率在 2023 年 2 月设定为 6.1%。

股票储蓄计划，每个人最多开立一个账户，额度上限为 15 万欧元。青少年也可以开立账户，但额度较低，为 2 万欧元。每个家庭的账户数不受上限约束。该账户可投资于股票、债券等资产，在该账户中持有超 5 年的投资免于征税。若不到 5 年但想要将账户中的资产取出，需要一次性取出、缴税并且销户。

二、再补充养老金的缴费与领取

退休储蓄计划目前新旧计划并存，2020 年各计划参加人数、缴费与支付情况见表 6-4。再补充养老金计划共有 1 430.9 万人参加，628.7 万人缴费，约为参加基本养老金缴费人数的 22.4%。目前再补充养老金总的管理规模达到 2 505.5 亿欧元，其中个人签订合约约 1 100.22 亿欧元，集体签订合约约 1 405.28 亿欧元；通过集体签订合约的人数约为个人签订合约人数的两倍。

表 6-4　再补充养老金计划参加人数及缴费金额

人员分类	参加人数/万人	缴费人数/万人	总缴费额/亿欧元	总支付额/亿欧元	总储备规模/亿欧元	平均年缴费额/欧元
个人签订合约	499.2	263.5	85.95	28.68	1 100.22	3 261
*个人退休储蓄计划	101.9	80.2	41.15	3.71	139.26	5 132

续表

人员分类	参加人数/万人	缴费人数/万人	总缴费额/亿欧元	总支付额/亿欧元	总储备规模/亿欧元	平均年缴费额/欧元
大众退休储蓄计划	216.8	85.8	19.08	4.18	203.36	2 223
公务员、地方议员、医院官员退休储蓄计划	45.7	15.5	1.74	8.4	229.47	1 126
军人退休储蓄计划	5.3	4.2	0.59	4.79	57.2	1 400
非职员签订合约	129	77.7	23.36	7.45	468.51	3 008
Madelin 合约	105.9	59.6	21.42	6.29	407.62	3 596
农业人士合约	23.1	18.1	1.95	1.16	60.88	1 074
集体签订合约	931.7	365.2	78.27	41.24	1 405.28	1 763
缴费确定型	931.7	365.2	64.36	29.40	1 074.13	1 763
*企业集体退休储蓄计划	103.8	46.7	11.54	1.69	91.37	2 472
*企业强制退休储蓄计划	32.2	21.9	3.17	0.38	40.36	1 447
前企业集体退休储蓄计划	211.5	99	18.31	4.35	134.70	1 850
82 条法案合同	25.8	4.1	2.29	1.3	44.96	5 633
83 条法案合同	542.9	190.2	28.77	21.55	754.71	1 512
企业退休储蓄计划	15.6	3.3	0.29	0.13	8.03	882
待遇确定型	—	—	13.91	11.85	331.15	—
39 条法案合同	—	—	13.91	11.85	331.15	—
总计	1 430.9	628.7	164.22	69.93	2 505.5	—

资料来源：法国社会事务部研究评估及统计局，作者整理。

2019 年最新改革后的三个制度由于建立时间不久，还在过渡期，等待参保人从原有旧制度中转移，因而参保人数和缴费额暂时还同时分散在新旧制度中。个人签订合约平均年缴费额为 3 261 欧元，集体签订合约的平均年缴费额为 1 763 欧元，整体来看有 65%的人年缴费额低于 1 500 欧元。① 同时，还可以看到对于大多数计划，当前缴费额都远高于支付额，但对于公务员、地方议员、医院官员、军人等，缴费额远低于支付额，补充福利在不同职业间的不均等较为显著。

2021 年人寿保险合同总缴费额为 1 486 亿欧元，较 2020 年上涨 27.7%，支付额为 1 262 亿欧元，较 2020 年上涨 6.3%，总储备规模为 18 743 亿欧元。② 人寿保险的参加规模远高于退休储蓄计划。

退休储蓄计划领取方式分为终身年金（rente viagère）和资本领取（une sortie en capital）。前者为定期领取，一直领取至身故；后者可分一次或多次全额领取，身故后可继承，可用于购买房屋等需要大额资金的项目。大多数人选择以终身年金的方式领取个人养老金。以终身年金的方式领取时，根据退休时账户内总额、退休年龄和平均预期寿命决定每年领取金额，例如 60 岁退休的女性，对应当年平均预期寿命 87 岁尚有 27 年时间，则每年领取总额的 1/27。当领取者实际寿命超出平均预期寿命时，个人积累账户已领取完毕，后续个人养老金由保险公司提供。

三、个人养老金的税收优惠

（一）退休储蓄计划缴费时的税收安排

退休储蓄计划缴费阶段的税收优惠与收入有关，并向非职员提供高于职员的额外优惠额度。在缴费阶段，对于职员，是按上年度的社保年封顶额的 10%与上年度职业收入 10%的孰高者计算减免额度，额度最高不超过社保 8 倍封顶额的 10%。2022 年社保封顶额为 41 136 欧元，2023 年上调至 43 992 欧元。2022 年法国退休储蓄计划对于职员的最低税收优

---

① 法国社会事务部研究评估及统计局，退休者与养老金 2022 年报。
② 法国保险业者 2022 年报。

惠额度为4 114欧元，最高为32 909欧元。

对于个体户、自由职业者等非职员而言，应税收入低于1倍社保封顶额，税收优惠为社保封顶额的10%。应税收入介于1倍至8倍社保封顶额的，税收优惠为工资的10%加上应税收入超过1倍社保封顶额部分的15%。应税收入超过8倍封顶额的，税收优惠为8倍社保封顶额的10%加上7倍社保封顶额的15%。① 2022年法国退休储蓄计划对于非职员的最低税收优惠额度为4 114欧元，最高为76 102欧元。

没有用完的额度最多可以递延3年。缴费阶段的税收优惠由个人选择是否使用，这将影响领取时征税的税率。

（二）退休储蓄计划领取时的税收安排

退休储蓄计划在投资阶段是免税的，在领取阶段要根据领取方式及缴费时税收优惠情况进行征税。领取方式分为年金形式或资本形式。对于缴费时已享受税收优惠的人而言，以年金形式领取，对总额扣除10%后的金额按个人所得税边际税率征税，以及对部分额度征收17.2%的社会征收税。部分额度的定义是按年龄区间扣减后的额度，例如小于50岁的扣减30%，50~59岁扣减50%，60~69岁扣减60%，69岁以上扣减70%。年龄越高这一部分征税越低。

对于缴费时已享受税收优惠的人而言，以资本形式领取，即一次性领取，征收统一税率。统一税率总计为30%，其中包含12.8%的所得税和17.2%的社会征收税。同时，也允许个人所得税率更低的群体选择以个人所得税边际税率而非统一税率进行缴税。在这种领取方式下，对于高收入群体，通过统一税率降低税收成本，对于低收入群体，允许其按更低的所得税率缴税。

对于缴费时选择不享受税收优惠的人而言，如果以年金形式领取，则直接对部分额度征收个人所得税，部分额度的定义同上，征收所得税的额度相较于缴费时享受税收优惠的人有大幅下降。同时，对增值部分

---

① https://www.service-public.fr/particuliers/vosdroits/F34982#.

征收17.2%的社会征收税。如果以资本形式领取，则免除对本金部分的个人所得税，对增值部分征收30%的统一税率，同样允许所得税率更低的人选择执行更低的边际税率。

总之，根据缴费时享受税收优惠的情况和领取养老金的方式决定具体是EET还是TEt（第三位t表示仅对投资收益征税）模式。法国的个人所得税率参见表6-5。

表6-5　　　　　法国个人所得税率　　　　　欧元，%

应税收入	税率
<10 777	0
10 778~27 478	11
27 479~78 570	30
78 571~168 994	41
>168 995	45

资料来源：作者根据公开资料整理。

（三）人寿保险合同税收安排

人寿保险合同的税率与投资期限的长短相关。对于期限长于8年的合同，税率为7.5%，税收优惠额度为每人4 600欧元或夫妇9 200欧元。期限在4~8年的合同，税率为15%，期限短于4年的合同，税率为35%。投资本金是始终不征税的，只在部分或全部取出时，对资本利得征税。取出时应税基数为［取出额-（本金×取出额/取出时账户总额）-税收优惠额度］。应税税率可由投资人选择根据合同期限对应税率或应税金额对应边际个人所得税税率中更优惠的税率。

四、个人养老金的投资情况

（一）账户的开立与投资

法国的个人退休金计划包含个人养老储蓄计划和人寿保险合同，因此开立账户有两种形式，分别为证券投资账户和人寿保险账户，两种账户开立机构和投资范围有所区别。证券投资账户直接投资股票和其他风险性较高的资产，账户的开立需向投资顾问机构咨询，例如信贷机构、投资机构或理财经理等。人寿保险账户可通过专业保险公司或再补充养老金基金公司开立，人寿保险合同也可通过银行和理财顾问销售。只有人寿保险账户可以全部投资欧元基金，欧元基金是保本型基金。此外人寿保险账户还可以投资集合账户，集合账户是包含各类金融工具的大家族，包括股票基金、债券基金、混合基金、不动产基金等。

2020年的个人退休储蓄计划有72%的缴费来自保险公司，有63%的支付来自保险公司，其余机构占比较小。关于账户所有的管理、投资等信息都是由开立账户时的管理机构提供。

人寿保险合同与个人退休储蓄计划有不同的投资偏好。人寿保险合同是法国个人养老的主要选择，主要投向保本的欧元基金。2021年人寿保险账户中欧元基金投资占比为72.8%，集合账户投资占比为27.2%，可见法国人在养老投资中还是倾向风险更低、更安全的产品。从投资产品平均收益率来看，欧元基金收益率为1.3%，集合账户为9.1%，混合型为2.8%。[①]

个人退休储蓄计划根据合同规定有不同风险的投资方案，可投资于欧元基金，或按三种风险等级管理的集合账户。按合约类型可分为线上合约、传统合约和积分合约。2022年超80个个人退休储蓄计划中，有12个线上合约、12个传统合约和1个积分合约获得最佳退休储蓄计划奖。按风险等级分类，防御型管理的平均收益率为6.95%，均衡型投资收益率为10.63%，灵活型投资收益率为13.86%。

（二）投资产品与收益

个人养老金主要的投资产品是欧元基金和集合账户。欧元基金主要分为传统欧元基金和动态欧元基金。传统欧元基金保证100%本金（扣除费用以后），主要投向国债、公司债等优质债券，对其他风险稍高的资产比例限制得非常严格。动态欧元基金允许投资者选择将部分资金投向集

---

① 法国保险业者2022年报。

合账户来获得更高的回报,同时可以把对本金100%的保护降低为97%～98%（根据不同的合同规定）。

另外还有不动产欧元基金、养老欧元基金和混合欧元基金。不动产欧元基金将较高比例投资于不动产,本金也是100%保护。养老欧元基金,主要用于个人退休储蓄计划的投资,持有期一般在10～30年,2021年收益率预期提高到2.97%。养老欧元基金大约占所有欧元基金的11%。混合欧元基金是奥朗德政府2014年大力发展的产品,其投资比例中高风险资产比例相对于欧元基金更高,同时其保本约定是只有当投资者持有8～10年以上才保证本金（根据合同规定）,且管理费远高于欧元基金。表6-6是几种欧元基金2021年资产配置和平均净收益率的统计情况。目前欧元基金的收益率大都在1%～2%。图6-5是欧元基金近年来收益表现情况。

表6-6　　　2021年不同欧元基金资产配置和平均净收益率情况　　　%

传统欧元基金		不动产欧元基金		动态欧元基金		养老欧元基金		混合欧元基金	
平均净收益率	2.45	平均净收益率	3.88	平均净收益率	2.41	平均净收益率	2.97	平均净收益率	1.52
资产类别	资产比例	资产类别	资产比例	资产类别	资产比例	资产类别	资产比例	资产类别	资产比例
债券	77.6	债券	52.1	债券	62.7	债券	69.1	债券	68.8
股票	9.4	股票	6.1	股票	15.1	股票	17.6	股票	21.5
不动产	6.8	不动产	35.1	不动产	11.1	不动产	8.7	不动产	4.0
货币	3.0	货币	2.9	货币	2.9	货币	2.4	货币	3.7
另类	0.3	基建	1.3	其他	8.3	基建	0.6	其他	2.0
其他	3.0	其他	2.5			另类	0.4		
						其他	1.3		

资料来源：Good Value For Money. Composition moyenne des fonds en euros à fin 2021 [R]. France：GVMF, 2022.

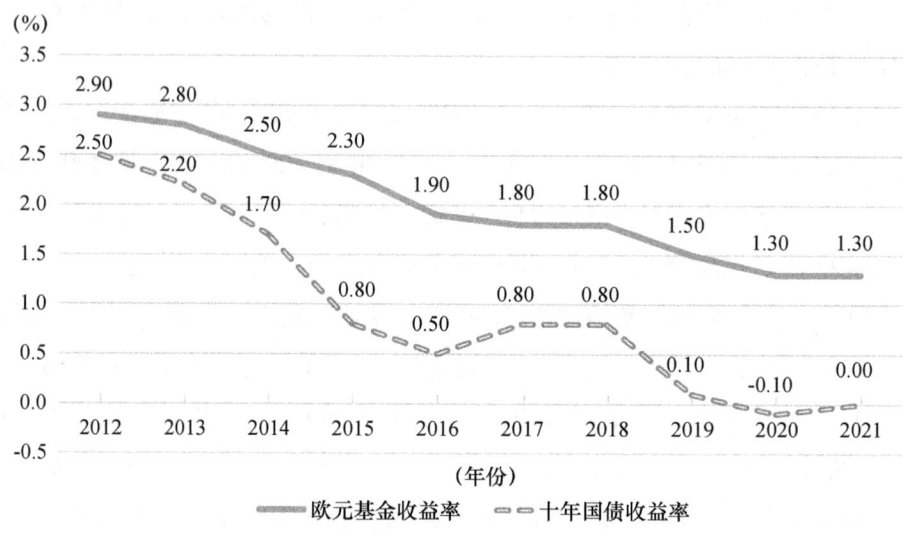

图 6-5 欧元基金收益率统计

资料来源：法国保险业者 2022 年报，作者整理。

集合账户由投资者承担投资损益，投资相对激进，可以投向一种或多种金融工具，收益率也相对较高。集合账户可以投资于股票、债券、不动产、黄金、贵金属、私募股权等。集合账户的投资一般有三种管理模式：一是自行管理，由投资者自主决策进行投资；二是由金融机构提供投资方案，在专业人士的管理下进行投资，一般分为三种方案，其中谨慎型大部分投资于债券和货币，均衡型股债各占一定比例，灵活型大部分投资于股票；三是定制化管理，根据投资人的年龄和目标自动调整投资组合。

除非个人对金融工具有充分了解，决定自行管理，否则大多数人都是选择由专业投资人士管理。集合账户产品中投资于不同领域的股票可能业绩分化较大，例如 2020 年业绩最好的产品收益率高达 91.77%，而平均收益率仅为 1.1%（见图 6-6）。

五、个人养老金的相互转换

法国第二支柱为积分制而第三支柱是实账积累制，因而第二支柱与第三支柱间的转换并不适用。第二支柱的强制缴费是转换成积分进行积

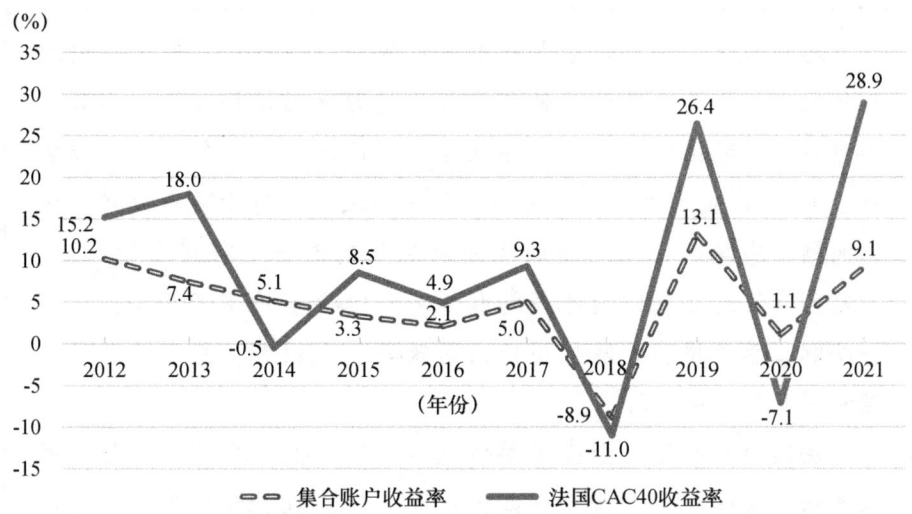

图 6-6　集合账户产品收益率统计

资料来源：法国保险业者 2022 年报，作者整理。

累，至退休时积分转出为金额，在工作变动时，不影响积分的后续累计，也因其积分制的性质，第二支柱与第三支柱之间无法相互转换。

而第三支柱的自愿缴费分为人寿保险合同和退休储蓄计划中的企业集体退休储蓄计划和个人退休储蓄计划，第三支柱的不同计划间在一定条件下允许转换。个人退休储蓄计划与企业集体退休储蓄计划转换时，如果持有产品时间长于 5 年，则不收取手续费，短于 5 年的征收最高 1% 的转换手续费。目前主要是通过更便捷的投资管理和降低企业缴税吸引鼓励从旧的计划向新的计划转换。自 2022 年年底起，不再允许人寿保险合同向退休储蓄计划的转换。

第三支柱的企业集体退休储蓄计划规定，在雇员工作变动时，可以选择有条件的取出，或者保留账户继续运作，或者转入新雇主的企业集体退休储蓄计划。一般在雇员离职时，企业集体退休储蓄计划账户会被冻结。在辞退、自愿离职、重新创业等一定条件下可以申请解除冻结取出余额。雇员也可以选择保留账户继续运作，但账户不允许新增转账，只能以原有余额继续投资运作至退休取出。或者，雇员的新雇主提供同结构的企业集体退休储蓄计划，可以直接转入新计划。

总的来说，法国的养老保险体系福利待遇较好，但同时财政负担巨大，历史遗留的多轨制碎片化问题也亟待解决。法国政府为应对现收现付制产生的赤字做了多方面的准备，包括养老储备基金 FRR 的高效运作，以及整体制度的改革。对于多轨制碎片化的问题，法国也力图用新的积分制改革实现一定程度上的统一，目前已有所进展。但退休年龄和缴费年限要求的不断提高，以及一些职业养老福利的降低使民众对改革意见较大，未来改革的进度和成效还有待检验。

法国的个人养老金投资整体风险偏好较低，参与规模最大的人寿保险合同主要投资于保本的欧元基金，收益相对偏低。个人退休储蓄计划自 2019 年改革以来进行逐步的过渡合并，三种程度的投资风险偏好方案都取得了不错的投资业绩，这也获得了越来越多的关注。

第七章
瑞典个人养老金

第一节　瑞典很早就进入老龄化社会

一、瑞典在 1960 年之前就进入老龄化社会

瑞典进入老龄化社会的时间早在 1960 年之前。到 1971 年，瑞典就进入了深度老龄化社会，65 岁及以上人口的比例超过 14%。之后老龄化速度比较平稳，大约到了 2008 年，老龄化速度开始加快。到 2021 年年底，该比例已经超过 20%，高于高收入国家平均水平，也高于经合组织国家平均水平（见图 7-1）。

瑞典养老保障水平略低于经合组织国家平均水平，2020 年养老金总替代率约为 53.3%。瑞典养老金主要依赖第一支柱与第二支柱，个人养

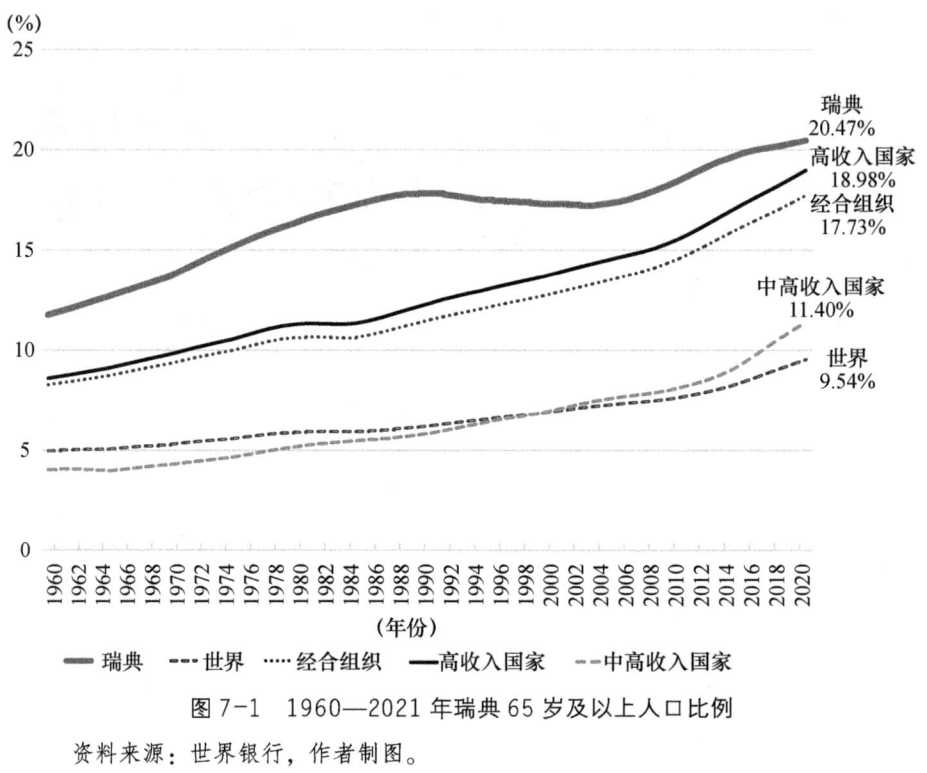

图 7-1　1960—2021 年瑞典 65 岁及以上人口比例

资料来源：世界银行，作者制图。

老金的规模和替代率都相对较低。

二、瑞典已建立三支柱养老保险体系

瑞典养老金制度始建于 1913 年，目前主要由国家公共养老金、职业养老金和个人养老金三支柱构成。其中第一支柱国家公共养老金包括名义账户制的收入养老金（Income Pension）、实际账户积累制的补充养老金（Premium Pension）和保障养老金（Guarantee Pension），第二支柱职业养老金根据雇主类别分为四种计划，一般以集体协议形式自动加入，第三支柱个人养老金为自愿性的私人投资储蓄或私人养老保险（见图 7-2）。

三、瑞典家庭金融资产中养老金占比很高

2021 年，瑞典家庭金融资产中养老金资产占比最高。2021 年全年，瑞典家庭金融资产净储蓄达到 7 340 亿克朗，相较于 2020 年增加了 990

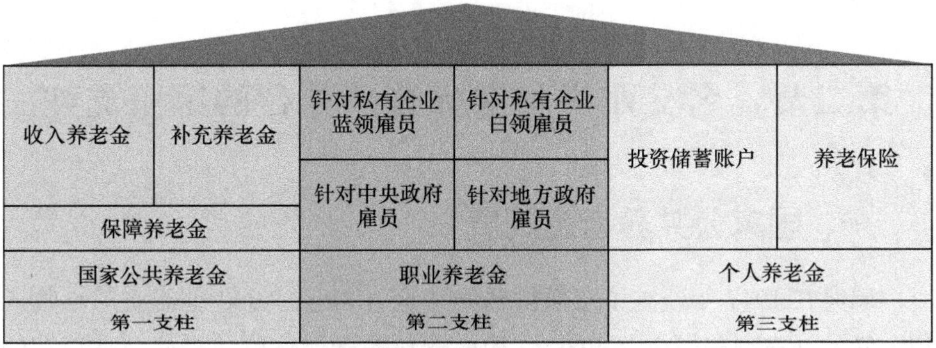

第七章 瑞典个人养老金 · 163

收入养老金	补充养老金	针对私有企业蓝领雇员	针对私有企业白领雇员	投资储蓄账户	养老保险
保障养老金		针对中央政府雇员	针对地方政府雇员		
国家公共养老金		职业养老金		个人养老金	
第一支柱		第二支柱		第三支柱	

图 7-2 瑞典三支柱养老保险体系

资料来源：瑞典养老金管理局，作者整理。

亿克朗。其中按金融工具细分，占比最高的为养老金资产，达 2 320 亿克朗，占 32%（此处养老金资产统计口径为第一支柱与第二支柱）。跟随其后的为银行账户、股票和基金、私人保险以及公寓。其中，私人保险储蓄较 2020 年增长显著，规模达到 750 亿克朗（见图 7-3）。

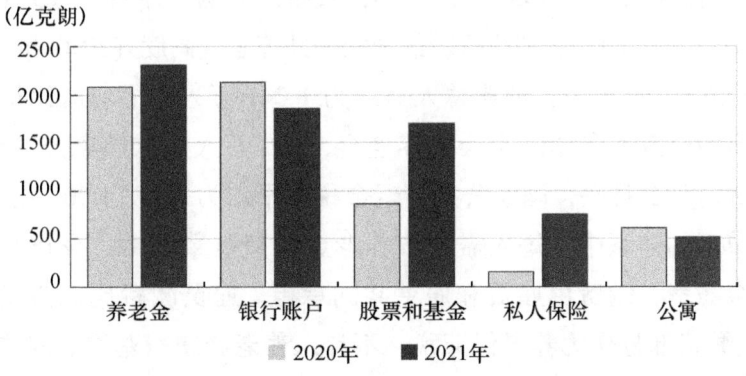

图 7-3 瑞典家庭金融资产分布

资料来源：瑞典统计局。

第二节　名义账户与实际账户并存的第一支柱

一、国家公共养老金制度

瑞典在1947年建立了定额待遇养老金（FP），1960年建立了与收入相关联的补充型养老金（ATP），构成瑞典养老保险第一支柱。高福利的待遇确定型和现收现付制的叠加，在人口老龄化背景下很难持续。于是，1994年瑞典对养老金系统进行创新性改革，将待遇确定型养老金向缴费确定型转变。新的体系由个人名义账户制养老金（Notional Defined Contribution，NDC）[①]和个人实际账户积累制养老金（Funded Defined Contribution，FDC）[②]构成。

目前出生在1938年以前的人群，仅被旧的与收入相关联的补充型养老金覆盖。出生在1938—1953年的人群，被新旧养老金体系同时覆盖，而出生在1953年之后的人群则执行新的国家公共养老金制度（NDC和FDC）。

截至2021年年底，瑞典总人口约为1 041万人，平均退休年龄64.9岁。共有600万人参加国家公共养老金，230万人领取国家公共养老金。截至2022年12月底，国家公共养老金税前平均为每月14 900克朗。

改革后的体系中，每人需要按养老金缴费基数的18.5%进行国家公共养老金缴费，缴费由雇员和雇主共同承担。雇员缴费比例为税前收入的7%，缴费部分作为养老保障税，不计入养老金缴费基数。雇主按雇员税前收入的10.21%缴费，这样雇员和雇主总计缴纳税前工资的17.21%。养老金缴费基数为扣除养老保障税之后，即税前工资的93%。因而，总缴费率为缴费基数的18.5%。2023年缴费基数要求年收入至少为22 208克朗，收入计费上限为每年599 250克朗，缴费基数的区间跨度较大，尽量保证国家公共养老金的广覆盖。国家公共养老金的最低领取年龄为62岁。

[①] 个人名义账户制养老金也称收入养老金（Income Pension）。
[②] 个人实际账户积累制养老金也称补充养老金（Premium Pension）。

国家公共养老金 18.5% 的缴费中有 16% 的缴费计入 NDC 的名义账户，采用现收现付制和缴费确定模式。而 2.5% 的缴费计入 FDC 的实账积累账户，进行自主投资运作、实账积累。FDC 账户也可视为一种强制性的个人养老金。

二、第一支柱名义账户的投资运作

NDC 账户的缴费会平均分配给第一国民养老基金（AP1）、第二国民养老基金（AP2）、第三国民养老基金（AP3）、第四国民养老基金（AP4）进行委托管理投资运作，给付时也是由四家平均共同支付。另外还设有第六国民养老基金（AP6）作为缓冲基金，以应对现收现付制可能出现的赤字。四个国民养老基金投向全球资产，包括股票、债券、不动产、基础设施建设、私募股权和对冲基金，投资理念践行长期主义与社会责任。投资比例规定为至少 20% 投向固定收益类资产，至多 40% 投向流动性较差的资产。四个国民养老基金的投资收益情况见表 7-1，四个基金基本都实现了较好的长期投资收益，这离不开全球分散化投资和对应资产投资比例限制。

表 7-1　　　　瑞典四个国民养老基金投资收益情况　　　　十亿克朗，%

类型	净资产规模	2022年上半年收益率	过去10年平均年化收益率（至2022年6月）	权益类资产比例	固定收益类资产比例	其他另类资产比例
AP1	420	-9.4	6.9	46.9	24.2	28.9
AP2	440	-6.2	8.2	40.5	30.5	29.0
AP3	465	-7.0	9.9	40.0	25.4	34.6
AP4	459	-12.6	9.7	55.6	26.3	18.1

资料来源：各机构官网，作者整理。

NDC 账户的资产端是当期和预计未来的总缴费资产加上缓冲基金资产，负债端是当期向退休人员的给付和预计未来向目前缴费人员的给付。

缴费资产可以用缴费收入乘以平均停留在养老金系统中时间的期望值（周转久期）来计算。负债资产包括当前缴费人员积累的名义账户总额加上预期支付给当前所有退休人员的未来养老金总和。平均收入指数变动、人口结构变化和缓冲基金在资本市场的波动都影响 NDC 的收支结果。

NDC 账户在缴费时，通过与对应收入挂钩，设定固定缴费率而实现代际公平。同时，在领取时，根据账户余额和剩余预期寿命决定领取金额，实现出生年份相同人员的代内公平。NDC 账户基于工资水平、预期寿命情况和预期领取养老金年龄，预测未来时间节点的资产与负债，尽量保持偿付比例大于等于 1。NDC 支付的预期利率增长为 1.6%，在出现资不抵债时会触发基金自动平衡，动用缓冲基金进行应对。

2021 年 NDC 的结余相较上年度增加了 3 950 亿克朗，加上 2020 年结余的 8 060 亿克朗，2021 年底总资本剩余为 12 010 亿克朗[①]，见表 7-2。虽然当年的缴费持续低于当年的支付，但是缴费资产的增长超过了负债，且缓冲基金的运作收益可观，因而 2021 年系统盈余有大幅增长。

表 7-2　　　　瑞典收入养老金平衡盈余情况　　　　十亿克朗

类型	2016 年	2017 年	2018 年	2019 年	2020 年	2021 年
缓冲基金	1 321	1 412	1 383	1 596	1 696	2 004
缴费资产	7 737	7 984	8 244	8 616	8 893	9 188
总资产	9 058	9 396	9 627	10 213	10 589	11 192
负债	8 714	9 080	9 165	9 454	9 783	9 991
盈余（赤字）	344	315	463	758	806	1 201
平衡比率	1.039 5	1.034 7	1.050 5	1.080 2	1.082 4	1.120 2

资料来源：瑞典养老金管理局橙色报告 2021。
注：数据计算差异由四舍五入的误差导致。

NDC 账户的收入养老金还有补充收入养老金（Income Pension Complement），针对在瑞典工作年限较长且工资较低的人群，补充收入养老金

[①] 瑞典养老金管理局橙色报告 2021。

会在申请国家公共养老金时根据个人情况自动匹配发放，无须额外申请，但领取是自66岁起（2023年规定，2026年后领取年龄可能进一步上调）。补充收入养老金最高为税前每月600克朗，最低可能为0，领取最高额度需要在瑞典工作满35~40年。补充收入养老金对低收入者有一定的收入调节效果，但相较于收入养老金的给付额区间，效果不算显著。对真正收入过低人群的保障还是依靠保障养老金。

三、第一支柱保障养老金为低收入人群提供最低保障

国家公共养老金中还包含保障养老金（Guarantee Pension），对居住在瑞典但养老金收入较低甚至没有养老金的人群提供最低保障，此类人群还可以同时申请住房补贴和老年补贴。保障养老金要求申请人在16~66岁的申领期间在瑞典居住至少40年以上，工作至少3年以上，否则领取金额可能有所降低。截至2022年8月，有100.37万人领取保障养老金，29.15万人领取住房补贴，2.34万人领取老年补贴。

四、第一支柱实账积累账户的投资运作

FDC账户的支付根据实际账户的积累。FDC账户的资产端是缴费者和领取者投资基金的资产，负债端是当前和未来支付的基金份额对应价值，FDC系统中资产端和负债端随基金份额价值的变动进行同等程度的变动。2021年FDC账户总资产增加4 945亿克朗，总负债增加4 869亿克朗，总结余为262.2亿克朗（见表7-3）。

表7-3　　　　瑞典补充养老金平衡盈余情况　　　　亿克朗

类型	2016年	2017年	2018年	2019年	2020年	2021年
资产						
基金保险	9 623.0	11 135.1	11 058.1	14 617.3	15 830.2	20 664.0
传统保险	260.3	307.5	352.4	464.3	533.8	637.2
暂时管理	360.3	374.8	391.2	408.9	415.7	433.5
总保险资产	10 243.7	11 817.3	11 801.7	15 490.5	16 779.7	21 734.6

续表

类型	2016年	2017年	2018年	2019年	2020年	2021年
其他资产	56.1	55.5	89.7	73.5	110.9	101.0
总资产	10 299.8	11 872.8	11 891.4	15 564.0	16 890.6	21 835.6
负债						
养老金负债	10 154.6	11 704.7	11 685.2	15 321.6	16 596.0	21 474.2
其他负债	59.9	55.8	89.1	74.7	108.6	99.2
总负债	10 214.6	11 760.5	11 774.2	15 396.4	16 704.6	21 573.4
总盈余（亏损）	85.2	112.4	117.2	167.6	186.0	262.2

资料来源：瑞典养老金管理局橙色报告2021。

注：数据计算的差异由四舍五入的误差导致。

FDC账户的投资由个人自主决策。可从养老金管理局提供的基金名录中选择最多5只进行投资。2021—2022年，瑞典养老金管理局提供的基金名录共计包括65个管理人管理的470只基金。如果个人未作出投资选择，则该账户会由第七国民养老基金（AP7）进行默认投资。

AP7构造自己的AP7固定收益基金和AP7权益基金，作为后续默认投资的底层工具。AP7的默认投资策略是生命周期投资策略，根据年龄设定阶段权益资产投资比例，55岁以前100%投向权益基金（见图7-4）。2021年FDC基金运作平均投资收益率达到29.1%。在投资过程中，允许随时调整投资情况，例如从默认投资转变成自选基金，或者二者结合，调整不收取任何手续费用。

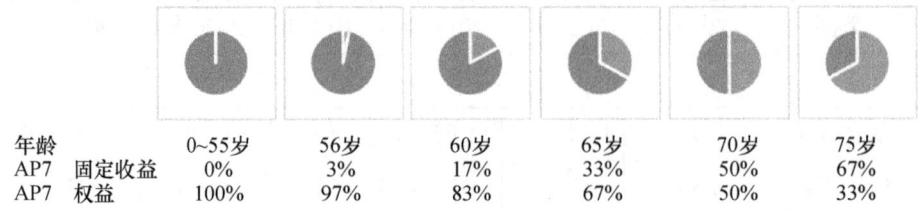

年龄	0~55岁	56岁	60岁	65岁	70岁	75岁
AP7 固定收益	0%	3%	17%	33%	50%	67%
AP7 权益	100%	97%	83%	67%	50%	33%

图7-4　瑞典补充养老金默认投资比例

资料来源：瑞典养老金管理局。

截至2021年年底，FDC账户共有620.52万人缴费，179.07万人领取，人均资产26.5万克朗，资产价值相较于2020年上涨了30.2%，平均每人每年给付额10 100克朗。缴费人群中约有260万人选择自主投资，占缴费人数的41%。FDC账户大部分投向基金连结保险，少部分投向传统保险。自1995年运作以来，基金连结保险的平均年化收益率名义值为8.8%，扣除通货膨胀影响的实际值约为7.5%。

投向基金连结保险的资产中约有44%投向AP7的默认投资选项。2021年选择AP7默认投资选项的缴费人群平均资产增长31.2%，而自主投资的缴费人群平均资产增长为27.9%，保持在默认投资选项中的人群获得了最高的平均增长；而在过去一年中更换6~10只基金的人群只获得了最低的资产增长。从瑞典的实账积累账户投资情况来看，投向默认投资选项较自主投资决策略有优势，按目标日期低频率调整比频繁调仓收益更高。

总体来说，NDC账户提供安全资产，FDC账户追求更高的收益。图7-5为以2000年投入100克朗于NDC账户、FDC账户、AP7账户的

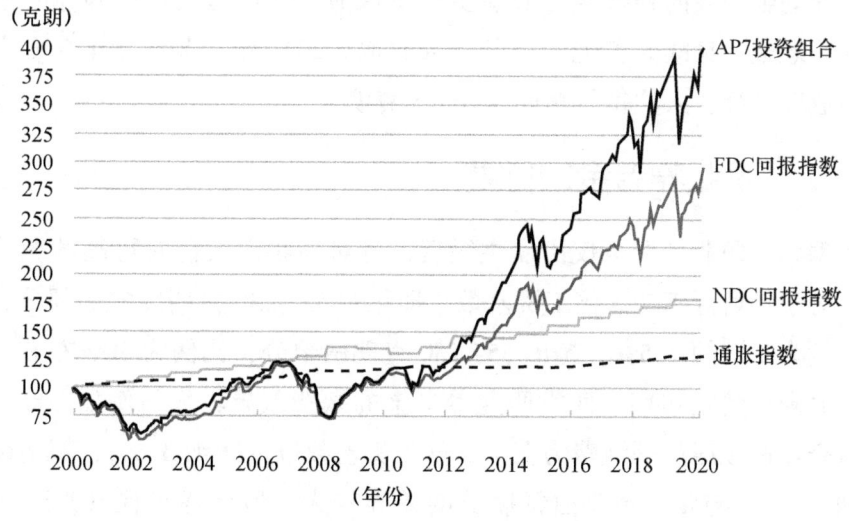

图7-5　瑞典第一支柱各账户投资收益对比

资料来源：瑞典养老金管理局橙色报告2021。

收益与通胀指数的对比，AP7 账户和 FDC 账户的投资收益是显著高于 NDC 账户的，FDC 账户与 NDC 账户的投资都显著超过通胀指数。FDC 账户投资的波动性更大，长期资本加权收益率更高，NDC 账户收益率波动较小，提供更高的安全性。

第三节 半强制性第二支柱职业养老金

一、职业养老金按职业进行划分

职业养老金以团体协议的形式覆盖了 90% 的劳动者。对于签署了协议的公司，雇员在入职时即自动加入所在行业的职业养老金。对于没有签署协议的公司，雇员也可以自行加入对应行业的职业养老金。团体协议主要有四种：针对私有企业蓝领雇员的 SAP-LO；针对私有企业白领雇员的 ITP；针对中央政府雇员的 PA16；针对地方政府雇员的 KAP-KL。职业养老金一般向残疾或身故雇员提供保障，即在雇员长期病休时享受残疾养老金，身故时养老金由其家人领取。2021 年，共有 201.3 万人领取职业养老金，人均每月领取 6 109.5 克朗。

二、职业养老金的缴费

瑞典的职业养老金仅由雇主缴费，且对高收入人群有更高的缴费要求。对于年薪低于 7.5 倍工资基数，即年薪 557 250 克朗以内的部分，缴费比例为工资的 4.5%。超出 557 250 克朗的部分，比例为 30% 左右。在职业养老金建立初期，四类职业养老金的缴费差异较大，例如 2007 年，私有企业蓝领雇员的缴费为在 7.5 倍工资基数以内缴纳 3.5%，超出部分缴纳 3.5%，与私有企业白领雇员的差异较大，后续逐步提升，至 2012 年就提高到了 7.5 倍工资基数内缴纳 4.5%，超出部分缴纳 30%。

目前四类职业养老金的缴费水平相差不大，在起始缴费年龄与超出 7.5 倍工资基数部分缴费比例上略有不同。国家公务员 4.5% 的缴费中，有 2.5% 是可以由雇员决定投资，2% 是直接默认投资，不可自由决定的。国家公务员还享有额外 1.5% 的缴费，可以用于在退休前减少工作时长。对于缴费部分，养老金管理机构会收取一定的手续费，例如私有企业蓝领雇员养老金管理机构的手续费为 1.5%，私有企业白领雇员为 1%，手续费会在将缴费转入投资机构前扣除。

三、职业养老金的投资与发放

职业养老金可以投向两类产品，即基金连结保险和传统保险。如果投资者不主动作出决策，那么将自动投向传统保险。传统保险是由保险公司代为投资决策，权益类资产占比较低，通常投资者会收到保本承诺，即至少可以返还全部本金。而基金连结保险是由投资者进行自主投资决策，投资风险更高、投向权益类资产比例更高。如果投资者既希望投向风险和收益都相对更高的基金连结保险，但又不希望主动管理，可以选择公司对应的默认投资选项，一般是一个或几个基金构成的投资组合，随着退休日临近逐渐降低组合风险偏好。很多养老金机构都允许投资者根据自身情况在两类产品间转换。

职业养老金通常在 65 岁开始自动发放，也可以申请提前或延后发放。绝大多数职业养老金最早领取年龄为 55 岁，国家公务员最早为 63 岁。在开始发放以前，需要自行选择按终身发放或 5 年、10 年、15 年、20 年此类更短的发放周期，一旦开始发放后，就不能再进行任何修改。

四、以私有企业白领雇员职业养老金为例的缴费与投资情况

以私有企业白领雇员的职业养老金 ITP 为例，分为缴费确定（DC）计划 ITP1 和待遇确定（DB）计划 ITP2，通常出生于 1978 年以前的雇员参加 ITP2，出生于 1979 年以后的雇员参加 ITP1。如果公司的全体雇员选择 ITP1，则不论年龄都加入 ITP1，两者的投资与发放略有不同。其中，ITP2 计划还包含一个补充养老金 ITPK，为 DC 形式，每月缴纳工资的 2%。瑞典私有企业白领雇员职业养老金缴费额度参见表 7-4。以一家大

型养老金公司为例具体分析职业养老金的收益情况。截至 2022 年年底，该公司管理 DB 计划约 9 270 亿克朗，DC 计划约 2 250 亿克朗。

表 7-4　瑞典私有企业白领雇员职业养老金缴费额度

DC-ITP1			DB-ITP2			补充 DC-ITPK（占工资比例）/%
工资范围/（万克朗/年）	对应收入基数倍数	缴费率/%	工资范围/（万克朗/年）	对应收入基数倍数	养老金占工资比例/%	
0~55.725	0~7.5	4.5	0~55.725	0~7.5	10	2
55.725~222.9	7.5~30	30	55.725~148.6	7.5~20	65	
			148.6~222.9	20~30	32.5	

资料来源：ITP 管理机构 Collectum 官网。

DC 计划根据年龄设定目标资产配置，针对 63 岁以内的人群，设定为权益类占比 60%、固定收益类 30%、另类投资 10%。63~65 岁人群，权益类资产下滑至 50%，65 岁之后设定为 40%。三种情形对应的过去 5 年年化收益率分别为 7.6%、6.3%、5.1%。

DB 计划投资权益类资产比例约 34.8%、固定收益类约 43.7%、不动产和其他投资约 21.5%。DB 计划 ITP2 的投资收益较 DC 计划略低，过去 5 年年化收益率为 4.5%。[1] 该公司的 DB 计划 ITP2 还通过一个补充养老金对冲以应对物价的上涨，补充养老金来自雇主额外缴纳的对冲费用，独立投资运作。在雇员领取退休金时根据当时的消费者物价指数上涨情况可能会收到对应的补偿，截至 2020 年年底此对冲基金已积累 102 亿克朗。

---

[1] https://www.alecta.se/en/in-english/financial-information/returns-on-defined-contribution-and-defined-benefit-pensions/.

第四节　有待建设的个人养老金

一、个人养老金的历史沿革

瑞典职业养老金覆盖了大多数的雇员，但是对于企业家、自雇者等群体并没有第二支柱的覆盖，他们通常需要自行储蓄收入的 4.5%～6% 作为个人养老储蓄。20 世纪 90 年代，瑞典推出养老保险，使投资者可以投资于基金连结保险实现养老储蓄。1994 年又推出了个人养老储蓄（Individual Pension Savings，IPS），可以通过税收优惠养老账户投资于股票、基金或银行账户，每年最高减免税额为 12 000 克朗。根据瑞典政府 2018 年发布的报告，在 2011 年，瑞典 20～64 岁人口中有 38% 的人申报了个人养老储蓄的税收减免。可见当时的 IPS 还是很受大众欢迎的。

但是 2016 年的新规定，要求所有享有职业养老金的人士不再享有 IPS 的税收优惠额度，IPS 自此仅针对自雇人士留有税收优惠。免税额度为收入的 35%，收入不超过 10 倍价格基数（2023 年为 525 000 克朗）。由于瑞典的职业养老金覆盖率高达 90% 的劳动者，因此 IPS 自 2016 年起名存实亡，个人养老储蓄更多转向了养老保险以及 2012 年推出的投资储蓄账户（ISK）。根据税务部门的数据，2021 年，瑞典约有 61.7 万人享有个人养老金，月人均领取 3 588.4 克朗。

二、投资储蓄账户

2012 年，投资储蓄账户（Investment Savings Account，ISK）推出。ISK 向居民提供自愿养老储蓄的途径，账户投资于基金和股票等金融产品，有一定税收优惠和更便捷的交易申报手续，并不是真正意义上的个人养老金。居民通过 ISK 投资无须向税务部门申报买卖证券交易，不收取资本利得税，只对账户按年收取一笔标准税。所有有社保账号的个人都可以开立 ISK，账户没有年龄限制，未成年人也可以参加。ISK 可以由信贷机构如绝大多数的银行和证券机构开立。普通交易账户中的资产可以转入 ISK，享受对应的政策。

ISK 的标准税根据账户每季度的资产价值、存取情况和证券买卖情况决定，投资节税效果显著。每季度初（一月、四月、七月、十月）账户余额的加总再加上全年的新增存款，整体除以四得到计税的资本基础。账户余额既包括投资于股票和基金的部分，也包括现金资产。资本基础乘以前一年的政府贷款利率加 1% 得到标准收入，对标准收入按 30% 的税率征税，即为账户的年度标准税。如果不使用 ISK，则是对账户中的新增存款征收 30% 的税。经测算，使用 ISK 可节省约 27.5% 的税率，且使用年限越久，节税效果越显著。① 政府贷款利率每年可能有所调整（见表 7-5），从而也影响个人投资储蓄的计税。

表 7-5　　瑞典个人养老金计税所用政府贷款利率

年份	政府贷款利率+1%
2024 年申报（2023 收入）	2.94%
2023 年申报（2022 收入）	1.25%
2022 年申报（2021 收入）	1.25%
2021 年申报（2020 收入）	1.25%
2020 年申报（2019 收入）	1.25%
2019 年申报（2018 收入）	1.49%
2018 年申报（2017 收入）	1.25%
2017 年申报（2016 收入）	1.40%
2016 年申报（2015 收入）	0.90%
2015 年申报（2014 收入）	2.09%
2014 年申报（2013 收入）	1.49%
2013 年申报（2012 收入）	1.65%

资料来源：瑞典国家税务局。

① https://thewahman.com/swedish-isk/.

ISK 有以下优点。一方面，投资收益高于标准收入时，超出部分相当于免收 30% 的资本利得税，且在计算应税标准收入时，投资损失可以被抵消。另一方面，通过 ISK 的证券投资，可以免于申报证券交易记录，账户会自动同步数据给税务部门，为交易频繁的个人节约申报时间。

但 ISK 也存在以下缺点。无论投资是获利或亏损，无论账户中是否有用于投资的现金，都需要按前述规则缴税。账户的投资仅限于股票和基金。如果将普通托管账户中的证券转移到 ISK 中，视为一次卖出行为，需要缴纳卖出时的 30% 资本利得税。

ISK 更多起到税收优惠的投资效果，对领取方并未规定时间或年龄限制，投资者可以随时取出。因而账户资产并没有退休后长期领取的条款，这也是目前对个人养老储蓄产品有需求的民众提出的主要痛点，瑞典养老金管理局正在研究新型产品的可行性。

三、养老保险

养老保险（Endowment Insurance）也是一种重要的个人养老储蓄途径。2021 年，约有 4 100 亿克朗保费流入保险行业，其中 52% 支付给职业养老金，44% 支付给私人养老保险（个人+公司）。流向私人养老保险的保费在过去 10 年间增长了 59%。2021 年私人养老保险规模（个人+公司）由 1 080 亿克朗增长至 1 820 亿克朗。近年增长较快，可能有瑞典民众对个人养老储蓄产品需求增长的原因。根据瑞典养老金管理局 2021 年的调查，有很多人反映当前养老金不足与缺乏个人养老储蓄产品的问题。

养老保险的税收是根据年初账户价值加上新增储蓄，乘以政府贷款利率加 1%，再征收 30% 的税。其中，每年 6 月 30 日以后的存款按 50% 计。养老保险的给付可以自行设定起付年月、给付频率和期限，期限一般为 1~20 年。在投保的第 1 年后都可以取出。

养老保险与 ISK 有较大区别。ISK 中的资产归投资人所有，而养老保险中的资产归保险公司所有。当遇到人身故的情况，ISK 中的资产会计入遗产，而养老保险中的保险责任可以指定死亡受益人接收。养老保险可以设定持续的给付计划，但 ISK 不可以。ISK 可以整体在不同银行间转移，但养老保险只能存取现金，而不能对其中的证券资产进行转移，也不可以在不同机构间转移。ISK 仅可以以个人名义开立，而养老保险可以以个人名义也可以以公司名义开立。瑞典个人养老金账户对比参见表 7-6。

表 7-6　　　　瑞典个人养老金账户对比

特点	养老保险	投资储蓄账户 ISK	普通证券基金交易账户
免于申报投资损益	√	√	
可以每月储蓄	√	√	√
设定给付计划	√		
选定死亡受益人	√		
无账户费用	√	√	√
转换证券		√	√
卖出免税	√	√	

资料来源：https://www.avanza.se.

> 总体来看，瑞典的养老金制度主要依赖第一支柱和第二支柱。国家公共养老金由 DB 型向 DC 型的改革非常成功，形成了名义账户和实账积累账户并存的模式。通过几大养老基金的运作，取得了较好的投资收益，实现了账户的长期可持续，尤其是 FDC 账户的投资经验值得借鉴。
>
> 第二支柱职业养老金按职业划分为四类，仅由雇主缴费，对高收入群体有明显福利优势。第三支柱个人养老储备目前主要依赖投资储蓄账户和养老保险，缺乏真正意义上的个人养老金。这是瑞典作为典型的高福利国家需要关注的问题。

第八章
澳大利亚个人养老金

第一节　澳大利亚已进入深度老龄化社会

一、澳大利亚进入老龄化社会的时间较早

澳大利亚65岁及以上人口超过7%的年份在1960年之前，但直至2013年才进入深度老龄化社会。到2021年年底，该比例为16.5%，略低于经合组织和高收入国家平均老龄化水平，应该说在发达国家中，澳大利亚的老龄化程度相对较轻。这给澳大利亚健全养老保险体系、提升养老金充足度提供了时间窗口（见图8-1）。

二、澳大利亚已建立三支柱养老保险体系

澳大利亚养老保险体系第一支柱为老年养老金，第二支柱为强制型

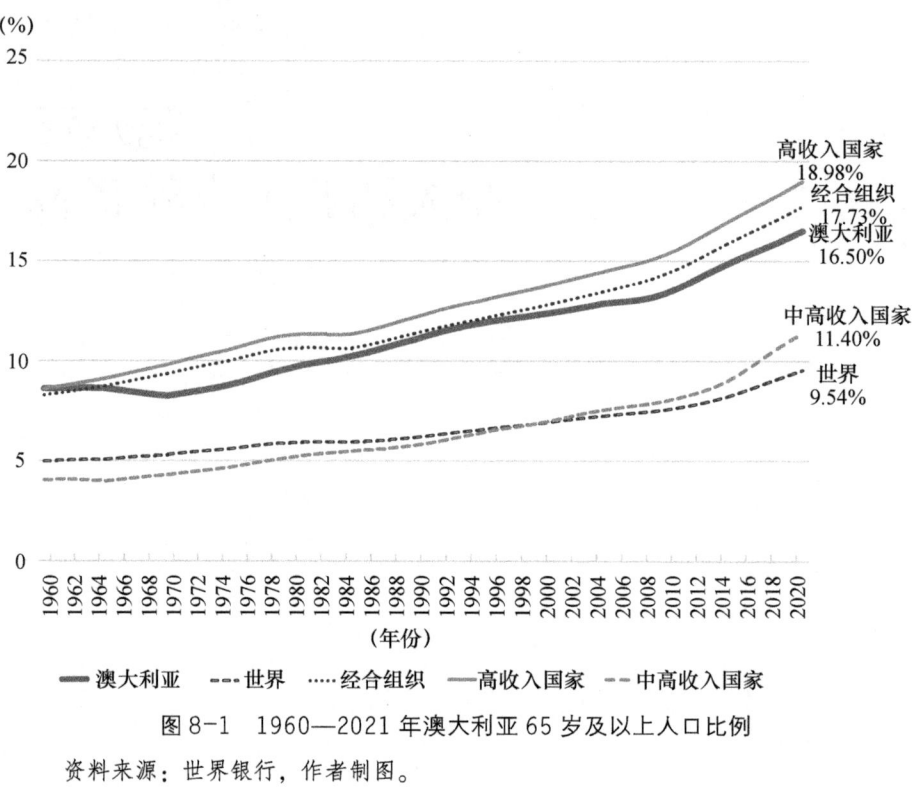

图 8-1　1960—2021 年澳大利亚 65 岁及以上人口比例

资料来源：世界银行，作者制图。

超级年金，第三支柱为自愿型超级年金，也就是个人养老金（见图 8-2）。

老年养老金	强制型超级年金	自愿型超级年金
第一支柱	第二支柱	第三支柱

图 8-2　澳大利亚三支柱养老保险体系

资料来源：作者根据相关资料制图。

根据经合组织的数据，澳大利亚男性平均收入水平的养老金替代率为 31.3%，低于经合组织国家平均水平，与韩国相当，但澳大利亚该替代率数据不含超级年金部分。如果考虑强制型超级年金的因素，澳大利亚平均工资水平的人员，其老年养老金和强制型超级年金合计替代率可达63%，基本与加拿大的替代率水平相同。

澳大利亚65岁及以上非工作人口的收入来源，老年养老金和政府补贴仍占主导地位，约占60%~70%，超级年金占15%~25%，其他投资性收入占比不足10%（见图8-3）。其中老年养老金和政府补贴的占比逐年在下降，从2005—2006调查年度到2017—2018调查年度，降低了10个百分点以上。虽然老年养老金和政府补贴的金额仍在提高，但超级年金规模的迅速增长，使其对退休收入的贡献越来越大，相同时间段提升了7个百分点左右。投资收入贡献也有小幅上升。男性和女性对比，女性比男性更依赖老年养老金和政府补贴，超级年金积累相对男性较少。

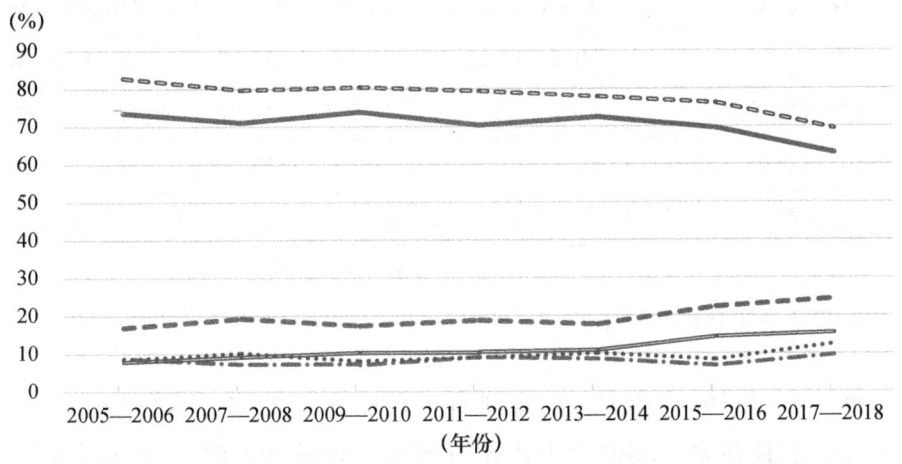

图8-3　澳大利亚65岁以上非工作人口的收入来源（截至2020年12月）

资料来源：澳大利亚统计局，澳大利亚性别相关指标。

三、超级年金已是澳大利亚家庭财富的主要组成部分

根据澳大利亚统计局的调查，截至2020年年底，澳大利亚家庭总资产达12.1万亿澳元，其中金融资产占比持续提升，从2009—2010年调查年度的30.5%提升到2019—2020年的35.6%。金融资产占比提升的主要驱动因素就是超级年金的规模增长，在此期间超级年金在家庭资产中的占比持续提高到18.6%，是家庭金融资产最大的组成部分（超过一半以

上），规模达到2.25万亿澳元（见表8-1）。

表8-1　　澳大利亚家庭资产主要构成　　亿澳元，%

类型	2009—2010年	2011—2012年	2013—2014年	2015—2016年	2017—2018年	2019—2020年
非金融资产规模	48 973	50 545	55 303	63 842	72 285	77 917
占比	69.5	68.2	66.1	66.0	64.3	64.4
其中自住住宅价值	30 646	31 922	35 005	40 911	46 509	48 828
其中自住住宅占比	43.5	43.1	41.8	42.3	41.3	40.3
金融资产规模	21 522	23 524	28 397	32 330	40 226	43 090
占比	30.5	31.8	33.9	33.4	35.8	35.6
其中超级年金规模	9 732	11 420	14 015	16 954	19 810	22 521
其中超级年金占比	13.8	15.4	16.7	17.5	17.6	18.6
家庭总资产	70 495	74 069	83 700	96 791	112 480	121 035

资料来源：澳大利亚统计局，2019—2020年澳大利亚家庭收入调查。

注：差异由四舍五入导致。

澳大利亚家庭资产中，非金融资产仍占主导地位，达到64.4%，其中主要是自住住宅，其价值占比超过40%。据统计，澳大利亚领取养老金的人员，73%的人都拥有自住住宅。这部分人员无须承担租房的费用，可有更多的养老金用于日常生活开支，因此相应提高了养老生活水平。

第二节　与收入和资产水平挂钩的养老保险第一支柱

一、基于老年人经济状况调查的老年养老金制度

老年养老金（Age Pension）是澳大利亚养老保险的第一支柱，是基

于老年人经济状况调查的养老金制度。老年养老金的资金来源于澳大利亚的税收收入，无须雇主或雇员另外缴费，这也是澳大利亚养老保险制度的特色之一。

早在1909年澳大利亚政府就推出了老年养老金，当时规定可以领取老年养老金的年龄是65岁（男女相同），后来女性的领取年龄降低到60岁。1995年7月1日，女性领取年龄开始每两年增加6个月，直到2013年7月1日达到65岁。根据2009年通过的立法，男女性领取养老金的年龄在2017年7月1日增加到65.5岁，之后每两年增加6个月，直到2023年7月1日达到67岁。领取老年养老金还必须是在澳大利亚居住10年以上的永久居民，并连续居住5年以上。

二、老年养老金的构成

老年养老金分为基础养老金（Base Pension Rate）、补充养老金（Pension Supplement）和能源补充金（Energy Supplement）三部分。

给付的老年养老金标准不是基于个人过去的收入或缴费，也不是基于个人所缴纳的税款，而是按以下标准：对于单身以及分居夫妻，每两周最高领取944.3澳元（每年领取24551.8澳元）；对于夫妻家庭，每人领取的最高金额是每两周711.8澳元（每年领取18506.8澳元）。

基础养老金与消费物价指数和生活成本指数挂钩，按孰高原则每年3月和9月各调整一次。而且基础养老金还与工资水平对标，2010年3月以后的对标基准为男性每周全部工资收入的27.7%。补充养老金与消费物价指数挂钩，同样每年调整两次。能源补充金没有指数化调整机制。

三、经济状况调查制度

除了领取老年养老金的盲人之外，其他所有老年人都需要接受经济状况调查，以确定是否可以领取老年养老金以及具体金额。经济状况调查有两种：收入测试和资产测试，取两者较低的结果。

收入测试评估一个人从就业、海外养老金和其他来源获得的收入，包括金融资产的"认定"收益（不是实际收益），如超级年金和银行账户。根据个人是单身还是夫妻二人,设置了不同的豁免标准。超过豁免标准的部分,收入每多1澳元,老年养老金就从上限降低0.5澳元。收入达到封顶标准后,则不能领取老年养老金。收入测试标准见表8-2。

表8-2　　　　　　　澳大利亚收入测试标准　　　　澳元/双周

人员状况	豁免标准	封顶标准
单身	174	2 062.6
夫妻合计	308	3 155.2

资料来源:澳大利亚财政部,2020年退休收入回顾报告。

资产测试评估个人的金融和非金融财富。针对表8-3所列四种人员情况,资产规模超过豁免标准的,每超过1 000澳元,老年养老金就降低3澳元/双周。超过封顶标准的,则不能领取老年养老金。自1985年资产测试引入以来,个人居住的主要房屋和一些相邻土地不包含在表8-3的资产规模中。收入测试和资产测试的标准,每年7月按消费物价指数调整一次。

表8-3　　　　　　　澳大利亚资产测试标准　　　　　　澳元

人员状况	豁免标准	封顶标准
单身且有自住住宅	263 250	578 250
单身且无自住住宅	473 750	869 500
夫妻且有自住住宅	394 500	788 750
夫妻且无自住住宅	605 000	1 080 000

资料来源:澳大利亚财政部,2020年退休收入回顾报告。

四、老年养老金的待遇水平

老年养老金只能维持最低的生活水平。按澳大利亚超级年金基金协会(The Association of Superannuation Funds of Australia, ASFA)制定的退休生活标准,要维持朴素的生活水平,单身退休人员年收入需要28 379

澳元，夫妻退休人员年收入需要 40 656 澳元。如要上升到舒适的退休生活水平，则年收入要分别超过 44 851 澳元和 62 237 澳元（均为 2022 年 9 月底标准）。

在领取老年养老金的人员中，62%的人可以领取到上限金额，其余 38%的人只能领取部分金额（由于经济情况调查的因素）。除了老年养老金之外，还有其他几种养老补贴，如联邦租金援助（Commonwealth Rent Assistance）、养老金领取者优惠卡（Pensioner Concession Card）以及养老金贷款计划（Pension Loans Scheme）等，就不在此详述了。

老年养老金是中低收入者退休收入的主要来源，目的是提供一个养老收入的安全网，以维持最低生活水平。2019 年 6 月，澳大利亚约有 253.3 万人领取了老年养老金，占老年人口的 65%。而 1999 年约为 172.5 万人，占比 67%。

第三节　强制型超级年金

强制型超级年金是澳大利亚养老保险第二支柱，根据 1992 年《超级年金保障法》建立。第二支柱是强制性的，这也是澳大利亚养老保险制度的另一个特色。

一、强制型超级年金的缴费

雇主必须按季度为符合条件的雇员支付超级年金缴费。目前超级年金缴费比例最低为 10.5%（2022 年 7 月 1 日起），封顶值为每季度收入达 55 270 澳元。超级年金缴费比例自 1992 年以来从 3%逐步提高，到 2025 年 7 月 1 日，将提高到 12%。雇主可以一直持续为雇员缴费至其年满 70 周岁。超级年金缴费是雇主的税前可扣除费用，雇员需要相应承担 15% 的个人所得税（低于正常的个人所得税率）。

在实际操作中，用排除法判断符合条件的雇员范围。自雇人士、月收入低于 450 澳元的雇员、18 岁以下且每周工作少于 30 小时的雇员以及每周从事私人或家庭性质工作且每周工作时间少于 30 小时的人不在超级年金的保障范围内。

二、强制型超级年金的领取

强制型超级年金的领取条件是要达到预定年龄（preservation age），这通常是在退休时，或者在其他一些非常有限的情况下（如遭遇严重困难、永久残疾或购买终身年金保险）。1960 年 7 月 1 日之前出生的人的预定年龄为 55 岁。1964 年 7 月 1 日以后出生的人的预定年龄提高到 60 岁。需要注意，领取超级年金的年龄低于领取老年养老金的年龄，在达到 65 岁之前，已有 1/3 的超级年金被领取。因此也有一种呼声，建议将超级年金领取的预定年龄逐步提高到与老年养老金一致。

截至 2022 年 6 月底，澳大利亚超级年金规模（含自愿型超级年金）已达到 3.34 万亿澳元（见图 8-4）。

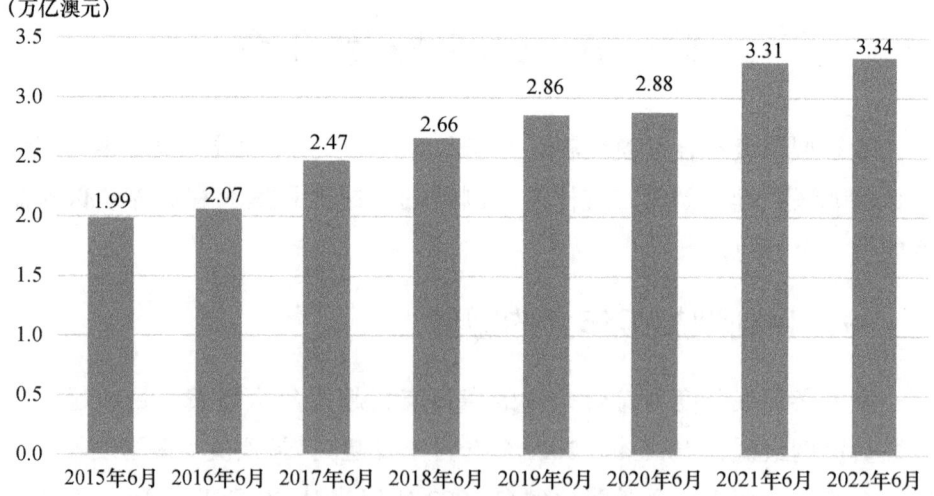

图 8-4　澳大利亚超级年金规模

资料来源：澳大利亚审慎监管局，2015—2021 年度超级年金摘要。

第四节　自愿型超级年金

澳大利亚认为，自愿储蓄也有助于提高人们的退休收入水平，包括商业资产、房地产（含自住住房）以及其他金融和非金融资产等。例如自住住房是大多数澳大利亚人的重要自愿型储蓄工具，因为它降低了退休后的住宿费用。但这里讨论的养老保险第三支柱仅指自愿型超级年金。

一、超级年金的自愿缴费规定

雇员可以为超级年金自愿缴费，主要有优惠缴费和非优惠缴费两种类型。优惠缴费也称为税前缴费。优惠缴费进入超级年金账户后，雇员按15%的税率纳税。如果超过优惠缴费上限，雇员就需要支付额外的税费。2022—2023年度优惠缴费额度为27 500澳元。自2018年7月1日起，如果超级年金余额低于50万澳元，个人可以结转部分未使用的优惠缴费额度，最多结转5年。

对年收入超过25万澳元的雇员，优惠缴费的税率提高到30%，这意味着这部分雇员只能获得17%的税收优惠，而不是32%（按表8-4计算，45%+2%-30%=17%）。在2018—2019年度，有23万澳大利亚雇员的超级年金缴费按30%的税率缴税。澳大利亚居民个人所得税税率表见表8-4。

表8-4　　澳大利亚居民个人所得税税率表　　%

全年应税收入	税率
≤18 200澳元	0
18 201~45 000澳元	19
45 001~120 000澳元	32.5
120 001~180 000澳元	37
>180 000澳元	45

资料来源：澳大利亚税务局。

非优惠缴费也称为税后缴费。非优惠缴费进入超级年金后,雇员无须纳税。但如果超过非优惠缴费上限,超过的部分还是需要纳税的。2022—2023 年度非优惠缴费额度为 11 万澳元。超级年金余额在 170 万澳元及以上的个人不能享受非优惠缴费(2021 年 7 月 1 日后的标准)。对于 67 岁以下的个人,还可以提前使用未来两年的非优惠缴费额度,即可以在当年缴纳 3 倍的非优惠缴费(33 万澳元),当然还受 170 万澳元封顶线的限制。

在一些特定情况下,个人可额外为超级年金缴费。例如缩小房屋面积的收入以及出售小企业的收益,允许 65 岁及以上的个人将出售房屋的收益用于缴费,最高可缴费 30 万澳元,但在出售房屋前需至少持有 10 年。小企业主也可使用出售企业资产的资本收益来缴费,终身缴费总额不得超过 165 万澳元(2022—2023 年度标准)。这些缴费不计入其他缴费上限,不占用 170 万澳元的上限额度。

个人自愿缴费的年龄最高可达 75 岁,但 67 岁及以上雇员须经过工作测试,即 30 天内工作须超过 40 小时。75 岁及以上的个人不能再向超级年金自愿缴费。在 2017—2018 年度,自愿缴费约占养老金缴费总额的 40%。

二、共同缴费和抵免措施

在个人自愿缴费之外,澳大利亚政府也提供了一些抵免措施和共同缴费。这也是澳大利亚个人养老金的一个特点。具体包括低收入超级年金税收抵免、低收入者的政府共同缴费和配偶税收抵免。

低收入超级年金税收抵免规定,对应税收入低于 37 000 澳元的个人,其优惠缴费所产生的 15% 税款可以返还,最高返还 500 澳元。年收入低于 37 000 澳元,对应个人所得税税率是 19%(0% 之后的第一档税率)。这就可以理解为对低收入人群提供税收抵免,以鼓励他们自愿向超级年金缴费。在 2018—2019 年度,近 300 万人受益于此项政策。

政府共同缴费,是为 71 岁以下个人的任何非优惠缴费提供 50% 的共同缴费,每年最高缴费 500 澳元。但设置了两个门槛:一是低收入门槛

（2022—2023年度为42 016澳元），超过低收入门槛后共同缴费额度会降低，达到高收入门槛（57 016澳元）后则额度清零；另一个是个人的超级年金总额不能超过170万澳元的封顶线。在2018—2019年度，约有37.6万人获得了政府的共同缴费。

低收入配偶税收抵免，是为低收入配偶的超级年金缴费的个人提供最高500澳元的税收抵免。配偶的收入超过37 000澳元后逐步降低抵免额度，超过40 000澳元后额度清零。

三、超级年金投资收益的税收规定

在积累阶段，投资收益需要按15%纳税。在雇员退休阶段（即开始领取时）免税。资本利得也按15%征税，但对持有超过一年的资产，可享受1/3的税率折扣（即按10%征税）。总体来看，积累阶段的实际税率平均约为7%。

为了限制在退休阶段享受所得税豁免的资产总价值，规定可以转移到退休阶段的超级年金资产最高不超过170万澳元（2022—2023年标准）。但最低提款比例的设计，也限制了退休人员为了获取投资收益免税而无限期保留资金的情况。65岁以下的个人，每年最低提款比例为2%，随着年龄的增长而增加，95岁以上的人为7%。[①]

四、超级年金领取时的税收政策

退休人员通常有两种选择来使用他们的超级年金。一是一次性提取。在20世纪70—80年代，税收制度有利于超级年金的一次性提取。二是分次提取。在退休时将超级年金账户余额转入待遇确定型或账户型养老金产品，前者是约定定期领取金额，之后不能改变；后者不仅可以提供定期的固定收入，也可以随时一次性领取资金，尚未领取的金额还可以在账户内继续享受投资收益，金额领取完毕即截止。这为退休人员提供了很大的灵活性。目前大约83%的分次领取是账户型产品。

---

① https://www.ato.gov.au/Rates/Key-superannuation-rates-and-thresholds/.

超级年金领取时的税收政策。需要区分缴费金额的三个组成部分：免税部分、已纳税要素和未纳税要素。免税部分主要是非优惠缴费，已纳税要素指优惠缴费且提供商已缴税，未纳税要素指优惠缴费且提供商尚未缴税。对于免税部分，无论是一次性领取还是分次领取，均无须再纳税（分次领取的不能超过待遇确定上限，每年约10万澳元）。后面两个部分属于应税部分，具体税收政策见表8-5。

表8-5　　　　　　　　超级年金领取时的税收政策

缴费金额类型	提取类型	税率（包括医疗保险税率）
已纳税要素	分次	按个人所得税边际税率征税（如作为残疾养老金领取，则可以获得15%的税收抵免）
已纳税要素	一次性	按个人所得税边际税率或22%中的较低者征税
未纳税要素	分次	按个人所得税边际税率征税
未纳税要素	一次性	按个人所得税边际税率征税或32%中的较低者征税。如合计超过免税计划上限（按每个提供商单独计算），超过的金额将按最高边际税率征税（45%+2%）

资料来源：澳大利亚税务局。

五、超级年金税收政策的特点

在缴费、积累和领取阶段，税收政策有免除部分，也有收取部分，不能简单用EET或是TEE模式来归类。在缴费阶段，不是完全免税，而是降低税率。对高收入的人员，减税的比例较低，对低收入的人员，还有政府的共同缴费和税收抵免。对不同收入层次的人总体比较公平。在积累阶段，投资收益的征税和资本利得的部分免税效果结合在一起，使投资收益的实际税率在7%左右。在领取阶段，不超过限额的投资收益不纳税，优惠缴费的部分提取时需要纳税。

简单理解，非优惠缴费部分相当于 TtE 模式（投资阶段的 t 指优惠税率），优惠缴费部分相当于 ett 模式（缴费阶段的 e 指优惠税率，领取阶段的 t 指缴费征税但投资收益不征税）。

超级年金的上述税收制度，原因之一在于雇主的超级年金缴费是强制性的，税收优惠仅仅是辅助性的激励措施，因此更注重不同收入人群之间的相对公平性。另外一个原因是，老年养老金不需要雇主和雇员额外缴纳费用，但随着澳大利亚人口老龄化进程加速，老年养老金支付的金额越来越多，政府税收压力也越来越大。因此超级年金也没有完全的税收免除，而是适当降低了税收比例。这样既刺激了超级年金（尤其是自愿缴费）的增长，也减轻了老年养老金的支付压力。

第五节　超级年金的参加和积累情况

一、超级年金的参加情况

根据澳大利亚统计局的调查，在 2019—2020 年度，参加超级年金的人数达到 1 503 万人，较 2009—2010 年度增长了 30%，覆盖率达到 74.4%。其中 25~64 岁年龄段人口是主要的工作人口，超级年金覆盖率均超过 80%，应该说超级年金的强制性对提升覆盖率起到了重要作用（见图 8-5）。

二、超级年金的积累情况

2019—2020 年度澳大利亚超级年金的人均积累额达 15.2 万澳元，比 2009—2010 年度增长了约 45%。从不同年龄段看，年龄越大，平均积累额越高。25~34 岁人群平均超级年金积累达 3.8 万澳元；到 35~44 岁年龄段，就提高到平均 9.3 万澳元；而到 45~54 岁年龄段，积累额就超过了整体平均水平；快到退休以及退休以后的人群，积累的金额就更高了。这说明，养老金一定要尽早开始积累，时间越长，积累的效果越显著（见图 8-6）。

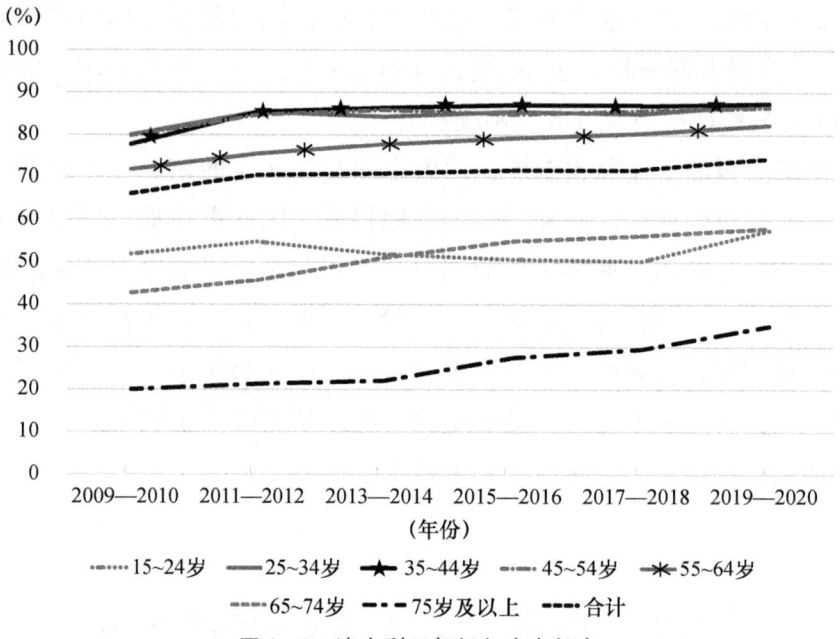

图 8-5 澳大利亚超级年金参加率

资料来源：澳大利亚统计局，2019—2020 年度澳大利亚家庭收入调查。

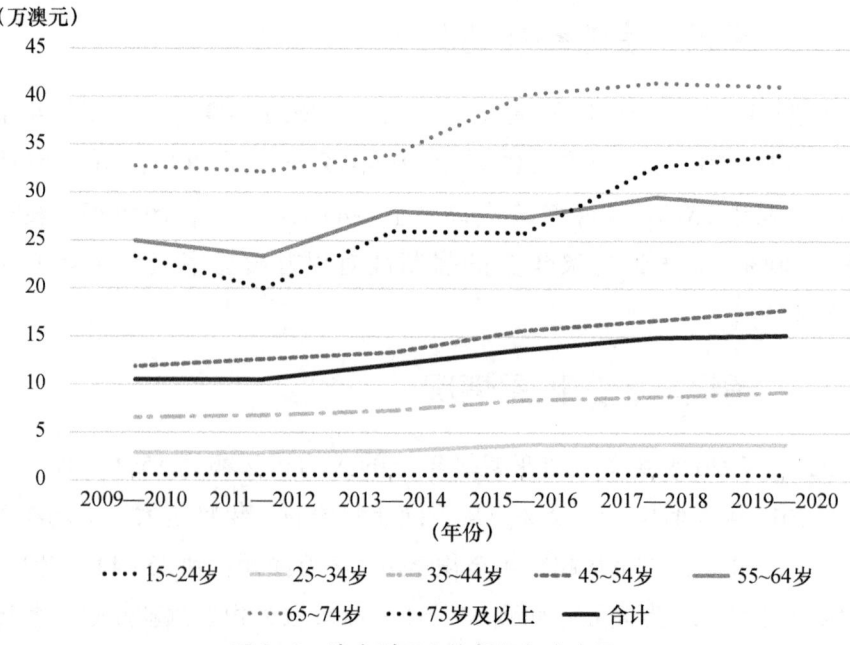

图 8-6 澳大利亚人均超级年金金额

资料来源：澳大利亚统计局，2019—2020 年度澳大利亚家庭收入调查。

第六节　超级年金的资产配置和投资收益

强制型和自愿型超级年金，只是资金来源不同，投资管理都在同一超级年金计划下。因此要了解自愿型超级年金（个人养老金）的投资选择，首先需要了解超级年金整体的投资管理框架。

一、超级年金的分类

超级年金需在澳大利亚审慎监管局（APRA）注册，称为可注册超级年金实体（Registrable Superannuation Entities，RSEs），具体分类如下。

公司基金，有4名以上公司成员参加，为非营利性基金；行业基金，有4名以上成员参加，成员一般来自行业内，为非营利性基金；公共部门基金，有4个以上的公共部门成员参加，为非营利性基金，还包括根据联邦、州或领地法律建立的养老金计划（称为豁免公共部门养老金计划）；零售基金，有4名以上公司、行业或一般成员参加，为营利性基金。小型基金是成员少于5人的可注册超级年金实体，包括小型澳大利亚审慎监管局监管基金（SAFs），单一成员的特准存款基金和自我管理的养老基金（SMSFs）。自我管理的养老基金受澳大利亚税务局监管，与澳大利亚审慎监管局监管的基金具有不同的立法要求（见图8-7）。

表8-6是各类超级年金基金的数量和规模统计，可以看到，小型基金数量占绝对多数，其他基金数量合计只有小型基金的零头。从管理资产规模看，行业基金规模最大，其次是小型基金。但每只小型基金管理资产规模非常小，只有140万澳元左右。大型基金数量虽然少，但每只大型基金管理资产都在几十亿或几百亿澳元，规模效应明显。

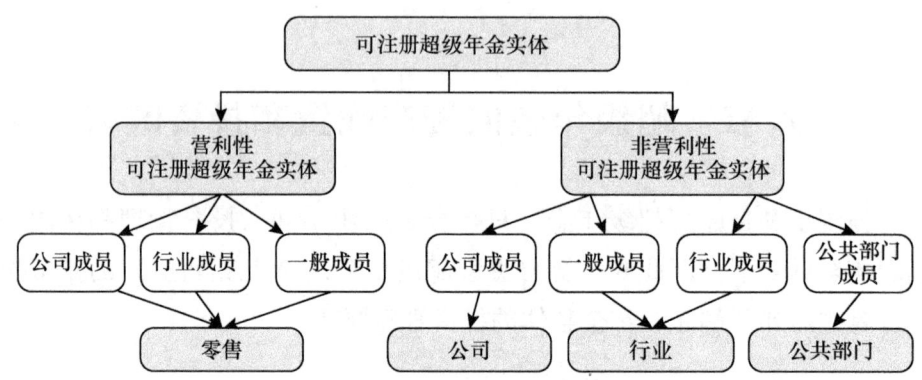

图 8-7 可注册超级年金实体的分类

资料来源：澳大利亚审慎监管局，超级年金主体的分类。

表 8-6　　超级年金基金的数量和规模统计
（截至 2022 年 9 月）　　　个，亿澳元

类别	基金个数	管理资产	平均基金管理资产
公司基金	12	564	47.00
行业基金	28	10 813	386.18
公共部门基金	15	4 804	320.27
零售基金	82	6 326	77.15
SAFs	1 376	19	0.01
SMSFs	603 449	8 652	0.01
其他	42	2 045	48.69
合计	605 004	33 223	0.05

资料来源：澳大利亚审慎监管局，超级年金表现统计季报。

二、超级年金的大类资产配置

从养老金的长期资金性质看，投资于股票和股权资产，最有利于养

老金的长期增值。从图 8-8 也可以看出，投资于股票与股权的资金占比长期在 50% 以上。固定收益债券的配置比例在 20% 左右波动。同时配置不动产和基础设施的比例也在缓慢上升。现金类资产约占 10%，主要用于流动性管理和支付。

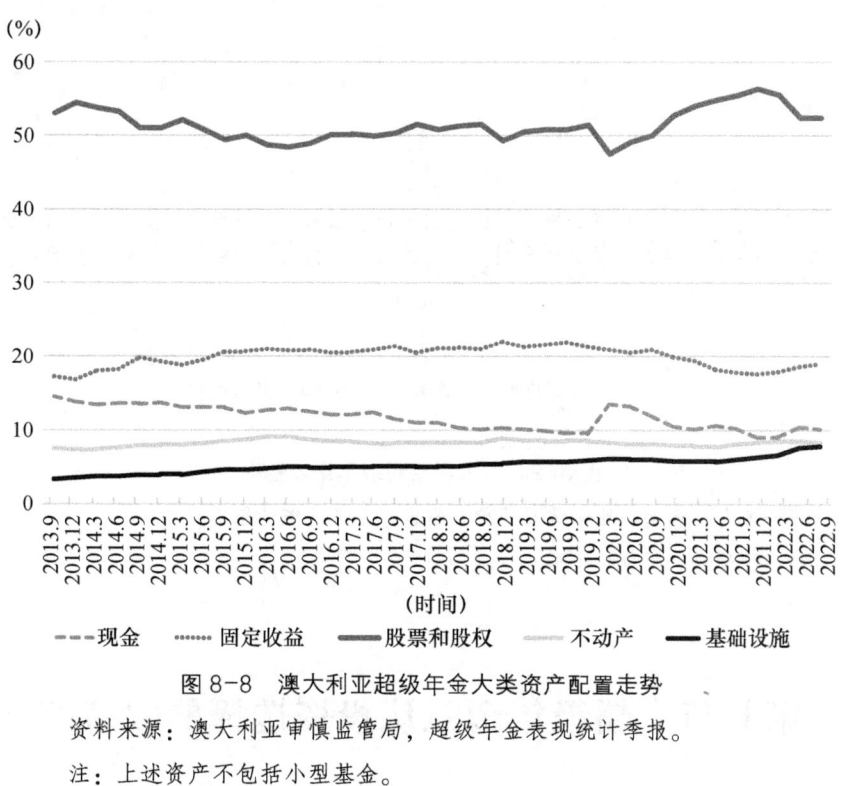

图 8-8　澳大利亚超级年金大类资产配置走势

资料来源：澳大利亚审慎监管局，超级年金表现统计季报。

注：上述资产不包括小型基金。

三、超级年金的收益率

图 8-9 是除小型基金外的超级年金季度收益率以及 5 年滚动平均收益率曲线。2004 年 12 月至 2022 年 6 月，季度收益率为正的概率为 72.2%（=52/72），其间有 20 个季度发生当季亏损。也就是说，从短期看，投资回撤和亏损的概率还是不低的。但从长期看，过去 5 年平均收益率的走势，只有在 2011 年 12 月至 2012 年 6 月时发生亏损，之后长期保持在 5%~10%。这也验证了养老金需要长期投资的理念，长期投资可

以降低短期收益率的波动，长期收益率也会保持在较好的绝对正收益区间。

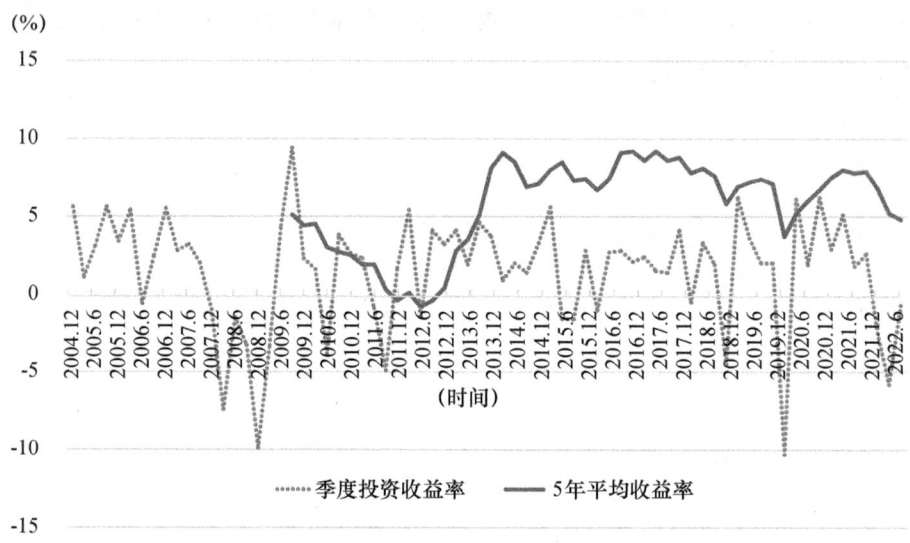

图 8-9　澳大利亚超级年金收益率

资料来源：澳大利亚审慎监管局，超级年金表现统计季报。

注：上述资产不包括小型基金。

第七节　超级年金默认投资选择的收益率

雇员可以为其超级年金资金选择投资产品，如雇员工不主动选择具体产品，雇主将代表雇员选择默认的"MySuper"产品。默认的 MySuper 制度于 2014 年 1 月 1 日推出。

一、MySuper 产品的分类

MySuper 产品分为两类：单一投资策略（即目标风险产品）和生命周期策略（即目标日期产品）。采用单一投资策略的 MySuper 产品，投资收益目标为每年高于消费物价指数（CPI）2.0%～5.5%，在 20 年的周期里负收益年份在 2~6 次（即年度负收益概率为 10%～30%）。采用生命周期策略的产品，投资收益目标为每年高于CPI1.0%~5.9%，在20年的周期里负收益年份在0~6次（即年度负收益概率为0%~30%）。

截至2022年9月底，MySuper产品的资产规模为8874亿澳元，占所有可注册超级年金实体产品的比例达到38.2%（见图8-10）。

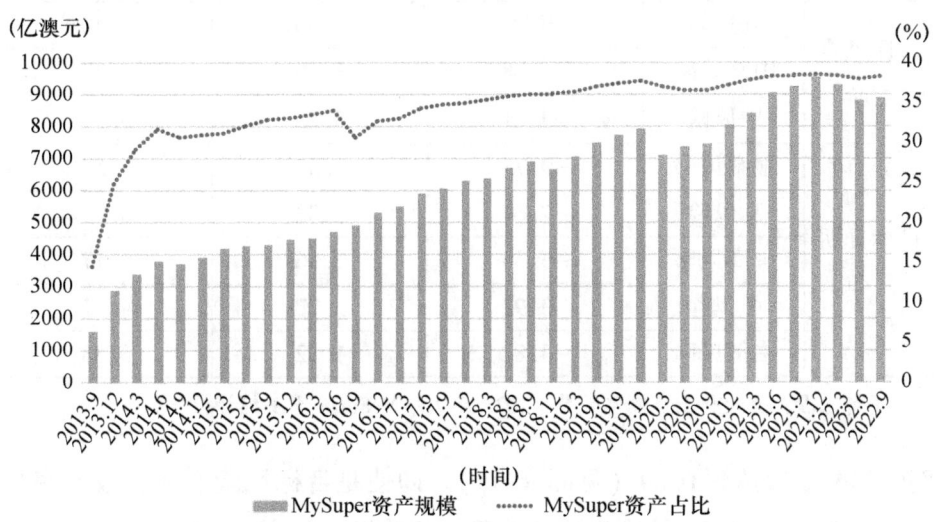

图8-10 MySuper资产规模及占比

资料来源：澳大利亚审慎监管局，超级年金表现统计季报。

注：上述产品不包括小型基金。

二、MySuper产品的收益

表8-7是MySuper不同风险类别产品在过去1年、3年和5年的平均年化收益率。可以看出，同一风险等级的产品，年限越长，平均年化收益率越高，这又体现出养老金长期投资的优势。

需要注意的是，不同风险等级的产品，在短期内的收益表现会受到资本市场的影响。比如过去1年的收益率，高风险产品的亏损幅度是最大的。如果时间拉长到5年，高风险产品的年化收益率总体比中低风险产品要高。

MySuper产品的长期年化收益率，总体与权益资产的配置比例正相关。目标日期的MySuper产品，其5年年化平均收益率与权益资产配置比

表 8-7 不同风险等级的目标风险产品和目标日期产品的表现　　%

产品分类		过去 1 年年化收益率	过去 3 年年化收益率	过去 5 年年化收益率
目标风险产品	高风险	-6.02	3.36	5.40
	中高风险	-5.08	3.59	5.37
	中风险	-3.21	3.75	5.57
目标日期产品	很高风险	-9.73	0.51	3.54
	高风险	-7.67	2.82	4.85
	中高风险	-5.35	2.06	4.17
	中风险	-3.91	2.22	4.31
	中低风险	-3.82	1.52	3.38

资料来源：澳大利亚审慎监管局，2022 年 9 月 MySuper 季度统计报告。

例的相关系数达到 0.89（见图 8-11）。即使是目标风险产品，收益率与权益资产配置比例也体现出比较明显的相关性（见图 8-12）。

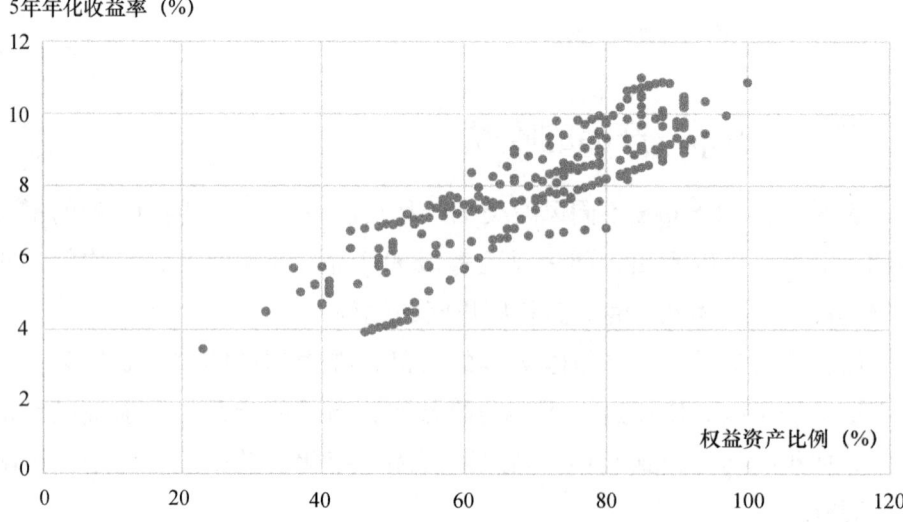

图 8-11　超级年金 MySuper 目标日期产品权益资产配置比例与 5 年收益率

资料来源：澳大利亚审慎监管局，作者制图。

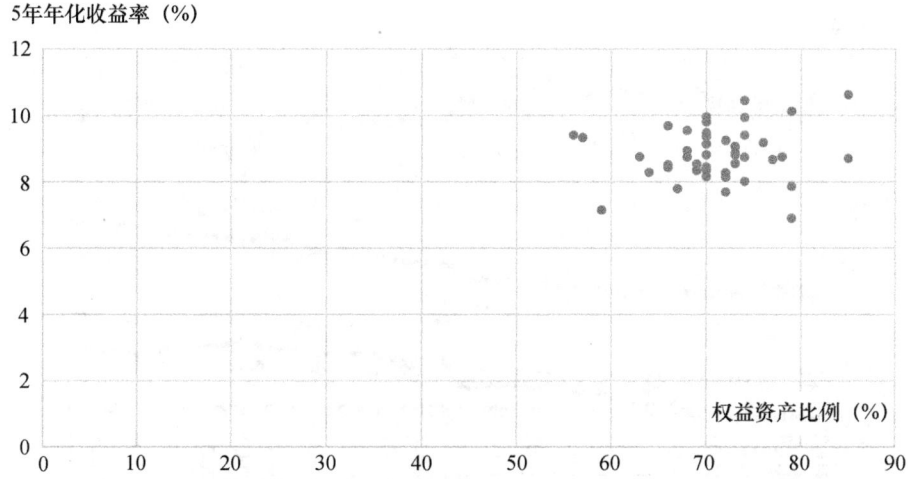

图 8-12　超级年金 MySuper 目标风险产品权益资产配置比例与 5 年收益率
资料来源：澳大利亚审慎监管局，作者制图。

第八节　自我管理的超级年金

自我管理的超级年金（Self-managed Superannuation Funds，SMSFs），是指人数不超过 4 人的超级年金，2021 年 7 月 1 日后，最低人数要求放宽到 6 人。SMSFs 的每个参加人也是受托人，也不能再参加其他超级年金计划。SMSFs 更接近纯粹的个人养老金。据澳大利亚税务局统计，截至 2022 年 9 月底，参加 SMSFs 的人数约 111.2 万人。

一、SMSFs 的大类资产配置比例

从 2011 年至 2022 年三季度末，SMSFs 的股票投资占比一直保持最高，在 30% 上下波动。而现金和定期存款比例逐年下降，从最初的 30% 以上下降到 16.1%。以公募基金为代表的产品占比稳定提升，已经接近 20%。其他属于债券和不动产投资，占比在 5%~10%（见图 8-13）。

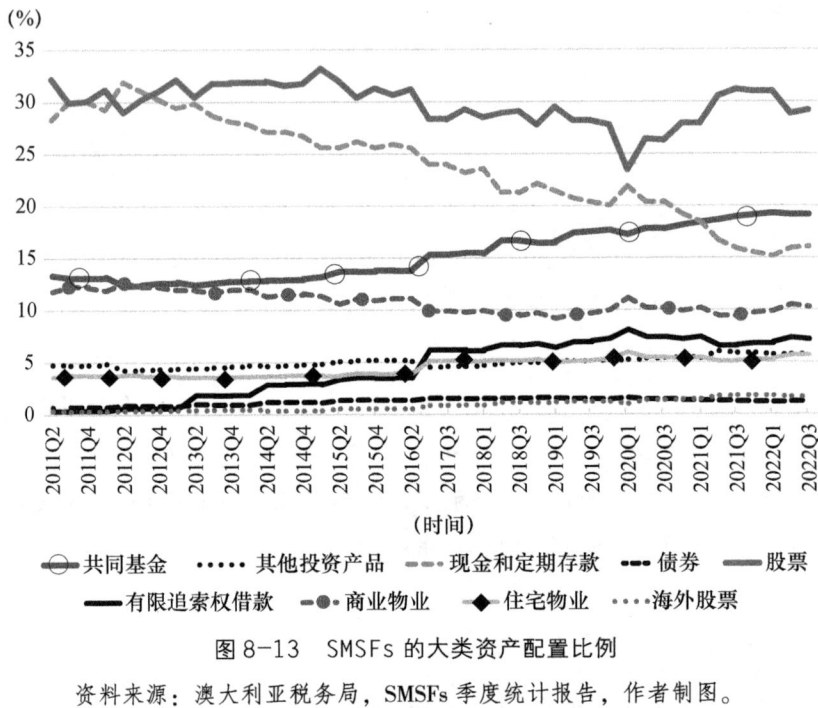

图 8-13 SMSFs 的大类资产配置比例

资料来源：澳大利亚税务局，SMSFs 季度统计报告，作者制图。

二、自我管理的超级年金产品的投资收益率

由于 SMSFs 产品数量众多，收益率的分布也很广。从平均值看，2020 年之前的 5 个年度都为正值，但 2019—2020 年度的中位数是负值。再看不同规模的 SMSFs 基金，小规模的基金普遍亏损，规模超过 200 万澳元的，其收益率才接近平均水平。这也是 SMSFs 的一个问题所在，由于最初限制的人数不能超过 4 人，导致 SMSFs 基金数量很多，但平均规模仅为 140 多万澳元。单只基金规模过小，管理费用的绝对金额虽然不高，但占比会较高（5 万澳元以下基金可占 17.6%）。另外一些资产的投资有规模限制，小规模基金也难以参与投资。据统计，小于 5 万澳元的基金，有一半以上资金配置在现金和定期存款，以及 20% 多的股票。具体数据见表 8-8。

表 8-8　　　　　　不同规模的 SMSFs 产品收益率　　　　　　　　%

资产规模	2019—2020 年	2018—2019 年	2017—2018 年	2016—2017 年	2015—2016 年
平均值	0.7	7.3	8.0	11.3	3.7
中位数	-1.6	4.3	4.0	5.0	0.2
5 万澳元以下	-22.0	-19.8	-15.6	-15.6	-16.5
5 万~10 万澳元	-10.9	-8.6	-4.9	-5.9	-7.3
10 万~20 万澳元	-5.9	-2.6	-1.0	-0.9	-3.5
20 万~50 万澳元	-1.9	2.9	3.7	4.4	0.0
50 万~100 万澳元	-0.9	5.9	6.0	6.9	1.5
100 万~200 万澳元	-0.4	7.0	8.4	8.4	2.4
200 万~500 万澳元	0.5	7.5	7.8	10.2	3.4
500 万~1 000 万澳元	1.3	7.5	8.2	13.7	4.9
1 000 万澳元以上	3.3	7.7	9.0	22.0	9.6

资料来源：澳大利亚税务局，2019—2020 年度自我管理超级年金简报。

第九节　超级年金具体投资产品示例

从澳大利亚最大的养老基金公司看，其提供了三大类适合超级年金投资的选择。第一类是预设策略，包含 6 只产品。特点是无须超级年金参加人考虑具体投资策略，直接根据自己的风险偏好选择对应的产品即可。第二类是客户自行配置产品，包含的 4 只产品均对标相关指数，需要参加人适当进行搭配。第三类是直接投资，包括具体股票、ETF 产品、上市投资公司以及现金 4 种。具体见表 8-9。

表 8-9 澳大利亚某养老基金公司超级年金产品一览 %

大类	产品类型	过去5年平均收益率	2022年收益率	投资目标	风险水平
预设策略	平衡	7.28	-2.73	中长期超过CPI 4%，击败平衡基金中位数。最短投资期限10年	短期高风险，中期中风险，长期低风险。20年负收益次数约5次
	高成长	7.99	-3.93	中长期超过CPI 4.5%，击败增长基金中位数。最短投资期限12年	短期高风险，中期中等风险，长期低风险。20年负收益次数约5次
	社会意识	5.86	-3.30	中长期超过CPI 4%，击败平衡基金中位数。最短投资期限10年	短期高风险，中期中等风险，长期低风险。20年负收益次数约5次
	指数多元化	6.03	-5.70	中长期超过CPI 3%。最短投资期限10年	短期高风险，中期中等风险，长期低至中风险。20年负收益次数约5次
	保守平衡	5.51	-2.90	中期每年超过CPI 2.5%，击败保守平衡基金中位数。最短投资期限7年	短期中高风险，中期中等风险，长期低风险。20年负收益次数约4次
	稳定	3.99	-2.42	中期每年超过CPI 1.5%，击败资本稳定基金中位数。最短投资期限5年	短期中等风险，中期低至中风险，长期低至中风险。20年负收益次数约3次

续表

大类	产品类型	过去5年平均收益率	2022年收益率	投资目标	风险水平
自行配置	澳大利亚股票	8.61	−1.01	中长期跑赢S&P/ASX 200累积指数。最短投资期限12年	短期极高风险,中期中等风险,长期低至中风险。20年负收益次数约6次
自行配置	国际股票	9.42	−12.34	中长期击败摩根士丹利资本国际公司全球除澳大利亚以外的所有国家指数(未对冲)。最短投资期限12年	短期风险非常高,中期中等风险,长期低至中风险。20年负收益次数约6次
自行配置	多元化固定利息	1.18	−4.46	中短期击败澳大利亚和国际固定利率指数的综合指数。最短投资期限3年	短期中等风险,中期高风险,长期风险非常高
自行配置	现金	1.06	0.25	在一年内跑赢彭博澳债银行票据指数。最短投资期限1年	短期风险非常低,中期中高风险,长期风险非常高
直接投资	S&P/ASX300指数的成分股					
直接投资	交易型开放式指数基金(ETFs),包括多元化产品、可持续投资产品、澳大利亚股票产品、国际股票产品、不动产及基础设施产品、固定收益产品、商品等					
直接投资	上市投资公司(LICs)					
直接投资	定期存款					

资料来源:https://www.australiansuper.com/.

注:短期指少于5年,中期指5~20年,长期指超过20年。数据截至2022年6月30日。

从其投资目标和风险水平的介绍可以看出，投资目标要么对标消费物价指数（CPI），寻求中长期投资收益跑赢 CPI，并击败同类型基金中位数；要么对标相关指数，寻求中长期跑赢指数。

超级年金推荐长期投资。只有现金的最短投资期限可以为 1 年，固定利息产品最短投资期限为 3 年，其他产品均推荐最短投资期 5~10 年及以上。与之对应的是风险水平，总体而言，投资期限越长，风险水平越低。

各类产品均有亏本概率。用 20 年周期来衡量，最高亏损概率可达 30%。对固定收益和现金类产品，也提示了长期（跑输 CPI）的高风险，因为利率的变化，会使固定收益资产造成亏损。而现金和存款类产品，由于固定的利息水平，在通货膨胀率较高的时期，很可能跑输 CPI，造成实际购买力的下降，这就是长期的高风险所在。

总体来看，澳大利亚三支柱养老保险体系比较完善，第二支柱与第三支柱养老金积累比较充足，市场化投资也取得了较好的长期收益。对超级年金基金产品的风险收益分类比较清晰，倡导长期投资以获取更高的收益水平，这是值得借鉴的地方。但对于自我管理的超级年金基金，由于参加人数不能超过 6 人，导致规模普遍偏小，扣除管理费用后的实际收益率很多为负值。这是澳大利亚个人养老金需要进一步完善的地方。

第九章
日本个人养老金

第一节 日本是老龄化程度最严重的国家

一、日本很早就进入老龄化社会

1971年,日本65岁及以上人口的比例超过了7%。22年后的1993年,日本就进入了深度老龄化社会,这一年也超过了高收入国家平均老龄人口占比。到2021年年底,日本65岁及以上年龄人口占比已达28.7%,位居所有国家第一,明显领先其后第二名的意大利(23.61%),是世界上老龄化程度最严重的国家(见图9-1)。

二、日本已形成养老保险三支柱

日本养老保险制度启动较早,从第二次世界大战日本投降后到1954

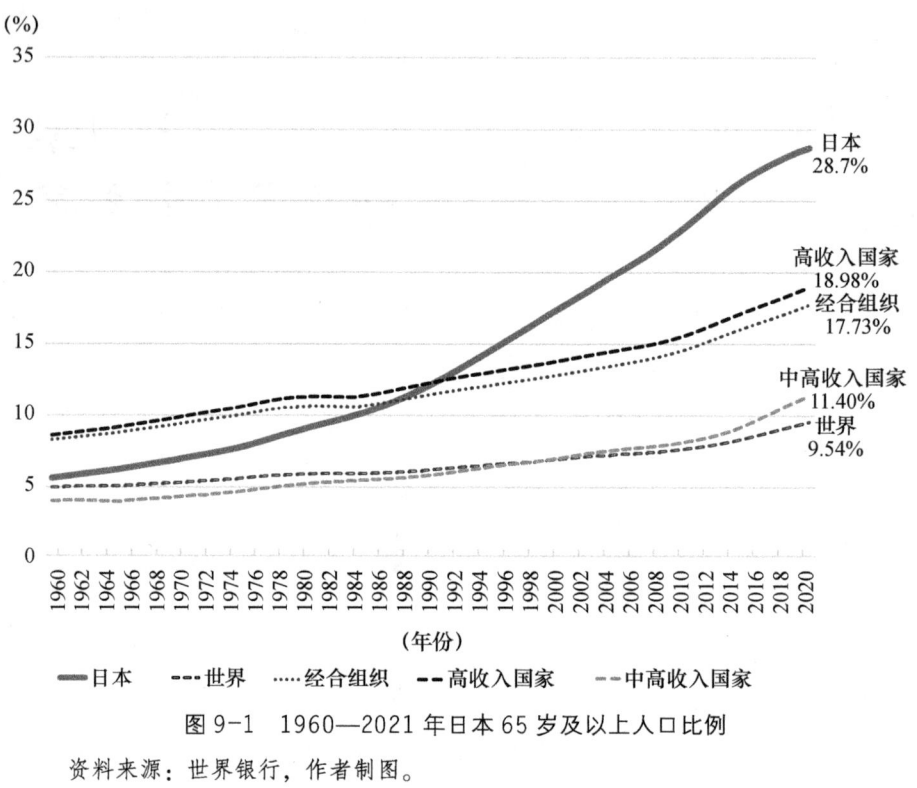

图 9-1　1960—2021 年日本 65 岁及以上人口比例

资料来源：世界银行，作者制图。

年，已经形成了全民养老金的基础，之后历经变革，形成了目前的三支柱养老保险体系（见图9-2）。

需要指出的是，日本三支柱养老保险体系的划分并没有明确的标准。为了便于理解，作者按图9-2归并了日本三支柱养老保险体系：第一支柱是政府强制的公共养老金，包括国民养老保险和厚生养老保险（这与国际公认的标准也是一致的）；第二支柱是企业和公共部门设立的职业养老金（雇主和雇员共同缴费），包括缴费确定型计划和待遇确定型计划等；第三支柱是个人养老金，包括个人缴费确定型养老金（iDeCo）和个人储蓄账户（NISA）。而日本厚生劳动省（负责健康、劳动力和福利）将图9-2第一支柱的两项养老金拆分到第一支柱与第二支柱，自愿型养老金的第二支柱变为第三支柱，但个人养老金却没有包含在三支柱养老保险体系中。这显然不利于按照国际通行的三支柱体系来理解日本的养老保险制度。

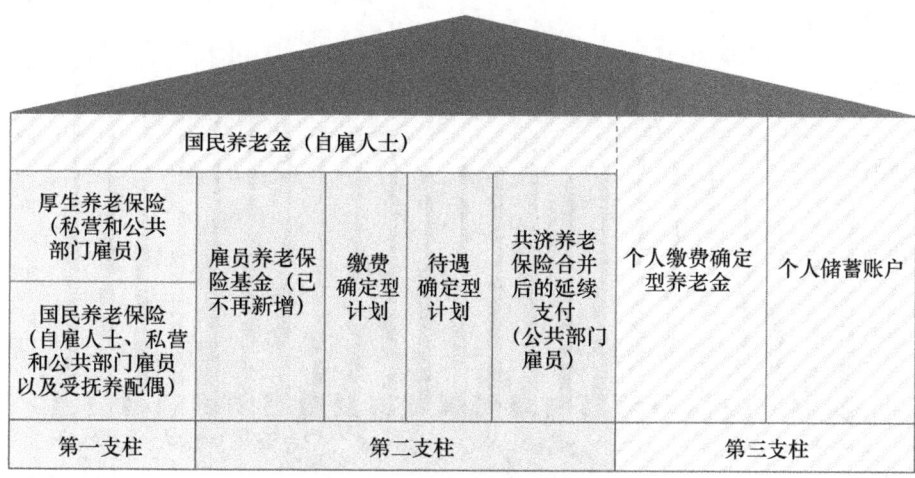

图 9-2 日本三支柱养老保险体系

资料来源：作者根据日本厚生劳动省年报等信息整理。

日本的养老保险制度有些碎片化。比如第二支柱的雇员养老保险基金（也译为厚生养老金，但为了与厚生养老保险区分，这里采用其英文的原意），还与第一支柱的厚生养老保险有所重叠。本章忽略掉历史沿革的细节，主要以最新的状况来逐一介绍，重点介绍第三支柱个人养老金产品。

日本的养老保障程度在发达国家中是比较低的。强制型养老金的替代率仅为32.4%，加上自愿型养老金之后，替代率刚刚超过55%。

三、日本养老金在家庭金融资产中占比较低

日本第二支柱与第三支柱养老保险自21世纪初开始启动，经历了20多年的发展，在日本家庭金融资产的占比并没有明显提高，截至2022年6月底占比为7.7%，比之前的年份还有所下降（见图9-3）。在2 007万亿日元的日本家庭金融总资产中，占据绝对主导地位的仍是现金和存款（54.9%），规模超过1 100万亿日元。日本居民的储蓄文化还是根深蒂固的。

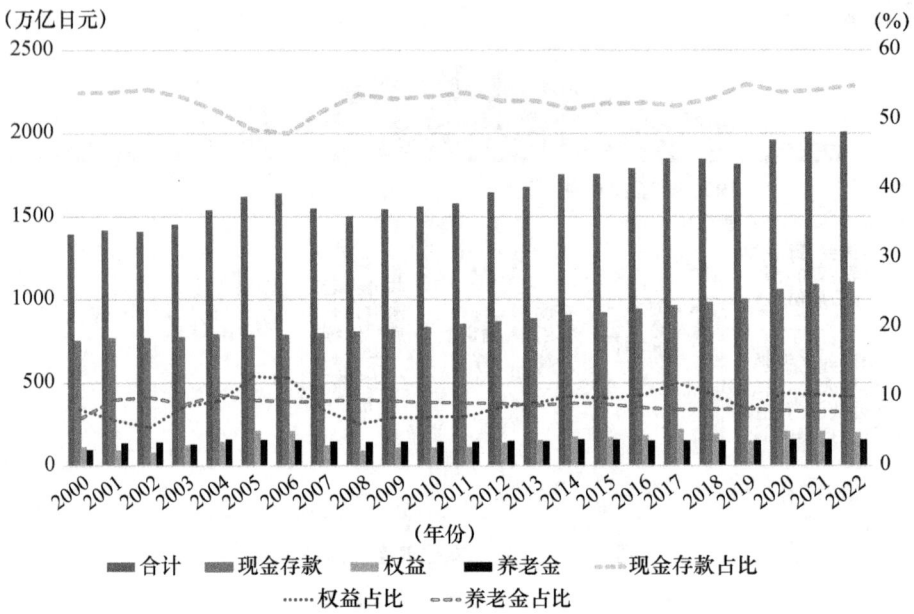

图 9-3　2000—2022 年日本家庭金融资产规模和占比

资料来源：日本银行，基金流动报告。

第二节　广覆盖、低保障以及与工资挂钩的第一支柱

日本将公共养老金定位为养老保险第一支柱，包括国民养老保险和厚生养老保险。这两项养老保险定位有明显的差别。国民养老保险注重公平，追求的是广覆盖、低保障；厚生养老保险注重效率，追求的是按工资水平缴费，多缴多得（当然缴费也有封顶值）。

一、国民养老保险

日本所有处于工作年龄的人群必须参加国民养老保险并享有基础的养老金。参加国民养老保险的人口总数达到 6 762 万人（2020 年 3 月底)。① 而据经合组织统计,截至 2020 年年底,日本 20~64 岁的人口总数为 6 938 万人,据此估算,日本国民养老保险的覆盖率达到 97.5%。

参加国民养老保险的人群可细分为三类:第一类是公共部门和私营企业的雇员,约有 4 488 万人;第二类包括 20~59 岁的自雇人士、农民和无工作人员,约有 1 453 万人;第三类是第一类人员的受抚养配偶,约有 820 万人(均为 2020 年 3 月底数据)。②

第三类人群无须缴纳国民养老保险费,其保险费实际是由第一类人群承担;第二类人群的缴费标准是每月 16 490 日元(2017 年 4 月以后的标准);第一类人群的缴费方式不同,是按工资的 18.3% 缴纳厚生养老保险费用,由雇主和雇员平均分担(有封顶值),但无须另行缴纳国民养老保险费,而是从厚生养老保险缴费中进行转移支付。

国民养老保险的领取标准比较低。2019 年以后的每月满额领取金额是 65 008 日元,满额领取的条件是缴费满 40 年、年满 65 岁。该领取金额对应的养老金替代率约为 18.2%(单身)、36.4%(夫妻二人)。③

需要指出的是,国民养老保险的缴费水平比较低,并不足以支付养老金待遇。日本的财政承担了国民养老保险一半的成本,并对待遇支付水平引入了"宏观经济调控机制"(主要是向下调整),标准夫妻二人的养老金替代率在 2023 年度以后将降低到 50.2%。④

二、厚生养老保险

厚生养老保险与工资挂钩,体现多缴多得,有封顶值。起付年龄也将统一为 65 岁(男性到 2025 年调整到位,女性到 2030 年调整到位)。厚生养老保险的支付水平取决于参保人参保期间的平均工资与缴费期间。参保 40 年、平均工资水平的被保险人及其受抚养配偶,每月能领取的厚

---

① 日本厚生劳动省数据。
② 日本厚生劳动省数据。
③ 于洋,刘晓梅. 日本公共养老保险 [M]. 北京:中国劳动社会保障出版社,2021:110.
④ 于洋,刘晓梅. 日本公共养老保险 [M]. 北京:中国劳动社会保障出版社,2021:123.

生养老金（含国民养老金）为 22 万日元，养老金替代率约为 61.7%。[1]

第三节 种类繁多、覆盖率低的第二支柱

日本养老保险第二支柱的种类比较多，对不同人群提供了不同的补充养老保险计划。

一、国民养老金

国民养老金（National Pension Funds）是针对自雇人士的。自雇人士（包括农民和无职业者）只能参加第一支柱的国民养老保险，不能参加厚生养老保险，因此为这部分人群提供了国民养老保险的补充保障，即国民养老金。该政策自 1991 年 4 月开始实施。国民养老金曾分为两种：一是地区基金，不分职业；二是行业基金，面向从事相同类型职业的人员。2019 年 4 月日本全国 47 个县的地区基金和 22 个行业基金合并为统一的国民养老金。国民养老金的缴费上限为每月 6.8 万日元，但其额度是与个人缴费确定型养老金共用的。所以在图 9-2 中，自雇人士的国民养老金和个人缴费确定型养老金是合体的。自雇人士参加国民养老金的人数比较少，仅为 35 万人，占参加国民养老保险人数的 2.4%，资产规模 4.8 万亿日元（截至 2021 年 3 月底）。[2]

二、雇员养老保险基金

雇员养老保险基金（Employees' Pension Funds）是经厚生劳动大臣批准成立的特殊基金，这个基金替代了部分厚生养老保险（不包括价格和工资指数部分），再加上自己的补充部分养老金。缴费由雇主和雇员分担，雇主替代部分的缴费，可以在厚生养老保险缴费中抵扣（见图 9-4）。

---

[1] 于洋，刘晓梅. 日本公共养老保险 [M]. 北京：中国劳动社会保障出版社，2021：123.
[2] 日本共同基金协会数据。

2014年4月1日起，按照修订后的日本《社会养老保险法》，新的雇员养老保险基金就不再允许设立了。因此存量的雇员养老保险基金不断向待遇确定型计划转移，到2022年3月底只剩5只，参加人数约12万人，资产规模约15.0万亿日元。①

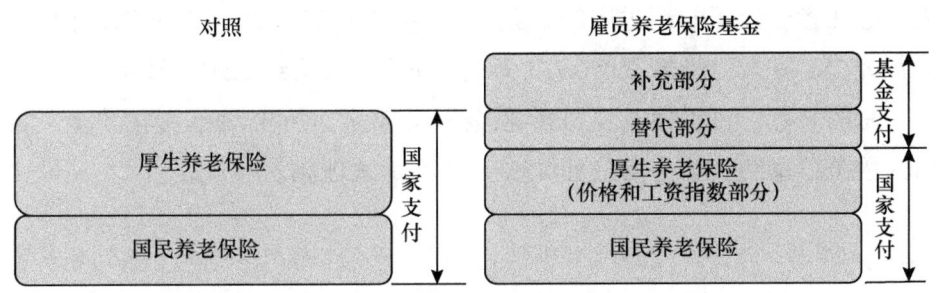

图9-4 雇员养老保险基金示意图

资料来源：日本厚生劳动省，作者整理。

三、缴费确定型计划和待遇确定型计划

缴费确定型（DC）计划和待遇确定型（DB）计划是第二支柱的主体。DB计划自2002年4月启动，又分为基金型和契约型。基金型DB计划的运营主体是独立的第三方法人机构，也是上述雇员养老保险基金转移的主要"目的地"，因此规模很大。契约型DB计划的运营主体是企业，企业承担行政管理责任，并与信托银行、寿险公司等管理机构签约，后者进行年金资产的投资管理。DB计划确定了待遇支付的水平，缴费需要根据投资收益情况调整。一般来说，预定利率每下降1%，缴费费率就要上涨20%。② DB计划的缴费可由雇主和雇员共同承担，雇主缴费全额进入成本，雇员缴费税前额度最高每年4万日元。截至2022年3月末，日本DB计划共有12 108只，覆盖930万人，总资产68.1万亿日元。退休人均每年领取70.2万日元。③

---

① 日本共同基金协会数据。
② 于洋，刘晓梅. 日本公共养老保险[M]. 北京：中国劳动社会保障出版社，2021：110.
③ 日本共同基金协会数据。

DC 计划于 2001 年 10 月启动，又分为公司型和个人型。个人型 DC 计划即个人缴费确定型养老金计划，简称 iDeCo，被分类为第三支柱个人养老金。公司型 DC 计划，个人缴费每月上限为 5.5 万日元。如果参加了 DB 计划，限额则降低到一半（2.75 万日元）。雇员的缴费不能超过雇主，且两者合计不能超过限额。到 2022 年 3 月底，日本参加 DC 计划的人数为 782 万人，管理资产 17.7 万亿日元①，人均约 227 万日元。

总的来看，日本第二支柱养老金种类较多，历史沿革变化较多，目前人数覆盖率约为第一支柱的 25%，并不是太理想。

第四节 两种个人养老金构成日本养老保险第三支柱

一、第三支柱的构成

日本养老保险第三支柱主要由个人型 DC 计划（iDeCo）和个人储蓄账户（NISA）构成。iDeCo 属于递延型税收制度（EET），2001 年与公司型 DC 计划一起推出，主要面向参加国民养老保险的人员（有一定例外条件）。2018 年还推出了 iDeCo+ 制度，让 300 人以下的中小企业雇主可以为雇员缴费。

截至 2022 年 3 月底，iDeCo 管理资产规模为 2.19 万亿日元，参加人数 238.77 万人，只占参加国民养老保险总人数的 3.5%，覆盖率偏低。人均拥有资产 91.7 万日元②，也不算高。其中参加 iDeCo+ 的中小企业数超过 5 000 家，参加人数 3.24 万人③（2022 年 9 月底数据），总数不高，但增速很快，比 2018 年 3 月底增长了 3.4~3.5 倍。

NISA 是日本的个人储蓄账户，效仿了英国的个人储蓄账户制度，英

---

① 日本共同基金协会数据。
② 日本国家养老基金联合会数据。
③ 日本国家养老基金联合会数据。

文全称是 Nippon Individual Savings Account。NISA 为投资和领取阶段免税制度（TEE），于 2014 年推出，最初面向所有 20 岁以上居民，设置缴费上限（普通 NISA）。后于 2016 年扩大至 20 岁以下的青少年（初级 NISA），2018 年增加小额累计投资免税计划（Tsumitate NISA），20 岁以上日本居民只能在普通 NISA 和 Tsumitate NISA 两者中择一参加。

截至 2022 年 3 月底，NISA 管理资产规模为 27.6 万亿日元，参加人数 1 722.6 万人[①]，人均拥有资产 160 万日元。

二、个人缴费确定型养老金的参加条件、缴费标准和领取条件

参加 iDeCo 的人员范围以是否参加国民养老保险为基础，并增加了一定的例外条件。在 2022 年相关法规修订后，参加的条件又有所放宽，旨在鼓励更多的人员参加 iDeCo。目前包括：第一类，自雇人士及其家庭成员、自由职业者和学生等（不包括农民养老金的被保险人、国民养老保险的保费豁免者）；第二类，厚生养老保险的被保险人，包括公共部门雇员和私营企业雇员等（不包括匹配了公司型 DC 计划缴费的雇员）；第三类，参加厚生养老保险雇员的被抚养人，其他自愿参加国民养老保险的人员。

从 2022 年 5 月起，参加 iDeCo 的年龄上限被放宽到 65 岁，但已经开始领取 iDeCo 养老待遇的人员以及提前领取国民养老保险的人员不能再参加 iDeCo。

iDeCo 的缴费标准区分不同人群以及是否参加了 DC 计划或 DB 计划，以保证相对的公平。

对于第一类自雇人士，缴费上限是每月 6.8 万日元（但额度与国民养老金共用）。对于第二类人员中的私营企业雇员，如果没有参加任何企业养老金计划，iDeCo 的缴费上限是每月 2.3 万日元；如果参加了 DC 计划但未匹配个人缴费，则上限降低为每月 2 万日元；如果参加了 DB 计划

---

① 日本金融厅数据。

（无论是否同时参加了 DC 计划），则上限进一步降低为每月 1.2 万日元。第二类人员中的公共部门雇员，由于已参加 DB 计划或者享受年金化退休待遇，iDeCo 缴费上限也只有每月 1.2 万日元。对于第三类人员（第二类人员的受抚养配偶），每月缴费上限为 2.3 万日元。

iDeCo+ 相当于将企业年金计划与个人养老金合并到 iDeCo，简化了中小企业建立年金计划的操作难度。iDeCo+ 仅限于未建立 DC 计划或 DB 计划以及雇员养老保险基金的中小企业，雇员人数小于 300 人，雇主可以为雇员承担 iDeCo 的缴费。雇主和雇员的缴费标准合计在每月 5 000 日元以上、2.3 万日元以下（以 1 000 日元为整数单位），雇员的缴费不能为 0 日元，雇主可以超过雇员的缴费。

iDeCo 的参加人在年满 60 岁之后即可领取，如缴费年限少于 10 年，则领取年龄有所增加。最晚领取年龄不超过 75 岁。如果是在 60 岁以后首次参加 iDeCo，则可以在加入之日起 5 年之后领取。

iDeCo 可以一次性领取，也可以选择年金化领取（领取期限为 5~20 年）。如果金融机构允许，也可以选择终身年金领取，或者采用上述方式的混合。截至 2022 年 3 月底，年金化领取的平均金额为 67.7 万日元，一次性领取的平均金额为 342.3 万日元。①

三、个人储蓄账户的参加条件和缴费标准

NISA 建立的起因之一是日本人的储蓄倾向非常严重，现金和存款类资产占家庭金融资产的比例长期在 50% 以上，2015 年末超过 900 万亿日元，这与我国很像。日本决策部门认为，如果规模庞大的家庭现金和存款转移到投资上，通过中长期较高的收益，会促使家庭金融资产增加，这无疑会增加人们的养老资金储备。同时长期资金流入资本市场，也有利于资本市场的稳定和成长。

NISA 属于 TEE 模式，按日本的法规，股票和共同基金所得股息和转让收益要缴纳 20.315% 的税。因此虽然 NISA 缴费时需要使用个人的税后

---

① 日本国民年金基金联合会数据。

收入，但投资收益免税的力度还是很明显的，这就吸引了很多日本人参加 NISA。NISA 是 2014 年开始实施的，比 iDeCo 晚了 13 年，但目前参加人数已达 1 722.6 万人，是参加 iDeCo 人数的 7 倍多。其中参加初级 NISA 的青少年也有 80 万人，人均 70 万日元。① 可以说日本做到了投资理财要从娃娃抓起。

严格来讲 NISA 并不是个人养老金，它并不是以退休为支付条件。但 NISA 可以视为广义上的个人养老金，因为 NISA 提供了一种个人储蓄从银行存款到资本市场的转换激励，每年的缴费都可享受 5 年或 20 年的投资收益免税，这无疑是一种为养老做准备的财富积累手段。

NISA 与是否参加国民养老保险无关，面向居住在日本的所有人员。20 岁以上的日本居民，可以在两种 NISA 中选择其一参加。一种是普通 NISA，每年缴费上限为 120 万日元，持续 5 年（合计本金 600 万日元），有效期为 2014—2023 年；另一种是 Tsumitate NISA，每年缴费上限为 40 万日元，持续 20 年（合计本金 800 万日元），有效期为 2018—2042 年。在限额内，每年购买共同基金获得的股息和转让收益自购买之日起 5 年或 20 年内不征税（按选择的 NISA 种类而定）。免税期结束后，将支付到 NISA 账户以外的税务账户。每年的投资额度如果没有用完，则不能结转到下一年。

对比普通 NISA 和 Tsumitate NISA（见图 9-5），可以更清晰地看出，每一年度的缴费，其后续 5 年或 20 年的投资收益都是免税的。先进先出、后进后出，要记清楚每笔所在的年份和后续年份对应的收益，不得不说对金融机构记账系统是个考验。一般来说，普通 NISA 更适合年龄较大的人士参加，每年度的缴费金额大。对年轻人士来说，更倾向于选择 Tsumitate NISA，每年的缴费额度较低（相应经济压力也较小），20 年周期可以积累更多的本金、享受更多的投资收益免税优惠。

普通 NISA 的政策到 2023 年年底就到期了，2024 年将转变为新的两层 NISA 架构：对于居住在日本的 18 岁以上的人（之前是 20 岁以上，标准降低是因为日本成年年龄标准降低了），第一层是从投资特定共同基金中

---

① 日本金融厅数据。

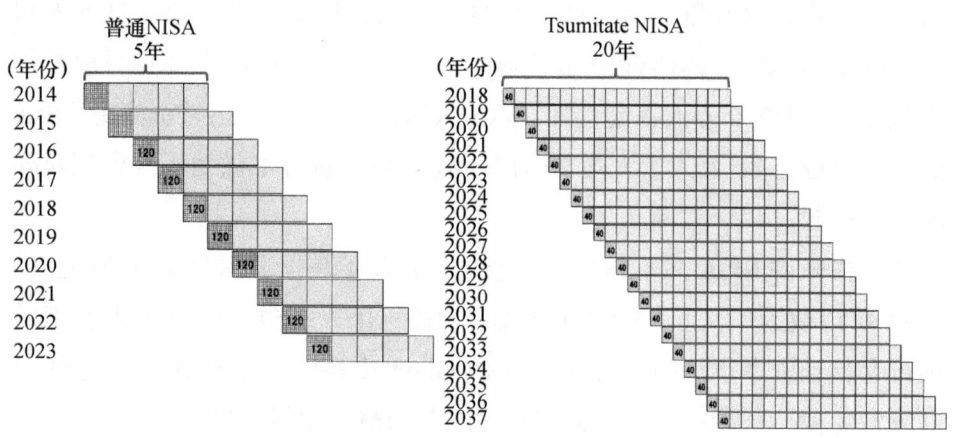

图 9-5　普通 NISA 和 Tsumitate NISA 示意图

资料来源：日本金融厅。

获得的股息和转让收益，免税额度每年上限为 20 万日元（2024—2028 年共 100 万日元）；第二层是从投资股票和共同基金中获得的股息和转让收益，免税额度每年上限为 102 万日元（2024—2028 年共 510 万日元）。

2016 年 1 月，面向 0~19 岁的"未成年人小额投资免税计划"（初级 NISA）启动。初级 NISA 的购买限额为每年 80 万日元。当年未使用的免税投资额度，不得结转到下一年或以后。随着日本成年年龄标准的降低，到 2023 年，初级 NISA 的对象就缩小到 0~17 岁的人。

第五节　参加个人缴费确定型养老金人员的情况

一、个人缴费确定型养老金的参加人数和缴费金额

截至 2022 年 3 月底，iDeCo 参加人数为 238.77 万人，比 2011 年增长了 18 倍。但 2001 年 iDeCo 推出之后直至 2016 年，参加人数都比较有限，到 2016 年 3 月才达到 25.86 万人。主要的增长发生在 2017 年之后，6 年间增

长了8倍多。原因在于2017年开始允许公务员和家庭主妇参加iDeCo，这使得任何年龄低于60岁的日本公民都有资格参加iDeCo（见图9-6）。

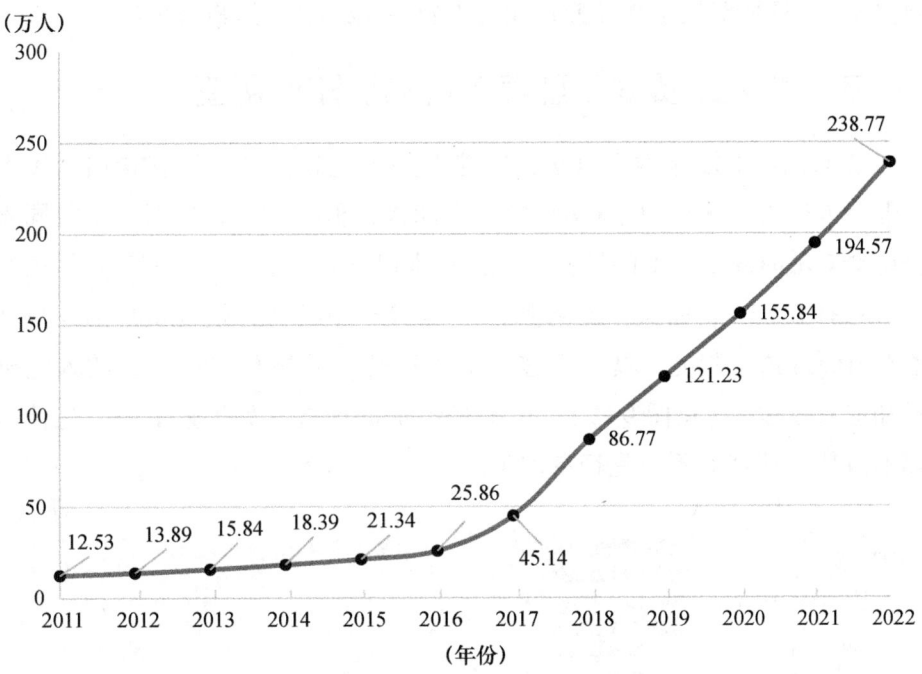

图9-6　iDeCo历年参加人数

资料来源：日本国民年金基金联合会。

注：所有数据均为当年3月底的统计数据。

近几年iDeCo参加人数快速增长的原因，一是无第二支柱养老金计划的企业，其雇员参加iDeCo的数量较多，每年均占新增人数的一半左右；另外有第二支柱养老金计划的企业，也有部分雇员参加iDeCo（缴费金额降低），还有部分自雇人士也参加了iDeCo。二是iDeCo吸引了年轻雇员和女性参加。从2017年3月到2021年3月，40岁以下的参加人员增长率明显高于40岁以上人员，占比从24%增加到28.6%；女性增长率明显高于男性增长率，占比从31.4%增加到40.5%[①]。

iDeCo参加人员的实际缴费金额并不高，每年约15万~18万日元。

---

① 日本国家养老基金联合会数据。

iDeCo 采用月缴方式的占 97% 以上，其中每月缴费不足 1 万日元的占 16.7%，缴费 1 万~1.5 万日元的占 41.7%，缴费 2 万~2.5 万日元的占 34.4%。① 月缴费低于 2.5 万日元的人数占 92.8%，是绝对多数。

二、个人缴费确定型养老金的认知度调查

iDeCo 自 2001 年推出以来，覆盖率并不理想，目前只有参加国民养老保险人数的 3.5%。低覆盖率的一个原因是低认知度。根据日本共同基金协会对 iDeCo 认知度的抽样调查，日本民众知道 iDeCo 制度和具体内容的，只有 25.4%，而这一比例在 2019 年只有 16.7%。超过 40% 的人只知道有 iDeCo 这个制度，具体内容却不太清楚。另外有 30% 以上的人完全不知道有 iDeCo（见图 9-7）。认知是参加的前提，如果连 iDeCo 是什么都不清楚，那就谈不上是否参加了。

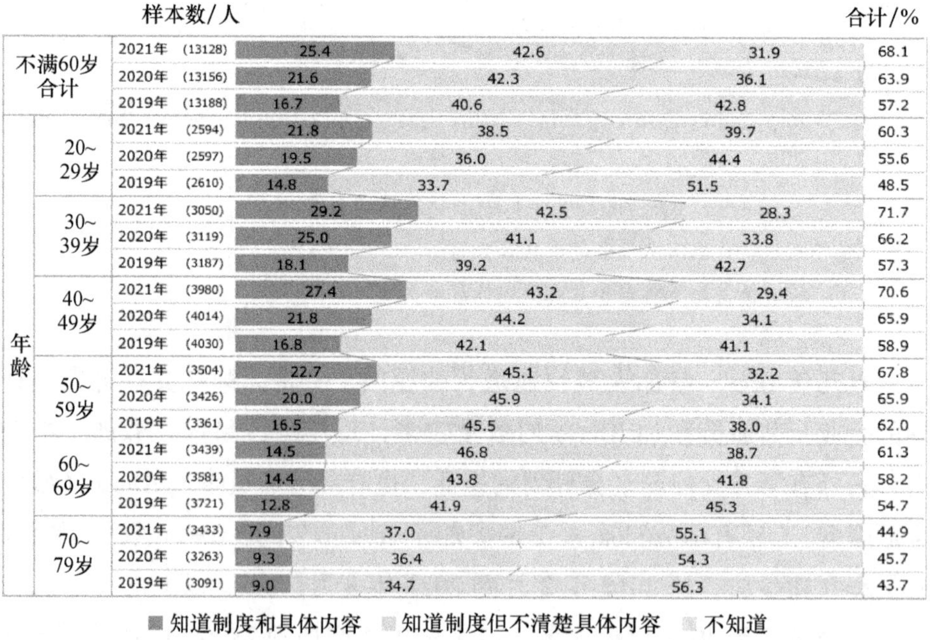

年龄		年份	样本数/人	知道制度和具体内容	知道制度但不清楚具体内容	不知道	合计/%
不满60岁合计		2021年	13128	25.4	42.6	31.9	68.1
		2020年	13156	21.6	42.3	36.1	63.9
		2019年	13188	16.7	40.6	42.8	57.2
	20~29岁	2021年	2594	21.8	38.5	39.7	60.3
		2020年	2597	19.5	36.0	44.4	55.6
		2019年	2610	14.8	33.7	51.5	48.5
	30~39岁	2021年	3050	29.2	42.5	28.3	71.7
		2020年	3119	25.0	41.1	33.8	66.2
		2019年	3187	18.1	39.2	42.7	57.3
	40~49岁	2021年	3980	27.4	43.2	29.4	70.6
		2020年	4014	21.8	44.2	34.1	65.9
		2019年	4030	16.8	42.1	41.1	58.9
	50~59岁	2021年	3504	22.7	45.1	32.2	67.8
		2020年	3426	20.0	45.9	34.1	65.9
		2019年	3361	16.5	45.5	38.0	62.0
	60~69岁	2021年	3439	14.5	46.8	38.7	61.3
		2020年	3581	14.4	43.8	41.8	58.2
		2019年	3721	12.8	41.9	45.3	54.7
	70~79岁	2021年	3433	7.9	37.0	55.1	44.9
		2020年	3263	9.3	36.4	54.3	45.7
		2019年	3091	9.0	34.7	56.3	43.7

图 9-7 iDeCo 认知度调查

资料来源：日本共同基金协会，2021 年度共同基金问卷调查。

---

① 日本国家养老基金联合会数据。

另外，不同性别和家庭收入的人对 iDeCo 的认知也各不相同。总体来看，女性对 iDeCo 的认知更弱，可能与其家庭主妇的定位有关；而家庭年收入越高，对 iDeCo 的认知比例越高（见图 9-8）。因此对中低收入群体如何普及个人养老金的制度和知识，也是一个重要课题。

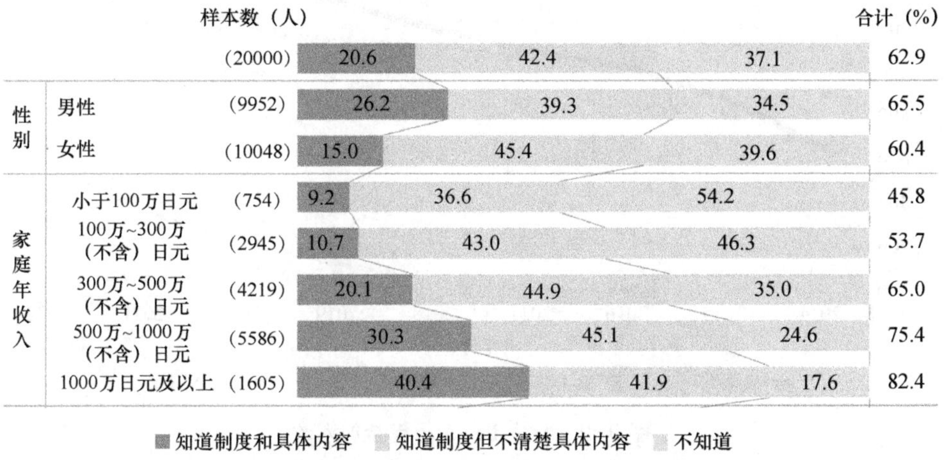

		样本数（人）	知道制度和具体内容	知道制度但不清楚具体内容	不知道	合计（%）
		(20000)	20.6	42.4	37.1	62.9
性别	男性	(9952)	26.2	39.3	34.5	65.5
	女性	(10048)	15.0	45.4	39.6	60.4
家庭年收入	小于100万日元	(754)	9.2	36.6	54.2	45.8
	100万~300万（不含）日元	(2945)	10.7	43.0	46.3	53.7
	300万~500万（不含）日元	(4219)	20.1	44.9	35.0	65.0
	500万~1000万（不含）日元	(5586)	30.3	45.1	24.6	75.4
	1000万日元及以上	(1605)	40.4	41.9	17.6	82.4

图 9-8　不同性别和家庭收入人群对 iDeCo 的认知度调查

资料来源：日本共同基金协会，2021 年度共同基金问卷调查。

第六节　参加个人储蓄账户人员的情况

一、个人储蓄账户的参加人数

NISA 于 2014 年 1 月 1 日推出，推出时即有 475 万人参加，到第一个财政年度统计节点（每年 3 月底），3 个月内增加了 175 万人，达到 650 万人，应该说 NISA 非常受欢迎，后续参加人数始终保持平稳增长。2016 年引入初级 NISA 时，就有近 8 万名 20 岁以下人员参加，到 2022 年 3 月底增加了 9 倍，达到 80 万人。2018 年引入 Tsumitate NISA，当年就有 50 万人参加，到 2022 年 3 月底增加了将近 11 倍，达到 587 万人（见图 9-9）。

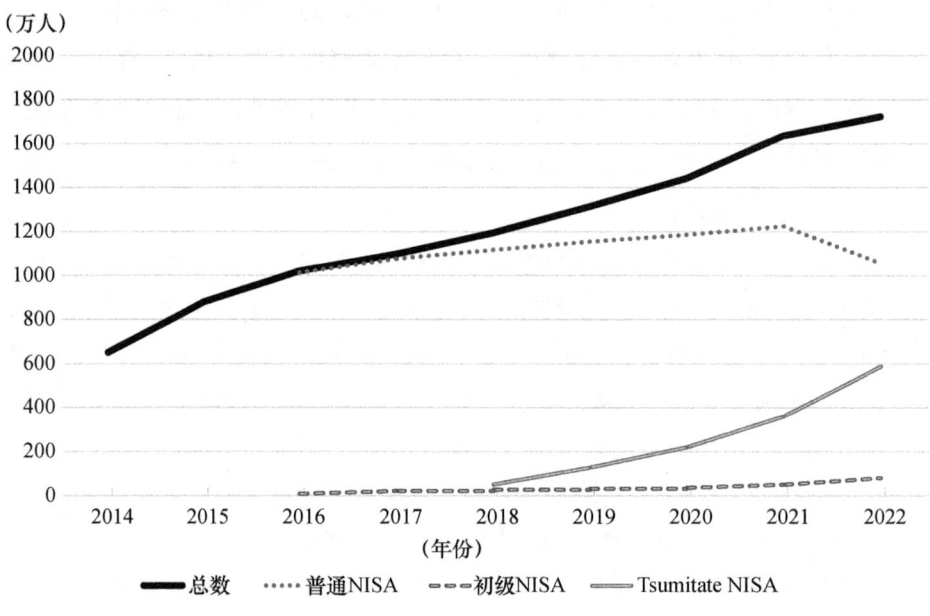

图 9-9 日本 NISA 历年参加人数

资料来源：日本共同基金协会。

注：所有数据均为当年 3 月底统计数据。

需要注意的是，由于普通 NISA 和 Tsumitate NISA 只能二选一，因此 Tsumitate NISA 对普通 NISA 形成了替代效应。2022 年参加普通 NISA 人数有所下降，推测是一些参加普通 NISA 的人员转换到了 Tsumitate NISA，在一定程度上可以说明 Tsumitate NISA 长达 20 年的小额投资免税优惠更吸引人。

二、不同年龄人群参加个人储蓄账户的情况

对参加普通 NISA 和 Tsumitate NISA 的人群进一步细分。不同年龄段参加普通 NISA 人群的比例自 2014 年之后无显著变化；60~70 岁年龄段的人群参加普通 NISA 的比例有所下降，但 2020 年以来保持稳定；80 岁以上人群的比例有小幅上升（见图 9-10）。

参加 Tsumitate NISA 的人群，20~30 岁和 30~40 岁年龄段的人群比例在逐步上升，其他年龄段的人群比例在逐步下降（见图 9-11）。因为 Tsumitate NISA 每笔缴费都有 20 年的投资免税期，每年有 40 万日元的缴

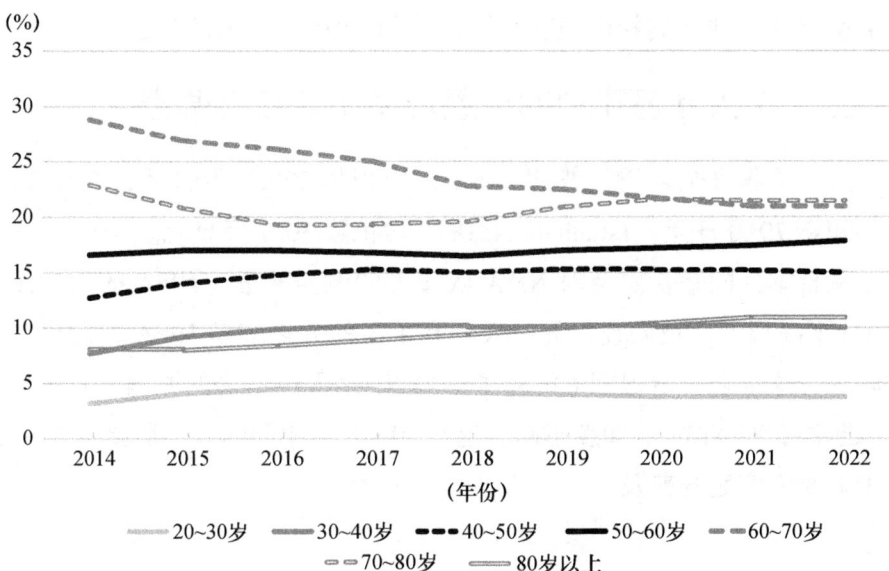

图 9-10　日本不同年龄人群参加普通 NISA 的比例变化

资料来源：日本共同基金协会。

注：所有数据均为当年 3 月底统计数据。

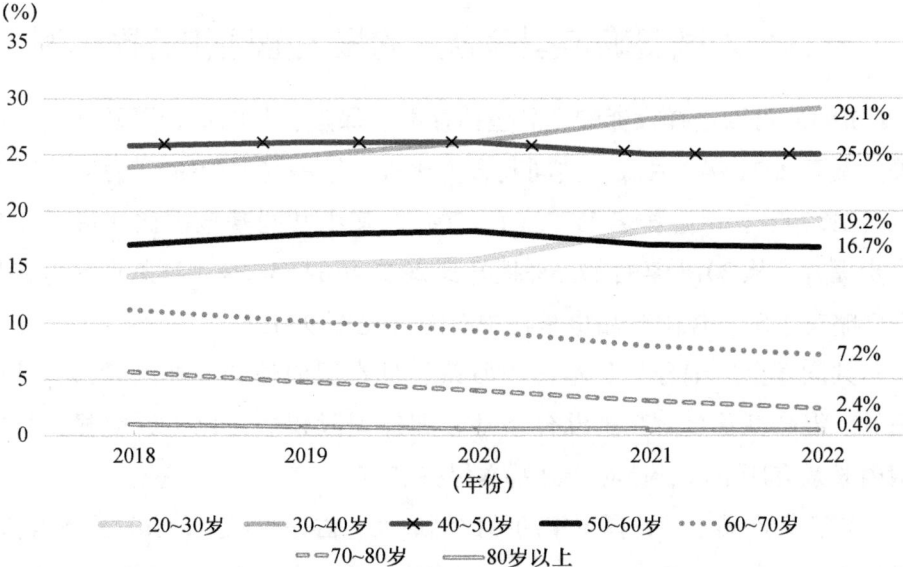

图 9-11　日本不同年龄人群参加 Tsumitate NISA 的比例变化

资料来源：日本共同基金协会。

注：所有数据均为当年 3 月底统计数据。

费额度（与其他计划相比额度偏低），因此更受年轻人的欢迎。

三、个人储蓄账户的积累规模和认知度调查

从人均积累金额看，普通 NISA 人均积累 239.3 万日元，初级 NISA 人均积累 70 万日元，Tsumitate NISA 人均积累 30.7 万日元。

从日本共同基金协会对 NISA 认知度的调查来看，NISA 的认知度比 iDeCo 要高很多，被调查人群中大约有 1/3 的人都知道 NISA 的制度和具体内容，这也在一定程度上解释了参加 NISA 人员更多的原因。且家庭年收入越高，对 NISA 认知度越高，这与 iDeCo 是相同的，仍需要重视 NISA 对中低收入家庭的普及。

第七节　个人缴费确定型养老金的投资选择

一、个人缴费确定型养老金的投资范围和选择比例

iDeCo 可以选择投资的产品包括存款、保险、共同基金以及黄金商品等。截至 2021 年 3 月底，共同基金占比排名第一（53.7%），存款排名第二（31.7%），保险排名第三（13.2%）。其中共同基金占比在最近 4 年稳步提升，从 2018 年的 47.5% 提升到 2021 年的 53.7%；存款产品保持稳定，略有下降；保险产品也是稳中有降（见图 9-12）。

共同基金还细分为日本国内股票、日本国内债券、外国股票、外国债券、混合型基金。其中混合型基金和外国股票的占比上升明显，日本国内股票有所下降，债券产品基本保持稳定。

在存款产品中，选择 1 年期的比例最大，占一半以上；其次是 5 年期，超过 1/3 的占比；选择 3 年期的占比在 8% 左右。选择 10 年期的非常少，不足 3%。在保险产品中，5 年期的占 55.7%，10 年期的占 43.4%。[①]

[①] 日本国家养老基金联合会数据。

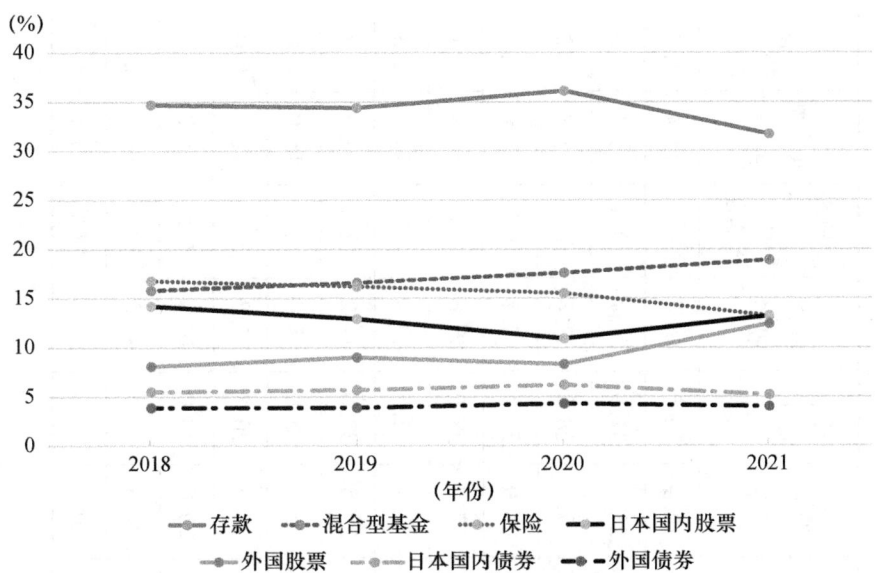

图 9-12　iDeCo 选择的大类产品比例
资料来源：日本国家养老基金联合会，固定缴费养老金统计材料。
注：所有数据均为当年 3 月底统计数据。

二、个人缴费确定型养老金参加人员特征调查

根据日本共同基金协会 2021 年度的抽样调查（见表 9-1），在参加 iDeCo 的人员中，男性配置共同基金产品的比例比女性更高一些（分别为 78.9% 和 62.7%）。在不同年龄组中，20~30 岁组选择存款和保险产品的比例明显高于其他年龄组，这与美国的情况有点类似。原因可能是年轻人刚参加工作，资金量偏少，更希望保护本金安全。随着年龄的上升，配置共同基金的比例逐步增加。

在不同家庭收入组中，年收入小于 100 万日元的低收入家庭，也明显偏好存款和保险产品，体现出他们承受风险的能力较弱。中高收入家庭组，配置共同基金的比例有所上升。但年收入超过 1 000 万日元的家庭，配置共同基金的比例却有所下降，其中日本国内股票和国外股票、房地产信托投资基金的配置比例在上升，存款比例保持稳定，体现了该类群体在均衡配置的基础上，通过更大比例的股票投资挖掘长期资产增值空间的思路。

表 9-1 不同性别、年龄和家庭收入人群选择 iDeCo 大类产品的情况 %

	分类	样本数/个	存款	保险产品	共同基金合计	日本国内债券	外国债券	日本国内股票	外国股票	房地产信托投资基金	混合型基金	其他
	整体情况	—	23.5	4.7	73.2	18.0	19.9	30.5	46.8	9.0	13.4	2.7
性别	男性	(904)	22.8	4.9	78.9	19.9	21.2	31.9	51.7	10.4	13.5	3.0
	女性	(490)	24.9	4.3	62.7	14.5	17.3	28.0	37.8	6.3	13.3	2.2
年龄	20~29岁	(189)	31.2	11.1	69.3	22.8	25.9	26.5	40.2	9.5	9.5	2.1
	30~39岁	(368)	20.7	4.6	72.6	16.3	17.7	28.0	48.6	5.7	10.3	4.1
	40~49岁	(473)	19.7	3.6	74.0	16.1	17.1	32.1	49.9	8.9	14.4	2.3
	50~59岁	(364)	27.5	2.7	74.7	19.8	22.5	33.0	44.2	12.1	17.3	2.2
家庭年收入	<100万日元	(20)	35.0	15.0	55.0	20.0	25.0	15.0	15.0	5.0	15.0	0.0
	100万~300万（不含）日元	(77)	35.1	7.8	62.3	15.6	10.4	20.8	33.8	5.2	11.7	0.0
	300万~500万（不含）日元	(260)	19.6	3.5	77.7	16.5	20.0	30.0	48.8	6.5	11.2	1.2
	500万~1000万（不含）日元	(619)	23.9	4.8	76.6	19.7	21.8	32.3	48.5	9.0	14.1	2.6
	≥1000万日元	(268)	22.8	4.9	73.9	17.2	20.5	33.6	54.5	14.6	13.1	5.6

资料来源：日本共同基金协会，2021年度共同基金问卷调查。

三、个人缴费确定型养老金各类产品的投资收益

iDeCo 各大类投资产品过去 5 年的累计投资收益如图 9-13 所示。

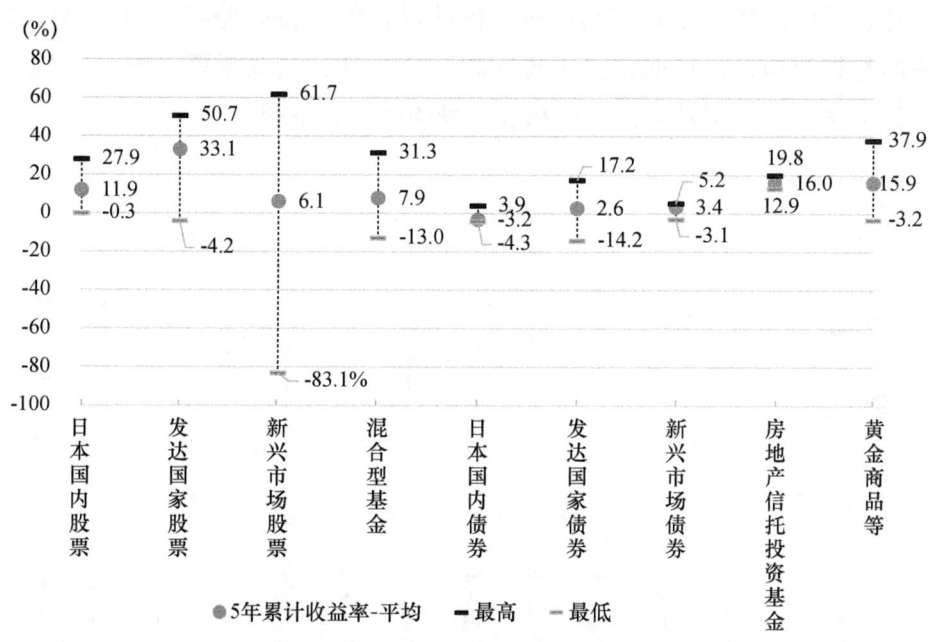

图 9-13　iDeCo 投资产品过去 5 年累计收益表现（截至 2022 年 10 月 31 日）

资料来源：日本缴费确定养老金教育协会，作者制图。

从平均值来看，发达国家股票基金的收益率最高，为 33.1%，简单平均计算，每年收益率超过 6.6%，所以外国股票基金的占比也在提高。房地产信托投资基金和黄金商品的收益次之，平均每年超过 3%，但实际选择这两类产品的人数比例很低，可能源于对这两类产品的不了解。

股票型基金的收益波动区间明显大于其他类别产品，尤其是新兴市场股票基金，平均值 6.1% 虽然低了一些，但其最高值却是最高的，达 61.7%，平均每年超过 12%（这个是投资于印度市场的股票基金），而最低的是投资于俄罗斯的股票基金，过去 5 年下跌了 83.1%。

投资于债券的基金，也不是均能保本。日本国内债券基金平均收益为负值（5 年累计平均 -3.2%），发达国家债券和新兴市场债券基金平均

收益为正值，但也有不少基金收益为负。

另外一个现象是，对于股票型和混合型基金投资，被动投资收益率往往超过主动投资收益率（见图9-14）。尤其是新兴市场的股票投资，收益差异的主要来源是主动投资，被动投资的收益率差异很小。因此如果既想投资新兴市场股票又不想大幅亏损的话，被动投资不失为一种可取的方法。债券型基金，主动和被动投资的差异不明显。

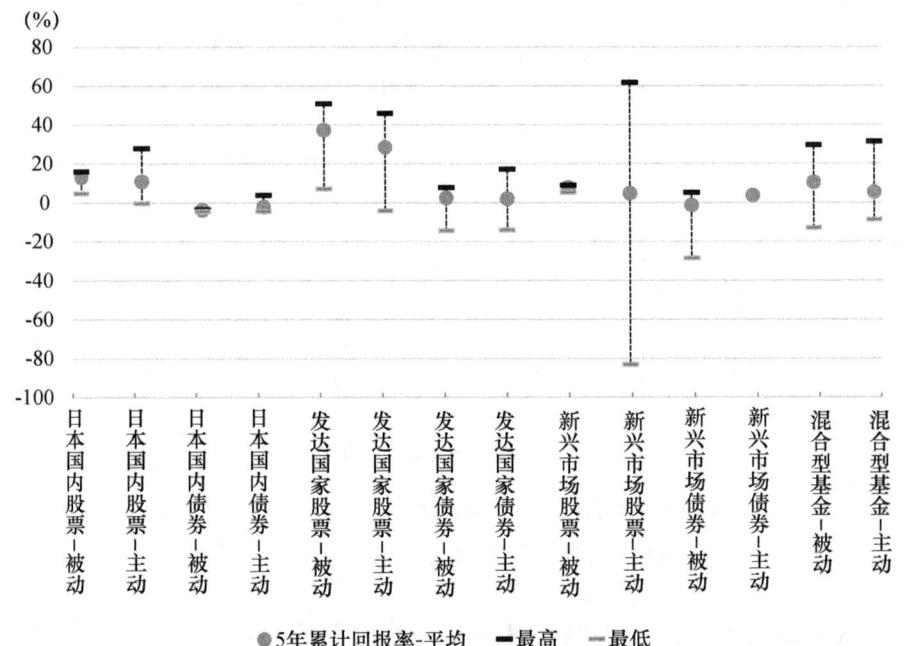

图9-14 iDeCo过去5年主动和被动产品累计收益表现
（截至2022年10月31日）

资料来源：日本缴费确定养老金教育协会，作者制图。

iDeCo存款的利息收益较低，日本某银行iDeCo存款报价见表9-2。可以看到，无论是1年、3年还是5年期存款利率都非常低，基本接近0。所以对于日本iDeCo持有人而言，选择存款最大的意义就在于能够保证本金安全。

iDeCo保险产品的保证利率也接近0，见表9-3。

表 9-2　　　　　　iDeCo 存款利率示例　　　　　　　　%

1 年期		3 年期		5 年期	
生效日期	适用利率	生效日期	适用利率	生效日期	适用利率
2020/04/06	0.002	2020/04/06	0.002	2020/04/06	0.002
2016/02/29	0.01	2016/02/29	0.01	2016/02/29	0.01
2011/08/15	0.025	2016/02/08	0.025	2016/02/08	0.025
2010/10/12	0.03	2012/07/09	0.03	2012/07/09	0.04
2010/09/06	0.04	2012/05/07	0.04	2012/05/07	0.05
		2011/08/15	0.05	2011/08/15	0.06
		2010/10/12	0.06	2011/05/02	0.08
		2010/08/09	0.08	2011/02/21	0.12
		2010/07/05	0.1	2010/10/12	0.08
				2010/08/09	0.12
				2010/07/05	0.16

资料来源：日本某银行。

表 9-3　　　iDeCo 保险产品的保证利率示例　　　　%

利率保证养老金（5 年）		利率保证养老金（20 年）	
生效年月	保证利率	生效年月	保证利率
2022 年 11 月	0.087	2022 年 11 月	0.45
2022 年 1 月	0.003	2022 年 1 月	0.15
2021 年 1 月	0.003	2021 年 1 月	0.12
2020 年 1 月	0.003	2020 年 1 月	0.1
2019 年 1 月	0.003	2019 年 1 月	0.17

续表

利率保证养老金（5年）		利率保证养老金（20年）	
2018年1月	0.02	2018年1月	0.18
2017年1月	0.02	2017年1月	0.17
2016年1月	0.06	2016年1月	0.34
2015年1月	0.04	2015年1月	0.39
2014年1月	0.3		
2013年1月	0.18		

资料来源：日本某银行。

第八节 个人储蓄账户的投资选择

普通 NISA 可以投资的产品包括上市股票、共同基金、ETF 和房地产信托投资基金；初级 NISA 的可投资范围与之相同；Tsumitate NISA 投资的品种主要包括共同基金和 ETF。

一、普通个人储蓄账户的投资选择

普通 NISA 选择的投资产品主要是共同基金和上市股票，ETF 比例刚超过 2%，房地产信托投资基金比例不足 1%，可忽略。直接投资上市股票的比例自 2015 年以来持续上升，增加了 10 个百分点，而投资共同基金的比例相应下降，但仍超过一半（54.5%），是最主要的投资品种（见图 9-15）。

二、初级个人储蓄账户的投资选择

初级 NISA 的产品选择与普通 NISA 有所不同。初级 NISA 主要由未成年人的父母或长辈来进行投资，选择共同基金的比例持续上升，已达到 2/3，投资上市股票的比例在下降（27.3%），ETF 占比达 4.4%，比普通 NISA 高一些（见图 9-16）。

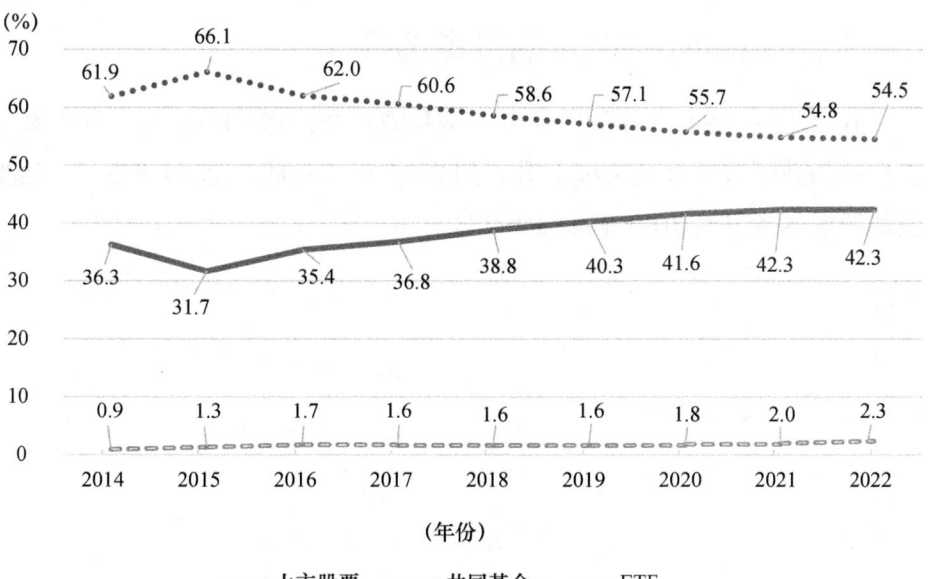

图 9-15 普通 NISA 选择产品的比例
资料来源：日本金融厅，作者制图。
注：所有数据均为当年 3 月底统计数据。

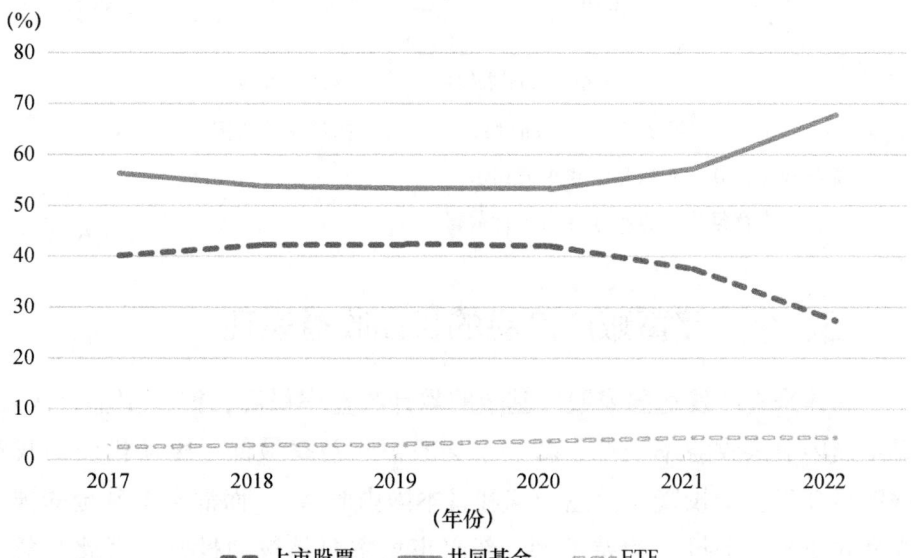

图 9-16 初级 NISA 选择产品的比例
资料来源：日本金融厅，作者制图。
注：所有数据均为当年 3 月底统计数据。

三、Tsumitate NISA 的投资选择

Tsumitate NISA 选择的产品主要是共同基金，达 95% 左右。其中被动投资的指数型共同基金持续上升，到 2022 年 3 月底已达 84.8%，主动投资的股票基金只有 10%（见图 9-17）。

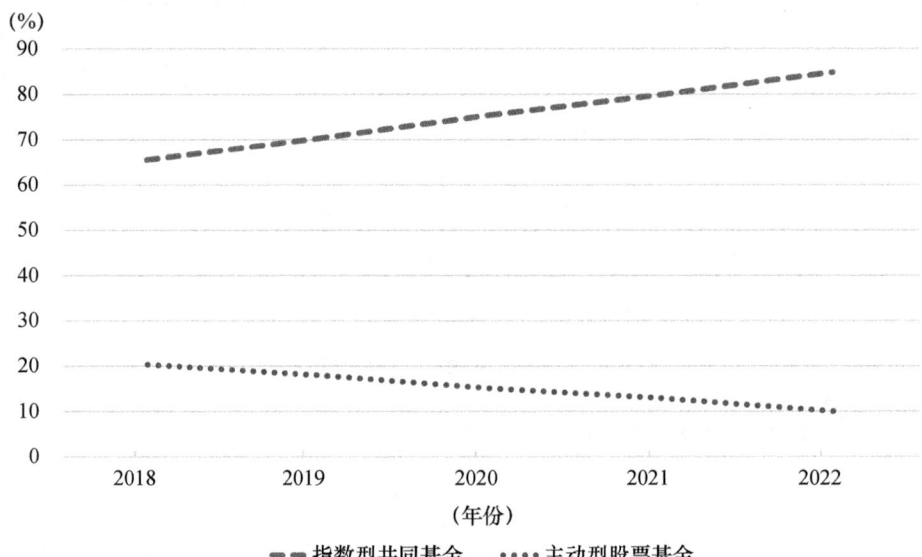

图 9-17　Tsumitate NISA 选择产品的比例

资料来源：日本金融厅，作者制图。

注：所有数据均为当年 3 月底统计数据。

四、个人储蓄账户产品的长期收益表现

总体来看，发达国家股票基金的累计收益率最高，混合型基金次之，日本国内股票收益率较低，新兴市场股票收益率最低；被动投资的收益率明显高于主动投资（发达国家和日本国内股票），而混合型基金的被动投资收益与主动投资相差不大。新兴市场主要是被动投资，因此收益上下波动区间不大，可以认为这是一种避免新兴市场极端波动的合理的投资方法。NISA 股票投资产品过去 5 年累计收益表现如图 9-18 所示。

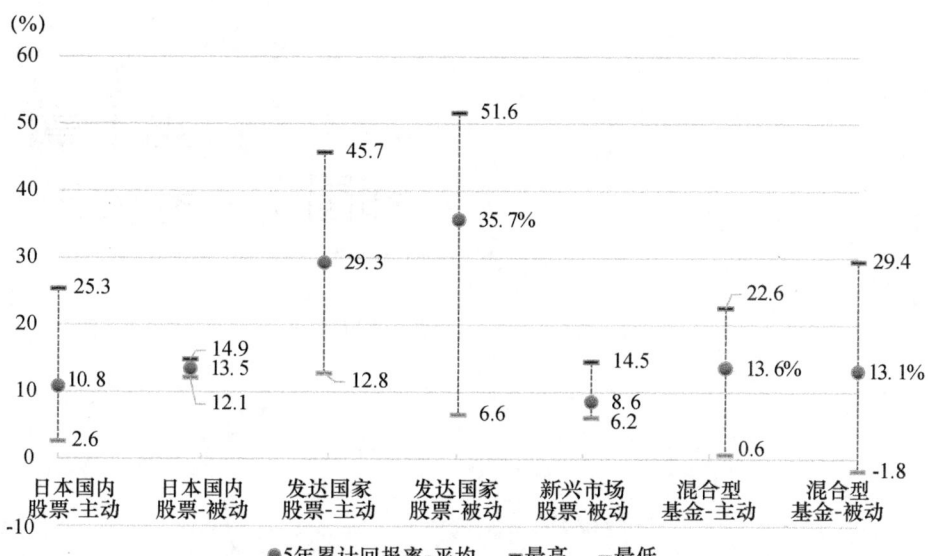

图 9-18　NISA 股票投资产品过去 5 年累计收益表现（截至 2022 年 9 月 30 日）

资料来源：日本缴费确定养老金教育协会，作者制图。

总体而言，日本的第三支柱个人养老金并不成功。日本推出个人养老金的时机偏晚，在个人养老金起步的 2001 年，日本早已进入深度老龄化社会。目前日本参加 iDeCo 的人数不足 250 万人，只占参加日本国民养老保险人数的 3.5%。积累资产规模小，总量只有 2 万多亿日元，折合人均 4 万~5 万元人民币，这对于日本的生活水平而言，实在是杯水车薪。日本在 2014 年推出的 NISA，可以视为个人养老金的有益补充，人均积累金额折合人民币为 7 万~8 万元。

目前日本的退休养老仍然严重依赖第一支柱，第二支柱覆盖率也只有 25%。所以日本总体养老保障水平是较低的。如何在深度老龄化背景下建立健全养老保险第三支柱，日本显然还需要不断探索。

第十章
韩国个人养老金

第一节 韩国已进入深度老龄化社会

一、韩国在 2018 年进入深度老龄化社会

2000 年韩国 65 岁及以上人口占全部人口比例超过 7%，进入了老龄化社会。之后的老龄化速度有加速趋势，连续超越了世界平均水平和中高收入国家平均水平。到 2018 年开始进入深度老龄化社会，之后该比例仍快速上升。到 2021 年年底，该比例为 16.57%，已经很接近经合组织国家平均水平，远高于中高收入国家老龄化水平。韩国老龄化程度的快速上升，给养老保险体系带来了沉重的压力（见图 10-1）。

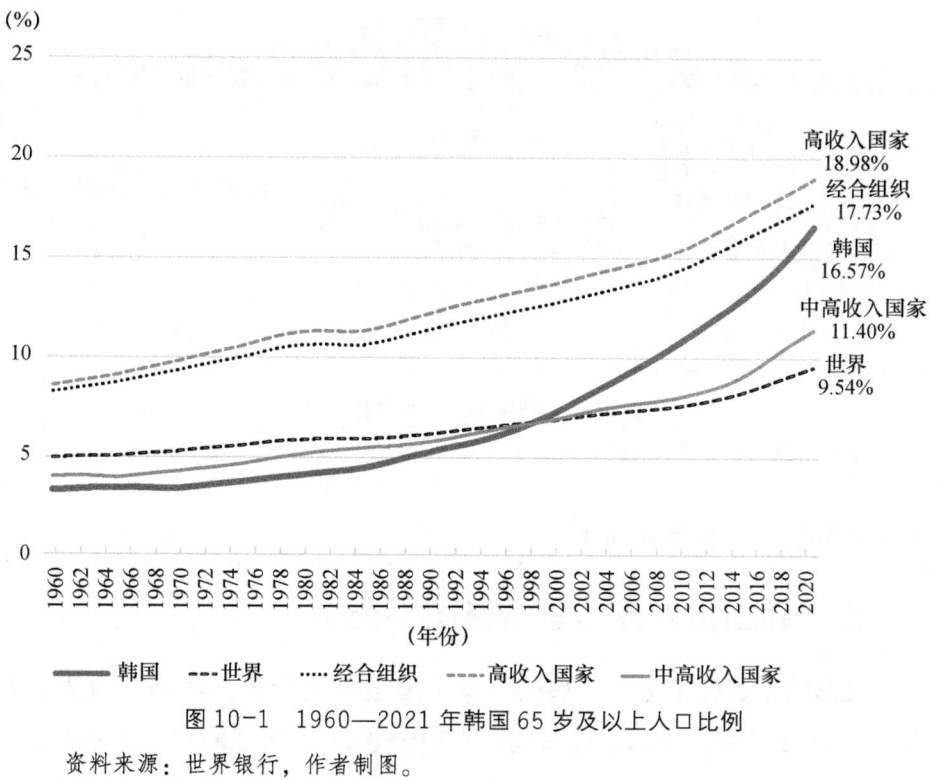

图 10-1　1960—2021 年韩国 65 岁及以上人口比例

资料来源：世界银行，作者制图。

二、韩国已建立三支柱养老保险体系

韩国三支柱养老保险体系第一支柱为国民养老金（National Pension Schemes，NPS）以及为公务员、军人和私立学校教师提供的专门养老金。此外，在 2014 年还增加了基本养老金（Basic Pension）。第二支柱为退休养老金计划（Retirement Pension Schemes，RPS），包括待遇确定型（DB）计划和缴费确定型（DC）计划，还允许雇员自愿追加缴费，设立个人退休养老金计划（Individual Retirement Plan，IRP），缴费额度与个人养老金共用。第三支柱个人养老金计划（Personal Pension Schemes，PPS），早在 1994 年就开始实施，包括积累型产品和保险型产品（见图 10-2）。

韩国国民养老金替代率一直在下降。以 40 年缴费年限的标准人员为例，在 1986 年养老金替代率高达 70%，到 2008 年下降到 50%，未来到

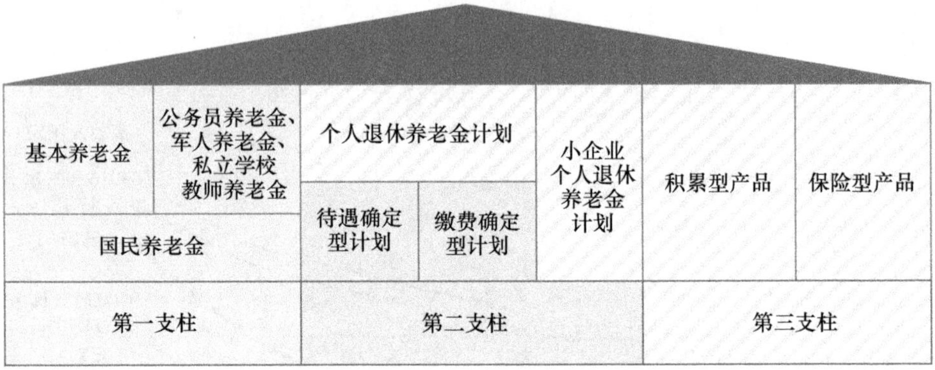

图 10-2　韩国三支柱养老保险体系

资料来源：作者根据相关资料整理。

2028 年还要进一步下降到 40%。

三、韩国私人养老金储备尚不充足

根据韩国统计厅每年一次的居民家庭金融资产和生活条件调查，截至 2022 年 3 月底，韩国居民家庭资产中位数为 5.48 亿韩元，主要由不动产构成，占比达 77.9%，金融资产只占 22.1%，中位数为 1.2 亿韩元。金融资产的主要构成是银行储蓄，占金融资产的 83.5%，股票次之，私人养老金在家庭金融资产中占比非常低（见表 10-1）。

表 10-1　韩国居民家庭金融资产和生活条件调查　　　　%

年份	2019 年	2020 年	2021 年	2022 年
金融资产占比	25.5	23.6	22.5	22.1
其中：储蓄	91.5	89.5	83.2	83.5
股票	4.4	6.2	13.0	13.3
私人养老金	2.5	2.5	2.4	1.9
不动产占比	75.5	76.4	77.5	77.9

资料来源：韩国统计厅，家庭金融资产和生活条件调查 2022。

四、韩国老年人相对贫困率较高

截至 2022 年 3 月底,韩国家庭户主的实际退休年龄为 62.9 岁。对于户主及其配偶的晚年生活,只有 8.7% 的户主表示已为晚年生活做好准备,52.6% 的户主表示他们没有为晚年生活做好准备。对于户主退休生活的开支,只有 10.3% 的户主表示生活费用足够,57.2% 的户主表示生活费用不足。韩国人口的相对贫困率,65 岁及以上老年人的相对贫困率为 39.3%,明显高于所有人口的相对贫困率(15.1%)。当然,我们也可以看到人口相对贫困率①也在逐年下降(见图 10-3)。

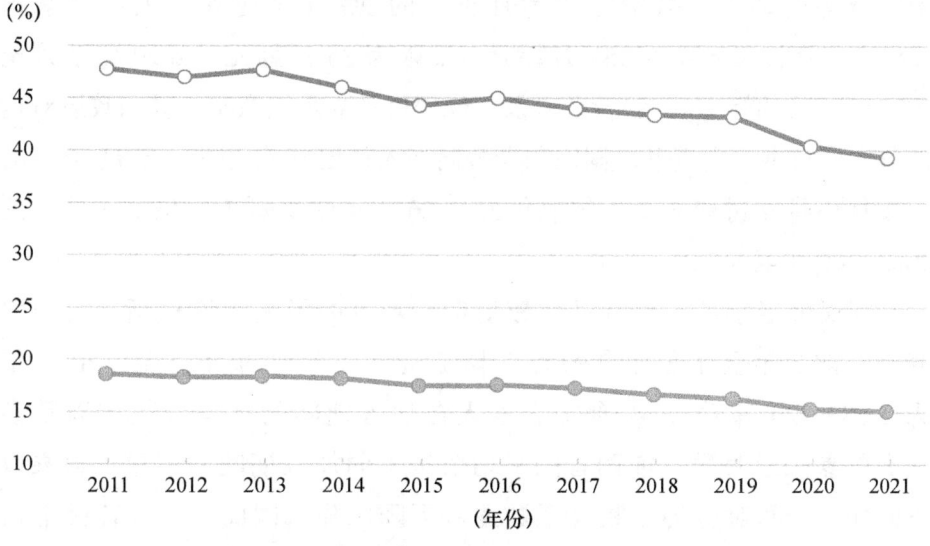

图 10-3 韩国人口相对贫困率

资料来源:韩国统计厅,家庭金融资产和生活条件调查 2022。

---

① 人口相对贫困率即可支配收入低于中位数的人口比例。

第二节　缓解老年贫困的养老保险第一支柱

我们把国民养老金、基本养老金以及面向公务员、军人和私立学校教师的养老金（特殊职业养老金）都归类为养老保险第一支柱。

一、国民养老金

国民养老金于1988年开始实施，是缴费积累型的基金，覆盖18~60岁的全部劳动者。缴费比例为月收入的9%（企业和个人各自承担4.5%），月收入上限为553万韩元，下限为35万韩元（2022年7月至2023年6月的标准）。私营业者及其他居民独立承担缴费，韩国政府对这部分人群提供一定资助。国民养老金向加入计划10年以上、超过60岁的人按月终身支付养老金。领取年龄自2013年起每隔5年增加1岁，到2033年增加至65岁。

国民养老金的支付标准比较复杂，基本的影响因素包括：①领取养老金前3年全体参加者的月平均工资（每年计算并公布，2022年为2 681 724韩元）；②参加者本人在加入期间的平均月收入以及参加者的参加总月数。前两者的平均值按不同加入期间的权重，再乘以不同加入期间对应的系数（系数逐步下降以降低国民养老金替代率），再进行累加。加入的总月数包括实际缴费的月数，还包括服兵役、分娩（生育2个孩子以上有12~50个月）和失业期间的认定月数，不需要实际缴费。

截至2022年年底，韩国约有2 234.7万人参加了国民养老金，积累金额达到948.7万亿韩元。领取养老金人数为520.2万人，平均每月领取金额为52.7万韩元，领取金额最集中的区间为20万~40万韩元，占所有领取人数的43.4%。1988—2021年国民养老金年平均收益率为6.76%[1]，

---

[1] 韩国国民年金公团数据。

还是比较理想的。

二、特殊职业养老金

特殊职业养老金包括公务员、军人及私立学校教师养老金。公务员缴费比例为18%（2020年及以后标准，国家和个人各承担9%）；军人缴费率为国家和个人分别承担7%；私立学校教师缴费率为国家和个人分别承担8%。由于特殊职业群体的缴费比率和替代率水平均高于普通国民养老金参加者，这部分人员不再参加第二支柱的退休养老金。

三、基本养老金

基本养老金面向65岁及以上的老年人，根据家庭收入调查，对家庭年收入（含折算收入）不足288万韩元（单人家庭为180万韩元，2022年标准）的老年人，每月最高可领取30.75万韩元的养老金补助，夫妻家庭每月最高可领取49.2万韩元。基本养老金可达领取者收入的70%，这在一定程度上缓解了老年人贫困的现象。[①]

公务员、军人、私立学校教师、邮政养老金领取者及其配偶原则上不能再享受基本养老金。

第三节 起步较晚的养老保险第二支柱

一、企业退休金制度沿革

韩国的企业退休金制度早在1953年就开始实施，1961年开始对30人以上的企业强制实施，到2010年，退休金制度的实施范围进一步扩展到4人以下的企业。但当时的退休金制度主要体现为"遣散费"形式，在雇员退休或离职时支付。但随着终身雇佣的概念逐渐消失，雇员领取

---

① 韩国卫生福利部数据。

遣散费时大都没有达到退休年龄,因此遣散费形式的退休金制度已经不能适应养老保障需求。因此韩国于 2005 年 12 月 1 日推出了《雇员退休收入保障法》,退休养老金计划作为养老保险第二支柱正式启动。

二、退休养老金计划

退休养老金计划是劳资双方协议自主推行的制度,具有非强制性。因此企业的"遣散费"不一定都转为退休养老金计划,亦可维持原状。退休养老金计划主要分为两种类型:待遇确定型(DB)计划和缴费确定型(DC)计划。其中,DB 计划中雇员的退休待遇预先确定,雇主的投入需要根据投资运作的结果而改变,收益及风险由雇主承担;DC 计划中雇主的投入资金固定,雇员自行选择投资组合,风险和收益自担。

2012 年韩国修改《雇员退休收入保障法》,设立了个人退休年金(Individual Retirement Pension,IRP),即个人退休养老金,雇员每次离职时积累的养老金可以转移到此账户,以享受养老金领取的税收优惠,并且符合条件的雇员每年可以在限额内追加缴费。符合条件的雇员范围包括:领取退休福利计划一次性付款的人(即"遣散费")、DB 计划或 DC 计划的参加者、自由职业者、连续工作不满 1 年的雇员、每周工作少于 15 小时的雇员、公务员、军事人员、教职员工、邮政局雇员等。小企业 IRP 是指企业雇用少于 10 人时,经全体雇员同意设立退休养老金计划,这种情况下企业无须另行设立退休养老金计划。这无疑方便小微企业建立退休养老金计划,减轻了小微企业的操作负担。

三、缴费规定

DC 计划、DB 计划和小企业 IRP 的缴费均由企业承担。DC 计划和小企业 IRP 缴费比例最低为 8.3%。DB 计划要求企业缴费比例高于规定的最低水平,且企业每年要进行财务健全性检查,以确保企业负担的缴费比例高于最低水平。

IRP 缴费与个人养老金额度合并计算,每年限额为 1 800 万韩元,税收优惠额度为每年最高 300 万韩元。如果个人没有参加个人养老金,则

IRP 税收优惠额度可以提高到每年 700 万韩元（即将个人养老金税收优惠额度转给 IRP）。

四、领取规定

退休养老金计划的领取条件为年满 55 岁，且参加退休养老金计划满 10 年，养老金领取期限要 5 年以上。在退休时，无论是 DB 计划还是 DC 计划，企业为个人缴纳的全部退休养老金必须转入 IRP 中，采取递延纳税（EET）模式。

按照不同领取方式采取不同的计税方式：①选择以年金形式领取，税率按个人所得税各级标准的 70% 计算；②选择一次性领取，按 40% 和工作年限扣除标准进行法定扣除，再与其他收入合并后按照个人所得税各级标准征税。退休养老金的税收规定比较复杂，而且经历过多次修订，在这里就不详述了。总的来说，对较大额度的养老金，采用年金化领取的税收负担较轻，这也是政策鼓励的方向。在退休养老金实施的早期，由于雇员积累的金额较低，90% 以上的雇员选择了一次性领取。

五、积累规模

到 2021 年年底，韩国退休养老金规模为 295 万亿韩元，DB 计划占 58.0%，DC 计划占 25.6%，IRP 占 16.0%，小企业 IRP 占 0.4%。有 42.5 万家企业建立了退休养老金计划，企业覆盖率为 27.8%（企业总数为 153 万家）。2015 年覆盖率为 26.2%，这些年来企业覆盖率并没有明显提升。参加退休养老金计划的雇员数量为 683.7 万人，覆盖率为 53.2%（雇员基数为 1 195.7 万人），较 2015 年的 48.2% 有小幅提升。人均退休养老金规模约 4 314.7 万韩元。IRP 的参加人数为 277 万人，规模为 47 万亿韩元，人均 1 697 万韩元。①

---

① 韩国统计厅，退休养老金统计 2021。

六、投资政策

对于退休养老金的投资方向,据韩国统计厅统计,到 2021 年年底,有 83.1% 的资金投向了本金保障型产品,只有 13.6% 投向业绩分红型产品。在经营退休养老金的金融机构中,银行占 50.5%,寿险公司占 22.2%,证券基金公司占 21.3%,损害保险公司占 4.8%,劳动福利公团占 1.2%。

IRP 的投资政策规定,IRP 对风险资产的投资比例不能超过 70%,如债券、股票型基金、衍生品、分红型保险、ETF 等。本息保障产品、股票比重在 40% 以内的债券混合型基金及 IRP 专用与逆回购相配套的定期存款工具(TDF)等风险有限的产品可以投资到 100%。应该说体现了韩国退休养老金稳健的投资风格。

第四节 自愿参加的养老保险第三支柱

一、个人养老金分类

韩国个人可以支配的养老金包括了个人养老金和企业退休养老金中的 IRP 计划。

个人养老金分为积累型和保险型,积累型产品由银行、保险公司和资产管理公司经营,保险型产品仅由保险公司经营。积累型产品又区分为本金保障型产品和非本金保障型产品,资产管理公司不经营本金保障型产品,银行不经营非保本型产品,而保险公司可以同时经营这两类产品。韩国经营积累型产品的金融机构,包括 16 家银行、32 家证券或资产管理公司、21 家寿险公司、10 家损害保险公司,以及 4 家其他形式公司。

IRP 计划区分为保证收益型产品和非保证收益型产品,与积累型个人养老金类似。具体如图 10-4 所示。

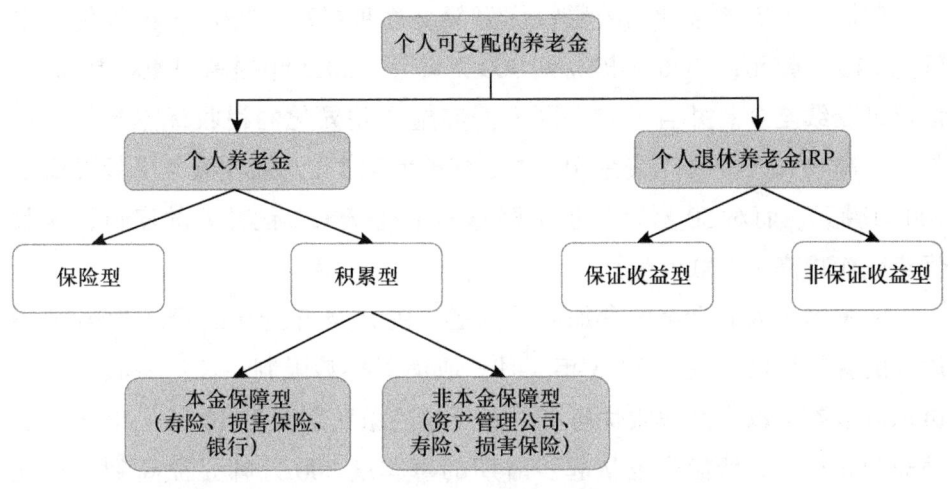

图10-4 个人支配的养老金类型

资料来源：作者根据相关资料整理。

二、个人养老金制度

早在1994年，韩国就建立了个人养老金计划，主要运营机构为银行、资产管理公司和保险公司。该计划为积累型产品，采用EET模式，缴费在年终税收结算（或综合收入申报）时给予税收抵免优惠（见表10-2）。

表10-2　韩国个人养老金计划税收抵免限额　　　　　　　　　　%

综合收入税收标准	税收优惠限额	扣除率
综合收入4 000万韩元以下，或工资总额不超过5 500万韩元	400万韩元（50岁以上600万韩元）	16.5
综合收入4 000万韩元至1亿韩元，或工资总额5 500万韩元至1.2亿韩元	400万韩元（50岁以上600万韩元）	13.2
综合收入超过1亿韩元，或工资总额超过1.2亿韩元	300万韩元	13.2

资料来源：韩国国税厅。

注：以上政策适用于2022年12月31日前。

韩国个人养老金计划的税收优惠额度逐步提高。2002年税收优惠限额为240万韩元，2006年提高到300万韩元，2011年提高到400万韩元，该标准延续至今。并且，对不同人群实施了差异化的税收优惠政策。例如，对高收入人群（工资总额在1.2亿韩元以上），税收抵免限额降低了100万韩元。而对50岁以上且工资总额不高于1.2亿韩元的雇员，税收优惠限额提高了200万韩元。

积累型个人养老金的参加人员范围，在1994年起步时要求为年满18周岁的韩国居民，到了2013年3月，取消了年龄限制，任何有收入的人员都可以参加以享受税收优惠。早期要求的缴费期限为10年，2013年后缩短为5年。缴费额度也从起步时期的每季度300万韩元提高到每年度1 800万韩元。

个人养老金计划规定，参加人按产品合同约定缴费满5年，即可从55岁开始按月领取养老金。领取年金时征收年金所得税，在限额内纳税比例为3.3%~5.5%（年龄越高税率越低），超出领取限额的纳税比例为16.5%。领取限额=［养老金账户价值/（11-养老金领取年限）×120%］，即领取年限越少，限额越低，可以理解为鼓励更长期限的领取。如果年领取额超过1 200万韩元，则全额综合纳税。中途退出要征收16.5%的所得税，如果是不得已的原因，如自然灾害、身故等，税率为3.3%~5.5%（与正常领取一致）。

2001年，韩国又引入了年金保险制度，采用TEE模式，缴费时没有扣除个人所得税的优惠政策，但是当长期（10年以上）持有该类产品时，可以不缴纳15.4%的资本利得税。每年缴费额度为150万韩元。该类产品的运营机构为保险公司。

到2021年年底，韩国个人养老金规模为368.7万亿韩元，其中保险型产品208.6万亿韩元，积累型产品160.1万亿韩元，积累型合同873.4万份，每份合同金额平均为1 833万韩元。[①]

---

① 韩国金融监督局综合养老金门户网站数据。

三、参加个人养老金的人员特征

不同收入水平的人群参加个人养老金的比例是不同的。根据韩国国税厅统计数据推算,享有个人养老金税收优惠人员数量除以参加国民养老金的人数,得出不同收入水平人群参加个人养老金的比例(见图 10-5)。可以看到,除收入在 2 亿韩元以上的群体,该比例随着收入的提高而提高。

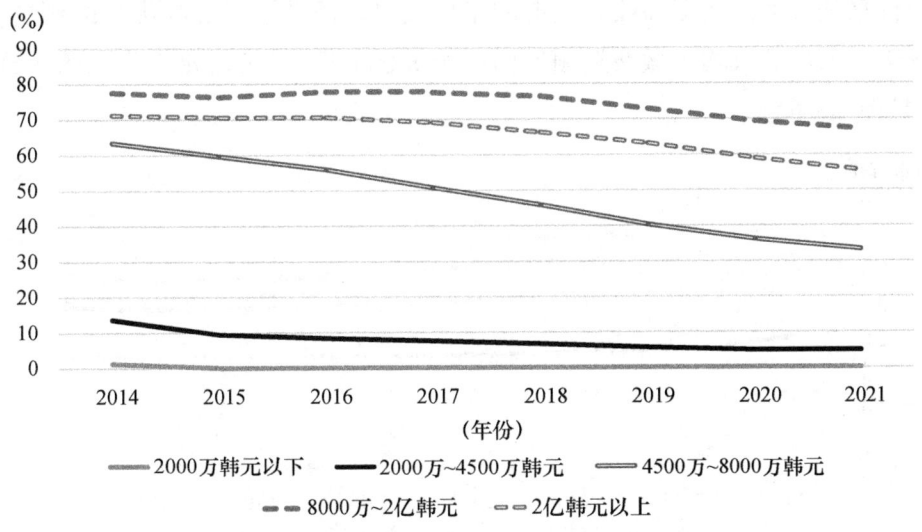

图 10-5 不同收入人群参加个人养老金的比例

资料来源:韩国国税厅各年度统计年报,作者计算并制图。

按照韩国个人所得税累进税制,年收入 1 200 万韩元以内的税率为 6%,1 200 万~4 600 万韩元的税率为 15%,4 600 万~8 800 万韩元的税率为 24%,8 800 万~1.5 亿韩元的税率为 35%,1.5 亿韩元以上的税率为 38%。

缴纳最低两档所得税税率的人员,参加个人养老金比例是很低的:2 000 万韩元以下收入的人员,参加个人养老金的比例不足 1%,2 000 万~4 500 万韩元的参加率也不足 5%。中高收入人群个人养老金的参加率较高:年收入超过 8 000 万韩元的参加率超过 2/3;但年收入超过

2亿韩元的人群参加率不升反降，2021年年底为55.6%。这说明个人养老金对高收入人群的边际吸引力在递减。另外，从年份来看，所有收入层次的人群，参加个人养老金的比例都在逐年缓慢下降，这是值得关注的问题。

不同收入人群年缴费金额也有所差别。年收入低于2 000万韩元的人群，不仅参加率低，人均缴费金额也比较低，仅为24万韩元。中高收入人群的年缴费金额较高，但平均缴费金额也未超过300万韩元，低于税收优惠的额度。而更高收入人群的年均缴费金额受限于税收优惠的额度，这部分人群的人均年缴费金额反而低于8 000万~2亿韩元年收入的人群（见图10-6）。

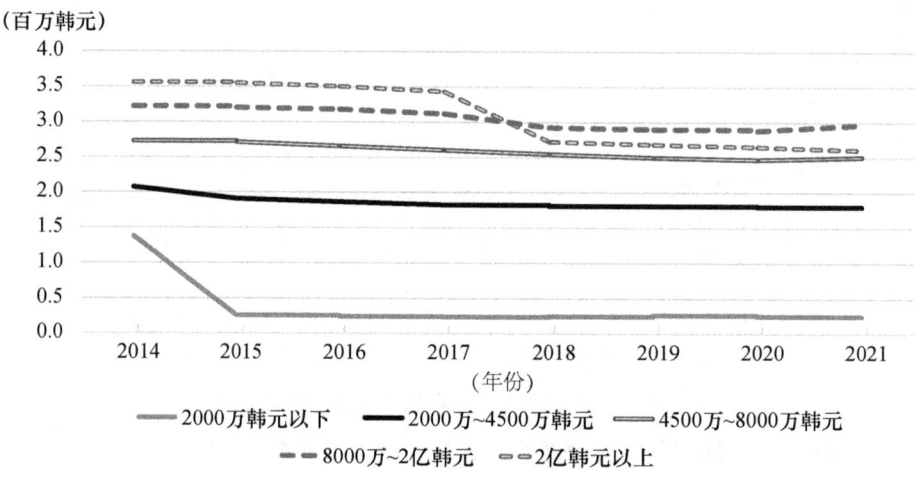

图10-6　不同收入人群参加个人养老金的年缴费金额

资料来源：韩国国税厅各年度统计年报，作者整理制图。

不同性别和年龄段的人群，参加个人养老金的比例也有差别。总体上男性参加率高于女性，年龄越大，参加率越高。对女性而言，50岁以后的参加率开始降低，这与男性的参加率仍在提高有所不同。这对女性的退休收入积累是不利的因素。同样需要注意的是，无论不同性别还是年龄段的人群，参加个人养老金的比例均在逐年下降（见图10-7和图10-8）。

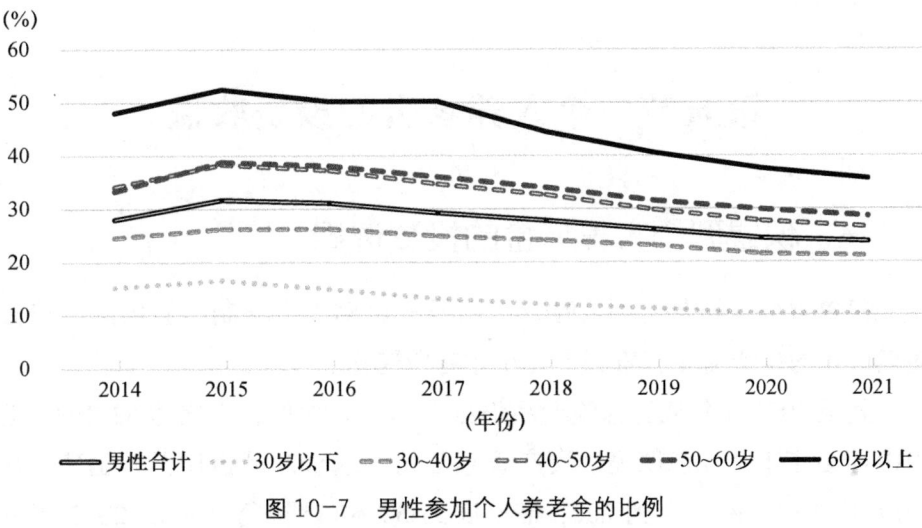

图 10-7　男性参加个人养老金的比例

资料来源：韩国国税厅各年度统计年报，作者整理制图。

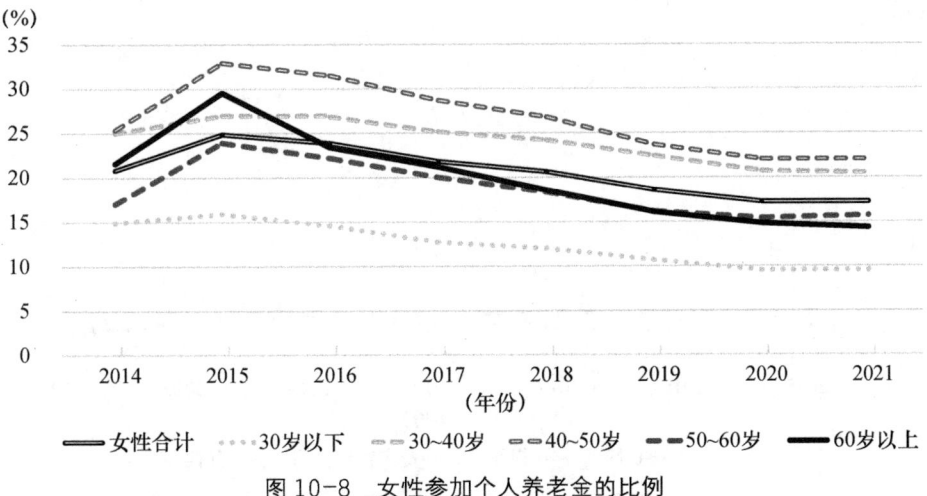

图 10-8　女性参加个人养老金的比例

资料来源：韩国国税厅各年度统计年报，作者整理制图。

第五节　个人养老金的投资收益

一、积累型个人养老金的投资选择

积累型个人养老金对风险资产的投资比例没有限制，但仍然以稳健甚至保守的投资为主，直到近几年才有所变化。

截至 2021 年年底，保险产品仍然占据主导地位，占比达 52.1%，但 2019 年以来下降比较明显。资产管理公司的基金产品占比上升迅速，从 2019 年的 13.4% 上升到 2021 年年底的 34.6%。银行产品从 2015 年的 11.8% 小幅下降到 2021 年年底的 9.3%（见图 10-9）。

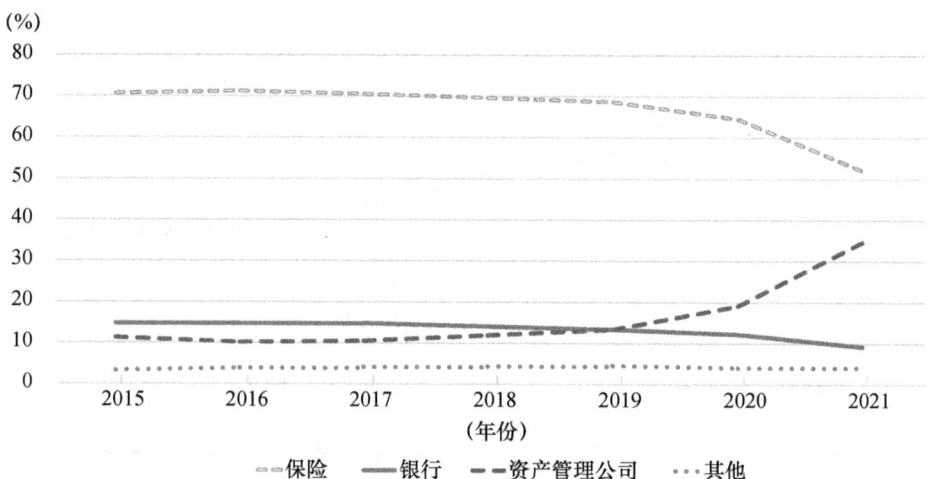

图 10-9　积累型个人养老金的投资选择（按合同数量占比）
资料来源：韩国金融监督局综合养老金门户网站，作者整理制图。

从规模占比来看，保险产品仍然占绝对主导地位，2021 年年底的比例达到 70%，银行产品占比从 2015 年的 14.1% 缓慢下降到 2021 年年底的 10.6%，而基金产品从 2015 年的 8.1% 提高到 2021 年年底的 15.2%。由于基金产品的合同个数占比提升迅速，随着未来缴费的持续增加，可以预见未来基金产品的规模占比还会继续上升（见图 10-10）。

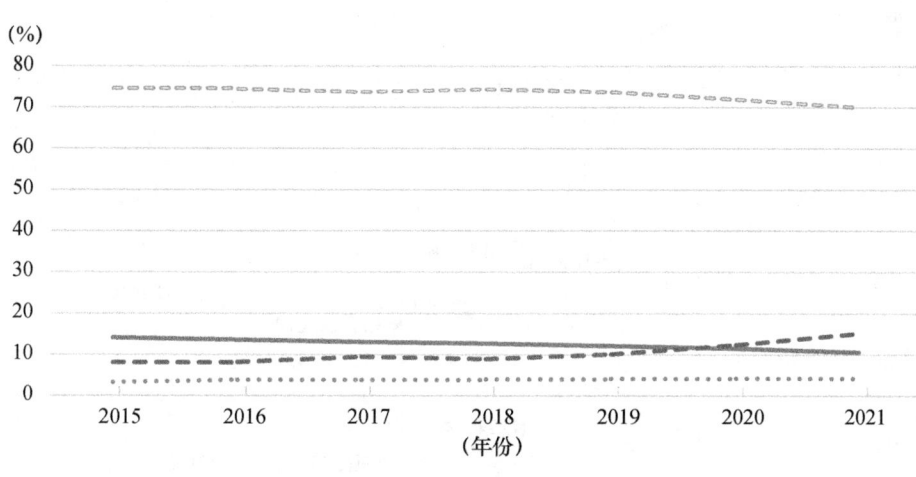

图 10-10　积累型个人养老金的投资选择（按规模占比）

资料来源：韩国金融监督局综合养老金门户网站，作者整理制图。

二、积累型个人养老金中的本金保障型产品

积累型个人养老金中的本金保障型产品的长期收益率区间在 1%~2.5%。在寿险产品中，10 年平均收益率最高，收益率标准差也低于其他产品的统计区间，体现寿险产品业绩的长期稳健性。损害保险产品的收益率低于寿险产品，3 年、5 年、7 年、10 年的收益相差不大，收益率的标准差也较小。银行产品收益率略低于寿险产品 10 年平均收益率，但分布比较密集，在 1.5%~2.3%，收益率标准差都比较低，且相差不大（见图 10-11）。

三、积累型个人养老金中的非本金保障型产品

积累型个人养老金中的非本金保障型产品的长期收益率区间在-1%~12%，明显比本金保障型产品收益率要高，但也有收益率为负值的时候。寿险产品收益率相对偏低，且与本金保障型产品收益率相差无几，过去 3 年平均收益率甚至为负值。损害保险产品收益率分布比较集中，在 2%~3%。基金产品平均收益率明显高于保险产品，过去 3 年平均收益率达

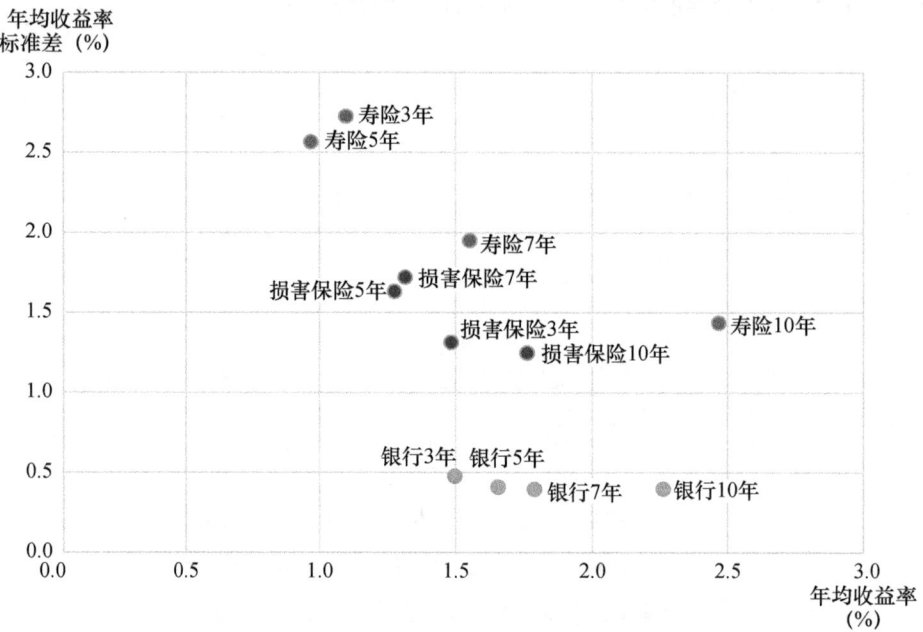

图 10-11　积累型个人养老金中本金保障型产品长期收益率与标准差

资料来源：韩国金融监督局综合养老金门户网站，作者整理制图。

11.4%，但收益率的分布也比较广，其标准差达 10.8%。但随着时间的推移，过去 5 年、7 年、10 年的标准差依次下降，同时平均收益率也在降低，收敛到略低于 4% 的水平，仍高于保险产品的收益水平。这说明基金产品的长期收益率确定性在提高，这也是养老金作为长期资金所追求的目标。因此最近几年韩国个人养老金选择基金产品的比例在迅速上升（见图 10-12）。

四、保险型个人养老金产品

保险型个人养老金产品共有 49 只，披露的结算利率在 1.5%~2.6%，平均值为 2.16%。不同期限产品的预定利率，5 年以内主要为 1.25%，5~10 年的主要为 1%，10 年以上的为 0.2%~0.75%，0.5% 的居多。可以看出，保险型产品并不是时间越长保证利率越高，而是越低。5 年以内的预定利率为 1.25%，主要还是体现了近期的利率走势。尤其是目前的结

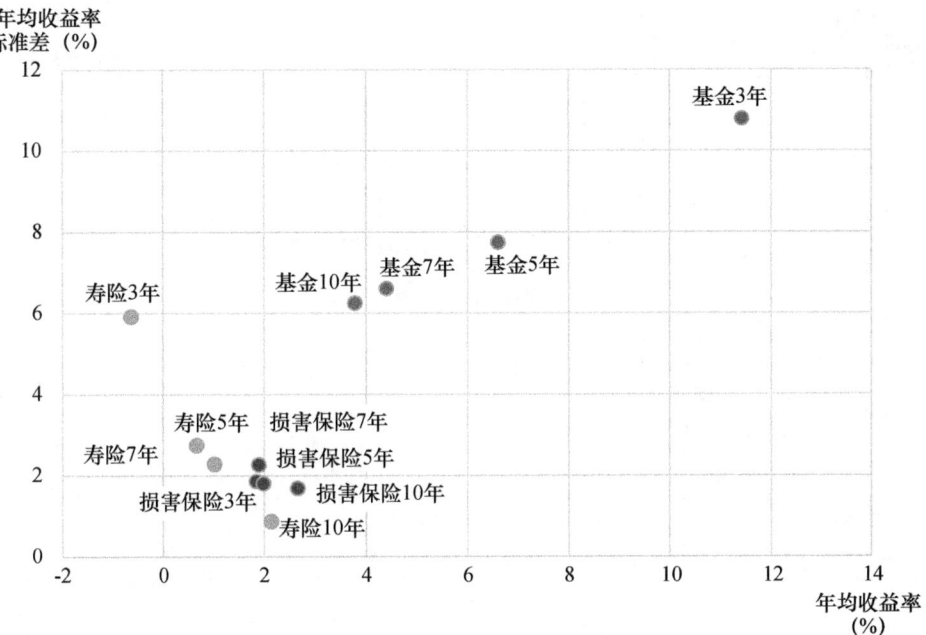

图 10-12　积累型个人养老金中非保本型产品长期收益率与标准差

资料来源：韩国金融监督局综合养老金门户网站，作者整理制图。

算利率明显高于预定利率，也是受 2022 年全球加息潮的影响。

五、退休养老金中的 IRP 产品

保证收益型产品，过去 3 年、5 年、7 年平均收益率在 1.5% 左右，过去 10 年平均收益率为 2%。收益率明显低于非保证收益型产品，标准差也明显较低，在 0.3%~0.6%。

非保证收益型产品，过去 3 年的平均收益率和标准差都是最高的，与积累型个人养老金的情况一致。过去 7 年和 10 年的平均收益率降低到 3.6% 左右，但仍高于保证收益型产品的收益率，标准差也随之降低，体现了非保证收益型产品长期业绩的优势（见图 10-13）。

248 · 国外个人养老金的发展经验与中国实践

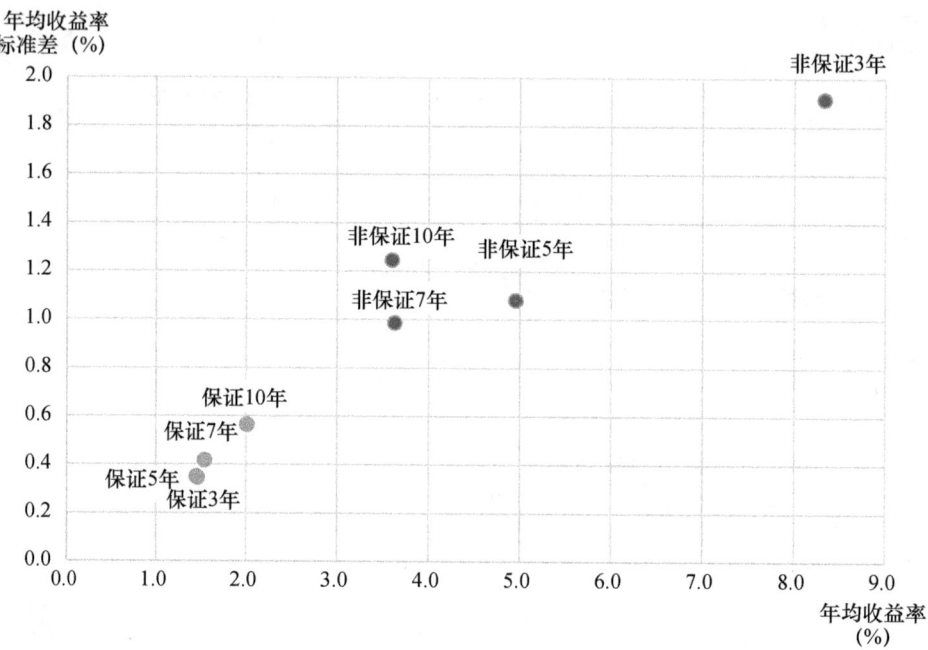

图 10-13 退休养老金 IRP 计划投资收益率与标准差

资料来源：韩国金融监督局综合养老金门户网站，作者整理制图。

> 总的来说，韩国虽然建立了养老保险三支柱，但发展并不是太理想。突出体现为中低收入者参加比例低，女性参加比例低，而且参加率在逐年下降。这部分群体的养老保障需求，仍主要依靠第一支柱国民养老金。对于退休收入达不到规定标准的群体，还要依靠财政补贴的基本养老金来支持，这给韩国财政带来了持续的压力。
>
> 从投资收益角度来看，过于强调安全稳健，未能充分参与资本市场的发展，未能获取长期较高的收益。据韩国金融监督局披露，韩国保险公司的近半数个人年金产品客户因收益率太低，在10年之内解除了保险合同；仅52.4%的参加人的保险合同自首次

付款之日起维持了10年或更长时间。① 直到近几年来,个人养老金选择基金类产品后其数量和占比才明显提升。

应该说,政府提供税收优惠,鼓励个人参加第三支柱个人养老金,就是希望个人养老金作为长期资金,能够投资于资本市场,获得长期较高的收益。这样长期积累下去,个人养老金的增长就会受益于以下三个因素:个人缴费、财政税收优惠激励以及投资收益,三者缺一不可。如果长期收益率太低,虽然能保证本金安全,但参加个人养老金的好处就仅限于获得财政的税收优惠激励,这对中低收入群体吸引力就很有限了,这样的个人养老金制度自然难以持续稳定发展。

---

① 孙守纪,柴源. 韩国个人养老金制度及其启示 [J]. 社会保障研究, 2016 (4).

第十一章
中国香港个人养老金

第一节 中国香港人口老龄化速度很快

一、中国香港人口的老龄化进程在加快

1960 年中国香港 65 岁及以上人口比例只有 2.73%,远低于世界平均水平,但到了 1977 年就超过了世界平均水平。1983 年中国香港 65 岁及以上人口占比超过 7%,进入了老龄化社会。2013 年更进一步进入了深度老龄化社会,到 2021 年年底,中国香港 65 岁及以上人口比例达 18.9%,已经达到高收入国家平均老龄化水平(见图 11-1)。

二、中国香港已形成三支柱的养老保险体系

中国香港三支柱的养老保险体系,其独特之处在于,第一支柱的社

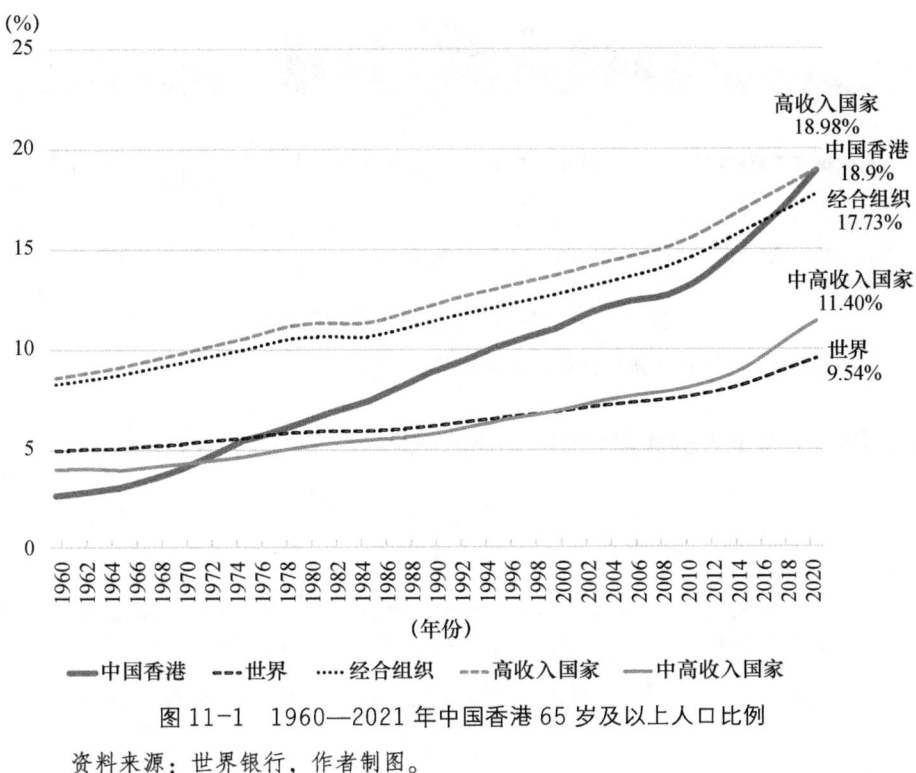

图 11-1　1960—2021 年中国香港 65 岁及以上人口比例

资料来源：世界银行，作者制图。

会保障津贴计划主要通过非缴费计划由中国香港特区政府提供，按社会保障津贴的形式发放。而第二支柱是以强制性的强积金计划为主，职业退休计划为辅。第三支柱的管理模式依托于强积金计划，由可扣税自愿性扣款和自愿性缴费构成（见图 11-2）。

强积金计划启动 22 年来，对应的养老金替代率约为 34%。据中国香港强积金局估计，如果要将替代率提高到经合组织国家 52% 左右的平均水平，还需要进一步提高缴费水平。

三、中国香港的人口相对贫困情况

中国香港的社会保障体系，尤其是长者生活津贴，对降低中国香港老年人的相对贫困比例发挥了较为明显的作用。到 2020 年年底，中国香港 65 岁及以上老年人的相对贫困率明显下降。当然，与 18~64 岁的工作

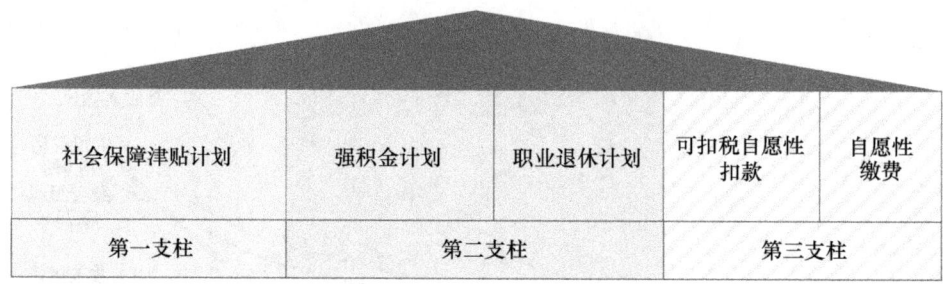

图 11-2 中国香港三支柱养老保险体系

资料来源：中国香港强积金局，作者制图。

人口相比，老年人的相对贫困率还是较高一些（见图 11-3）。

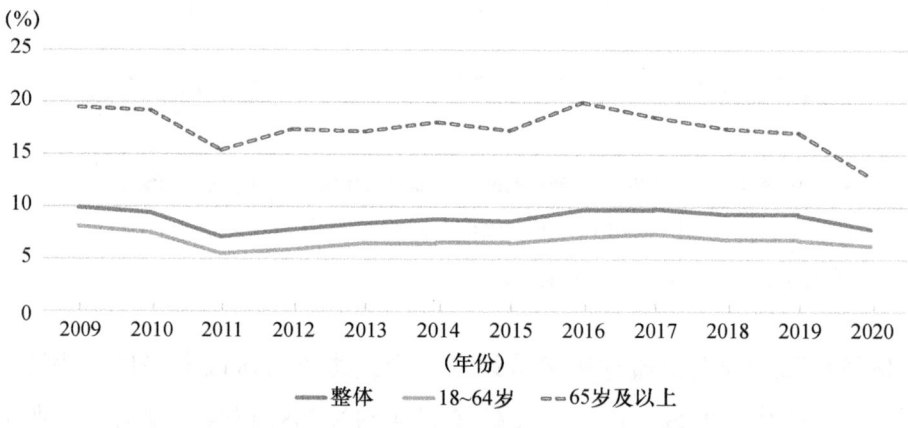

图 11-3 中国香港人口相对贫困率（按户主统计）

资料来源：中国香港特区政府统计处，中国香港贫穷情况报告 2020。

注：相对贫困率＝收入低于中位数 50% 的比例。

第二节 降低老年贫困率的养老保险第一支柱

社会保障津贴（SSA）计划可以视作中国香港养老保险的第一支柱，SSA 计划是社会福利署推行的非缴费型社会保险制度，具体项目包括：高龄长者津贴、长者生活津贴、广东计划及福建计划（还有伤残津贴，不属于养老范畴，不做介绍）。中国香港特区政府于2013年推出长者生活津贴，2018年6月1日，启动了高龄长者津贴。与快速老龄化的人口结构相比，中国香港推出社会保障津贴的时间还是有些晚。

领取长者生活津贴的资格包括：年龄在65岁及以上；已成为中国香港居民至少7年；在申请之前在中国香港连续居住至少一年；收入和资产不超过规定的限额；没有领取社会保障津贴计划下的高龄长者津贴或伤残津贴，也没有接受综合社会保障援助计划的援助。高龄长者津贴的领取资格提高到年满70岁。

长者生活津贴每月可领取2 920港元，个人资产要求不超过37.4万港元（单身）、56.8万港元（已婚夫妇）；高龄长者津贴每月可领取3 915港元，个人资产要求不超过16.3万港元（单身）、24.7万港元（已婚夫妇）。两类津贴的个人每月收入限额均为10 430港元（单身人士）、15 810港元（已婚夫妇）。广东计划及福建计划每年为选择居住在广东或福建的符合条件的中国香港老年人提供高龄长者津贴或长者生活津贴，而不要求居住在中国香港特区。

2022年9月1日起，中国香港社会福利署将长者生活津贴及高龄长者津贴合并为统一的长者生活津贴（OALA）。合并后的OALA采用了两者较高的资产限额和支付金额，即每月津贴3 915港元，个人资产要求不超过37.4万港元（单身）、56.8万港元（已婚夫妇）。每月收入限额不变。有关安排亦适用于广东计划及福建计划。

截至2023年7月底，社会保障津贴共发放122.8万人，其中高龄长者津贴33.1万人，占27.0%；长者生活津贴70.1万人，占57.1%；广东计划和福建计划人数较少。社会保障津贴发放总额逐年上升，2017财政年度发放236.32亿港元，到2021财政年度发放总额就上升到397.54亿港元。

第三节　强制为主、自愿为辅的养老保险第二支柱

一、强积金计划

中国香港强积金（Mandatory Provident Fund，MPF）计划是 2000 年 12 月 1 日开始实施的，是中国香港多支柱养老保险框架下的第二支柱，实施的时间早于第一支柱。强积金是强制性的，中国香港任何 18~65 岁的在职雇员都必须参加强积金计划。

强积金计划的缴费标准为雇员每月收入的 10%，雇主和雇员各承担一半。雇员月薪低于 7 100 港币的豁免缴费，雇主仍需缴费 5%。自雇人士缴费标准为其收入的 5%。月薪超过 3 万港元的，缴费封顶为 1 500 港元（雇主和雇员均适用）。雇员缴费可以在税前扣除，每年最高可税前扣除 1.8 万港元，雇主税前扣除额度每年最高不超过雇员总薪酬的 15%（含自愿性缴费部分）。

强积金的领取比较灵活。退休领取是最常见的情形，到 65 岁法定退休年龄时，雇员可一次性将累计收益及多年来累积投入的本金一次性取出。强积金局也允许分期提取、一次性领取以及保留在强积金计划中继续投资。有以下六种情形可以提前领取：提早退休、永久性地离开中国香港、完全丧失行为能力、罹患末期疾病、小额结余、死亡。

二、职业退休计划

《职业退休计划条例》（Occupational Retirement Schemes Ordinance，ORSO）是雇主向符合资格的雇员提供的终止服务、死亡或退休时的利益，包括养老金、津贴、酬金或其他形式。职业退休计划比强积金起步要早，中国香港政府于 1992 年 12 月 31 日制定，并自 1993 年 10 月 15 日起生效。职业退休计划是自愿性质的，而且没有规定任何最低利益水平。

为雇员设立职业退休计划的雇主也有一定好处：雇主可以用此方法履行《雇佣条例》中雇主支付长期服务金和遣散费的责任；雇主向注册计划或强积金豁免计划的缴费，可根据《税务条例》享有税额减免，如果是强积金豁免计划，其缴费税收优惠额度与强积金相同；雇主亦可使用职业退休计划吸引和挽留高素质员工。

三、第二支柱养老金的发展情况

截至 2022 年年底，职业退休计划管理资产为 3 488 亿港元，覆盖 4 897 名雇主、27.8 万名雇员。强积金计划管理资产规模为 1.05 万亿港元，与高峰时的管理规模相比有所下降，覆盖 34.4 万名雇主、272.2 万名雇员以及 23.8 万名自雇人士。在中国香港的就业人口中，有 80% 的就业人口获得强积金保障，9% 的就业人口受其他退休计划保障，11% 的就业人口因为是家务雇员及 18 岁以下或 65 岁以上雇员而无须参加任何养老金计划，真正应参加强积金计划而未参加的就业人口只有 1%（主要是自雇人士）。[1]

截至 2022 年年底，中国香港共有 27 个强积金计划，其中有 24 个集成信托计划（类似于企业年金的集合计划）、2 个行业计划（建筑和餐饮行业）、1 个雇主营办计划。强积金计划提供的成分基金数量不尽相同，有 3 个计划提供了 7~9 个成分基金（选择余地较小），7 个计划提供了 10~12 个成分基金，7 个计划提供了 13~15 个成分基金，另有 10 个计划提供了 15 个以上的成分基金（选择余地较大），总计共有 413 只核准的成分基金。

---

[1] 中国香港强积金局，强制性公积金计划统计摘要（2022 年 12 月）。

第四节　与第二支柱紧密衔接的养老保险第三支柱

一、可扣税自愿性扣款

为了应对快速老龄化的挑战，加快养老金的积累，中国香港强积金局于2019年推出了可扣税自愿性扣款（Tax Deductible Voluntary Contributions，TVC）制度，可以视为中国香港养老保险体系的第三支柱。

参加强积金计划或获得强积金豁免的职业退休计划成员，可以缴纳TVC。每年度扣税上限为6万港元（不是单独给TVC的，而是TVC和合格延期年金保险的合计上限）。6万港元的扣税上限，与强积金每年1.8万港元封顶的缴费金额相比，高了2.33倍，体现出鼓励有能力的雇员提高自愿性缴费的政策导向。TVC缴费非常灵活，可以不定期、不定额灵活缴费，可以应个人情况随时增加、减少、停止或者重新开始缴费。在中国香港27个强积金计划中，有21个提供TVC账户。

二、自愿性缴费

在TVC之外，强积金局还允许雇员进行自愿性缴费（没有税收优惠），相当于TEE模式。雇员可通过雇主在缴费账户内进行额外的自愿性缴费。雇主也可以为雇员在5%的强制性缴费以外进行额外缴费，雇主的强制性和自愿性缴费，均可税前扣除，上限为雇员年薪的15%。自愿性缴费也区分为一般自愿性缴费和特别自愿性缴费两种，前者必须通过雇主经办，提取和转移也受到一定限制；而后者由雇员直接向受托人缴费，与雇主无关，提取也不受就业和保存情况限制。

三、第三支柱养老金的发展情况

由于TVC制度推出的时间还不长，截至2022年年底，只有6.4万名雇员设立了 TVC 账户。当年缴费中，强制性缴费为 646.5 亿港元，占 77%，自愿性缴费 162.9 亿港元，占 19.4%，TVC 缴费 22.6 亿港元，仅占 2.7%，另外还有 7.9 亿港元特别自愿性缴费。①

第五节　强积金在不同计划间的转移比较灵活

强积金有多类成分基金，如股票基金、混合基金、债券基金、保证基金、货币市场基金等不同类型，不仅可以投资中国香港的资本市场，还可以投资于全球资本市场，成分基金的收益相差很大。一般由雇主选择强积金计划，雇员在雇主确定的强积金计划下选择成分基金。中国香港强积金局也允许雇主参加一个以上的强积金计划，为雇员提供多种选择，以便雇员加入最契合其需要的强积金计划。但总的来说，雇主选择更多个强积金计划的意愿是有限的，在雇主只选择一个强积金计划的情况下，由于雇员不一定认同雇主选择的成分基金，因此在不同强积金计划下有更多选择很受雇员欢迎。

中国香港强积金局自 2012 年 11 月 1 日起推行"半自由行"，也就是允许雇员每年一次，选择将缴费账户内雇员的强制性缴费转移至自选的强积金计划（暂未允许转移雇主的缴费，如能实现，就是所谓的"全自由行"了）。另外，雇员可随时将由过往工作转移至就职缴费账户的强制性缴费以及自愿性缴费，转移至自选的强积金计划。TVC 账户持有人，也可随时把账户内的强积金转移至任何可以提供 TVC 账户的强积金计划。

强积金账户分为三类：缴费账户、个人账户和 TVC 账户（第二支柱与第三支柱均在强积金架构下运营和投资）。雇员就职期内每个缴费期的新缴费用都要存入缴费账户。个人账户是滚存雇员在过去受雇期间积累的强积金，以及雇员通过"半自由行"的自选安排、从就职缴费账户转入的强积金。TVC 账户是接受 TVC 缴费的账户。如果参加强积金计划的

---

① 中国香港强积金局，强制性公积金计划统计摘要（2022 年 12 月）。

成员同时持有多个个人账户，会造成管理、查询的不便，强积金局也允许将多个个人账户整合至自选的受托人及相应的强积金计划中，这样可以方便地一站式查询个人账户信息。

在雇员离职时，原计划的缴费账户的转移也有两种方式：一是转移至新雇主所参加计划的缴费账户，二是转移至任何计划的个人账户。

第六节 雇员有充分的投资选择权

一、强积金计划和成分基金选择丰富

截至2022年年底，市场上共有13家受托人提供了24只集成信托计划。在强积金开放了"半自由行"之后，雇员可以将自己的强制性缴费部分转到自己心仪的强积金计划下，进而选择新的强积金下的成分基金。强积金包括5种主要的成分基金，分别为股票基金、混合基金、债券基金、保证基金、货币市场基金-保守基金（见表11-1）。理论上，雇员可以通过选择不同的集成信托计划，达到在不同成分基金中自由选择的效果。

表 11-1　强积金中成分基金的类别和特征

基金类别	投资目标	投资工具	风险程度	主要风险	收费	特点
股票基金	较为激进，希望能实现长期的资本增值及高于通胀的收益	股票	较高风险	股票市场波动、汇率波动		一般有三种：单一地方股票基金、地区性股票基金及全球性股票基金

续表

基金类别	投资目标	投资工具	风险程度	主要风险	收费	特点
混合基金	同时投资于股票及债券，争取资本增值	股票及债券	中至高风险，视不同组合的投资比重而定，股票比重越大，风险程度通常越高	股票市场波动、利率波动、汇率波动、债券信用评级变化		股票成分越高，风险程度便会越高。部分受托人提供目标日期基金或人生阶段基金
债券基金	只想赚取稳定的利息或票面利息收入，以及从债券买卖中取得利润	债券	低至中风险	利率波动、汇率波动、债券信用评级变化		债券须符合强积金局规定的最低信用评级或上市规定
保证基金	主要是提供本金保证，或最低收益保证	债券、股票或短期有息货币市场工具	较低风险，但也取决于强积金计划成员提取强积金时，能否符合有关的保证条款	受托人只要预先通知计划成员，就可以调整未来的保证收益率	相对其他基金，保证基金除收取基本费用外，还会收取额外的保证费或储备费	一般分为本金保证及收益保证两类，保证可以是有条件或无条件的。目前市场上大部分保证基金均提供有条件保证

续表

基金类别	投资目标	投资工具	风险程度	主要风险	收费	特点
货币市场基金-保守基金	要求不高,希望能赚取与银行港元储蓄存款利率相当的收益	港元短期银行存款及短期债券(平均投资期不可超过90日)	较低风险	利率波动	若基金在某个月的收益小于等于该月强积金局公布的订明储蓄利率,受托人在该月便不能收取任何行政费用	强积金保守基金属于货币市场基金的一种。每一个强积金计划都必须提供强积金保守基金

资料来源:中国香港强积金局。

在单个强积金计划下亦有充足的成分基金可供选择。强积金计划的投资结构示例见表11-2,该强积金计划共委托了4家投资管理人,包括其下设的25只成分基金及2只预设投资策略(无须指派投资经理)。成分基金涵盖了5种类型,其中股票基金和混合基金的数量最多,股票基金有投资于全球的,也有投资于若干主要资本市场的;混合基金均是投资于全球股票,但股票上限比例不同(如90%、50%、30%的上限)。雇员根据成分基金的名称就可以方便地了解其投资标的,并快速进行选择。债券基金数量比较少,主要的区分是投资于亚太还是全球,货币基金更是只有一只,仅投资于中国香港。

成分基金的管理模式一般有两种:一种是投资于2个或以上汇集投资基金或指数基金(这种模式需要任命一位投资经理来选择基金产品),另一种是仅投资于一个汇集投资基金或指数基金(因此不需要任命投资经理,如预设投资策略)。中国香港共有332只核准汇集投资基金和190只核准指数资金。汇集投资基金,类似于内地的养老金产品,俗称后端集合。

表 11-2　　强积金计划的投资结构示例

投资经理名称	成分基金	基金类型
柏瑞投资中国香港有限公司	美洲基金、亚欧基金、中港基金、全球基金、环球债券基金、强积金保守基金、基金经理精选退休基金、北美股票基金、保证组合、增长组合、均衡组合、稳定资本组合	股票基金-北美及南美、股票基金-欧澳及远东、股票基金-中国香港及内地、股票基金-全球、债券基金-全球、货币市场基金-中国香港、混合基金-全球90%股票、股票基金-北美、保证基金、混合基金-全球90%股票、混合基金-全球50%股票、混合基金-全球30%股票
摩根基金（亚洲）有限公司	亚洲债券基金、亚洲股票基金、欧洲股票基金、日本股票基金、大中华股票基金、中国香港股票基金、增长组合、均衡组合、稳定资本组合	债券基金-亚太股票基金-亚太、股票基金-欧洲、股票基金-日本、股票基金-大中华地区、股票基金-中国香港、混合基金-全球90%股票、混合基金-全球50%股票、混合基金-全球30%股票
东方汇理资产管理中国香港有限公司	绿色退休基金	股票基金-全球
富达基金（中国香港）有限公司	富达增长基金、富达稳定增长基金、富达稳定资本基金	混合基金-全球90%股票、混合基金-全球50%股票、混合基金-全球30%股票
预设投资策略（无须指派投资经理）	核心累积基金、65岁后基金	混合基金-全球65%、股票混合基金-全球25%股票

资料来源：某强积金受托人。

二、雇员强积金成分基金的选择

图 11-4 是 2002—2022 年三季度末各类成分基金占比情况，可以看出股票基金的选择比例持续上升，已经成为强积金计划成员最主要的选择。同时混合基金从高位有所下降，2015 年被股票基金超越，股票基金对混合基金的替代是非常明显的趋势。两者合计占比超过 3/4，是强积金最主要的选择。而保证基金和货币市场基金中的保守基金的比例一直不高，在 10%上下徘徊，债券基金选择比例不足 5%。

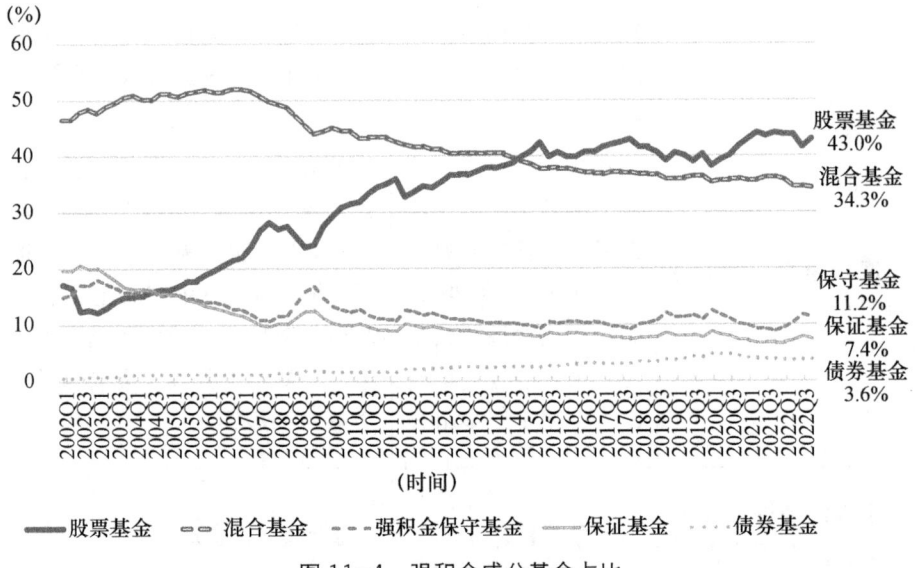

图 11-4 强积金成分基金占比

资料来源：中国香港强积金局，强制性公积金计划各期统计摘要，作者整理制图。

出现这个现象的原因，一是强积金计划成员的风险偏好上升，股票比例上升可以获取更高的风险收益，这也是全球养老金发展的一个趋势；二是混合基金虽然也投资于股票，但其比例有不同的档次（上限 90%、50%、30%），总的来看还是多资产结构，并且股票投资于全球，也不利于选择细分区域市场。因此，追求高风险、高回报的强积金计划成员，更倾向于用股票基金替代混合基金；而仍选择混合基金的那部分强积金计划成员，相当于框定了大类资产配置比例之后（主要是股债占比），将具体投资选择交给了投资经理,以期获取更为专业的投资服务和相应的收益。

第七节 强积金的投资收益率

一、各类成分基金的投资收益率

从表 11-3 的投资收益率来看,选择股票基金和混合基金的长期收益率是最佳的,自成立以来的年均收益,股票基金是最高的,混合基金次之,也明显跑赢了同期通货膨胀率。但受近几年资本市场低迷的影响,近 1 年、3 年、5 年股票和混合基金的收益率均为负值,债券基金和保证基金的收益率也为负值。

表 11-3　　　　各类成分基金投资收益率　　　　　　%

基金种类	过去 1 年收益率	过去 3 年年均收益率	过去 5 年年均收益率	成立以来年均收益率
股票基金	-19.3	-3.1	-1.5	3.8
混合基金	-17.4	-1.4	-0.3	3.5
货币市场基金	0.4	0.3	0.5	0.7
保证基金	-5.3	-1.1	-0.4	0.9
债券基金	-13.1	-3.4	-1.5	1.8
同期 CPI	2.0	1.2	1.8	1.8

资料来源:中国香港强积金局,强制性公积金计划统计摘要(2022 年 12 月)。

相同类别成分基金收益率的差别也比较明显。无论是过去 5 年还是 10 年,股票基金和混合基金的收益率波动范围都相当大,如果选择不合适的话,甚至会与债券或保证基金的收益率差不多。如果选择得好,也会大幅度跑赢平均收益率,获取丰厚的养老金积累(见图 11-5)。

股票基金中,不同投资策略的基金收益率波动也非常大。过去 5 年

264 · 国外个人养老金的发展经验与中国实践

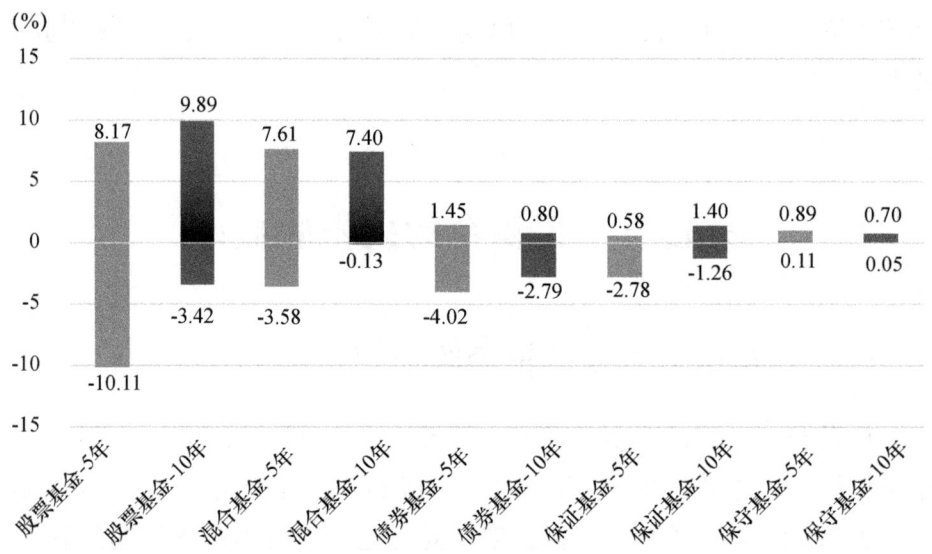

图 11-5 成分基金过去 5 年和 10 年收益率区间（截至 2023 年 2 月 28 日）
资料来源：中国香港强积金局，强积金基金平台。

各类股票基金年化收益率下限很多都为负值，但到了 10 年，下限为负值的就减少很多，上限也有所提高（见图 11-6）。

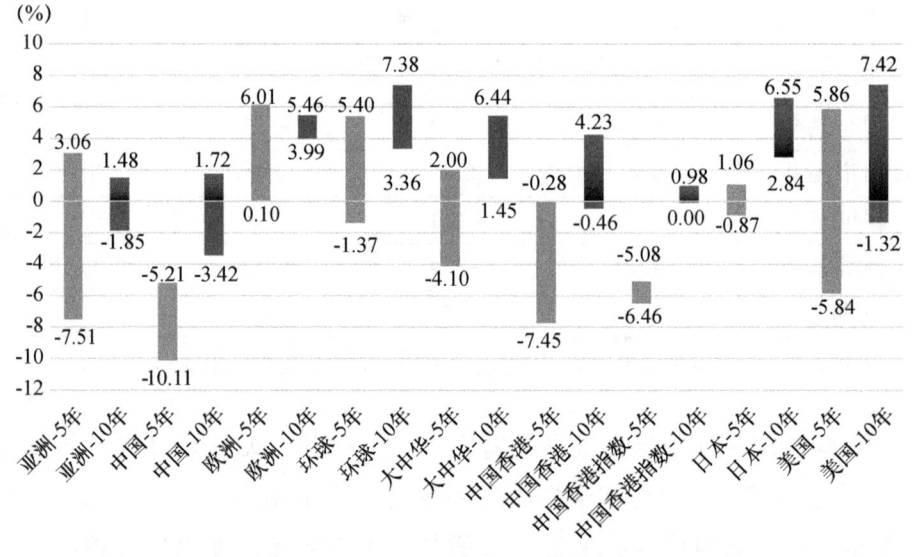

图 11-6 股票基金过去 5 年和 10 年收益率区间（截至 2023 年 2 月 28 日）
资料来源：中国香港强积金局，强积金基金平台。

混合基金中，不同股票配置比例的基金，收益率表现也相差很大。总的来看，股票配置比例较高的，10 年期和 5 年期的收益率都更高一些。核心累积基金和 65 岁后基金收益率波动区间较窄，显示出参考组合对实际业绩表现的指引作用（见图 11-7）。

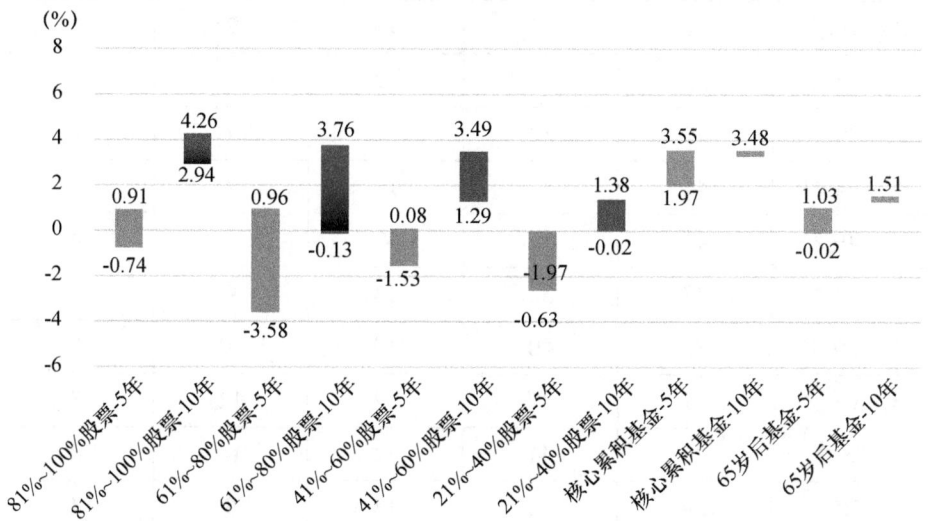

图 11-7　混合基金过去 5 年和 10 年收益率区间（截至 2023 年 2 月 28 日）

资料来源：中国香港强积金局，强积金基金平台。

二、不同年龄人群选择成分基金的倾向

根据中国香港强积金局的研究，选择股票基金的雇员，在 20～39 岁年龄组中占比持续上升，40 岁后开始降低股票基金的投资比重，但他们仍倾向选择投资收益潜力较高的基金（包括股票基金和混合基金）。60～64 岁年龄组，股票基金和混合基金仍占其强积金资产的 27% 和 41%（见表 11-4）。这也是生命日期基金的基本原理，按预定退休年龄分组，设立相同年龄段人群的特定投资组合，并在一定年龄开始自动降低股票配置比例（下滑曲线）。中国香港强积金局于 2017 年 4 月 1 日推出了预设投资策略（DIS），也是基于这个现象而设定的。

表 11-4　不同年龄组别选择成分基金的比例分布　　　　%

年龄组别	股票基金	混合基金	货币基金	保证基金	债券基金
≤19 岁	22	58	11	6	4
20~24 岁	34	39	14	8	6
25~29 岁	41	33	13	7	6
30~34 岁	45	32	12	7	5
35~39 岁	45	32	11	7	4
40~44 岁	44	34	11	7	4
45~49 岁	41	35	12	8	4
50~54 岁	37	38	13	9	3
55~59 岁	32	40	15	10	3
60~64 岁	27	41	17	12	3
≥65 岁	26	44	14	14	3
整体	39	36	13	9	4

资料来源：中国香港强积金局，强积金制度 2019 年投资表现。

第八节　强积金预设投资策略

预设投资策略旨在为强积金计划成员提供一个标准化、低成本的成分基金，以平衡长期的风险和收益。2017 年 4 月 1 日开始实施，每个强积金计划均需设立预设投资策略，由两个强积金混合基金组合，分别为核心累积基金及 65 岁后基金。

一、设立参考组合

中国香港强积金局为预设投资策略设定了参考组合（Reference Portfolio）。核心累积基金的业绩基准为：60% 富时强积金环球指数（港元非对冲总回报）+37%富时强积金世界国债指数（港元对冲总回报）+3%强积金订明储蓄利率的现金或货币市场工具。65岁后基金的参考组合业绩基准为：20%富时强积金环球指数（港元非对冲总回报）+77%富时强积金世界国债指数（港元对冲总回报）+3%强积金订明储蓄利率的现金或货币市场工具。参考投资组合扣除0.75%的标准服务费以及0.2%的经常性开支。

富时强积金指数，是中国香港强积金局指定的指数系列[1]，由伦敦交易所旗下公司富时罗素设计和定期计算公布。预设投资策略跟踪的富时强积金环球指数，投资于全球36个资本市场，前5大资本市场及权重为：美国59.88%、日本6.57%、英国4.04%、中国3.66%、法国2.84%；该指数投资于11个行业，前5个行业及权重为：科技24.13%、消费15.14%、金融13.71%、工业13.53%、医药11.67%。[2]

二、预设投资策略的业绩追踪

中国香港强积金局追踪各强积金计划预设投资策略的实际业绩表现与参考组合的差异，一般偏离超过2%的时候，就要求受托人在法定信息披露报告中作出说明。2017—2021年，各强积金计划下核心累积基金的平均年化收益率为8.21%，65岁后基金的平均年化收益率为4.4%。收益率分布非常集中，体现了参考组合业绩基准的引导作用，这无疑有利于计划成员的收益积累。

预设投资策略推出4年多来，核心累积基金规模已达623.0亿港元，65岁后基金规模达201.2亿港元（截至2022年年底），合计占强积金总规模的7.8%，投资于预设投资策略的强积金账户比例已提高到26.4%，预设投资策略受到越来越多计划成员的认可。

---

[1] 共18个指数，分别跟踪全球、中国香港、美国、大中华、亚太、欧洲、日本、新兴市场等指数，是强积金成分基金重要的业绩基准。

[2] 富时罗素公司官网（www.ftserussell.com）。

三、预设投资策略符合强积金的实际情况

强积金预设投资策略采用的是生命日期基金的做法,但没有采取常规的按退休年份设立产品的做法,而是设立了两个产品:核心累积基金和 65 岁后基金。在计划成员主动或被动选择了预设投资策略后,50 周岁之前的成员只投资于核心累积基金,65 周岁以后的成员只投资于 65 岁后基金,50~65 周岁的成员,每年减少 1/15 的核心累积基金、增加 1/15 的 65 岁后基金,进行线性调整。

这种做法的优点是,如果每个强积金计划都按退休年份设立产品,那么设立产品的数量就会较多,造成产品碎片化,难以管理且缺少规模效应。比如到 2050 年满 65 周岁退休的人群,就要设立一个 2050 产品,如果每隔一周岁就设立一个产品,理论上每个强积金计划要设立 30 多个目标日期基金产品;如果每 5 岁作为一档合并一个产品,也要设立 6 个左右的产品。中国香港强积金计划总规模在万亿港元左右,预设投资策略起步时,默认选择预设投资策略的人数并不会太多,如果采取按退休年龄设立预设基金的形式,每个预设投资策略基金的规模就会很小。

而采取核心累积基金和 65 岁后基金的模式,每个强积金计划仅需设立 2 个默认投资策略基金即可,有效地减少了产品的数量,而且同样实现了按年龄增长逐步降低股票投资比例的效果(50 岁后逐年降低核心累积基金比例,增加 65 岁后基金的配置比例),且每只基金的规模有了很好的保证。

第九节　合理控制强积金的管理成本

一、强积金管理成本类别

强积金管理成本的类别一般包括受托人费、保管人费(相当于托管费)、行政管理人费(相当于账管费)、投资经理费(即投资管理费)、

还可能有保荐人费（中介销售费用），另外还有保证费（适用于保证基金）、审计费及法律服务费、杂项费用（如设立成本、弥偿保险费等）。

与内地企业年金四类管理人分别收费的模式不同，强积金的费用是受托人统一收取的，并再分配给相关管理人。以某强积金计划的亚洲股票基金为例，受托费为0.1%，行政管理人费为0.75%，保管人费中成分基金层面是定额的7 100美元、基础基金层面为0.5%，投资经理费为0.7%（在成分基金层面收取并支付给基础基金层面的投资经理）。中国香港特区的受托人一般兼任行政管理人，不兼任行政管理人的受托人，也会聘请外部行政管理人负责强积金的运营和服务工作。受托人本身不进行具体的运营服务工作（由行政管理人负责），因此一般只收取0.1%的受托管理费。

二、强积金成分基金的管理成本比率

中国香港强积金的管理成本直接影响到扣除费用后的投资收益水平。从表11-5可以看到，各类成分基金的管理成本比率在0.11%～3.33%，而且每类成分基金管理成本比率的变化幅度也是很明显的，如股票基金最低管理成本比率只有0.62%，最高的要达到2.14%，是最低值的3倍多。

表11-5　　　　　成分基金的管理成本比率
（截至2022年12月）　　　　%

基金类别	平均基金管理成本比率	最高基金管理成本比率	最低基金管理成本比率
股票基金	1.49	2.14	0.62
混合基金	1.37	1.92	0.59
债券基金	1.23	1.82	0.78
保证基金	1.84	3.33	1.29
保守基金	0.31	0.72	0.11

续表

基金类别	平均基金管理成本比率	最高基金管理成本比率	最低基金管理成本比率
货币市场基金	0.96	1.24	0.61
整体	1.33	3.33	0.11

资料来源：中国香港强积金局，强制性公积金计划统计摘要。

另外需要关注的是，保证基金的管理成本比率明显高于其他成分基金，是因为保证基金要收取保证费支付给第三方，所以保证基金的"保证收益"并不是"免费的午餐"，在提供不亏损保证的时候，基金的成本也是相对较高的。

三、通过公开透明引导管理成本比率逐步降低

中国香港强积金局对基金开支比率与投资业绩的关联性做过分析，统计检验结果显示，管理成本比率较高的基金通常投资表现较差，反之亦然。因此，无论从控制计划成员成本负担角度还是提升扣除费用后投资收益的角度，监管部门都有动力引导基金管理成本比率的下降。

中国香港强积金局并不强制规定受托人的基金管理成本比率，从2004年开始，中国香港强积金局就制定了《强积金投资基金披露守则》，要求受托人计算并披露所有成分基金的管理成本比率，自2007年开始，基金管理成本比率在强积金局网站的收费比较平台上公开披露，以便为计划成员在选择受托计划和成分基金时提供参考。

在公开透明的背景下，受托人之间也需要进行市场竞争，导致基金管理成本比率在逐步下降。自2007年7月以来，平均基金管理成本比率下降了34.95%。管理成本比率低于1%的基金数量也在逐年递增，从2019年年底至2023年2月28日，该占比从25.2%提升到31.8%。[1]

---

[1] 中国香港强积金局，强积金基金平台。

四、限制预设投资策略基金的收费标准

为了进一步引导基金管理成本比率的降低,中国香港强积金局还对预设投资策略基金的收费水平进行限制,统一为上限0.75%(受托费0.1%、行政管理费0.4%、投资管理费0.25%),其他经常性开支比率亦不得超过上限0.2%(包括审计费、年度报告费、印刷邮寄费、法律费用以及托管费等)。参考预设投资策略核心累积基金4年多来年化收益率8.3%的水平,对应0.75%的管理费用上限与0.2%经常性开支比率上限,应该说管理成本比率是比较低的,这有效地保护了强积金计划持有人的利益。

> 总的来看,中国香港三支柱养老保险体系虽已建成,但养老储备还不够充足。强积金缴费比例较低,个人养老金起步晚、参加人数较少,储备规模有限。强积金成分基金较多,不同种类、不同期限的收益率差异较大,个人作出不同的投资选择,最终的投资收益会相差很大。而近年来引入了预设投资策略,对强积金投资收益的指引作用比较明显,值得借鉴。

第十二章
巴西个人养老金

第一节 巴西人口老龄化已超过世界平均水平

一、巴西的人口老龄化程度较轻

2011年,巴西65岁及以上人口比例超过7%,进入老龄化社会。到2018年,超过世界平均水平,目前老龄化程度低于中高收入国家平均水平。但从老龄化趋势来看,近些年有加速发展的态势(见图12-1)。

二、巴西已形成三支柱养老保险体系

1988年巴西颁布了联邦宪法第201条,将享受养老金的基本权利赋予每一个公民。因此巴西养老保险的覆盖面不断扩大,基本养老金已经

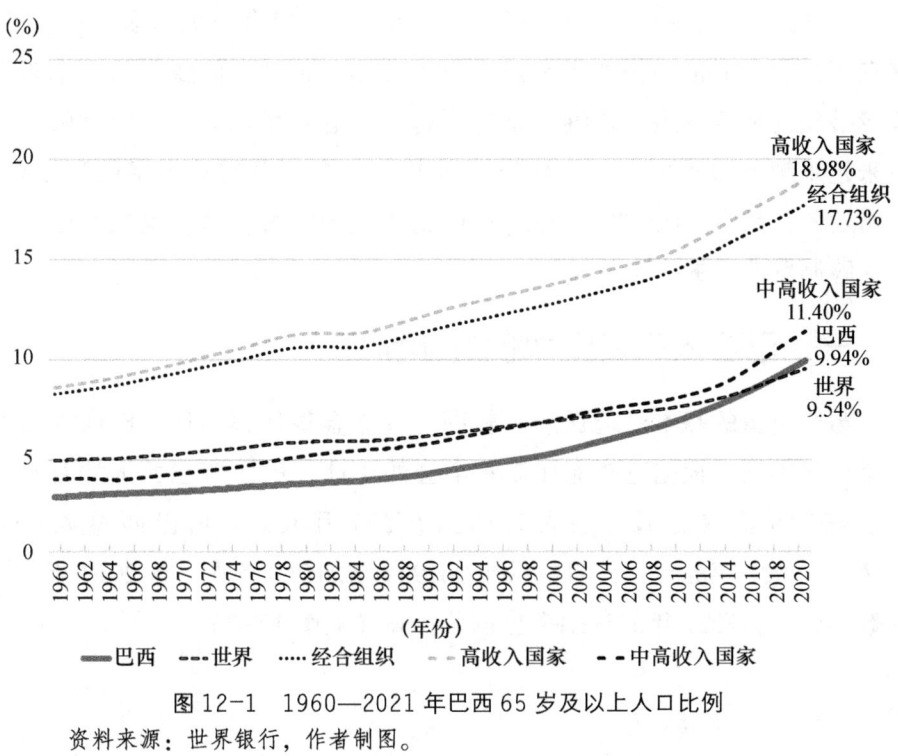

图 12-1　1960—2021 年巴西 65 岁及以上人口比例
资料来源：世界银行，作者制图。

覆盖了 65 岁及以上人口的 97%。巴西养老保险总体框架如下：第一支柱为联邦公务员养老金、一般社会保障制度以及辅助福利。严格来讲，巴西的补充养老金制度是第二支柱与第三支柱混合在一起的，因为个人可以参加雇主提供的职业养老金计划，雇主也可以向个人养老金计划缴费。但为了方便理解，我们在此将大型雇主主导的封闭式计划纳入第二支柱、个人和中小企业为主的开放式计划纳入第三支柱（见图 12-2）。

联邦公务员养老金制度 一般社会保障制度 辅助福利制度	补充养老金制度-封闭式 计划	补充养老金制度-开放式 计划
第一支柱	第二支柱	第三支柱

图 12-2　巴西三支柱养老保险体系
资料来源：作者整理。

巴西的养老金替代率高达88.4%，明显高于经合组织国家平均水平，这在某种程度上也是得益于老龄人口占比相对较低。但随着巴西未来人口老龄化的加速发展，再继续维持现有的养老金替代率，会给财政资金带来越来越大的压力。2021年巴西公共养老金制度的总赤字已达2 473亿雷亚尔，约占GDP的2.78%。① 降低养老金的替代率，也成为巴西养老保险制度改革的一个重点。

三、巴西人口贫困率创近年新高

与广覆盖的基本养老保险和较高的养老金替代率相比，巴西人口贫困率仍然很高。根据巴西瓦加斯基金会的统计，2021年巴西人均月收入低于497雷亚尔贫困线的人口达到6 290万人，约占巴西总人口的29.6%。2021年的贫困人口数量比2019年增加960万人。自2012年有统计数据以来，2021年的贫困率也创了新高（见图12-3）。

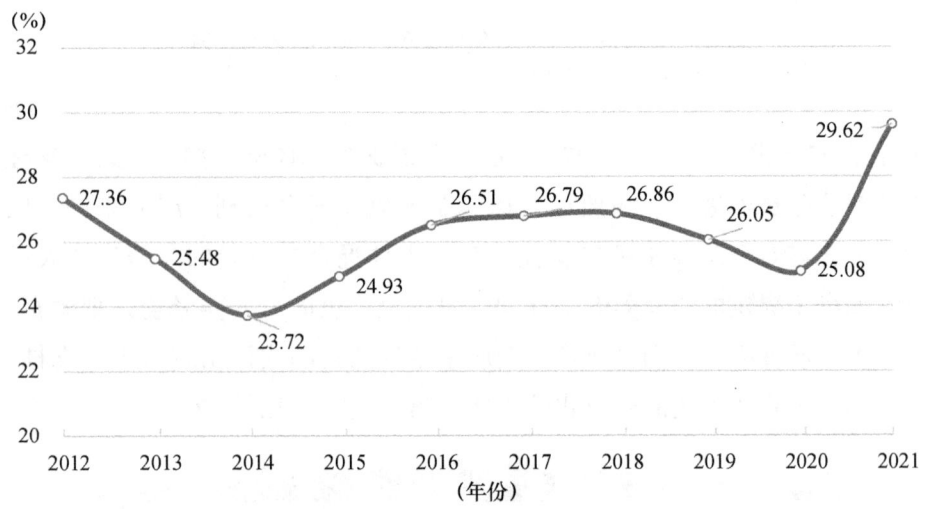

图12-3　巴西低于贫困线的人口比例

资料来源：巴西瓦加斯基金会，巴西新贫困地图。

---

① 巴西社会保障统计公报。

第二节　逐步降低替代率的养老保险第一支柱

一、辅助福利制度

辅助福利旨在帮助低收入老年人或残障人士，65岁及以上人群可以领取辅助养老金，金额相当于每月最低工资，即1 045雷亚尔（2020年1月1日标准）。申请的条件是家庭人均收入低于最低工资的1/4，其个人状况信息每两年更新一次。截至2022年11月底，共有63.6万名老年人享有辅助福利，人均每月领取1 211.07雷亚尔。[①]

二、一般社会保障制度

一般社会保障制度是强制性的现收现付型养老保险制度，参加成员主要为企业雇员、自雇人士。雇员缴费比例为工资总额的7.5%~14%，采取累进缴费（缴费工资至6 101.06雷亚尔封顶），雇主缴费比例为20%且上不封顶。自雇人士可以选择11%~20%不等的缴费率，缴费上限为1 220.21雷亚尔。领取退休金的上限是固定的，目前为3 691.74雷亚尔。截至2020年年底，参加一般社会保障制度的在职雇员有5 670.8万人，占雇员总数8 667.3万人的65.4%，以企业雇员和自雇人士为主。截至2022年11月底，共有479万人领取一般社会保障养老金，人均每月领取1 601.61雷亚尔。[②]

三、联邦公务员养老金制度

联邦公务员养老金制度的缴费率更低，资金主要来源于政府的一般预算，而待遇比一般社会保障制度更高，领取养老金的上限为6 433.57雷亚尔（2021年标准）。巴西联邦公务员养老金制度起步于1926年，近

---

① 巴西社会保障统计公报。
② 巴西社会保障统计公报。

100 年来历经多次改革。2003 年，政府通过新的联邦立法，力图将现有的公共部门和私营部门的养老金计划统一起来，全面调整现收现付制标准，涉及年龄限制、替代率、退休者的缴费等内容。

四、公共养老金制度的统一

2019 年巴西开启了数十年来最大规模的公共养老金制度改革，统一了企业雇员和公务员养老金的规则，适用于所有 50 岁以下的男性和 45 岁以下的女性，大于此年龄的人则适用过渡规则。提案中规定，要享受全额的公共部门养老金待遇，男性法定退休年龄仍为 65 岁，女性则由 60 岁提升至 62 岁。个人的缴费率则改为渐进式，从 7.5% 到 22% 不等，最有效费率为 16.11%。同时，领取条件改为企业男性雇员至少缴费 20 年，女性雇员至少缴费 15 年，公务员至少缴费 25 年。但缴费年限不足也会获得养老金（目前金额等于最低工资 1 045 雷亚尔）。

对于私营企业雇员，达到最低退休年龄且缴费满足最低年限要求后，该雇员退休可获得 60% 的养老金。在最低缴费年限基础上，每增加 1 年的缴费，养老金待遇水平增加 2%。因此，若想获得 100% 的养老金，男性雇员至少要缴费 40 年，女性雇员至少要缴费 35 年，每月封顶 6 101.06 雷亚尔。上述改革措施预计在 2031—2033 年全面落实到位。

2019 年改革带来的影响是，逐步增加缴费人数、降低总替代率，未来 10 年内，巴西公共养老金制度的赤字预计减少 8 000 亿雷亚尔，这是恢复巴西财政可持续性的关键因素，也使得巴西公共养老金制度更公平、更可持续并且更趋近国际标准。①

---

① 罗智行，李斐. [M]//董克用，姚余栋. 中国养老金发展报告（2020）. 北京：社会科学文献出版社，2020：423-444.

第三节 以政府和大型雇主为主的养老保险第二支柱

一、补充养老金制度

巴西的补充养老金制度（Regime de Previdência Complementar，RPC）是自愿型养老金制度，按完全积累制运作。2001年5月29日，巴西第108号补充法和第109号补充法对补充养老金作了规定，第108号补充法专门针对政府机构赞助的养老金，而第109号补充法则适用于所有补充养老金实体。

补充养老金制度由封闭式和开放式两部分组成，封闭式计划仅由雇主向其雇员提供，开放式计划是任何人都可以参加的计划。封闭式计划可以视为巴西养老保险的第二支柱，开放式计划视为第三支柱。封闭式补充养老金的管理实体（EFPC）不以营利为目的，由公司赞助或由联合实体建立，并以基金会的形式运行。隶属巴西劳动和社会保障部的补充养老金监管局（Previc），负责监管封闭式养老金，而补充养老金国家委员会负责颁布重要监管决策。

二、封闭式养老金

封闭式养老金包括待遇确定型计划、缴费确定型计划以及混合型计划。在待遇确定型计划中，养老金待遇水平通过定期调整缴费额来实现精算平衡（现在已不再提供这种类型的计划）；在缴费确定型计划中，养老金待遇水平取决于该基金投资所获收益；在混合型计划中，基金一般会对养老金待遇承诺一个最低金额。

封闭式养老金的缴费比例一般为6.5%~8.5%，雇主也可以匹配缴费，但不能超过雇员的缴费比例，并可以获得免税待遇。

巴西补充养老金的税收制度比较有特色。参加者在领取时可以选择两种类型的税收模式，累进税制或累退税制。累进税制与个人所得税率表相同，最高税率限制为 27.5%。而累退税制中，纳税比例随持有时间的增加而降低，最高税率从 35% 开始，每多持有 2 年减少 5 个百分点，直到 10 年后达到 10% 的最低税率。对于距离退休领取年限较短或应税收入对应税率在 7.5% 档的人员来说，选择累进税制比较合适；而那些想要中长期积累的人，使用累退税制比较合适，只要持有 10 年以上，税率就降低到 10%。

补充养老金主要是供退休领取使用，但经过最短停留时间（一般为 3~5 年）后，可以进行部分赎回（每 20 年可赎回 2%）。支付的所得税取决于参加人选择的税制。如果选择了累进税制，将先收取 15%，最终纳税金额取决于应税收入总额，在下一年的年度所得税调整报表中计算。

封闭式养老金计划的管理费率低。其管理费率限制为 1%（平均为 0.45%），比金融机构（银行、保险公司等）收取的管理费低得多，这为参加者带来了更强的收益能力。

三、封闭式养老金的发展

截至 2021 年年底，封闭式养老金计划共有 1 114 个，资产规模达 1.1 万亿雷亚尔，占 GDP 的 12.8%，覆盖 790 万人，覆盖就业人口的比例预计不足 10%。人均积累养老金资产规模 14 万雷亚尔。其中 390 万人已进入领取阶段，每年支付 700 亿雷亚尔，人均每月领取约 1 500 雷亚尔。

从不同封闭式养老金类型角度来看，待遇确定型计划占据主导，规模为 6 850 亿雷亚尔，混合型计划次之，规模为 2 864 亿雷亚尔，缴费确定型计划规模为 1 400 亿雷亚尔。

从不同参加主体角度来看，以巴西联邦和市州的公务员为主，合计规模为 6 897 亿雷亚尔，占 62%（其中主要是联邦的补充养老金计划，规模为 6 000 亿雷亚尔），这也是因为巴西公共养老金制度改革后导致公务员基本养老金下降，通过补充养老金给予一定的补偿（但总的原则是替代率不超过 100%）；其次是私营养老金计划，规模为 4 106 亿雷亚尔，占

36.9%；还有一些行业养老金计划，规模为 111 亿雷亚尔，占比不足 1%。①

第四节　以个人和中小企业为主的养老保险第三支柱

一、曾经的个人劳动者退休账户

巴西曾经建立过一种补充性个人养老金制度，即 1986 年建立的个人劳动者退休账户（PAIT）。PAIT 是为私营雇主设立的自愿储蓄账户，提供缴费确定型计划以补充退休待遇。1988 年之前，该制度提供税收优惠，应纳税所得额可从净收入中扣除缴费额（上限为 30%），且对 PAIT 的收益免税。但 1988 年后这些激励措施被取消，PAIT 也就再无新基金问世。

二、开放式养老金

开放式养老金的参加主体是以个人为主，可以视为巴西养老保险的第三支柱。开放式养老金分为自选个人养老金计划（PGBL）和自选人寿保险计划（VGBL）两类。

PGBL 是由开放式补充养老金实体提供的一种养老金计划形式。缴费可以从所得税中扣除，最低为 100 雷亚尔，最高可达参加者年应税总收入的 12%，相当于 EET 模式。

VGBL 是由开放式补充养老金实体提供的保险形式。缴费不能从参加者的所得税中扣除，在领取时仅需要对投资收益（如有）纳税，相当于 TEt 模式。个人可以先使用应税年总收入的 12% 参加 PGBL，再用税后收入参加 VGBL。

开放式养老金计划具有可携带性。法规允许个人将累积资金转移到

---

① 巴西补充养老金监管局 2021 年综合管理报告。

其他计划（满足期限条件后），转移基本是免费的，这样个人可以选择管理费率最低或收益率最高的机构。但是，不允许将 PGBL 转移到 VGBL，因为计划的特性必须相同。在封闭式养老金计划中，从原雇主处离职后，满足 3 年的宽限期才能进行转移。

三、开放式养老金的发展

根据巴西 2001 年第 109 号补充法的规定，开放式养老金实体由商业银行或保险公司经营，并以营利性公司的形式运作。隶属财政部的个人保险监管司监管开放式养老金实体，个人保险国家委员会负责制定相关法规。

2021 年度，VGBL 和 PGBL 合计缴费规模达 1 411.33 亿雷亚尔，累计资产规模达 10 728.78 亿雷亚尔（见图 12-4）。参加人数分别为 637.67 万人、1 164.4 万人，人均资产规模为 5.95 万雷亚尔。参加开放式养老金的人数是参加封闭式养老金人数的 2.3 倍；但人均积累规模，开放式的 5.95 万雷亚尔要显著低于封闭式的 14 万雷亚尔。

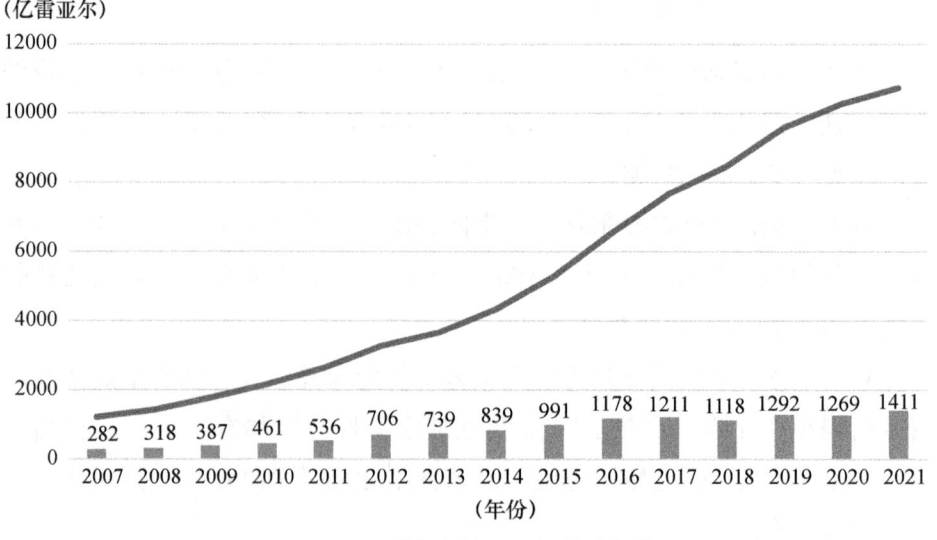

图 12-4　开放式补充养老金的年缴费和累计规模

资料来源：巴西补充养老金监管局，2022 年年报，作者制图。

在开放式养老金中，VGBL 的规模占主导。2007 年占比达 72%，到 2021 年年底占比达 89%。这主要是因为 PGBL 的缴费比例有限制，而 VGBL 是个人税后收入缴费，缴费额度不受限制。VGBL 在领取前的投资收益均无须纳税，而正常投资收益，每 6 个月要纳税一次，税率为 15%。相比之下，VGBL 在积累期间的投资收益和亏损可以抵消，进一步降低了投资收益的税负，因此 VGBL 受到广泛欢迎（见表 12-1）。

表 12-1　　各类开放式补充养老金规模占比　　　　%

年份	传统养老金	PGBL	VGBL
2002 年	59	41	
2003 年	59	41	
2007 年	12	16	72
2008 年	10	16	74
2009 年	9	14	78
2010 年	7	13	80
2012 年	5	11	84
2013 年	5	11	84
2015 年	4	9	87
2017 年	4	8	88
2018 年	4	9	87
2019 年	3	8	89
2020 年	3	9	89
2021 年	2	8	89

第五节 养老金的投资情况

一、封闭式养老金投资的大类资产种类及比例

封闭式养老金以固定收益投资为主,2009—2013 年固定收益投资比例在 60% 左右,2015—2020 年提升到 70% 左右,2022 年三季度达到 78.4%。权益投资比例在 2008—2013 年保持在 30% 左右的水平,但到 2015 年下降到 20% 左右,2020 年以后继续下降,2022 年三季度末为 13.6%。其他大类投资比例都不足 10%,比如房地产投资在 3%~5%,巴西境外投资在 1% 左右(见图 12-5)。投资的产品形式,以投资基金为主,占 2/3,其中固定收益型投资基金占 58%(2022 年三季度末),另外

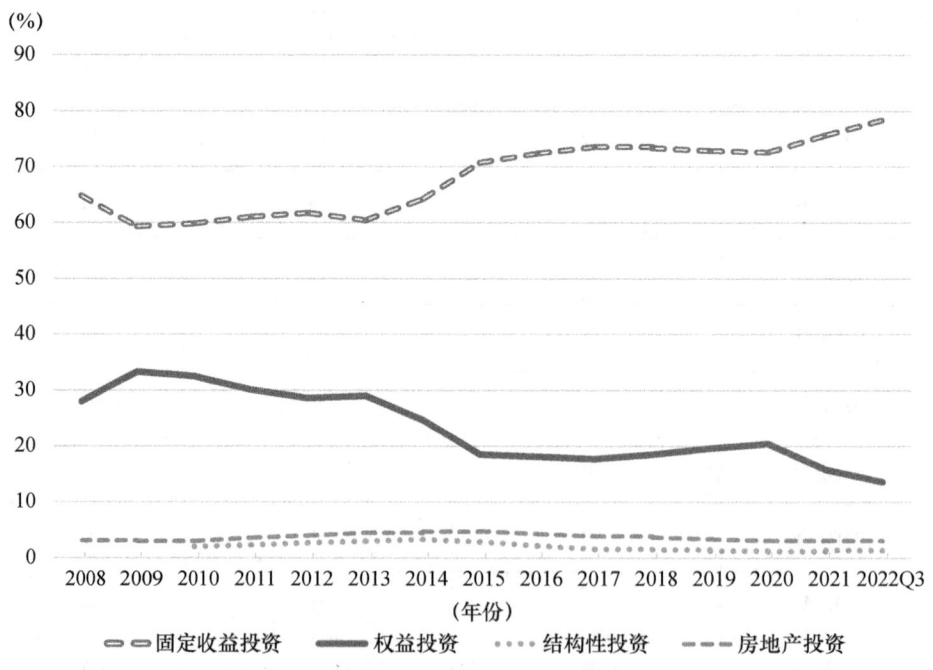

图 12-5 封闭式养老金大类资产投资比例

资料来源:巴西封闭式养老金协会,各月度报告,作者制图。

政府债券占 15%~20%。近两年权益投资收益较差，政府债券投资比例有小幅上升。①

二、封闭式养老金的收益率

2008—2022 年三季度末，封闭式养老金平均年化收益率为 10.09%。对标几个重要指数的表现，银行同业存款利率年平均收益率为 9.22%，代表固定收益投资的 ANBIMA 市场指数年平均收益率为 10.77%，代表权益投资的 Ibovespa 指数年平均收益率为 3.76%。可以看出投资收益主要贡献来源于固定收益投资，由于权益指数平均增速远低于固定收益投资，且年度收益率为负值的年份较多，这也解释了为什么封闭式养老金对权益资产的投资比例逐步走低（见图 12-6）。

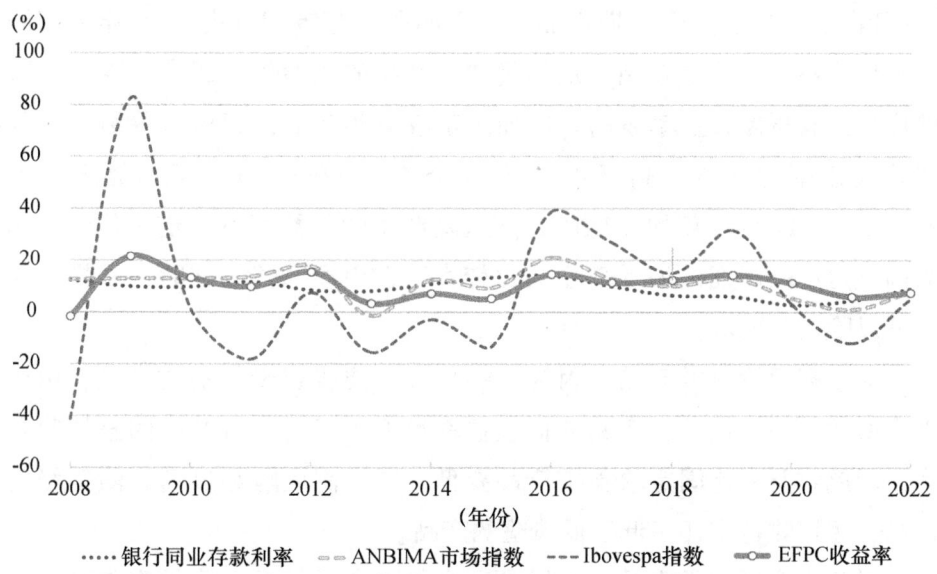

图 12-6 大类资产指数以及 EFPC 收益率

资料来源：巴西封闭式养老金协会，补充养老金杂志，作者制图

巴西封闭式养老金的年化收益率超过 10 个百分点，从绝对值来看是比较理想的，但也需要注意到，自 2010 年以来巴西货币对美元持续贬

① 巴西补充养老金监管局各季度报告。

值，2010年的汇率在1.6~1.9：1，到2023年年初，已经贬值到5.2~5.5：1。同时巴西CPI过去12个月平均为5.79%，在2015年、2021年和2022年都曾超过10%①，这也造成巴西养老金实际购买力的下降。

三、开放式养老金的投资政策和投资收益

开放式养老金规定，固定收益投资的比例上限为100%，权益类投资的比例上限为70%，其中养老金资产超过100万雷亚尔的合格投资者，权益投资比例上限可以提高到100%。另外房地产和多元市场投资比例上限均为20%，合格投资者的上限提高到40%。

开放式养老金产品的投资收益，以巴西某养老金公司的产品为例（见表12-2），包括三大类产品，分别为固定收益产品、多元投资产品（股债混合）以及生命周期产品。按不同风险等级和过去1~5年周期统计平均收益率，可以看到一定的规律。产品的风险等级越高，随着年限的增长，其累计收益率越高。比如固定收益类产品，高风险等级的5年累计收益率为43%，高于中风险的35%，中风险的又高于低风险的27.8%。但是1~3年的短期内，高风险产品的收益率不一定有优势，因为高风险产品短期的波动率也会比较大，在市场行情不佳时，亏损可能比低风险产品要高。

对于多元投资类产品，因为一部分资产要投资于权益类产品，由于上文所述原因，权益类产品的低收益率拉低了多元投资产品的整体收益率，因此收益率比固定收益类产品要低。同时高风险和过高风险等级的产品，短期收益率还是低于低风险的产品。

对于生命周期类产品，中风险和高风险产品的长期收益率也高于低风险产品，但中风险产品各时间段的收益率都好于高风险产品，这也是因为高风险产品配置了较高比例的权益资产，而权益资产的收益率较低，显然影响了整体收益水平。（表12-2中生命周期产品风险等级后面的年份为该类产品的到期年份）。

---

① 巴西中央银行数据。

表 12-2　巴西某养老金公司各类开放式养老金产品平均收益率（截至 2023 年 1 月 10 日）　　%

产品类别	风险等级	5 年	4 年	3 年	2 年	1 年
固定收益	低	27.8	21.4	15.8	14.4	11.0
固定收益	中	35.0	26.0	14.7	10.6	9.0
固定收益	高	43.0	26.1	-0.4	0.3	5.5
多元投资	低			14.3	12.5	9.6
多元投资	中			12.0	10.3	9.4
多元投资	高	28.3	20.9	5.5	4.2	5.8
多元投资	过高				-12.4	-5.5
生命周期	低/2020 年	30.0	23.2	14.9	11.5	9.3
生命周期	中/2030 年	49.4	35.3	12.2	7.6	8.0
生命周期	高/2040 年及以后	44.6	29.1	2.5	-2.1	4.4

资料来源：https://www1.brasilprev.com.br/.

需要说明的是，开放式养老金的两种模式 PGBL 和 VGBL，都是投资于上述基金产品。所不同的是，VGBL 在积累期投资于上述产品的组合，支付期提供保险的年金化支付。而 PGBL 只是积累期的投资，由个人在上述产品中选择或组合，在退休支付时按积累的余额来分期或一次性领取。

总的来说，巴西养老保险金的替代率水平比较高，但在人口快速进入老龄化的背景下，巴西进行了多次改革，一方面降低第一支柱养老保险的替代率，另一方面通过税收优惠等激励措施，积极发展第二支柱与第三支柱自愿型养老保险，应该说还是取得了一定的成效。但巴西第二支柱与第三支柱养老金的覆盖率并不高，尤其是封闭式养老金的参加主体是公务员，而企业雇员的参加率较低。另外，尽管补充养老金的绝对收益比较理想，但在巴西货币持续贬值的背景下，补充养老金的投资收益并不一定带来购买力的提升。同时能否跑赢国内的CPI，也是未来持续面临的挑战。

第十三章
智利个人养老金

第一节 智利人口老龄化略超世界平均水平

一、智利人口老龄化程度不高

智利属于世界银行划分的高收入国家,但人口老龄化程度远低于高收入国家平均水平,略高于中高收入国家平均水平。1996年智利65岁及以上人口的比例超过7%,进入老龄化社会,但目前尚未进入深度老龄化社会(见图13-1)。

二、智利已形成三支柱养老保险体系

智利三支柱养老保险制度框架如下。第一支柱目前为普遍保障养

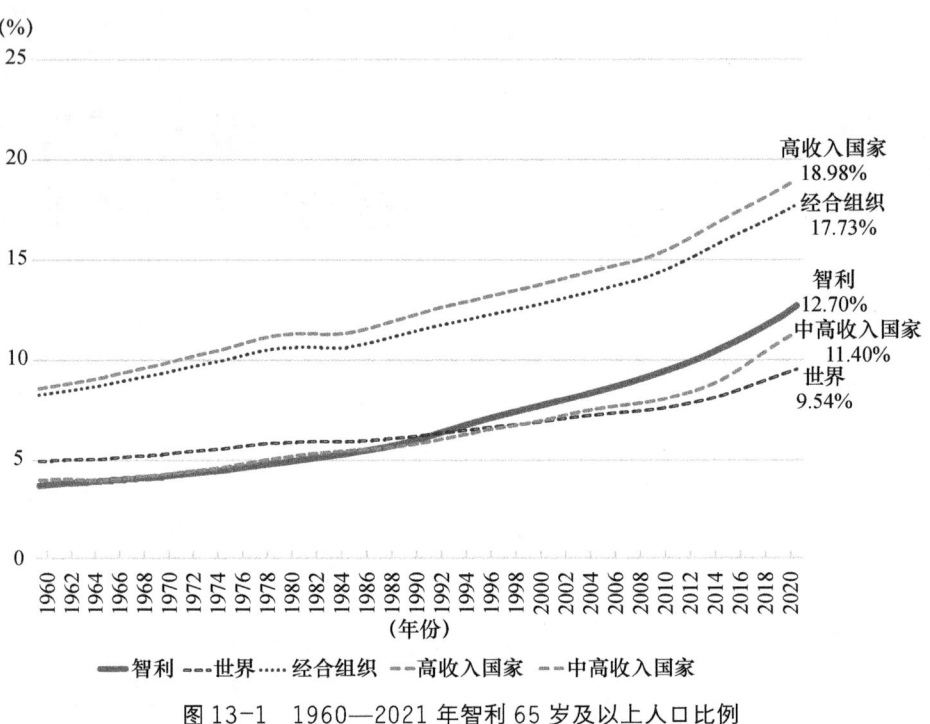

图 13-1 1960—2021 年智利 65 岁及以上人口比例

资料来源：世界银行，作者制图。

老金（PGU）。第二支柱是强制性养老金，但与通常意义上的第二支柱有所不同，强制性养老金仅由雇员个人缴费，而且是强制性的。第三支柱是自愿养老金（APV）以及集体自愿养老金（APVC），是自愿性质的，不仅个人可以缴费，雇主也可以配套缴费；另外还有准养老金性质的自愿储蓄账户，如果退休时用于养老目的，也可以享受税收优惠（见图13-2）。

　　智利的养老金替代率为31.2%，这与智利独特的养老保险体系有关。智利旧的公共养老金制度的养老金替代率目标是退休前3年平均收入的50%左右，在新的年金制度下，替代率目标需要根据年金基金运营的收益情况来决定，基本定为退休前10年平均收入的70%。①

---

① 智利养老金监管局数据。

图 13-2　智利三支柱养老保险体系

资料来源：智利养老金监管局，作者整理。

第二节　无须缴费的养老保险第一支柱

一、团结养老金制度

2008年之前，智利养老保险第一支柱被称为"旧制度"，它由两部分组成，一是社会救济养老金，是基于家庭收入调查的，大约每月可领取8.76万比索；二是社会最低养老金，大约每月可领取15.6万比索。这两个计划都是受国家财政资助的，但由于待遇标准低、准入门槛高而受到广泛指责。因此智利在2008年7月推行了新的养老保险第一支柱，名为团结养老金（Solidarity Pension）。享有旧制度待遇的人员仍然可以继续享有，但与团结养老金待遇有差距的部分，智利政府给予补足，这样新旧制度可以平稳衔接过渡。

团结养老金分为两部分，基本团结养老金（PBS）和团结养老金（APS）。基本团结养老金是提供给那些没有养老金的老年人的福利。这项福利由国家全额资助，要申请PBS，要求年满65岁，收入低于最低收入水平的60%，且20岁以后在智利居住20年以上，并在过去5年中居住不少于4年。

团结养老金是提供给参加强制性社会保险的老年人的福利。对于强制性社会保险的退休待遇低于团结最高养老金（PMAS）的老年人，可以获得养老金补贴。要申请 APS，要求年满 65 岁，领取的强制性社会保险养老金低于 PMAS，没有其他养老金领取来源，且 20 岁以后在智利居住 20 年以上，并在过去 5 年中居住不少于 4 年。

二、新的普遍保障养老金制度

2022 年，智利对团结养老金进行了进一步改革。2022 年 1 月 26 日，智利养老金监管局发布第 21419 号法规，开始实施新的普遍保障养老金（Pensión Garantizada Universal，PGU）。PGU 取代了基本团结养老金和团结养老金。PGU 的条件与团结养老金基本相同，但增加了一条，不包括 65 岁及以上人口中收入最高的 10% 的家庭。

PGU 的待遇，与老年人从第二支柱获得的养老金（Pensión Base，PB）有关，PB 小于 660 366 比索的人，福利金额等于普遍保障养老金，即 193 935 比索（约合人民币 1 600 元）。对于 PB 大于 660 366 比索（Pinf）且小于 1 048 200 比索（Psup）的人，福利金额 = [PGU×（Psup-PB）/（Psup-Pinf）]。上述参数定期根据 CPI 调整，原始值和 2022 年、2023 年标准见表 13-1。截至 2022 年 9 月底，PGU 覆盖了 166 万老年人。[①]

表 13-1　　　　智利普遍保障养老金的相关标准　　　　　　比索

参数	原始值	2022 年 6 月标准	2023 年 2 月标准比索
PGU	185 000	193 917	206 173
Pinf	630 000	660 366	702 101
Psup	1 000 000	1 048 200	1 114 446

资料来源：智利养老金监管局。

[①] 智利养老金监管局数据。

第三节　完全私有化的养老保险第二支柱

一、强制性养老金计划

1981 年，根据第 3500 号法令，智利率先建立了以个人账户积累制为基础的强制性养老金计划，取代了收支严重失衡的现收现付制社会养老保险制度，这也被称为"智利模式"，在过去几十年内受到很多国家的关注。在智利的三支柱养老保险体系中，没有其他国家常见的政府部门经办的强制缴费型第一支柱，而是私有化为第二支柱，且只有雇员个人缴费，雇主除了缴纳一定保险费用（平均约 1.54%）外无须为雇员个人缴费。这就是智利养老保险体系非常独特的地方。

在强制性养老金计划中，雇员强制性按月缴费并建立个人养老金账户，比例为本人工资的 10%，另外再向养老金管理公司（Administradoras Fondos Pensiones，AFP）缴纳管理费，管理费为每月应税薪酬的 0.58%~1.45%，平均约为 1.17%。该强制性缴费资金在缴费、投资收益和领取三个环节都免税。强制性缴费的限额为 81.6 UF[①]。根据实际薪酬指数的变化，该上限可以不定期进行调整。雇主虽不承担缴费义务，但有职责代扣代缴。另外雇主需要为雇员缴纳残疾和生存保险（SIS）费用，为雇员应税收入的 1.54%（2022 年 10 月标准）。

从 2019 年起，自由职业者也被纳入强制性养老金计划中。截至 2018 年 1 月 1 日，男性未满 55 岁、女性未满 50 岁的均有缴费义务。缴费比例从 10% 起步，逐年递增，2023 年为 13%，2028 年将增加到 17%。

---

① UF（Unidad de Fomento）是智利使用的一种经济发展单位，可根据通货膨胀进行重新调整比索价格，1967 年 1 月 20 日智利根据第 40 号法令创建。2023 年 1 月上旬，1UF 约折合 3.5 万智利比索。

二、强制性养老金的领取条件

强制性养老金的领取条件是达到法定退休年龄（男性 65 岁，女性 60 岁）。参加者也可以在达到法定退休年龄之前领取养老金，前提是他们的领取标准大于等于过去 10 年平均收入的 70%（即需要超过 70% 的替代率），并且大于等于 2UF。养老金的领取方式有递减领取和终身年金两种，也可以是上述两种方式的混合。

递减领取（Retiro Programado，RP）的养老金金额每年根据个人账户余额、资金赢利能力、成员和/或其受益人的预期寿命以及计划领取的当前比例来计算和更新。这意味着养老金金额每年都会发生变化，并随着时间的推移而减少。如果参加者身故，剩余的金额将继续支付给参加者遗属的遗属养老金。

终身年金（Renta Vitalicia Inmediata，RVI）是参加者与人寿保险公司签订合同，保险公司向其受益人支付以固定倍数 UF 的养老金，并保持到终身。只有当他们的养老金大于或等于基本团结养老金的金额时，成员才能选择这种模式。

混合方式之一是临时领取一部分再加上与保险公司签署递延终身年金合同，方式之二是将账户金额分为两部分，递减领取和终身年金并存。

三、新老制度的过渡

为了顺利完成新老制度的过渡，智利规定，1980 年前就业的雇员可以选择留在旧制度中，也可以退出旧制度加入新制度，但一旦加入新制度便不可回到旧制度，1983 年以后就业的雇员必须加入新制度。退出旧制度加入新制度的雇员，其在旧制度下的权益，以政府提供的认证债券来实现。认证债券的收益率是 CPI+4%，只有在雇员退休时才存入个人账户。

截至 2022 年 8 月底，智利强制性养老金计划总规模为 145 万亿比索，占智利 GDP 的 56.8%。参加人数约为 1 150 万人，人均积累规模略多于 1 261 万比索。

第四节 雇员和企业可自愿缴费的养老保险第三支柱

一、自愿缴费制度

在强制性养老金计划外,雇员和雇主还可以选择自愿缴费,自愿缴费制度分为自愿养老金(Ahorro Previsional Voluntario,APV)和集体自愿养老金(Ahorro Previsional Voluntario Colectivo,APVC)两种。自愿养老金不再是养老金管理公司专营,其他经过智利金融监管部门授权的银行、保险、基金和证券公司均可经营。在自愿养老金中,成员可以将其应纳税收入的10%以上存入相关机构。集体自愿养老金是雇主与机构签订养老储蓄管理合同,雇员及其雇主都参与缴费。

APV 或 APVC 的缴费都可享受税收优惠,最高额度 50 UF,但是如果想在退休前提取这些资金,则需要征收附加税。

二、自愿储蓄账户

自愿储蓄账户也称为账户 2,是作为强制性养老金账户的补充而创建的,目的是使其成为参加者的额外养老金来源。自愿储蓄账户可以在参加者所属的养老金公司开立,但独立于强制性缴费的个人账户(所以也称为账户 2),其余额可以随时提取,一年最多提取 24 次。自愿储蓄账户不具有养老金缴费的性质,但在参加者退休时,如果将这些资金全部或部分转移到参加者的强制性养老金账户,用于养老目的,智利政府会提供税收优惠激励措施。而且确定一个人是否有权获得国家最低养老金时,自愿储蓄账户中积累的资金不纳入计算范围。

三、自愿缴费和自愿储蓄的发展

截至 2022 年 6 月底,有 228.9 万人参加了 APV,占强制性养老储蓄人数的20%，总规模达9.54万亿比索，人均416.8万比索。APVC的规模远低于APV，为23亿比索，其中雇主缴费规模占35.4%。参加的雇主12家，个人账户数876个，户均263万比索。①

自愿养老金在各类金融机构的规模分布见表13-2，可以看到养老金管理公司规模一直占一半左右，其次是保险公司、基金公司和券商。其中保险公司和基金公司占比有所上升，券商占比保持稳定。

表13-2　　自愿养老金在各类金融机构的规模分布　　　　%

管理机构	2016年	2017年	2018年	2019年	2020年	2021年	2022年6月
养老金管理公司	52.1	52.8	51.8	52.7	53.9	48.7	48.2
保险公司	20.8	21.3	21.4	21.2	19.0	22.8	23.0
基金公司	14.2	14.8	14.9	14.6	15.7	16.5	16.3
券商	12.9	11.1	11.9	11.4	11.3	11.5	11.9

资料来源：智利养老金监管局，作者整理。

第五节　养老金参加人员的情况和投资收益

一、养老金参加人员的情况

从智利养老金公司的整体统计来看，人员收入和年龄结构见表13-3和表13-4。无论是男性还是女性，共同的特点为：应纳税所得额在50万~100万比索的人员最多，占1/3以上；其次是0~50万比索收入人群和100万~150万比索收入人群，中低收入人群合计占比超过3/4，其中女性占比更高一些；中高收入人群占比较低。从年龄分布来看，主要群体是30~39岁年龄段人群，占比在30%左右，该年龄段两侧年龄段人群参

---

① 智利养老金监管局数据。

加人数依次递减,分布是比较合理的。

表 13-3 智利养老金参加人员的年龄和收入结构

(男性) %

应纳税所得额	合计	20 岁以下	20~29 岁	30~39 岁	40~49 岁	50~59 岁	60~69 岁	70 岁及以上
0 万~50 万比索	24.5	60.1	31.8	19.2	19.8	26.8	21.4	27.2
50 万~100 万比索	33.5	35.6	40.2	33.5	27.0	30.5	40.8	17.5
100 万~150 万比索	17.1	3.6	16.0	19.4	19.1	15.2	12.9	7.0
150 万~200 万比索	8.5	0.5	6.3	10.0	10.3	8.1	7.1	5.1
200 万~250 万比索	4.7	0.1	2.8	5.4	6.0	5.0	4.6	5.7
大于 250 万比索	11.7	0.1	2.9	12.5	17.7	14.5	13.2	37.6
合计	100	2.0	22.4	29.2	22.3	18.0	6.0	0.1

资料来源:智利养老金监管局,作者整理。

注:数据汇总差异由四舍五入的误差导致。

表 13-4 智利养老金参加人员的年龄和收入结构

(女性) %

应纳税所得额	合计	20 岁以下	20~29 岁	30~39 岁	40~49 岁	50~59 岁	60~69 岁	70 岁及以上
0 万~50 万比索	31.1	45.1	29.1	18.3	23.8	26.8	7.0	13.7
50 万~100 万比索	36.8	21.3	30.0	27.5	29.7	29.8	6.4	7.3

续表

应纳税所得额	合计	20岁以下	20~29岁	30~39岁	40~49岁	50~59岁	60~69岁	70岁及以上
100万~150万比索	14.4	0.8	11.2	14.6	10.8	8.1	3.0	4.1
150万~200万比索	6.6	0.2	3.8	7.1	5.2	4.3	2.1	3.2
200万~250万比索	4.0	0.0	1.4	4.0	3.8	3.1	1.4	2.4
大于250万比索	7.1	0.1	1.8	6.3	8.3	5.7	3.2	10.2
合计	100.0	1.8	23.1	30.3	24.2	18.7	1.8	0.1

注：数据汇总差异由四舍五入的误差导致。

资料来源：智利养老金监管局，作者整理。

二、养老金的风险分类和选择

整体来看，智利养老金公司2022年年底的实际投资比例为：投资智利国内市场资金占57.4%、国外占42.6%；投资股票的比例为34.6%（智利国内6.8%、国外27.8%）、债券的比例为63.3%（智利国内49.5%、国外13.8%）。①

具体到产品，每家养老金公司均需设置五类基金产品，供参加人选择（包括强制性养老金和自愿养老金）。五类基金产品的风险等级和股票投资比例区间见表13-5。

表13-5　智利养老金基金产品的风险等级区分

基金名称	风险特征	股票比例下限	股票比例上限
基金A	风险更大	40%	80%

① 智利养老金监管局数据。

续表

基金名称	风险特征	股票比例下限	股票比例上限
基金 B	风险较大	25%	60%
基金 C	中等	15%	40%
基金 D	保守	5%	20%
基金 E	更保守	0	5%

资料来源：智利养老金监管局，作者整理。

智利养老金产品的选择比例，以中等风险基金 C 为主，基本占 1/3 左右。较高风险和较低风险产品的选择比例均较低，分布也比较平均。在不同的年份也会有一定变化，如 2020 年低风险产品 E 的选择比例超过了 20%，但 2021 年下降到 10%，而 2021 年中高风险产品 A 和 B 的选择比例均有短暂提高，但 2022 年也回落到历史平均水平左右（见图 13-3）。

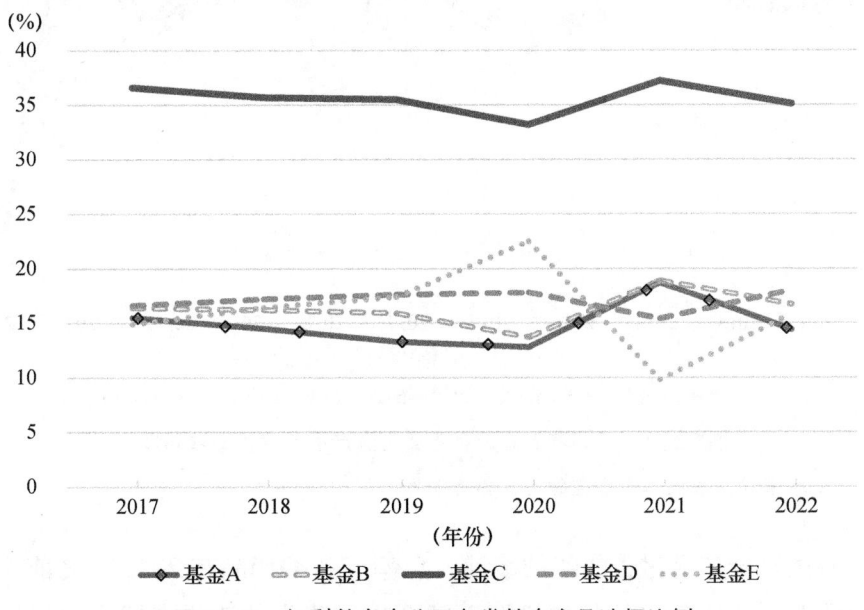

图 13-3 智利养老金公司各类基金产品选择比例

资料来源：智利养老金监管局，作者制图。

三、各类基金产品的收益率

从各类基金产品的年度收益率走势来看，风险等级最高的产品A，收益率波动较大，好的年份其收益率超过其他类别的产品，不好的年份收益率也低于其他所有产品。但值得注意的是，低风险产品D和E，在2021年也发生过大幅度的亏损，也就是说，虽然股票投资比例较低，但债券投资受利率波动的影响，如大幅度加息，也会产生较大的亏损。中等风险产品C的年度收益率适中，也成为智利养老金参加人最主要的选择（见图13-4）。

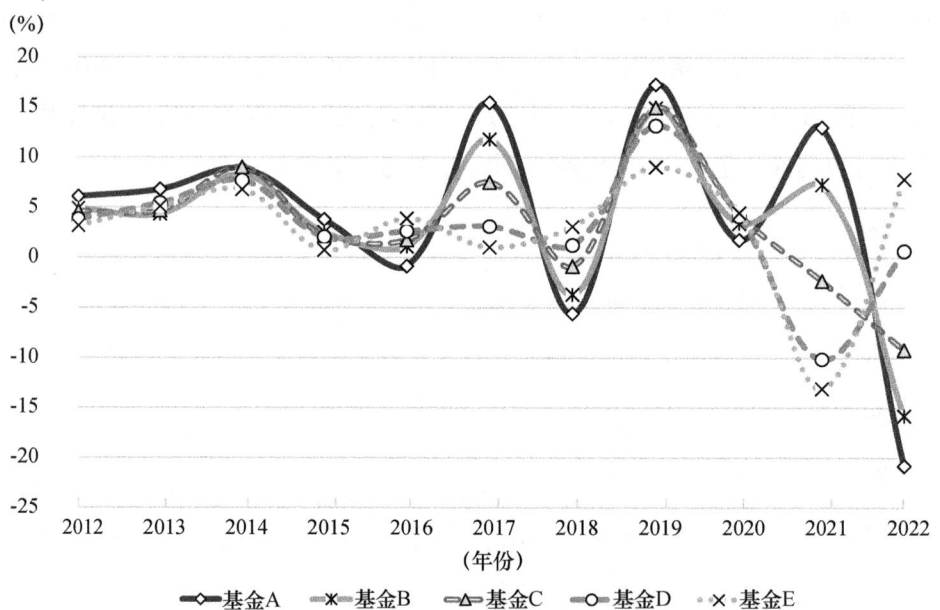

图13-4 智利养老金公司各类基金产品年度投资收益率

资料来源：智利养老金监管局，作者制图。

各类基金产品过去3年的滚动收益率，各类产品在2021年之前均保持正收益，这体现出较长的投资区间会带来稳定的正投资回报。低风险的基金E，在2021年的过去3年滚动收益率是负数，主要受当年大幅度亏损影响。而在2022年的过去3年的滚动收益率，各类基金普遍为负值，也是受2021年、2022年投资亏损影响。基金A产品普遍高于其他类别产品，而低风险产品 D 和产品 E 的 3 年滚动收益率普遍较低（见图 13-5）。

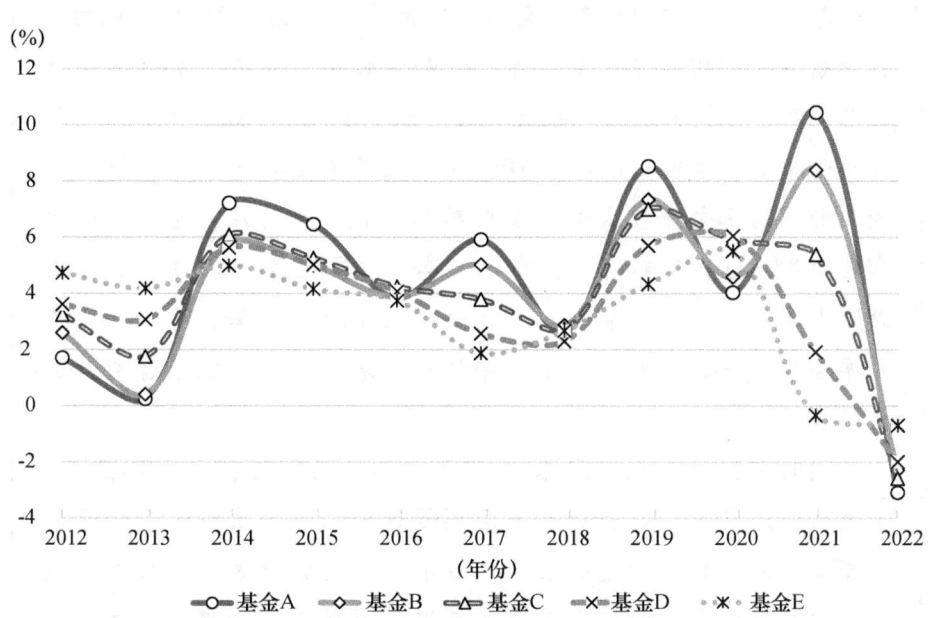

图 13-5　智利养老金公司各类基金产品 3 年滚动收益率

资料来源：智利养老金监管局，作者制图。

进一步观察过去 20 年各类产品的平均年化收益率，与风险等级有明显的正相关关系。基金 A 产品的年化收益率为 5.07%、基金 B 产品为 4.42%、基金 C 产品为 4.1%、基金 D 产品为 3.71%、基金 E 产品为 3.29%。[①] 总体在 3%~5%，风险等级越高，长期年化收益率越高。也就是说，风险等级高的产品，短期收益率波动较大，但长期收益率较高。这也是养老金长期投资所需要注意的。

智利的强制养老金和自愿养老金主要在养老金管理公司中管理，其产品选择和收益特征，基本能代表智利个人养老金投资选择的偏好。其他金融机构，如保险公司、基金公司和券商管理的自愿养老金规模较小，其产品和收益情况就不单独介绍了。

---

① 智利养老金监管局数据。

总的来看，智利的养老金体系很独特，自20世纪80年代初进行养老金私有化改革之后，养老金积累较快，并与资本市场良性互动，取得了较好的投资收益。从1981年起步到2005年年底，平均年化投资收益率一度高达10%（净收益率还要扣除管理费用）。因此智利的养老金模式引起了世界各国的广泛关注，也有不少国家效仿智利进行了养老金私有化改革。但最近20年，受智利国内外资本市场的影响，智利养老金的收益率有所下降，总体年化收益率在3%~5%，尤其是2022年的加息潮，严重降低了智利养老金的收益率。

同时智利模式也逐渐暴露出覆盖率低的问题，自谋职业者、老无所依的农民、妇女和街头商贩等贫困人口无法被私有化养老金覆盖。因此智利回过头来又不得不对养老保险第一支柱加以完善，陆续推出了团结养老金以及普遍保障养老金制度，扩大基本养老保险的覆盖面，履行国家在养老保障中的兜底责任。智利的经验和教训对我国也是有益的借鉴。

第十四章
个人养老金国际经验综述

第一节 个人养老金的种类

从本书涉及的12个国家和地区来看,第三支柱个人养老金的共同特点是政府出台税收优惠政策或者给予财政补贴,鼓励个人出资参加个人养老金计划。个人养老金计划的种类,一般包括专属个人养老金产品、个人储蓄账户以及保险年金产品三大类,具体见表14-1。

除了瑞典之外的其他国家和地区,均有专门的个人养老金产品,只是个人养老金产品的名称有所不同,共性是均需金融机构监管部门或税务部门认定,才能享受相应的税收优惠政策。另外,个人养老金产品均以退休或接近退休的年龄为领取条件,提前领取基本都要受到税收惩罚。瑞典作为北欧传统的高福利国家,养老保险体系过于依赖基本养老金,

表14-1　部分国家和地区的个人养老金种类

国家	个人养老金	个人储蓄账户	保险年金产品
美国	IRA计划：传统IRA计划、罗斯IRA计划、SEP IRA计划以及SIMPLE IRA计划	无	固定年金计划和可变年金计划
加拿大	个人注册储蓄计划：注册退休储蓄计划（RRSP）、注册退休收入基金（RRIF）	免税储蓄和投资账户（TFSA）	无
英国	团体型个人养老金计划：团体个人养老金（GPP）、团体利益相关者养老金（GSP）；个人型个人养老金计划：个人养老金（SIPP）、利益相关者养老金（SP）	个人储蓄账户（ISAs）	无
德国	里斯特养老金（Riester Rente）	无	吕库普养老金（Rürup Rente）
法国	退休储蓄计划（PER）：个人退休储蓄计划（PERin）、企业集体退休储蓄计划（PERcol）、企业强制退休储蓄计划（PERob）	A类账户、可持续发展账户、人民储蓄账户和股票储蓄计划	人寿保险
瑞典	无	投资储蓄账户（ISK）	养老保险（Endowment Insurance）
澳大利亚	自愿型超级年金	无	无

续表

国家	个人养老金	个人储蓄账户	保险年金产品
日本	个人缴费确定型养老金（iDeCo） 中小企业缴费确定型养老金（iDeCo+）	个人储蓄账户（NISA）	无
韩国	积累型个人养老金、个人退休年金计划（IRP）	无	保险型个人养老金
中国香港	可扣税自愿性扣款（TVC）	无	无
巴西	自选个人养老金计划（PGBL）	无	自选人寿保险计划（VGBL）
智利	自愿养老金（APV）、集体自愿养老金（APVC）	自愿储蓄账户（账户2）	无

资料来源：作者整理。

近些年缺乏专属的个人养老金产品，因此瑞典国民也有很大的呼声要建立专属的个人养老金制度。

有一些国家，在专属个人养老金产品之外，还设立了个人储蓄账户，如加拿大、英国、法国、日本、瑞典和智利。个人储蓄账户的特点是缴费来自个人税后收入，在投资过程中享受税收优惠，领取时免税且不以退休为领取条件。个人储蓄账户成立的前提条件是该国对投资收益征税，投资收益免税就对个人有较强的吸引力，尤其在相对长的时期里，投资收益可能积累较多，这样可以节约较多的投资收益税款。

还有一些国家，也将保险产品纳入个人养老金税收优惠范畴，如美国、德国、法国、瑞典、韩国、巴西。

第二节　个人养老金的适用群体和税收优惠模式

各国（地区）对个人养老金参加群体的规定有所不同，有一些国家

（地区）不要求个人已经参加任何其他养老金计划，也就是说，第三支柱与第一主柱、第二支柱不构成递进关系，而是相互独立的。任何人都可以开立个人养老金账户，只要有收入就可以在规定标准之内缴费，如美国、加拿大、英国、法国、韩国、巴西等。另有一些国家（地区）要求个人已参加基本养老保险或第二支柱养老保险计划，如澳大利亚、日本、中国香港和智利等。

另外，个人养老金虽然是面向个人的，但一些国家（地区）也允许中小企业的雇员以集体的形式参加个人养老金。这主要是因为中小企业参加第二支柱养老金可能有一定困难，包括盈利稳定性或者操作技能等原因。这些国家（地区）一般也会规定，对于参加个人养老金的中小企业，无须再参加第二支柱职业养老金计划，这对于提升第二支柱的实际覆盖率也有一定帮助。如美国允许100人以下的小企业，由雇主为雇员设立 SIMPLE IRA 计划；日本的 iDeCo+面向300人以下的中小企业；英国允许雇主提供团体型个人养老金计划，由雇员与养老金计划提供商直接签订集合养老金计划合同；韩国允许少于10人的小企业为雇员参加小企业 IRP。

个人养老金的税收优惠模式，总体来说有两大类，EET 模式和 TEE 模式。三个字母的顺序是缴费、投资、领取的三个阶段，T 代表征税，E 代表免税。但从一些国家（地区）的实践来看，上述三个环节也可能不是完全的征税或完全的免税，因此用小写字母 t 或者 e 来指代部分征税或部分免税。比如澳大利亚的自愿型超级年金、德国的吕库普养老金和巴西的自选人寿保险计划，都不是完全免税或征税的模式。澳大利亚采取这种模式的原因在于，其第一支柱的资金来源是国家的税收收入，无须雇主或雇员另外缴费，因此对第三支柱自愿型超级年金就没有完全免税，以减轻国家的财政负担。

EET 模式在各国（地区）个人养老金的税收制度中是主流。EET 模式最主要的优点是能够递延纳税，将个人在职时较高的税率转化为退休领取时较低的税率，从而节约了税款，同时投资过程中的免税也是很重要的优惠（因为很多国家或地区对投资收益征税）。但 EET 模式也有明显的缺陷，它与个人收入水平关联很大，对于较低收入群体，税收递延的效果很少甚至没有，因此也没有积极性去参加个人养老金。同时低收入群体本身经济实力不足，也没有很多多余的资金参加个人养老金。很多国家（地区）个人养老金覆盖率都不高，占劳动人口比例最高的中低收入群体参加积极性不足，是一个很重要的原因。

鉴于 EET 模式的不足，一些国家（地区）采取了两种模式来解决：一是对中低收入群体提供 TEE 模式的个人养老金，如美国的罗斯 IRA 计划；另一个模式是向中低收入群体直接提供财政补贴，如德国的里斯特养老金。另外也有一些国家（地区）提供了个人储蓄账户的模式，允许个人使用税后收入缴费，投资和领取均免税，积累期限是固定的年限，不需要在退休时才能领取，这从另一个角度提升了个人养老储蓄的积极性，如加拿大、英国、日本等国。具体见表 14-2。

表 14-2　部分国家和地区个人养老金的适用群体和税收优惠模式

国家	个人养老金种类	适用群体	税收优惠模式
美国	传统 IRA 计划	开立传统 IRA 账户唯一的前提是个人拥有可纳税收入，无须被任何其他的养老计划所覆盖。自 2020 年税务年度开始，70.5 岁及以上年龄人群也可以继续向传统 IRA 计划缴费	EET
美国	罗斯 IRA 计划	任何人任何时候都可以创建一个罗斯 IRA 账户。向罗斯 IRA 账户缴费需满足以下两个条件：一是有可纳税收入，二是收入不高于某个水平（如已婚联合申报家庭年收入不高于 20.8 万美元、单身人士年收入不高于 14 万美元）	TEE
美国	SIMPLE IRA 计划	面向 100 人以下的小企业，是由雇主为雇员设立的储蓄激励型匹配计划	EET

续表

国家	个人养老金种类	适用群体	税收优惠模式
美国	SEP IRA 计划	雇主代表雇员向 IRA 计划缴费,雇主按雇员收入,为自己和每个雇员缴纳同等比例的费用	EET
加拿大	个人注册储蓄计划	纳税人群,未满 71 周岁	EET
英国	团体个人养老金(GPP)	由雇主提供,雇员与养老金计划提供商直接签订集合养老金计划合同	EET
英国	团体利益相关者养老金(GSP)	2001 年 4 月后,所有拥有 5 名或以上雇员的雇主,如果雇员提出要求,则必须为雇员参加一个 GSP 计划,雇员缴费从工资中扣除,由雇主代缴。在 2012 年 10 月 1 日后,被"自动加入"政策整体替代	EET
英国	个人型养老金计划	从 2006 年 4 月开始,所有年龄低于 75 岁的人均可加入	EET
德国	里斯特养老金(Riester Rente)	目标人群包括受法定养老金替代率降低影响的人、农业从业者、公务员、军人、领取失业保险金或工作能力下降养老金的人、在家中照料他人者	EET
德国	吕库普养老金(Rürup Rente)	所有在德国居住和生活的纳税人,包括雇佣劳动者、个体劳动者、公务员和退休人员等均可根据个人意愿参保	eEt,缴费的免税和领取的纳税比例都按年份阶梯式递增,直至 100%
法国	退休储蓄计划(PER)	个人参加或通过企业以集体形式参加	EET,也可自主选择 TEt

续表

国家	个人养老金种类	适用群体	税收优惠模式
澳大利亚	自愿型超级年金	参加强制型超级年金的雇员	非优惠缴费部分 TtE，优惠缴费部分 ett
日本	个人缴费确定型养老金（iDeCo）、中小企业缴费确定型养老金（iDeCo+）	iDeCo 主要面向参加国民养老保险的人员（有一定除外条件），iDeCo+ 面向 300 人以下的中小企业	EET
韩国	积累型个人养老金、个人退休年金计划（IRP）	任何有收入的人员都可以参加	EET
韩国	保险型个人养老金	任何有收入的人员都可以参加	TEE
中国香港	可扣税自愿性扣款（TVC）	参加强积金计划或获得强积金豁免的职业退休计划成员	EET
巴西	自选个人养老金计划（PGBL）	任何有收入的人员都可以参加	EET
巴西	自选人寿保险计划（VGBL）	任何有收入的人员都可以参加	TEt
智利	自愿养老金（APV）、集体自愿养老金（APVC）	参加强制性养老金计划的雇员和企业	EET

资料来源：作者整理。

第三节　个人养老金的缴费额度

由于个人养老金的缴费是享受税收优惠的，各国（地区）普遍对缴费额度做了限制，具体见表14-3。缴费额度一般是指上限，个人可在上限之内自主决定缴费金额，并不一定足额缴纳。有的国家如德国规定了最低缴费金额，只有超过最低缴费金额才能享受政府补贴。个人养老金缴费额度的规定，归纳起来有以下四个特点。

第一，个人养老金的缴费上限可以逐步提高。比如美国IRA缴费额度在20年间提高了3倍，达到每年6 500美元。韩国个人养老金2002年限额为240万韩元，2011年提高到400万韩元并延续至今。

第二，根据年龄、收入实施差异化的缴费限额。比如美国对50岁以上人群每年增加1 000美元额度，但对高收入人群扣减额度，超过一定收入限度的甚至会被扣减为0；英国对年收入超过20万英镑且调整后收入超过24万英镑的人群，年度税收优惠额度按收入每多2英镑减少1英镑，直至最低额度4 000英镑；澳大利亚对年收入超过25万澳元的人，优惠缴费的税率提高到30%；韩国对高收入人群（年工资1.2亿韩元以上），个人养老金税收优惠限额降低100万韩元，对50岁以上且工资不高于1.2亿韩元的雇员，税收优惠限额提高200万韩元。有些国家还规定了终身的金额上限，如英国个人养老金的终身额度为107.31万英镑。

第三，可以在一定年限内使用之前未使用的额度，甚至还可以提前使用未来年份的额度。加拿大规定，账户所有者未使用完上一年最大的缴费限额，可以结转至随后的几年；英国规定，在过去3个税务年度内没有使用的缴费额度，个人仍可以补缴；澳大利亚自愿型超级年金，个人可以结转部分未使用的优惠缴费额度，最多5年；法国个人退休储蓄计划额度最多可结转3年。

第四，中小企业雇员个人养老金的缴费额度可能与第二支柱打通，等于合并了第二支柱与第三支柱的缴费额度。例如美国SIMPLE IRA计划，雇员工资中扣减的缴费，2022 年上限为 1.4 万美元，比传统 IRA 计划要高，雇主匹配的缴费，上限是雇员工资收入的 3%，不少于 1%。加拿大 RRSP 的个人缴费比例为上年收入的 18%（有金额上限），与职业养老金个人缴费额度通用。英国的个人养老金税收优惠额度每年上限为 4 万英镑且不能超过个人收入上限，终身额度为 107.31 万英镑，该额度适用于个人参加的所有养老金计划，包括雇主的缴费、雇员个人缴费以及获得的任何税收减免；日本中小企业雇主可以为雇员承担 iDeCo 的缴费，雇主和雇员的缴费标准合计在每月 5 000 日元以上、2.3 万日元以下，雇主可以超过雇员的缴费；韩国 IRP 缴费与个人养老金额度合并计算，每年在 1 800 万韩元之内，小企业 IRP 缴费比例最低为 8.3%。

表 14-3　部分国家和地区个人养老金的缴费额度

国家	个人养老金	缴费额度
美国	传统 IRA 计划、罗斯 IRA 计划	2023 税务年度上限为 6 500 美元，50 岁及以上人群增加 1 000 美元。高收入人群的抵扣额度可能在上限内被扣减直至为 0；已婚但单独申报的人群只能部分税前扣除或者无抵扣额。罗斯 IRA 上限要被其他 IRA 缴费金额扣减（不含雇主的缴费）
	SIMPLE IRA 计划	雇员工资中扣减的缴费，2022 年上限为 1.4 万美元；可追加缴费，允许 50 岁及以上年龄雇员增加缴费，最高不超过每年 3 000 美元；雇主匹配缴费，上限是雇员工资收入的 3%，不少于 1%
	SEP IRA 计划	雇主按雇员收入，为自己和每个雇员缴纳同等比例。最高缴费比例为雇员收入的 25%，每年不超过 6.1 万美元（2022 年标准）。公司某年运营不佳或经济情况较差时，可选择较低的缴费比例甚至不缴费
加拿大	个人注册储蓄计划：注册退休储蓄计划（RRSP）、注册退休收入基金（RRIF）	缴费比例为上年收入的 18%，2022 年上限为 30 780 加元。账户所有者未使用完上一年最大的缴费限额，可以结转至随后的几年

续表

国家	个人养老金	缴费额度
加拿大	免税储蓄和投资账户（TFSA）	2022年TFSA缴费上限为6 000加元
英国	团体型个人养老金计划：团体个人养老金（GPP）、团体利益相关者养老金（GSP）；个人型个人养老金计划：个人养老金（SIPP）、利益相关者养老金（SP）	职业养老金最低缴费比例为8%，其中雇主至少缴纳3%，雇员缴纳4%，另外1%来自政府的税收减免。个人能享有的养老金税收优惠额度，每年年度上限为4万英镑且不能超过个人收入上限，终身额度为107.31万英镑。缴费额度包括雇主缴费、雇员个人缴费以及获得的任何税收减免。该额度适用于个人参加的所有养老金计划。如果年收入超过20万英镑且调整后收入超过24万英镑，则年度税收优惠额度会按收入每多2英镑减少1英镑，直至最低额度4 000英镑。如果个人提前灵活支取了养老金，超过了免税额度，则年度缴费上限就会降低到4 000英镑。在过去3个税务年度内没有使用的缴费额度，个人仍可以补缴
英国	个人储蓄账户（ISAs）	每年额度为20 000英镑，其中终身ISAs的额度不超过每年4 000英镑；青少年ISAs每年免税额度为9 000英镑
德国	里斯特养老金（Riester Rente）	缴费比例为前一年收入的4%，每年最多2 100欧元，最低为60欧元。财政补助方式有以下三种。①基础补贴每年175欧元（2018年以来的标准）。如夫妻双方仅一方符合参加条件，其配偶在每年最低储蓄60欧元的基础上，整个家庭可获得308欧元的补助。②子女补贴。2008年1月1日前出生的子女，每年可获得185欧元的补助；之后出生的子女，每年可获得300欧元的补助。补助期间为父母领取生育津贴的期间。③对新入职的年龄不满25岁的里斯特养老金参加人给予200欧元的一次性特别津贴。从2008年起，如果想获得全额补贴，需满足4%的缴费比例，如果缴费资金少，那么获得的国家补贴也相应地减少

续表

国家	个人养老金	缴费额度
德国	吕库普养老金（Rürup Rente）	年度税收优惠额度是与法定养老保险缴费合并计算的，2022年为最高 25 639 欧元。例如某雇员每年的总收入为 50 000 欧元，其收入的 18.6% 用于法定养老保险，即 9 300 欧元（雇员缴费+雇主缴费）。这部分缴费将从 25 639 欧元中扣除。那么该雇员还有 16 339 欧元可以投入到吕库普养老金中
法国	退休储蓄计划（PER）	按上年度的社保年封顶额的 10% 与上年度职业收入 10% 的孰高者，及上年度职业收入 10% 与 8 倍社保年封顶额孰低者计算减免额度，对高低收入人群都进行了限定，根据收入情况，额度的区间为每年 4 114 ~ 32 909 欧元
澳大利亚	自愿型超级年金	分为优惠缴费和非优惠缴费两种类型。2022—2023 年度优惠缴费额度为 27 500 澳元。优惠缴费进入超级年金账户后，雇员按 15% 的税率纳税。如果超过优惠缴费上限，雇员就需要支付额外的税费。而且对年收入超过 25 万澳元的雇员，优惠缴费的税率提高到 30%。自 2018 年 7 月 1 日起，如果超级年金余额低于 50 万澳元，个人可以结转部分未使用的优惠缴费额度，最多结转 5 年 2022—2023 年度非优惠缴费额度为 11 万澳元。非优惠缴费进入超级年金后，雇员无须纳税。但如果超过非优惠缴费上限，超过的部分需要纳税。超级年金余额在 170 万澳元及以上的雇员不能享受非优惠缴费（2021 年 7 月 1 日后的标准）。对于 67 岁以下的个人，还可以提前使用未来两年的非优惠缴费额度，即可以在当年缴纳 3 倍的非优惠缴费（33 万澳元），当然还受 170 万澳元封顶线的限制。澳大利亚政府提供了一些共同缴费和抵免措施，包括低收入超级年金税收抵免、低收入者的政府共同缴费和配偶税收抵免

续表

国家	个人养老金	缴费额度
日本	个人缴费确定型养老金（iDeCo）	第一类自雇人士，缴费上限是每月 6.8 万日元（额度与国民养老金共用）。第二类人员中的私营企业雇员，如果没有参加任何企业养老金计划，iDeCo 的缴费上限是每月 2.3 万日元；如果参加了 DC 计划但未匹配个人缴费，则上限降低为每月 2 万日元；如果参加了 DB 计划（无论是否同时参加了 DC 计划），则上限进一步降低为每月 1.2 万日元。第二类人员中的公共部门雇员，由于已参加 DB 计划或者享受年金化退休待遇，iDeCo 缴费上限只有每月 1.2 万日元。第三类企业雇员和公共部门雇员的受抚养配偶，每月缴费上限为 2.3 万日元
日本	中小企业缴费确定型养老金（iDeCo+）	雇主可以为雇员承担 iDeCo 的缴费。雇主和雇员的缴费标准合计在每月 5 000 日元以上、2.3 万日元以下（以 1 000 日元为整数单位），雇员的缴费不能为 0 日元，雇主可以超过雇员的缴费
日本	个人储蓄账户（NISA）	普通 NISA，每年缴费上限为 120 万日元，持续 5 年；Tsumitate NISA，每年上限为 40 万日元，持续 20 年；以上两种只能参加其一。面向 0~19 岁人群的初级 NISA，每年缴费上限为 80 万日元
韩国	个人退休年金计划（IRP）	IRP 缴费与个人养老金额度合并计算，每年限额为 1 800 万韩元。IRP 税收优惠额度为每年最高 300 万韩元，个人养老金税收优惠额度为每年 400 万韩元。如果个人没有参加个人养老金，则 IRP 税收优惠额度可以提高到每年 700 万韩元；小企业 IRP 缴费比例最低为 8.3%。对高收入人群（工资 1.2 亿韩元以上），个人养老金税收优惠限额降低 100 万韩元。对 50 岁以上且工资不高于 1.2 亿韩元的雇员，税收优惠限额提高 200 万韩元

续表

国家	个人养老金	缴费额度
韩国	积累型个人养老金	缴费额度每年1 800万韩元，缴费期限5年
韩国	保险型个人养老金	每年额度为150万韩元
中国香港	可扣税自愿性扣款（TVC）	每年额度上限为6万港币（TVC和合格延期年金保险合计）
巴西	自选个人养老金计划（PGBL）	缴费可以从所得税中扣除，最低为100雷亚尔，最高可达参加者年应税总收入的12%
智利	自愿养老金（APV）、集体自愿养老金（APVC）	缴费每年最高税收优惠额度为50 UF

资料来源：作者整理。

第四节 个人养老金的覆盖率和积累

尽管各国和地区对个人养老金普遍提供了税收优惠的激励，但由于个人养老金的自愿性质，个人养老金还远远达不到普及的程度。各国和地区个人养老金的覆盖率分别为：美国36.7%，加拿大22.3%，英国27%，德国30.8%，法国22.4%，日本3.5%，巴西和智利约20%，中国香港2.1%。美国个人养老金制度于1974年推出，至今已近50年，其个人养老金覆盖率也刚超过1/3；日本iDeCo制度推出20多年，覆盖率非常不理想，仅为3.5%。总体来看，个人养老金覆盖率在20%～30%的国家比较常见。

从个人养老金参加人员的年龄和收入分布来看,有两种情况。一种是随年龄和收入的提高,参加率相应提高,如美国等大部分国家。其中美国的差异略小,主要是出台了罗斯 IRA 和 SIMPLE IRA 的缘故。另一种是相对均衡,各年龄段和收入段的参加率相对一致,如德国和英国。德国是因为对新入职人员、低收入人群和多子女家庭提供了里斯特养老金财政补贴;英国是因为第二支柱养老金的自动加入政策,而个人养老金与第二支柱混合管理,从而带动了个人养老金参加率的均衡发展。见表 14-4。

表 14-4 部分国家和地区个人养老金的覆盖率和人员参加情况

国家	个人养老金	覆盖率和规模	不同年龄段参加率	不同收入人群的参加率
美国	IRA 计划:传统 IRA 计划、罗斯 IRA 计划、SEP IRA 计划以及 SIMPLE IRA 计划	截至 2021 年年底,IRA 资产规模为 13.9 万亿美元,覆盖 4 770 万个美国家庭,家庭覆盖率达 36.7%	小于 35 岁 31%,35~44 岁 36%,45~54 岁 39%,55~64 岁 43%,65 岁及以上 36%	年收入 5 万美元以上人群 48%,年收入少于 5 万美元 18%
加拿大	个人注册储蓄计划:注册退休储蓄计划(RRSP)、注册退休收入基金(RRIF)	截至 2020 年年底,参加 RRSP 的人数为 620 万人,占纳税人总数的 22.3%。资产规模达 1.45 万亿加元	24 岁以下在 3% 左右,25~34 岁近 20%,35~64 岁在 25% 左右,到退休年龄后约 6%	年收入 2 万加元以下 2%,2 万~4 万(不含)加元 12%,4 万~6 万(不含)加元 22%,6 万~8 万(不含)加元 20%,8 万加元及以上 44%

续表

国家	个人养老金	覆盖率和规模	不同年龄段参加率	不同收入人群的参加率
英国	团体型个人养老金计划：团体个人养老金（GPP）、团体利益相关者养老金（GSP）；个人型个人养老金计划：个人养老金（SIPP）、利益相关者养老金（SP）	英国职业养老金覆盖率约为88%，在职业养老金人数中，个人型个人养老金占比约26.2%。参加SIPP的雇员比例为4%。合计覆盖率约27%	相对均衡。22岁至退休前的参加率均在20%~23%	N.A.
德国	里斯特养老金（Riester Rente）	截至2020年年底，德国参加里斯特养老金的人员数量为1 040.3万人，占参加法定养老保险缴费人数的31.9%。2020年缴费总额为116.6亿欧元，人均缴费1 121欧元	25~34岁15.0%，35~44岁21.1%，45~54岁20.8%，55~65岁14.9%（与左栏百分比的基数口径不一致）	比较均衡。年收入1万欧元以下14.1%，1万~2万（不含）欧元15.3%，2万~3万（不含）欧元17.4%，3万~4万（不含）欧元17.2%，4万~5万（不含）欧元13%，5万欧元以上小于10%

续表

国家	个人养老金	覆盖率和规模	不同年龄段参加率	不同收入人群的参加率
法国	退休储蓄计划（PER）	2020年1 430.9万人参加，628.7万人缴费，约为参加基本养老保险缴费人数的22.4%（基本养老保险缴费人数2 808万人）。资产规模2 505.5亿欧元	30岁以下8%，30～39岁19%，40～49岁27%，50～59岁30%，60岁以上16%	N.A.
澳大利亚	自愿型超级年金	截至2020年，参加超级年金1 503万人，覆盖率74.4%，人均积累金额达15.2万澳元（超级年金整体数据）	25～64岁，超级年金占比超过80%（超级年金整体数据）	N.A.
日本	缴费确定型养老金（iDeCo）	截至2022年3月底，参加人数238.77万人，占参加国民养老保险总人数的3.5%。资产规模2.19万亿日元，人均资产91.7万日元	N.A.	N.A.
韩国	积累型个人养老金、个人退休年金计划(IRP)	到2021年年底，韩国个人养老金规模为368.7万亿韩元，人数未知	男性参加率高于女性，年龄越大，参加率越高	年收入2 000万韩元以下不足1%，2 000万～4 500万韩元不足5%，8 000万韩元以上67.1%，2亿韩元以上55.6%

续表

国家	个人养老金	覆盖率和规模	不同年龄段参加率	不同收入人群的参加率
中国香港	可扣税自愿性扣款（TVC）	截至2022年年底，只有6.4万名雇员设立了TVC账户。自愿性缴费162.9亿港元，TVC缴费22.6亿港元，特别自愿性缴费7.9亿港元	N.A.	N.A.
巴西	自选个人养老金计划（PGBL）	2021年度，VGBL和PGBL合计缴费规模1 411.33亿雷亚尔，累计资产规模10 728.78亿雷亚尔。参加人数分别为637.67万人、1 164.4万人。占参加一般社会保障制度在职雇员5 670.8万人的11.2%和20.5%（两者人员有重叠）	N.A.	N.A.
智利	自愿养老金（APV）、集体自愿养老金（APVC）	截至2022年6月底，228.9万人参加了APV，占强制性养老储蓄人数的20%。总规模9.54万亿比索。APVC规模23亿比索，个人账户数876个	N.A.	N.A.

数据来源：作者整理。

第五节　个人养老金与第二支柱养老金的转移

养老金第二支柱与第三支柱由于是雇主或雇员出资建立的私有化养老金计划，权益最终归属雇员个人，因此天然存在养老金在第二支柱与第三支柱之间转移的需求。而各国（地区）对此的制度设计也存在差别。大致可以分为以下三种类型。

一、同类转移型

同类转移型的国家和地区如美国、加拿大、英国、日本、中国香港、巴西等，这是比较普遍的。但不同大类的养老金一般不允许转移，如DB型和保险型个人养老金，就不能与DC型养老金互转。

美国第二支柱与第三支柱养老金以积累制为主，因此转账的灵活性很高，第二支柱与第三支柱之间、第二支柱不同计划之间、第三支柱不同产品之间都可以进行转账，只不过某些转账需要满足一定的条件。

加拿大养老金有储蓄和支付两个阶段。在储蓄阶段，由于雇员可能会在不同雇主处工作，雇员可以选择将养老金留在其前雇主的计划中，也可以将养老金转移到新雇主的RPP中。如果新雇主没有RPP，雇员也可以将养老金转移到金融机构的保留账户中，或者直接使用养老金余额购买寿险公司的延期年金产品。DB型注册养老金不能转移。个人养老金部分，个人随时可从RRSP提款（有提款税），领取时可转移至继续延税的支付账户，如RRIF或TFSA。

英国的DC型养老金，同时包含第二支柱的职业养老金和第三支柱的个人养老金。通常可以将其转移到另外一家养老金提供商，如新雇主的职业养老金计划或者合并到个人养老金（SIPP）中自行管理。DB计划的转移区分几种情况，但一般不建议转移，因为会损害退休收入的确定性。

日本的第二支柱与第三支柱养老金的参加人在转换工作或退休时，可以双向转移养老金。其中iDeCo转入企业的年金计划时，如果是DB

型计划，则需要看是否接受资产转移，而 DC 型计划可以转入但需要同时注销 iDeCo 账户。企业年金计划的资金均可转入 iDeCo。另外雇员不能同时向企业 DC 计划和 iDeCo 进行个人缴费，只能在两者之间择一缴费。

中国香港允许雇员每年一次，将雇员的强制性缴费、过往工作转移至现职缴费账户的强制性缴费以及自愿性缴费转移至自选的强积金计划。TVC 账户持有人，也可随时把账户内的强积金转移至任何有提供 TVC 账户的强积金计划。雇员离职时，原计划的缴费账户可以转移至新雇主参加计划的缴费账户，或者任何强积金计划下的个人账户。如果计划成员同时持有多个个人账户，允许将多个个人账户整合至自选的受托人及相应的强积金计划中。

巴西允许个人将累积资金转移到其他计划（满足期限条件后），但不允许将 PGBL 移植到 VGBL，因为计划的特性必须相同（VGBL 属于保险产品）。在封闭式养老金计划中，从雇主处离职后，满足 3 年的宽限期才能进行转移。

二、二三关联型

采用二三关联型的国家如澳大利亚、韩国和智利。

澳大利亚的强制型和自愿缴费型超级年金计划，投资管理都在同一超级年金计划下，只是资金来源不同，是二三关联型，因此也不存在相互转移的必要性。

韩国第二支柱退休养老金计划分为待遇确定型（DB）和缴费确定型（DC）两种类型，个人可追加缴费，设立个人退休养老金计划（IRP），10 人以下的小企业可直接建立小企业 IRP。雇员每次离职时，在 DC 计划下积累的退休养老金余额可以转移到 IRP 账户，以享受养老金领取的税收优惠。

智利的第二支柱是强制性养老金计划，雇员和雇主还可自愿缴费，分为自愿养老金（APV）和集体自愿养老金（APVC）两种。管理强制性养老金计划的养老金公司（AFP），在自愿养老金规模中一直占一半左右比例，因此可以认为其属于二三关联型。

三、相互隔离型

相互隔离型的国家如德国和法国。德国第二支柱与第三支柱养老金投资产品都是独立封闭管理运作，DB 计划和保险产品居多，资金积累型产品较少，因此第二支柱与第三支柱之间的转换较为困难。也没有法规对第二支柱与第三支柱养老金转移作出具体规定，更多的是采取直接退出的方式。例如里斯特养老金的合同数量近年逐渐减少，就是一些参加人退出里斯特合同所致。

法国第二支柱为积分制而第三支柱是实账积累制，因而第二支柱与第三支柱间的转换并不适用。第二支柱的强制缴费是转换成积分进行积累，至退休时积分转出为金额，在工作变动时，不影响积分的后续累计。而第三支柱的自愿缴费分为企业集体退休储蓄计划和个人退休储蓄计划，第三支柱的不同产品间在一定条件下允许转换。第三支柱的企业集体退休储蓄计划在雇员工作变动时，可以选择有条件地取出，或者保留账户继续运作，或者转入新雇主的企业集体退休储蓄计划。

对于我国企业年金或职业年金和个人养老金之间的转移，也是值得讨论的一个话题。目前来看还是有一定困难。例如，第一，第二支柱与第三支柱领取时的个人所得税税率政策不同，第二支柱领取时按个人所得税累进税制，第三支柱领取时按3%的均一税率。第二，职业年金和一些大型企业年金计划含有一定待遇确定的性质，如职业年金有 10 年过渡期，其间有保低限高的政策安排。个人账户资金参与过渡期待遇计算，如果转出会减少积累的资金并增加国家财政支出。企业年金有些客户也有待遇计算的标准，单位缴费和个人缴费都需要考虑在内，如果允许存量资金转出，也会影响职工个人的企业年金待遇支付。第三，如果大量企业年金和职业年金的资金转移到个人养老金，大规模资产的变现会对投资管理产生巨大的冲击，影响企业年金和职业年金的投资收益。第四，个人养老金是产品形式的投资选择，企业年金和职业年金是以年金计划和投资组合为单位进行的投资管理，投资的模式并不相同，个人养老金的产品选择并不一定比企业年金和职业年金的专业管理更有效率。企业年金已经运行 10 余年，形成了较好的治理模式，也取得了较好的长期收益。职业年金虽然运行时间不长，但年金投资机构的管理体系与企业年金相同。而对于个人养老金，合格产品数量众多，收益和风险水平差异明显，个人如选择不当，投资收益可能会大幅度波动，也会影响到个人养老金的积累。

第六节　个人养老金的投资行为和收益

一、个人养老金可投资范围的界定

各国（地区）对个人养老金产品的界定，以资产管理产品形式为主，如基金、保险、银行存款等，也有一些国家（地区）还允许直接投资到具体品种，如股票债券等。还有个别国家（地区）将个人养老金与住宅贷款打通，如德国。

有一些国家（地区）只允许基金类产品，如澳大利亚、智利、中国香港、法国等。其他允许多类产品选择的国家（地区），美国和日本以基金产品选择为主，德国和韩国以保险产品选择为主。

穿透到股票、债券等大类资产的配置比例，权益类资产占据了相当可观的比例。如美国权益类资产占比在 70% 以上、英国 35%、澳大利亚 50% 以上、智利约 35%。应该说，个人养老金积极参与资本市场投资，分享资本市场长期成长的成果，是各国（地区）的普遍现象。见表 14-5。

表 14-5　部分国家和地区个人养老金的投资范围和投资者选择

国家	个人养老金	投资范围	投资者选择
美国	IRA 计划：传统 IRA 计划、罗斯 IRA 计划、SEP IRA 计划以及 SIMPLE IRA 计划	主要是共同基金、银行存款和保险产品	共同基金约占 45%，银行存款约占 5%，保险产品约占 4%。穿透看，权益类资产占 70% 以上
加拿大	个人注册储蓄计划：注册退休储蓄计划（RRSP）、注册退休收入基金（RRIF）	货币、担保投资证和其他存款；大多数在指定证券交易所上市的证券，以及交易所交易基金和房地产信托投资基金的单位；互惠基金和独立基金；加拿大储蓄债券和省级储蓄债券；在指定证券交易所上市的公司的债务义务；具有投资级评级的债务；保险抵押贷款或抵押	N.A.
英国	团体型个人养老金计划：团体个人养老金（GPP）、团体利益相关者养老金（GSP）；个人型个人养老金计划：个人养老金（SIPP）、利益相关者养老金（SP）	集合投资工具，包括任何基金公司、银行、券商、保险公司的基金和资产管理产品；直接投资工具，包括现金及等价物、债券、权益、财产、私募股权等	集合投资工具类资产占 91%（权益占 35%，混合资产占 34%，固定收益资产占 11%，其他资产如现金、商品、能源、结构性产品等占 12%，货币和财产性投资占比低于 5%），债券等直接投资占 8.6%，保险产品占比不足 0.5%

续表

国家	个人养老金	投资范围	投资者选择
德国	里斯特养老金（Riester Rente）	投资范围包括保险、银行储蓄、基金和住宅里斯特四大类	保险产品占66%，投资基金占20%，里斯特住宅占11%，银行存款占3%
法国	退休储蓄计划（PER）	法国的个人养老金计划开立的账户有两种形式，人寿保险账户和证券投资账户。人寿保险账户可以投资欧元基金、集合账户；证券投资账户直接投资股票和其他风险性较高的资产	2021年人寿保险账户中欧元基金投资占比72.8%，集合账户投资占比27.2%
澳大利亚	自愿型超级年金	公司基金、行业基金、公共部门基金、零售基金、SAFs、SMSFs	穿透后，股票和股权占50%以上，固定收益债券占20%左右，不动产和基础设施均在占8%左右，现金类资产约占10%
日本	缴费确定型养老金（iDeCo）	可以选择投资的产品包括存款、保险、共同基金以及黄金商品等	截至2021年3月底，共同基金占53.7%，存款占31.7%，保险占13.2%
韩国	积累型个人养老金、个人退休年金计划（IRP）	保险、基金、存款等	保险占52.1%，基金占34.6%，存款占9.3%

续表

国家	个人养老金	投资范围	投资者选择
中国香港	可扣税自愿性扣款（TVC）	在强积金中投资。有股票基金、混合基金、债券基金、保证基金、保守基金、货币基金	股票基金占43.0%，混合基金占34.3%，保守基金和保证基金占18.6%，债券基金占比不足5%
巴西	自选个人养老金计划（PGBL）	固定收益投资比例上限为100%，权益类投资比例上限为70%，房地产和多元市场投资比例上限均为20%	N.A.
智利	自愿养老金（APV）、集体自愿养老金（APVC）	每家养老金公司均需设置5类基金产品，股票比例区间分别为：基金A（40%~80%），基金B（25%~60%），基金C（15%~40%），基金D（5%~20%），基金E（0%~5%）	各类基金占比：基金A占14.4%，基金B占16.7%，基金C占35.1%，基金D占18.0%，基金E占15.8%。2022年年底穿透的投资比例为：股票占34.6%（智利国内占6.8%、国外占27.8%）、债券占63.3%（智利国内占49.5%、国外占13.8%）

资料来源：作者整理。

二、个人养老金产品的风险分类

对于可选择的个人养老金产品，一些国家（地区）对产品的风险和收益特征进行了分类，个人可根据自己的风险偏好进行选择。欧洲证券和市场管理局（ESMA）按预期波动率，将金融产品的风险按 7 级分类：如波动率在 5%~10%的金融产品，风险等级为 4 级，处于中等风险区间；波动率在 10%~15%的金融产品，风险等级为 5 级，处于中等偏上风险区间。澳大利亚将金融产品划分为很高风险、高风险、中高风险、中风险、中低风险、低风险、很低风险 7 级，每级风险按 20 年中负收益年份的数量来区分，如中风险是 20 年中年度亏损 2~3 次。德国要求个人养老金产品提供商必须标明产品的风险回报等级（CRK），分为 5 级。

三、个人养老金产品的管理费用

为了保护个人养老金投资者的利益，很多国家（地区）还对个人养老金产品的管理费用进行了约束。例如，德国规定，养老金产品提供商必须列出支付阶段开始之前的收费项目和标准，并说明扣除成本后的实际收益。中国香港强积金局规定了预设投资策略的收费水平，统一为 0.75%的上限，其他经常性管理费用比例亦不得超过 0.2%的上限。

四、个人养老金产品的选择

对于不同风险等级的产品，各国（地区）个人养老金参加人的选择，需要与自身的风险偏好匹配，不能选择高于自身风险承受能力的产品。同时具体的产品选择，也与个人的年龄和收入水平有一定相关性，具体可以查看各国（地区）介绍的内容。总体来看，个人养老金不会追求极端的安全（可能因此丧失长期收益潜力），也不会承受极高的风险。承担中等或中等偏上水平的风险，追求长期收益超越平均水平，这样的选择占比相对较高，也是比较合理的。

各国（地区）个人养老金产品数量普遍较多，通常高达几千只，对于能直接投资的国家（地区），其股票、债券的数量同样也很多。为了解决人们选择个人养老金产品的困难，一般有两种方式：一是建立个人养老金默认投资选择，一般为目标日期基金和目标风险基金；二是依托金融机构的投资顾问服务，由于传统的人工投资顾问服务难以覆盖数量众多的个人客户，借助计算机技术发展的智能投资顾问服务也在迅速普及，可以为众多个人提供更广泛易得的普惠养老金融服务。

五、个人养老金的投资收益

个人养老金的投资收益，是参加人最关心的。我们在各个国家（地区）的材料中都介绍了收益的情况。每个国家（地区）个人养老金的总体收益都有所不同，不同产品的风险收益特征也各不相同。总体而言，个人养老金的收益与一个国家（地区）的资本市场发展程度有关。由于很多国家（地区）允许个人养老金选择投资国际资本市场的产品，因此个人养老金的收益也与国际资本市场的表现有关。一个长期向好的资本市场，对个人养老金的发展会起到积极的促进作用；反过来个人养老金又为资本市场提供了长期稳定的资金，进一步支撑资本市场的稳定性和发展，成为双赢的选择。

一国（地区）的汇率稳定性和消费者物价指数的高低，也对个人养老金的实际收益率产生影响。例如，巴西封闭式养老金虽然年化收益率超过10个百分点，但巴西货币自2010年以来对美元大幅度贬值，同时巴西消费者物价指数在过去12个月平均为5.79%，一些年份还超过10%，这都会造成巴西养老金实际购买力的下降。

具体到个人养老金的产品，从长期看，收益与风险是呈现正相关关系的。在短期内，高风险产品的业绩波动性较大，但中低风险产品同样也可能产生较大的收益波动。个人养老金是长期资金，个人养老金的参加者需要深刻理解资金的性质，根据自己的风险偏好承担相应的风险，以获取长期收益的最大化。

从股债两大类资产来看，不能片面地认为股票投资有风险，债券投资没有风险。债券虽然有利息收入，但债券投资同样也存在风险。如果发生违约，债券的本金和利息都无法保证。利率对债券的交易价格同样有很大的影响，近年来美元的快速大幅度加息，造成美债价格的大幅度下降。其他一些国家也被迫跟随加息，同样造成本国债券价格的大幅度下降。这两种利率风险会给债券投资造成重大的损失，我们在各国（地区）的案例中也看到债券投资给个人养老金产品造成了损失。

银行存款总体是非常安全的，本息在一般情况下都有保证。但如果发生银行破产的极端情况，个人通常只能拿回存款保险规定的资金规模（如美国为单人25万美元）。另外存款利率也存在无法跑赢通货膨胀的风险，也不适用于中高风险偏好的人群。

第十五章
我国个人养老金的实践

第一节 我国养老保险制度概况

一、我国养老保障的历史源远流长

"百善孝为先"是我国自古以来一直推崇的孝道，同时"老吾老，以及人之老"的理念也深入人心。我国对高龄老年人的养老保障最早可以追溯到唐代，当时实行了给侍制度，即官府派人专门服侍达到一定年龄的老年人。根据唐律的规定，八十岁以上的老年人配侍丁一人，九十岁以上的老年人配侍丁两人，百岁以上的老年人配侍丁五人。到了唐代天宝年间，国家更加富裕，唐玄宗对此进行了些许改变："天下百姓丈夫七十五以上，妇女七十以上，宜各给一人充侍，任自拣择，至八十以上，依常式处分。"此时年龄从以前的男性八十岁以上下调为七十五岁以上，妇女从七十五岁以上下调为七十岁以上，达到该年龄即可配给侍丁。到了宋代，对高龄老年人的赡养政策又有了进一步的完善。宋代的刑法中沿用了给侍制度，规定了如果对家中长者不履行赡养义务，就要受到责罚。

二、我国已建立三支柱养老保险体系

进入现代社会后，养老保险制度的体系化和多支柱化更加重要。目前我国已进入深度老龄化社会，人生不再七十古来稀。2022年个人养老金制度开始实施，标志着我国已建立健全了养老保险三支柱。

第一支柱是城镇职工基本养老保险和城乡居民基本养老保险，采取社会统筹与个人账户相结合的制度模式，由国家、用人单位和个人共同承担，发挥保基本、兜底线的作用。截至2022年年底，基本养老保险覆盖人数已达10.5亿人。

第二支柱是企业年金和职业年金，由用人单位和职工个人共同缴费，采取个人账户方式管理，实行完全积累。截至2022年年底，企业年金覆盖3 010.29万名城镇职工，职业年金基本覆盖全部的机关事业单位人员。

第三支柱是个人储蓄性养老保险和商业养老保险，具体包括个人养老金和其他个人商业养老金融业务两个部分。截至2022年年底，个人养老金参加人数达到1 954万人。①

三、我国居民家庭财富总量大但结构不合理

谈及中国的养老问题，常常听到一个观点，是说中国"未富先老"。这个论断不够全面准确。经过四十多年的改革开放和经济高速发展，中国居民家庭实际积累了较为充足的财富总量，但结构不尽合理、分布不够均匀。

据中国人民银行调查统计司城镇居民家庭资产负债调查课题组2019年10月的调查报告，我国城镇居民家庭户均总资产已达317.9万元，但

---

① 人社12333微信公众号，个人养老金政策问答，2023年2月8日。

以实物资产为主，户均253.0万元，占家庭总资产的八成。实物资产又以住房为主，实物资产中，74.2%为住房资产，户均住房资产187.8万元。居民住房资产占家庭总资产的比重为59.1%。与美国相比，我国居民家庭住房资产比重偏高，高于美国居民家庭28.5个百分点。

居民的住房拥有情况相对均衡，基本实现了居者有其屋。我国城镇居民家庭的住房拥有率为96.0%，户均拥有住房1.5套。美国居民总体的住房拥有率为63.7%，低于我国32.3个百分点。按家庭收入从低到高排序，美国收入最低20%家庭的住房拥有率仅为32.9%，而我国收入最低20%家庭的住房拥有率也为89.1%。

城镇居民家庭资产的分布不够均衡。将家庭总资产由低到高分为六组，最低20%家庭总资产均值为41.4万元，在此之上每一组的总资产均值都大幅提高。而总资产最高20%家庭的总资产占比为63.0%，其中最高10%家庭的总资产占比为47.5%。进一步将居民家庭的总资产扣除负债，得到的净资产更能真实地反映居民家庭的财富水平。调查数据显示，中国城镇居民家庭净资产均值为289.0万元，即使净资产最低的20%家庭，平均净资产也有33.6万元（见表15-1）。

表15-1　　中国居民家庭资产分布情况　　万元，%

按资产由低到高分组	总资产均值	占全部家庭总资产比重	净资产均值	占全部家庭净资产比重
0~20	41.4	2.6	33.6	2.3
20~40	99.3	6.2	84.1	5.8
40~60	164.4	10.3	142.8	9.9
60~80	282.4	17.8	252.0	17.4
80~90	493.3	15.5	448.1	15.5
90~99	1 511.5*	47.5*	1 025.7	31.9
99~100	—	—	4 939.5	17.1

注：*为90%~100%分组数值。

资料来源：中国人民银行2019年中国城镇居民家庭资产负债情况调查。

但与美国相比，中国居民家庭财富的分布还是相对均衡的。2016年，按家庭净资产排序，美国全国最高1%的家庭所拥有的净资产占全部样本家庭净资产的38.6%，略高于随后9%家庭的38.5%，而其余90%的家庭仅占22.8%。而在中国城镇居民家庭中，这三个比例分别为17.1%、31.9%和51.0%。即使假设我国乡村居民家庭的净资产均为零（实际应该是正值），将这些零资产的样本按乡村人口占比加入调查样本后，新样本中最高1%、随后9%和其余90%的家庭净资产占比分别为21.9%、38.5%和39.6%。①

四、我国居民家庭养老金积累不足

我国家庭财富中金融资产的占比较低，尤其是养老金积累不足。受调查家庭中，有99.7%的家庭拥有金融资产，户均金融资产64.9万元，仅占家庭总资产的20.4%，与美国相比低22.1个百分点。而金融资产变现能力强，是养老储备的主要来源。家庭负债也会减少家庭的实际财富。我国城镇居民家庭负债参与率高，为56.5%，房贷是家庭负债的主要构成，占家庭总负债的75.9%。

在家庭金融资产中，养老金占比微乎其微。从总体来看，居民家庭金融资产中银行存款占比39.1%，位居第一，银行理财类占比26.6%，公积金余额占比8.3%，保险产品占比6.7%，股票占比6.4%，基金占比3.5%，还有6.7%的借出款，以及少量债券和互联网理财产品。

从养老金积累的角度看，我国企业年金和职业年金的积累还比较有限。截至2021年年底，企业年金和职业年金规模为4.4万亿元②，按参加人员数量平均，人均刚超过6万元，占家庭平均金融资产的9.2%。而且企业年金普及率很低，截至2021年年底参加人数为2 875万人，占参加城镇职工基本养老保险人数4.81亿人的6.0%。根据企业年金和职业年金合计的数据粗略估计，我国养老金积累占家庭金融资产的比例尚不足1%。

随着我国养老保险三支柱的建立，我国家庭金融财富的结构应适当

---

① 中国人民银行，2019年中国城镇居民家庭资产负债情况调查。
② 人力资源和社会保障部，2021年度人力资源和社会保障事业发展统计公报。

优化。个人可以利用国家的税收优惠政策，积极参加第二支柱企业年金、职业年金和第三支柱个人养老金，以增加养老金的储备，从而保障晚年的幸福生活。

第二节　个人养老金的参加流程①

个人养老金是指政府政策支持、个人自愿参加、市场化运营的补充养老保险制度，采取个人账户模式，由个人缴费，实行完全积累，市场化运营，并与基本养老保险、企业（职业）年金相衔接。参加个人养老金，一是可以在基本养老保险的基础上，再增加一份积累，退休后再多一份收入；二是可以帮助个人理性规划养老资金；三是可以享受税收优惠政策。

一、可以购买个人养老金的人群

个人要购买个人养老金，需要满足两个条件。一是需要在中国境内参加城镇职工基本养老保险或者城乡居民基本养老保险。其中已领取基本养老金的个人，不能再开立个人养老金账户。二是个人养老金采取在部分城市先行、再逐步推广的做法。制度实施后，凡是已在国家明确的先行城市建立基本养老保险关系的劳动者，都可以参加个人养老金，不受实际工作地、个人养老金资金账户开立地等影响。2022年11月17日人力资源社会保障部办公厅、财政部办公厅、国家税务总局办公厅印发了《关于公布个人养老金先行城市（地区）的通知》（人社厅函〔2022〕169号），公布了包括北京、上海、广州、西安、成都等36个先行城市或地区。将来，随着个人养老金制度覆盖到全国，符合条件的人员都可以参加。

二、购买个人养老金产品要先开立账户

个人要参加个人养老金，第一步，需要开立个人养老金账户。个人

---

① 本节主要参考了人力资源和社会保障部微信公众号的相关内容。

养老金账户是个人参加个人养老金的唯一账户,一旦开立就不会变化。参加人通过全国统一的线上服务入口或者商业银行渠道,在信息平台开立个人养老金账户,信息平台是人力资源社会保障部组织建设的个人养老金信息管理服务平台。信息平台通过国家社会保险公共服务平台、全国人力资源和社会保障政务服务平台、电子社保卡、掌上12333等全国统一线上服务入口或者商业银行等渠道,为参加人提供个人养老金服务,支持参加人开立个人养老金账户,查询个人养老金资金账户缴费额度、个人资产信息和个人养老金产品等信息,根据参加人需要提供涉税凭证。

第二步,参加人需要开立或指定本人唯一的个人养老金资金账户。个人养老金资金账户可以选择一家商业银行开立,也可以指定原有的资金账户。个人养老金资金账户与个人养老金账户绑定,为参加人提供资金缴存、缴费额度登记、个人养老金产品投资、个人养老金支付、个人所得税税款支付、资金与相关权益信息查询等服务。银行对资金账户免收年费、账户管理费、短信费、转账手续费。

在开立个人养老金资金账户时,商业银行可以核对参加人提供的由社会保险经办机构出具的基本养老保险参保证明或者个人权益记录单等相关材料,报经信息平台开立个人养老金账户后,为参加人开立个人养老金资金账户,并与个人养老金账户绑定。开立好上述两个账户,购买个人养老金的准备工作就完成了。

上述两个账户都是唯一的,且相互对应。这两个账户不能在多家银行开立或通存。个人养老金账户不能变更,个人养老金资金账户可以变更。《个人养老金实施办法》明确:参加人可以在不同商业银行之间变更其个人养老金资金账户。参加人办理个人养老金资金账户变更时,应向原商业银行提出,经信息平台确认后,在新商业银行开立新的个人养老金资金账户。

需要说明的是,上述两个账户是个人养老金制度内的账户,不同于基本养老保险和企业年金、职业年金的个人账户。

根据人力资源社会保障部2023年7月21日新闻发布会介绍,截至

2023 年 6 月底，全国 36 个先行城市（地区）开立个人养老金账户人数已达 4 030 万人，比 2022 年底参加人数提高了一倍以上。

三、个人养老金的缴费和领取规定

参加人每年缴纳个人养老金额度上限目前为 12 000 元，参加人每年缴费不得超过该缴费额度上限。个人养老金没有缴费下限的规定，也没有缴费年限规定。缴费额度按自然年度累计，次年重新计算。参加人可以自主决定是全程参加还是部分年度参加，以及年度内缴多少、一次性缴纳还是分次缴纳。缴费上限会根据经济社会发展水平、多层次养老保险体系发展情况适时调整。

为方便参加人，个人养老金支持多元化缴费方式，参加人可以使用现金、手机银行或个人网银等渠道向个人养老金资金账户缴费。

参加人达到领取基本养老金年龄、完全丧失劳动能力、出国（境）定居，或者国家规定的其他情形，可以领取个人养老金。参加人能领多少养老金，取决于其领取时本人个人养老金资金账户的资金额。个人可以按月、分次或者一次性领取个人养老金，领完为止。如果参加人在领取完毕之前身故的，其个人养老金资金账户内的资产可以继承。达到领取年龄后，不再允许缴存，但可暂不领取，持续投资。参加人达到领取条件后，可以根据需要赎回相应的个人养老金产品。商业银行会根据个人选择的领取方式和额度，把资金转入到参加人的社会保障卡银行账户。

四、个人养老金账户可以购买的金融产品

个人养老金产品应当具备运作安全、成熟稳定、标的规范、侧重长期保值等特征，由金融监管部门确定，并在国家社会保险公共服务平台、全国人力资源和社会保障政务服务平台、电子社保卡，以及金融行业平台同日发布。因此个人养老金资金账户的资金应购买上述平台公布的个人养老金产品。

个人养老金资金账户中的资金，可以自主选择购买符合规定的储蓄存款、理财产品、商业养老保险、公募基金等个人养老金产品。如暂不

购买上述个人养老金产品,则按活期存款利率计息。

与普通商业养老保险或银行存款相比,个人养老金有以下四个优势。一是可以享受税收优惠。在缴费环节,向个人养老金资金账户的缴费,按照每年 12 000 元的限额标准,在综合所得或经营所得中据实扣除。二是比较方便。参加人可以使用一个资金账户购买多类个人养老金产品。三是个人养老金产品具备运作安全、成熟稳定、标的规范、侧重长期保值等特征。四是领取条件明确,能够切实实现补充养老的功能。

个人养老金产品采取市场化运营,存在投资风险,参加人需谨慎选择,并依法承担投资风险。个人购买个人养老金,应先做风险测评,并购买不超过自己风险承受能力的产品。《个人养老金实施办法》要求个人养老金产品销售机构要以"销售适当性"为原则,依法了解参加人的风险偏好、风险认知能力和风险承受能力,做好风险提示,不得主动向参加人推介超出其风险承受能力的个人养老金产品。

《个人养老金实施办法》也强调,参加人自主决定个人养老金资金账户的投资计划,包括个人养老金产品的投资品种、投资金额等。同时在符合监管规则及产品合同的前提下,个人养老金产品销售机构要支持参加人进行产品转换。上述规定,充分保障了个人的权益,也便利了个人进行投资转换。投资转换的自由对个人是很重要的,因为参加个人养老金直到领取时间跨度很长。个人在不同的年龄段,风险偏好可能发生变化,因此可以根据风险偏好的变化来调整个人养老金产品的选择。

五、个人养老金的税收优惠

在缴费环节,个人向个人养老金资金账户的缴费,按照每年 12 000 元的限额标准,在综合所得或经营所得中据实扣除。个人养老金税收优惠政策自 2022 年 1 月 1 日起执行。

参加人在个人养老金资金账户的缴存信息,经过个人养老金信息管理服务平台汇总登记后,形成缴费凭证(即扣除凭证)。参加人可以通过全国统一线上服务入口和商业银行等渠道获取缴费凭证,如参加人无法从上述渠道获得缴费凭证,则代表信息平台未认可个人养老金缴费成功,参加人需向开立资金账户的商业银行咨询有关情况。

参加人使用税务部门手机"个人所得税"App扫描缴费凭证上的二维码生成扣除信息，在预扣预缴或汇算清缴时申报扣除。有任职受雇单位的个人，可以通过手机"个人所得税"App将扣除信息推送给任职受雇单位，或者将纸质版缴费凭证提供给单位，在计算工资时享受个人养老金扣除；也可以选择在次年个人所得税综合所得汇算清缴时办理扣除，使用"个人所得税"App扫描年度缴费凭证，一次性填报全年的个人养老金扣除。由于个人缴费信息归集需要一定时间，可能存在个人缴费凭证生成晚于单位扣缴申报时间的情况，对于未在缴费当月的工资薪金里扣除的，可延后至当年剩余月份单位发放工资薪金时累计扣除，也可在年度汇算清缴时补充享受。

在投资环节，计入个人养老金资金账户的投资收益暂不征收个人所得税；在领取环节，个人领取的个人养老金，不并入综合所得，单独按照3%的税率计算缴纳个人所得税，其缴纳的税款计入"工资、薪金所得"项目。

个人养老金领取时的纳税由商业银行负责。财政部、国家税务总局规定，个人按规定领取个人养老金时，由开立个人养老金资金账户所在市的商业银行机构代扣代缴其应缴的个人所得税。

六、参加个人养老金的整体流程

总结下来，参加人通过以下六个步骤可完成相关操作。第一步，通过全国统一线上服务入口或商业银行等渠道，选择"个人养老金账户开立"服务，建立个人养老金账户。第二步，通过商业银行手机银行或柜面等渠道，开立个人养老金资金账户；通过商业银行渠道，参加人可一次性完成个人养老金账户和个人养老金资金账户的开立。第三步，通过现金、手机银行或个人网银等渠道，自然年度内一次性或分次向个人养老金资金账户缴费。第四步，缴费阶段，选择在预扣预缴（取得工资薪金所得、按累计预扣法预扣预缴劳务报酬所得的）或者汇算清缴时，使用"个人所得税"App扫码等方式，享受税收优惠政策。第五步，通过个人养老金资金账户，购买符合规定的储蓄存款、理财产品、商业养老保险、公募基金等个人养老金产品。第六步，领取时，通过商业银行渠道，可选择按月、分次或者一次性等方式领取个人养老金，由商业银行机构代扣代缴个人所得税后，转入本人社会保障卡银行账户。通过全国统一线上服务入口查询个人养老金相关账户、缴费、交易、领取等个人权益信息，同时可查询个人养老金产品及发行机构等信息。

第三节　个人养老金产品及其选择

个人养老金产品分为储蓄存款、理财产品、商业养老保险、公募基金四类。由银行、保险、公募基金等金融机构提供的个人养老金产品已于近年逐步试点，详见表15-2。

表15-2　银行、保险、公募基金等金融机构个人养老金试点情况

产品类型	试点机制
养老目标基金	2018年2月开始试点，以基金中基金（FOF）形式运行，包括目标日期型和目标风险型；持有期分别为1年、3年、5年的产品，基金投资于股票、股票型基金、混合型基金和商品基金（含商品期货和黄金ETF）等品种的比例合计原则上不超过30%、60%、80%；以中风险为主，长期业绩较稳健
养老保险	个人税收递延型商业养老保险，2018年5月开始试点，分为收益确定型、收益保底型、收益浮动型三类产品，但收益浮动型的资金占比不能超过50%。专属商业养老保险，2021年6月开始试点，现已扩大至全国，采用"保本+浮动"收益模式。截至2023年1月，专属商业养老保险累计实现保费42.7亿元，保单件数37.4万件，其中新产业、新业态和各种灵活就业人员保单件数超过6万件，保费超过1.7亿元*

续表

产品类型	试点机制
养老理财	2021年9月开始试点，2022年由"4地4机构"扩大至"10地10+1机构"，产品投资期限均在5年或以上，费率优惠，不设购买起点限制。截至2023年1月，养老理财产品存续51只，47万投资者累计购买金额1 004亿元**
特定养老储蓄	2022年11月20日开始试点，由中国工商银行、中国农业银行、中国银行、中国建设银行四家大型银行在5个城市开展试点，试点规模为单家100亿元，试点一年；产品计划包括整存整取、零存整取和整存零取三种类型，产品期限分为5年、10年、15年和20年四档，共45只特定养老储蓄产品。产品利率略高于大型银行5年期定期存款的挂牌利率。储户在单家试点银行特定养老储蓄产品存款本金上限为50万元。截至2023年1月，特定养老储蓄业务余额263.2亿元***

注：*、**、***数据来源于中国银保监会。
资料来源：作者整理。

正式的个人养老金产品由金融监管部门确定，并在国家社会保险公共服务平台、全国人力资源和社会保障政务服务平台、电子社保卡，以及金融行业平台同日发布。下面对各类个人养老金产品逐一进行介绍。

一、储蓄存款产品

开办个人养老金业务的商业银行所发行的储蓄存款产品（包括特定养老储蓄，不包括其他特定目的储蓄）可纳入个人养老金产品范围，由参加人通过资金账户购买。参加人仅可购买其本人资金账户开户行所发行的储蓄存款产品。

个人养老金存款的期限包括定活两便、1天通知存款、7天通知存款、3个月、6个月、1年、2年、3年或5年。从国家社会保险公共服务平台可以查询到，截至2023年3月2日，个人养老金储蓄类产品共有465只，其中以3个月至5年期限的存款品种为主。表15-3整理了某商业银行 1~5 年个人养老金存款的利率和最低金额要求，并与普通存款进行了对比。可以看出，3 年期及以上的个人养老金存款，会比正常存款利率更优惠一些；另外起存金额较低，通常在 50 元或 100 元，符合个人养老金缴费金额可能较小的实际情况。

表 15-3　某商业银行个人养老金存款和普通存款利率

（截至 2023 年 2 月 28 日）　　　　　　%，元

存期	个人养老金存款		普通存款	
	年利率	最低金额	年利率	最低金额
1 年期	2.15	50	2.15	50 000
2 年期	2.65	50	2.65	5 000
3 年期	3.25	50	2.90	1 000
5 年期	3.30	50		

资料来源：某商业银行网站。

特定养老储蓄产品分为整存整取、整存零取、零存整取三类。整存整取产品指整笔存入（50 元起存），到期一次性支取本息；整存零取产品指本金一次性存入（1 000 元起存），存款人与银行协商确定支取频率，分期支取本金，可设定为 1 个月、3 个月、6 个月、1 年一次，利息于期满结清时支取；零存整取产品指存款人与银行事先约定存款期限和每月固定存额（每月固定存额 5 元起），每月存入一次，到期一次性支取本息，中途如有漏存，应在 2 个月内补齐，未补存者视为违约。

根据中国银保监会、中国人民银行关于开展特定养老储蓄试点工作的要求，目前特定养老储蓄产品在合肥、广州、成都、西安和青岛开展试点，试点总体规模、试点期限按试点工作要求执行。在尚有可售额度的情况下，单人可购买的本金上限为 50 万元，整存整取、整存零取、零存整取三种类型产品合并计算。

特定养老储蓄产品期限分为 5 年、10 年、15 年和 20 年四档。特定养老储蓄产品适用专用利率（见表 15-4），区别于同类型的普通定期存款，

体现了该产品的普惠性。特定养老储蓄产品每 5 年为一个计息周期，同一个计息周期内利率水平保持不变，每个计息周期的适用利率按该周期开始日的特定养老储蓄产品利率执行。其中，5 年期产品仅包含一个计息周期，10 年期产品包含 2 个计息周期，15 年期产品包含 3 个计息周期，20 年期产品包含 4 个计息周期。

表 15-4　　某商业银行特定养老储蓄产品利率表　　　　　　%

特定养老储蓄整存整取产品				
5 年期	10 年期	15 年期	20 年期	适用范围
4	4	4	4	广州、成都、西安
3.5	3.5	3.5	3.5	合肥、青岛
特定养老储蓄整存零取、零存整取产品				
5 年期	10 年期	15 年期	20 年期	适用范围
2.25	2.25	2.25	2.25	广州、成都、西安
2.05	2.05	2.05	2.05	合肥、青岛

资料来源：某商业银行网站。
注：利率自 2022 年 11 月 30 日起执行。

特定养老储蓄产品须年满 55 周岁且产品期满方可到期支取，未到年龄或未到期支取按提前支取条款处理。客户签约 5 年期产品时，年龄须满足大于等于 50 周岁，10 年期产品须满足年龄大于等于 45 周岁，15 年期产品须满足年龄大于等于 40 周岁，20 年期产品须满足年龄大于等于 35 周岁。存款人因个人原因需要用款，在年满 55 周岁前或产品到期前也可以办理提前支取，提前支取的利息计算按双方约定执行。

特定养老储蓄产品正常到期后客户未及时支取，或客户在整存零取产品约定的支取日未及时支取，超过原定日期的天数，按实际支取日活期存款挂牌利率计付利息。[①]

总的来说，个人养老金存款安全性非常高，利息有保证，本金和利

---

① 中国银行网站数据。

息享受国家法定的存款保险，在同一家银行的最高偿付限额为人民币 50 万元。当然，在高度安全的同时，银行存款的利息是固定的，无法分享资本市场的投资收益（也无须承担相应的风险），这是个人养老金参加人需要注意的。

二、理财产品

个人养老金理财产品是指符合金融监管机构相关监管规定，由符合条件的理财公司发行的，可供资金账户投资的公募理财产品。个人养老金理财产品应在销售文件中明确标识"个人养老金理财"字样。

个人养老金理财产品应当符合法律法规及相关监管规定，具备运作安全、成熟稳定、标的规范、侧重长期保值等特征，包括：养老理财产品；投资风格稳定、投资策略成熟、运作合规稳健，适合个人养老金长期投资或流动性管理需要的其他理财产品；银保监会规定的其他理财产品。

个人养老金理财产品允许投资者通过资金账户购买的同时，还允许通过其他账户购买的，应符合以下两点要求：第一，针对通过资金账户购买份额设置单独的份额类别，并在销售文件中进行明确标识（一般标记为 L 份额）；第二，公平对待通过资金账户或其他账户购买的所有投资者。

个人养老金理财产品发行机构和销售机构应当引导投资者树立长期投资、合理回报的投资理念，并按照法律法规及相关监管规定，通过公开渠道，真实准确、合理客观、简明扼要地披露个人养老金理财产品相关信息，不得宣传策略保本，不得承诺或宣传保本保收益。

银行理财产品的风险分类为五级：R1 级总体风险程度低，收益波动小，产品本金安全性高，收益不能实现的可能性很小；R2 级总体风险程度较低，收益波动较小，虽然存在一些可能对产品本金和收益安全产生不利影响的因素，但产品本金出现损失的可能性较小；R3 级总体风险程度适中，收益存在一定的波动，产品本金出现损失的可能性不容忽视；R4 级总体风险程度较高，收益波动较明显，产品本金出现损失的可能性高；R5级总体风险程度高，收益波动明显，产品本金出现损失的可能性很高，产品本金出现全部损失的可能性不容忽视。

截至2023年6月30日，获准销售的个人养老金理财产品共19只（见表15-5），其中R2风险等级的产品12只，R3风险等级的产品7只，体现养老理财产品追求中等或较低风险的定位，适合风险偏好中等偏保守的人群选择。

表15-5　　　　　　　　个人养老金理财产品一览

产品名称	产品成立日	最短持有期	风险等级	业绩比较基准
工银理财核心优选最短持有365天固收增强开放式（23GS5393）	2023/2/17	365天	R2	3.70%~4.20%
工银理财鑫添益最短持有540天固收增强开放式	2023/2/17	540天	R2	4.10%~4.60%
工银理财鑫悦最短持有720天固收增强开放式	2023/2/17	720天	R2	4.40%~4.90%
工银理财鑫尊利最短持有1 080天固定收益类开放式	2023/2/17	1 080天	R3	5.25%~5.75%
工银理财·"鑫得利"固定收益类理财产品（2018年第32期）	2018/12/11	1年	R2	3.00%
工银理财·"鑫得利"量化策略联动固定收益类理财产品（2018年第4期）	2018/11/23	1年	R3	3.20%~3.50%
农银理财"农银同心·灵动"360天科技创新人民币理财产品	2023/2/6	360天	R3	4.05%

续表

产品名称	产品成立日	最短持有期	风险等级	业绩比较基准
农银理财"农银顺心·灵动"365天固定收益类人民币理财产品	2023/3/10	365天	R2	3.70%~4.20%
农银理财"农银顺心·灵动"720天混合类人民币理财产品	2023/3/10	720天	R3	4.50%~5.00%
农银理财"农银顺心·灵动"1 080天固定收益类人民币理财产品	2023/3/10	1 080天	R2	5.25%~5.75%
中银理财福（1年）最短持有期固收增强L	2023/2/28	1年	R2	3.70%~4.70%
中银理财福（18个月）最短持有期固收增强L	2023/2/28	18个月	R2	3.80%~4.80%
中银理财福（2年）最短持有期固收增强L	2023/2/28	2年	R2	3.90%~4.90%
中银理财福（3年）最短持有期固收增强L	2023/3/1	3年	R2	4.10%~5.10%
中银理财禄（5年）最短持有期混合类L	2023/3/1	5年	R3	4.25%~6.25%
中邮理财邮银财富添颐鸿锦最短持有365天1号L	2023/1/4	1年	R2	3.65%~4.65%
中邮理财邮银财富添颐鸿锦最短持有1 095天1号L	2023/2/20	3年	R2	3.85%~4.75%

续表

产品名称	产品成立日	最短持有期	风险等级	业绩比较基准
中邮理财邮银财富添颐鸿锦最短持有1 825天1号L	2023/3/6	5年	R3	4.05%~4.95%
贝莱德建信理财贝嘉风险目标稳健型固定收益类理财产品	2023/7/18	1年	R3	5%×沪深300指数收益率+95%×中债-优选投资级信用债全价（总值）指数收益率

资料来源：Wind，中国理财网及相关理财公司网站。

注：持有天数360天产品视为1年期产品。

个人养老金理财产品的业绩基准普遍是一个绝对比例的区间，最低值为3%，最高值为6.25%。同一产品的业绩基准的上下限差距基本在0.5%内，少数产品变动区间为1%。业绩基准体现了个人养老金理财产品追求绝对收益的导向。

另外从最短持有期看，没有1年以下的产品，1年的有8只，一年半的2只，2年的3只，3~5年的6只，总体偏向中长期持有。产品赎回的一般规定为：从投资者所购份额的确认日起，该份额超过最短持有期后的每个工作日为赎回开放日。

部分产品还增加了提前赎回条款，因完全丧失劳动能力或因身故致使资金账户资产被依法继承等并提供证明材料的，投资人可申请提前赎回本产品的L类份额。这与个人养老金办法的规定一致。也有产品约定，如果产品管理人根据相关法律、国家政策规定以及市场情况，对理财产品重要条款进行调整，投资人不同意调整条款的，可以提交提前赎回申请。

三、商业养老保险产品

银保监会对开展个人养老金业务的保险公司有明确的规范，要求符合以下条件：上年度末所有者权益不低于 50 亿元且不低于公司股本（实收资本）的 75%；上年度末综合偿付能力充足率不低于 150%、核心偿付能力充足率不低于 75%；上年度末责任准备金覆盖率不低于 100%；最近 4 个季度风险综合评级不低于 B 类；最近 3 年未受到金融监管机构重大行政处罚；具备完善的信息管理系统，银行保险行业个人养老金信息平台实现系统连接，并按相关要求进行信息登记和交互；银保监会规定的其他条件。

保险公司开展个人养老金业务，可提供年金保险、两全保险，以及银保监会认定的其他产品（以下统称个人养老金保险产品）。个人养老金保险产品应当符合以下要求：保险期间不短于 5 年；保险责任限于生存保险金给付、满期保险金给付、死亡、全残、达到失能或护理状态；能够提供趸交、期交或不定期交费等方式满足个人养老金制度参加人交费要求；银保监会规定的其他要求。

截至 2023 年 6 月 30 日，保险类个人养老金产品共 48 只。其中专属商业养老保险 11 只，年金保险 25 只，两全保险 12 只。①

（一）专属商业养老保险

专属商业养老保险是指以养老保障为目的，领取年龄在 60 周岁及以上的个人养老年金保险产品。产品设计分为积累期和领取期两个阶段，领取期不得短于 10 年。与普通商业养老保险相比，专属商业养老保险的重点服务对象是新产业、新业态从业人员，以及各种灵活就业人员。此类人员具有工作变动大、收入水平不稳定以及缺乏单位为其缴纳社会保险的特点。保险公司开发设计商业养老保险产品以"投保简便、交费灵活、收益稳健"为原则，发挥个人和家庭养老保障计划重要补充者、养老服务业健康发展支持者的角色。

从目前 11 只专属商业养老保险产品来看，每只产品都设立了两个投资组合账户，分别为稳健型和进取型投资组合账户。稳健型投资组合账

---

① 国家社会保险公共服务平台数据。

户是在严格控制风险的情况下,主要投资于固定收益类资产,并适当配置少量具有投资价值的权益类资产和流动性资产,追求账户资产长期稳健增值的投资账户。目前发行的11个稳健型投资组合账户保证利率在2%~3%。进取型投资组合账户是在有效控制风险的前提下,会配置相对更高的风险资产,追求相对较高收益的投资账户。进取型投资组合账户一般会均衡配置权益类资产和固定收益类资产,并设置较低的最低保证利率,在保障账户流动性要求的良好管理与匹配的基础上,提升客户养老资金的长期增长潜力。目前发行的11个进取型投资组合账户的保证利率在0%~1%。从2022年实际结算利率看,稳健型投资组合结算利率大致在5%,进取型投资组合结算利率在5.5%~6%。

专属商业养老保险的责任内容,除了身故责任和年金领取责任,还可提供重疾、护理、意外等其他保险责任。如全残保险金、重度失能保险金等。此外,所有试点机构都给予了遭遇意外伤残或者重大疾病的投保人解除合同并返还保费或保单账户价值的权利。

专属商业养老保险产品还可以在领取时转换为终身领取的年金。表15-6是部分保险公司养老年金的领取转换表,由于男性和女性的预期寿命不同,因此转换系数有所区别。各家保险公司均采用银保监会法定的生命表,转换系数只有微小的差别。以60岁男性为例,如果积累资金为20万元,则每年领取约1.1万元,平均每月领取约920元。同样情况的女性每年领取约1.03万元,平均每月领取约860元。

表15-6　　　　　养老年金领取转换表示例

（每万元账户价值转换的年领取金额）　　　　　元

领取起始年龄	男性			女性		
	中国人寿	人保寿险	太平人寿	中国人寿	人保寿险	太平人寿
60	553.3	553.21	553.2	515.8	515.77	515.8
61	563.7	563.63	563.6	524.3	524.26	524.3
62	574.7	574.66	574.7	533.2	533.16	533.2

续表

领取起始年龄	男性			女性		
	中国人寿	人保寿险	太平人寿	中国人寿	人保寿险	太平人寿
63	586.4	586.4	586.4	542.6	542.53	542.5
64	598.7	598.68	598.7	552.5	552.44	552.4
65	611.8	611.7	611.7	562.9	562.81	562.8

资料来源：相关保险公司网站。

保险产品退保时可能会产生损失。一般来看，只有到第6个保单年度之后退保，才开始退还全部已交保费。如果在这之前退保，则保险公司会扣除1%~5%的已交保费。在这之后的保单年度10年内退保，投资收益还会扣除25%；保单年度第11年及之后退保，投资收益扣除10%。

（二）年金保险

年金保险是指投保人或被保险人一次或按期交纳保险费，保险人以被保险人生存为条件，定期给付保险金，直至被保险人死亡或保险合同期满。个人养老金保险产品中的一款年金保险产品，规定的养老年金首次领取日分为被保险人年满55周岁、60周岁、65周岁、70周岁、75周岁后的首个保险合同周年日5种。被保险人可以选择20年期领取和终身领取，按年或按月给付，其中按月给付是按年给付金额的8.5%（12个月合计是按年给付的102%）。

万能型年金保险是指包含保险保障功能并在保单账户中拥有资金可用于投资的人身保险产品。客户购买万能型年金保险产品所支付的保险费，在扣除各种费用后进入客户保单账户，由保险公司进行投资运作，保险公司每月根据实际投资收益公布结算利率。公布的结算利率保证不低于条款约定的最低保证利率，如工银安盛人寿金账户年金保险（万能型）在2023年2月28日的结算利率为4.65%。应定期结算个人保单账户价值，直至保险合同终止。

一般而言，除从保险费扣除初始费用外，在万能保险运作期间通常每月还要从保单账户中扣除保单管理费、风险保险费，在部分领取或退保时要扣除退保费用等。初始费用标准一般为1%~3%，区分趸交保险费或追加保险费。对于每笔保险费，保险公司在扣除以该保险费乘以初始费用率后，再按合同约定转入合同的个人账户进行投资。①

分红型年金保险与万能型年金保险的区别在于，万能型年金保险的利润来自投资账户的投资收益，每月为投资者提供结算利率，并提供年保证收益率。分红型年金产品的红利不仅来自投资收益，还有费差益和死差益等利润（如有），在预定利率之上（一般为2%~2.5%），每年向投资者派发可浮动的"红利"（一般为利润的70%）。因此，分红型年金保险的分红收益率也是不确定的。

（三）两全保险

两全保险是指被保险人在保险合同约定的保险期间死亡，或在保险期间届满仍生存时，保险人按照保险合同约定均应承担给付保险金责任的人寿保险。个人养老金保险产品中的一款两全保险产品，规定的保险期间分为8年、10年和至被保险人年满60周岁（男）、55周岁（女）的年生效对应日止三种。保险责任为身故或全残保险金、意外伤害身故或全残额外保险金、客运交通工具意外伤害身故或全残额外保险金、重大自然灾害意外伤害身故或全残额外保险金，以及满期保险金。其中身故或全残保险金和满期保险金保险公司仅给付一项。

四、公募基金产品

证监会规定，个人养老金可以投资的基金产品（以下简称个人养老金基金）应当具备运作安全、成熟稳定、标的规范、侧重长期保值等特征，且基金管理人具备《公开募集证券投资基金运作管理办法》第六条

---

① 工银安盛人寿金账户年金保险（万能型）产品说明书。

规定的相应条件。产品类型包括：最近4个季度末规模不低于5 000万元或者上一季度末规模不低于2亿元的养老目标基金；投资风格稳定、投资策略清晰、运作合规稳健且适合个人养老金长期投资的股票基金、混合基金、债券基金、基金中基金和中国证监会规定的其他基金。

个人养老金基金应当针对个人养老金投资基金业务设立单独的份额类别（一般为Y份额），在基金合同、招募说明书等文件中清晰约定，并依法进行注册或者备案。个人养老金基金的单设份额类别不得收取销售服务费，可以豁免申购限制和申购费等销售费用，可以对管理费和托管费实施一定的费率优惠。从实际情况来看，个人养老金基金产品Y份额的管理费和托管费大致降低了一半，每年可以帮助客户节约固定管理费0.3%~0.8%。所以购买Y份额与普通份额相比，不仅可以获取税收递延优惠，还可以获取费用优惠。日积月累下来，也是一笔不小的收益。

基金管理人可以根据投资人不同生命周期阶段的养老投资需求和资金使用需求，在做好充分信息披露的前提下，对个人养老金基金产品设计作出以下安排：为鼓励投资人在个人养老金积累期长期投资，将分红方式设置为红利再投资；为鼓励投资人在个人养老金领取期长期领取，设置定期分红、定期支付、定额赎回等机制；在运作方式、持有期限、投资策略、估值方法、申赎转换等方面的其他安排。

目前个人养老金中公募基金产品都是基金中基金，截至2023年6月30日，共有151只。[①] 其中目标风险基金94只，目标日期基金57只。共有45家机构进入个人养老金首批基金销售机构目录，包括19家券商、19家商业银行、7家独立基金销售机构。

根据证监会的规定，采用目标日期策略的基金，应当随着所设定目标日期的临近，逐步降低权益类资产的配置比例（即下滑曲线），增加非权益类资产的配置比例。权益类资产包括股票、股票型基金和混合型基金。采用目标风险策略的基金，应当根据特定的风险偏好设定权益类资

---

① 国家社会保险公共服务平台数据。

产、非权益类资产的基准配置比例，或使用广泛认可的方法界定组合风险（如波动率等），并采取有效措施控制基金组合风险。采用目标风险策略的基金，应当明确风险等级及其含义，并在招募说明书中注明。

养老目标基金应当采用定期开放的运作方式或设置投资人最短持有期限，与基金的投资策略相匹配。养老目标基金定期开放的封闭运作期或投资人最短持有期限应当不短于 1 年。最短持有期限与权益型资产投资比例正相关：养老目标基金定期开放的封闭运作期或投资人最短持有期限不短于 1 年、3 年或 5 年的产品，基金投资于股票、股票型基金、混合型基金和商品基金（含商品期货和黄金 ETF）等品种的比例合计原则上不超过 30%、60%、80%。

从目前进入个人养老金产品名录的养老目标基金看，目标风险基金产品 1 年持有期的居多，数量为 63 只，其次是 3 年持有期，27 只，另有 3 只 5 年持有期、1 只 2 年持有期的产品。而目标日期基金则侧重 3 年持有期，产品数量为 41 只，其次是 5 年持有期 10 只，1 年持有期只有 6 只。可以看出目标日期基金更侧重中长期，而目标风险基金更侧重中短期。

从目标日期基金产品设定的目标日期看，2035 年和 2040 年的最多，均为 14 只，2045 年和 2050 年的分别为 8 只和 6 只，2025 年和 2030 年的分别为 4 只和 8 只。2035 年和 2040 年的对应人员目前的年龄为 40~50 岁（男性，按 60 岁退休计算）、35~45 岁（女性，按 55 岁退休计算）。上述群体应该是目标日期基金产品的重点目标客户，从美国经验看，30~50 岁人员也是选择目标日期基金占比最多的。

目前进入个人养老金产品名录的养老目标基金，有 150 只是中风险（R3）等级产品，只有 1 只是中高风险（R4）等级产品。同样风险等级的产品，业绩基准中的大类资产配比还有所不同。最短 1 年持有期的产品，权益类和商品类比例上限为 30%，实际有 45 只产品限定在 20% 及以下，24 只产品限定在 25% 或 26%；最短 3 年持有期的产品，权益类和商品类比例上限为 60%，实际有 11 只产品上限设定在 60%，51 只产品上限在 40%~50%（含），还有 3 只产品上限在 30% 及以内；最短 5 年持有期的产品，权益类和商品类比例上限为80%，其中有9只产品上限设定在70%~80%（含），4只产品上限设定在60%~70%，还有1只产品上限不高于60%。

另外，在权益类和商品类比例中，一部分产品设定了港股的配置比例，共22只，占所有产品的16%，其中，配置的比例基本在5%及以下，共20只，还有2只产品配置港股的基准比例可达14%或15%。从国际个人养老金产品投资经验来看，很多国家（地区）都允许个人养老金投资国际市场。相信在未来我国的个人养老金也不一定局限在内地股票市场，先通过港股通投资于中国香港资本市场，这也是一种必然选择。[①] 此外，还有2只产品配置基准分别包含了5%黄金现货、2%商品期货，这在国际上也比较常见。

截至2023年6月30日，个人养老金公募产品Y份额的当年平均收益率为0.62%（未年化），当年正收益的产品比例为73.7%。目标风险产品的平均收益率为0.94%，目标日期产品的平均收益率为0.09%。由于个人养老金公募产品Y份额运行时间较短，短期收益特征并不代表长期收益特征。总的来看，投资收益与产品中股票的基准比例相关性很大。

四大类个人养老金产品，风险等级从完全无风险到中等风险为主，银行存款属于无风险类别，养老理财产品属于低风险类别，个人养老金基金产品属于中低风险类别。保险产品没有风险分类，大致属于低风险类别（有保底收益的可视同无风险）。参加个人养老金的人员，可以根据上述产品的风险收益特征，结合自身的风险承受能力，进行合理选择。总体而言，发挥个人养老金资金的长期优势、长期持有适当风险水平的产品，可以获得更高的收益空间，但短期的收益会有一定波动。

---

① 关于养老目标基金的数据来源于Wind，作者整理。

第四节 公募基金在养老金投资管理中的积极作用

一、公募基金广泛参与三支柱养老金的投资管理

根据人力资源社会保障部和全国社保基金理事会的披露信息,从养老金的投资资格来看,在社保基金的投资管理人中,公募基金占据了18家中的16家;在基本养老基金的投资管理人中,公募基金占21家中的14家;在企业年金和职业年金的投资管理人中,公募基金占22家中的11家。

公募基金业在养老金投资管理中占据主导地位。根据人力资源社会保障部、全国社保基金理事会以及中国证券投资基金业协会网站公开的数据,截至2021年年底,我国养老保险基金合计已达13.53万亿元,其中由金融机构投资管理的养老金资产规模约为7.33万亿元,包括2.64万亿元的企业年金和1.79万亿元的职业年金,以及全国社保基金理事会委托投资的2.0万亿元的社保基金、0.9万亿元的基本养老保险基金。公募基金业在养老金投资管理中占据主导地位,截至2021年年底,投资管理规模达3.96万亿元,占比达54%。

公募基金为养老金长期保值增值做出了重要贡献。历经20年的发展,公募基金凭借完善的制度设计、专业的投资能力、丰富的产品体系、全面的服务体系等比较优势,为养老金的保值增值做出了重要贡献。人力资源社会保障部和全国社保基金理事会统计数据显示,截至2021年年底,全国社保基金、基本养老保险基金、企业年金分别实现了8.30%、6.49%、7.17%的年化投资收益率,公募基金在其中也发挥了重要作用。同时企业年金投资在2021年之前的10年中仅1年出现亏损,这体现了养老金非常高的安全性要求,公募基金也深刻理解养老金的长期收益和安全性的要求。对于个人养老金而言,公募基金在多年管理企业年金过程

中积累下的风控经验也是宝贵的财富。

公募基金积极参与个人养老金制度建设和产品管理。从国际经验来看，公募基金产品越来越成为个人养老金投资选择的主流，而公募基金中的目标日期基金普遍是个人养老金的默认投资选项。我国自2018年2月养老目标基金开始试点，已经积累了5年以上的长期投资经验，并取得了稳定的长期收益。基于试点的养老目标基金设立的Y份额，还进一步降低了管理费用，提升了相对收益水平。根据中国证券投资基金业协会网站数据，截至2022年年底，全市场股票基金共1 992只、规模达2.48万亿元，混合基金共4 595只、规模达5.0万亿元，债券基金共2 095只、规模达4.27万亿元，未来公募基金将逐步进入个人养老金合格产品中，可以为我国个人养老金提供更丰富的投资选择。

二、公募基金在三支柱养老金投资管理中的优势和特色

优势和特色之一：如何兼顾养老金的安全和收益，公募基金在企业年金投资上积累了长期的成功经验。养老金的安全是基础，收益是目标，必须将两者有机结合起来，不能偏颇。养老金作为长期资金，需要发挥长期资金的优势，追求长期收益最大化，并跑赢通货膨胀率，从而保障老年人退休后的生活品质。公募基金参与第二支柱企业年金和职业年金投资的时间比较长，根据人力资源社会保障部统计数据，其中企业年金2007—2021年的年均收益率达7.17%，2021年之前的过去10年平均收益率达6.32%、过去5年平均收益率达6.36%，均明显超过同期CPI，且过去10年仅1年出现亏损，应该说在保障安全和长期收益之间取得了较好的平衡，这有利于进一步做好第三支柱个人养老金的投资管理。

优势和特色之二：如何做好个人养老金的资产配置和产品选择，养老目标基金提供了一站式解决方案。为更好地参与个人养老金的投资管理，公募基金将资产配置和产品选择结合在一起，形成基金中基金模式，这更为适合中国个人养老金投资的实际需求。因为个人养老金产品横跨银行理财、储蓄存款、商业养老保险和公募基金四大类别，如何选择合

适的产品，是个人面临的挑战。而公募基金推出 FOF 模式，既能做资产配置，又能做具体的公募产品选择，可有效地解决个人养老金的产品选择困难问题。

优势和特色之三：公募基金在投研能力上具备人员和能力优势。要兼顾养老金安全性和收益性的要求，年金投资管理机构需要同时具备三种能力：一是资产配置能力，二是行业选择能力，三是个股选择能力。从公募基金公司养老金管理的实践看，公募基金普遍配备了专业的研究部门，涵盖宏观、行业和个股，为养老金（包括公募基金）的投资管理提供支撑。以海富通基金为例，公司研究部专业研究员超 20 人，在研究总监的领导下，设置 4 个专业研究组，实现了行业的全覆盖，总量组负责宏观策略，工业大宗组负责有色、钢铁、建材、机械、交运、石化、公用环保、煤炭等行业，成长组负责计算机、军工、通信、建筑、电子、汽车、电力设备等行业，消费组负责食品饮料、农业、医药、家电、轻工、商业、传媒、社会服务等行业。

优势和特色之四：公募基金投资顾问能力逐步增强，将进一步助力个人养老金投资。个人养老金产品比较丰富，除了公募基金，还有银行理财、存款和保险等其他类型产品，每种类型会有越来越多的产品准入。从国际经验来看，个人经常面临在几千只产品中选择和配置的问题。例如美国的投资顾问服务正是与 IRA、401k 等养老金共同成长的。根据美国投资机构协会数据，美国个人在确定 IRA 投资策略时，专业金融机构的投资顾问是首选咨询对象，选择的比例达到 78%，远高于其他方式。

对于我国已经启动的个人养老金业务，投资顾问服务会越来越重要。而随着个人养老金资金的积累，个人将从单只产品选择发展到多只产品配置，甚至还会进行择时更换，这个过程会伴随个人养老金投资管理的全程。在这个长期的过程中，更加需要专业的投资机构提供陪伴式的投资顾问服务，以帮助个人投资者优化选择、控制风险、提升收益。2019 年 10 月，证监会印发《关于做好公开募集证券投资基金投资顾问业务试点工作的通知》，为公募基金投资顾问业务拉开序幕。目前我国共有 60 家机构获得基金投资顾问试点资格，管理规模近 1 200 亿元，涉及 440

万个账户，95%为10万元以下的小微账户。① 虽然我国的基金投资顾问业务还处在较为初期的阶段，但个人养老金投资与投资顾问业务的适配度极高，公募基金公司通过专业的投资顾问服务，可以提升个人对养老投资的认知，引导合理的产品配置和长期投资的理念，以实现更好的投资效果。

三、个人养老金业务的发展空间

个人养老金作为我国养老保险第三支柱，受到国家税收优惠政策支持，金融机构也纷纷对个人养老金产品提供优惠费率或利率，将来发展空间广阔。个人养老金规模的增长，受到以下三个因素的影响。

第一个因素是人们的收入水平。因为个人养老金在退休领取时要支付3%的个人所得税，目前对于适用3%个人所得税率的人群，缴费和领取的税率相同，无税收优惠。因此参加个人养老金能获得税收优惠的人群主要是10%及以上个人所得税税率对应的那部分人群。同时考虑个人养老金产品费率优惠的情况，3%以及无纳税人群如考虑投资金融产品，选择费率更优惠的个人养老金产品并长期持有，也能相应获益。

第二个因素是人员参加率。根据人力资源社会保障部2023年3月2日的数据，个人养老金开户人数已达2 817万人。根据有资格参加个人养老金的人员标准，参加基本养老保险的在职人员约7.35亿人，则2022年年底个人养老金覆盖率为3.8%，这已经超过了日本个人养老金发展20多年来的覆盖率（3.5%）。应该说我国的个人养老金起步还是不错的。我国个人养老金的参加主体，预计还是以缴纳个人所得税的工薪人员为主（按60%预测），小部分无个人所得税人员为辅，静态人数估计约5 000万人。未来随着个人养老金制度的进一步完善，以及个人收入水平的进一步提高，参加个人养老金的人数还会逐步提高。

第三个因素是缴费金额是否达到限额。从国际经验来看，一方面个人不一定均按政策上限缴纳个人养老金，另一方面个人养老金的上限额

---

① 中国社会科学院，蚂蚁集团，投顾业务的全球实践与中国展望。

度也会逐步提高（比如美国 IRA 缴费上限在过去 20 年就提高了 3 倍）。因此，预计未来个人养老金的个人平均缴费金额也会逐步提高。

综合上述因素预测，我国个人养老金起步阶段年缴费金额可达到千亿量级，未来每年缴费金额有望超过 3 000 亿元。如果个人养老金缴费上限能逐步提高，年缴费金额也会相应提高，个人养老金的资产规模也将不断提升。

与国际横向比较，我国个人养老金的缴费上限还是比较合理的。美国 IRA 目前缴费上限为 6 500 美元，合人民币 4.5 万元左右，是我国个人养老金上限 1.2 万元的 3.75 倍。日本 iDeCo 目前缴费上限为每月 2.3 万日元，合人民币 1 200 元左右，仅略高于我国标准。但两国人均可支配收入、人均工资收入明显高于我国。所以，与我国的实际收入水平相比，个人养老金起步时期的缴费上限额度不算低，政策也规定会根据我国的经济社会发展水平、多层次养老保险体系发展情况等因素适时调整缴费额度上限。

由于我国个人养老金制度处于刚刚起步阶段，不可能完全与发达国家进行直接比较，一定会有逐步发展和完善的过程。最重要的是第三支柱个人养老金的制度已经正式确立，国家提供了税收优惠政策，鼓励个人和家庭参加多层次的养老保险机制。随着时间的推移，个人养老金的参加人数还会不断增加，规模不断积累提高。

四、公募基金将在个人养老金中发挥更大的作用

根据人力资源社会保障部数据，截至 2022 年年底，我国个人养老金缴费金额达 142 亿元，其中基金公司个人养老金产品 Y 份额约 20 亿元，占 1/7 左右。从国际经验来看，共同基金是个人养老金最主要的投资选择。美国 IRA 的投资选择，初期银行存款虽然占绝对主导（80% 以上），共同基金早期不足 5%，但之后呈上升态势，目前为 45% 左右，是 IRA 投资的最主要的金融产品，银行存款和保险产品占比均不足 5%。日本的个人养老金中，共同基金也是第一选择，占比超过 50%，其次是存款产品，占比超过 30%，保险产品缓慢下降到 13% 左右。出现上述态势的主要原

因在于，个人养老金与资本市场是紧密结合的，随着公募基金在资本市场发挥愈发重要的作用，可以预计公募基金在我国个人养老金的产品比例也会逐步提高。

市场普遍认为，养老金能成为资本市场带来长期、稳定且大额的增量资金。从国际经验来看，养老金市场化投资是普遍选择，投资的主要资产包括股票、债券以及另类资产等。而股票投资在养老金投资中的占比普遍较高，而且养老金是长期资金，只能在退休时领取，因此世界各国的养老金规模随时间积累越来越高。根据经合组织数据，美国第二支柱与第三支柱养老金占 GDP 比例为 170%，澳大利亚为 131%，日本为 35%，韩国为 31%。我国第二支柱养老金规模在 2021 年年底为 4.4 万亿元，占 GDP 比例为 3.8%，还有很大的增长空间。

2021 年，我国企业年金和职业年金当年新增缴费在 7 800 亿元左右，2022 年也维持这个水平。个人养老金起步后，每年新增缴费 1 000 亿元左右。按 20% 左右投入股票市场来估计，第二支柱与第三支柱养老金平均每年会给股票市场带来 1 700 亿元乃至更多的增量资金。而且养老金有长期性，即使随市场波动会有加仓减仓行为，但从长期来看，参与股票投资的养老金规模是持续提升的，将成为资本市场的重要参与主体，同时也会分享资本市场长期成长的红利，为个人养老储备提供长期助力。公募基金作为资本市场主要的机构投资者，必然会在养老金的长期投资中发挥越来越重要的作用。

未来公募基金公司将持续做好个人养老金的投资者教育和服务工作，服务好个人养老金客户，做好个人养老金融陪伴者。从国际经验来看，个人养老金覆盖率的提升，与人们对个人养老金的认知度有很大关联。公募基金高度重视个人养老金业务的投资者教育和投资陪伴。一方面，将持续提供有针对性的投资者教育内容，从各类产品的特点和适用性入手，将个人养老金融产品讲深讲透，引导客户进行长期养老规划；另一方面，在合规范围内，公募基金公司还会通过直播、运作报告、观点速递、事件点评等方式，传递对资本市场的最新观点，进一步加深投资者的专业理解，提升投资体验。

个人养老金在我国刚刚起步，目前最重要的是积极推广，提升参加的人数和缴费规模，把好的政策落到实处。

相信：路虽远行则将至！

附件1

国务院办公厅关于推动个人养老金发展的意见

（国办发〔2022〕7号）

各省、自治区、直辖市人民政府，国务院各部委、各直属机构：

为推进多层次、多支柱养老保险体系建设，促进养老保险制度可持续发展，满足人民群众日益增长的多样化养老保险需要，根据《中华人民共和国社会保险法》《中华人民共和国银行业监督管理法》《中华人民共和国保险法》《中华人民共和国证券投资基金法》等法律法规，经党中央、国务院同意，现就推动个人养老金发展提出以下意见：

一、总体要求

以习近平新时代中国特色社会主义思想为指导，全面贯彻党的十九大和十九届历次全会精神，认真落实党中央、国务院决策部署，坚持以人民为中心的发展思想，完整、准确、全面贯彻新发展理念，加快构建新发展格局，推动发展适合中国国情、政府政策支持、个人自愿参加、市场化运营的个人养老金，与基本养老保险、企业（职业）年金相衔接，实现养老保险补充功能，协调发展其他个人商业养老金融业务，健全多层次、多支柱养老保险体系。

推动个人养老金发展坚持政府引导、市场运作、有序发展的原则。注重发挥政府引导作用，在多层次、多支柱养老保险体系中统筹布局个人养老金；充分发挥市场作用，营造公开公平公正的竞争环境，调动各方面积极性；严格监督管理，切实防范风险，促进个人养老金健康有序发展。

二、参加范围

在中国境内参加城镇职工基本养老保险或者城乡居民基本养老保险的劳动者，可以参加个人养老金制度。

三、制度模式

个人养老金实行个人账户制度，缴费完全由参加人个人承担，实行完全积累。参加人通过个人养老金信息管理服务平台（以下简称信息平台），建立个人养老金账户。个人养老金账户是参加个人养老金制度、享受税收优惠政策的基础。

参加人可以用缴纳的个人养老金在符合规定的金融机构或者其依法合规委托的销售渠道（以下统称金融产品销售机构）购买金融产品，并承担相应的风险。参加人应当指定或者开立一个本人唯一的个人养老金资金账户，用于个人养老金缴费、归集收益、支付和缴纳个人所得税。个人养老金资金账户可以由参加人在符合规定的商业银行指定或者开立，也可以通过其他符合规定的金融产品销售机构指定。个人养老金资金账户实行封闭运行，其权益归参加人所有，除另有规定外不得提前支取。

参加人变更个人养老金资金账户开户银行时，应当经信息平台核验后，将原个人养老金资金账户内的资金转移至新的个人养老金资金账户并注销原资金账户。

四、缴费水平

参加人每年缴纳个人养老金的上限为 12 000 元。人力资源社会保障部、财政部根据经济社会发展水平和多层次、多支柱养老保险体系发展情况等因素适时调整缴费上限。

五、税收政策

国家制定税收优惠政策,鼓励符合条件的人员参加个人养老金制度并依规领取个人养老金。

六、个人养老金投资

个人养老金资金账户资金用于购买符合规定的银行理财、储蓄存款、商业养老保险、公募基金等运作安全、成熟稳定、标的规范、侧重长期保值的满足不同投资者偏好的金融产品,参加人可自主选择。参与个人养老金运行的金融机构和金融产品由相关金融监管部门确定,并通过信息平台和金融行业平台向社会发布。

七、个人养老金领取

参加人达到领取基本养老金年龄、完全丧失劳动能力、出国(境)定居,或者具有其他符合国家规定的情形,经信息平台核验领取条件后,可以按月、分次或者一次性领取个人养老金,领取方式一经确定不得更改。领取时,应将个人养老金由个人养老金资金账户转入本人社会保障卡银行账户。

参加人死亡后,其个人养老金资金账户中的资产可以继承。

八、信息平台

信息平台由人力资源社会保障部组织建设,与符合规定的商业银行以及相关金融行业平台对接,归集相关信息,与财政、税务等部门共享相关信息,为参加人提供个人养老金账户管理、缴费管理、信息查询等服务,支持参加人享受税收优惠政策,为个人养老金运行提供信息核验和综合监管支撑,为相关金融监管部门、参与个人养老金运行的金融机构提供相关信息服务。不断提升信息平台的规范化、信息化、专业化管理水平,运用"互联网+"创新服务方式,为参加人提供方便快捷的服务。

九、运营和监管

人力资源社会保障部、财政部对个人养老金发展进行宏观指导，根据职责对个人养老金的账户设置、缴费上限、待遇领取、税收优惠等制定具体政策并进行运行监管，定期向社会披露相关信息。税务部门依法对个人养老金实施税收征管。相关金融监管部门根据各自职责，依法依规对参与个人养老金运行金融机构的经营活动进行监管，督促相关金融机构优化产品和服务，做好产品风险提示，对产品的风险性进行监管，加强对投资者的教育。

各参与部门要建立和完善投诉机制，积极发挥社会监督作用，及时发现解决个人养老金运行中出现的问题。

十、组织领导

推动个人养老金发展是健全多层次、多支柱养老保险体系，增强人民群众获得感、幸福感、安全感的重要举措，直接关系广大参加人的切身利益。各地区要加强领导、周密部署、广泛宣传，稳妥有序推动有关工作落地实施。各相关部门要按照职责分工制定落实本意见的具体政策措施，同向发力、密切协同，指导地方和有关金融机构切实做好相关工作。人力资源社会保障部、财政部要加强指导和协调，结合实际分步实施，选择部分城市先试行 1 年，再逐步推开，及时研究解决工作中遇到的问题，确保本意见顺利实施。

国务院办公厅
2022 年 4 月 8 日

附件 2

人力资源社会保障部 财政部 国家税务总局 银保监会 证监会关于印发《个人养老金实施办法》的通知

(人社部发〔2022〕70号)

各省、自治区、直辖市及新疆生产建设兵团人力资源社会保障厅（局）、财政厅（局），国家税务总局各省、自治区、直辖市、计划单列市税务局，各银保监局、证监局：

为贯彻落实《国务院办公厅关于推动个人养老金发展的意见》（国办发〔2022〕7号），我们制定了《个人养老金实施办法》，现印发给你们，请认真贯彻落实。实施中遇到新情况、新问题，请及时向主管部门报告。

人力资源社会保障部 财政部
国家税务总局 银保监会
证监会
2022年10月26日

个人养老金实施办法

第一章 总 则

第一条 为贯彻落实《国务院办公厅关于推动个人养老金发展的意见》(国办发〔2022〕7号),加强个人养老金业务管理,规范个人养老金运作流程,制定本实施办法。

第二条 个人养老金是指政府政策支持、个人自愿参加、市场化运营、实现养老保险补充功能的制度。个人养老金实行个人账户制,缴费完全由参加人个人承担,自主选择购买符合规定的储蓄存款、理财产品、商业养老保险、公募基金等金融产品(以下统称个人养老金产品),实行完全积累,按照国家有关规定享受税收优惠政策。

第三条 本实施办法适用于个人养老金的参加人、人力资源社会保障部组织建设的个人养老金信息管理服务平台(以下简称信息平台)、金融行业平台、参与金融机构和相关政府部门等。

个人养老金的参加人应当是在中国境内参加城镇职工基本养老保险或者城乡居民基本养老保险的劳动者。金融行业平台为金融监管部门组织建设的业务信息平台。参与金融机构包括经中国银行保险监督管理委员会确定开办个人养老金资金账户业务的商业银行(以下简称商业银行),以及经金融监管部门确定的个人养老金产品发行机构和销售机构。

第四条 信息平台对接商业银行和金融行业平台,以及相关政府部门,为个人养老金实施、参与部门职责内监管和政府宏观指导提供支持。

信息平台通过国家社会保险公共服务平台、全国人力资源和社会保障政务服务平台、电子社保卡、掌上12333 App等全国统一线上服务入口或者商业银行等渠道,为参加人提供个人养老金服务,支持参加人开立个人养老金账户,查询个人养老金资金账户缴费额度、个人资产信息和个人养老金产品等信息,根据参加人需要提供涉税凭证。

第五条　各参与部门根据职责,对个人养老金的实施情况、参与金融机构和个人养老金产品等进行监管。各地区要加强领导、周密部署、广泛宣传,稳妥有序推动个人养老金发展。

第二章　参加流程

第六条　参加人参加个人养老金,应当通过全国统一线上服务入口或者商业银行渠道,在信息平台开立个人养老金账户;其他个人养老金产品销售机构可以通过商业银行渠道,协助参加人在信息平台在线开立个人养老金账户。

个人养老金账户用于登记和管理个人身份信息,并与基本养老保险关系关联,记录个人养老金缴费、投资、领取、抵扣和缴纳个人所得税等信息,是参加人参加个人养老金、享受税收优惠政策的基础。

第七条　参加人可以选择一家商业银行开立或者指定本人唯一的个人养老金资金账户,也可以通过其他符合规定的个人养老金产品销售机构指定。

个人养老金资金账户作为特殊专用资金账户,参照个人人民币银行结算账户项下Ⅱ类户进行管理。个人养老金资金账户与个人养老金账户绑定,为参加人提供资金缴存、缴费额度登记、个人养老金产品投资、个人养老金支付、个人所得税税款支付、资金与相关权益信息查询等服务。

第八条　参加人每年缴纳个人养老金额度上限为12 000元,参加人每年缴费不得超过该缴费额度上限。人力资源社会保障部、财政部根据经济社会发展水平、多层次养老保险体系发展情况等因素适时调整缴费额度上限。

第九条　参加人可以按月、分次或者按年度缴费,缴费额度按自然年度累计,次年重新计算。

第十条　参加人自主决定个人养老金资金账户的投资计划,包括个人养老金产品的投资品种、投资金额等。

第十一条　参加人可以在不同商业银行之间变更其个人养老金资金

账户。参加人办理个人养老金资金账户变更时，应向原商业银行提出，经信息平台确认后，在新商业银行开立新的个人养老金资金账户。

参加人在个人养老金资金账户变更后，信息平台向原商业银行提供新的个人养老金资金账户及开户行信息，向新商业银行提供参加人当年剩余缴费额度信息。参与金融机构按照参加人的要求和相关业务规则，为参加人办理原账户内资金划转及所持有个人养老金产品转移等手续。

第十二条 个人养老金资金账户封闭运行，参加人达到以下任一条件的，可以按月、分次或者一次性领取个人养老金。

（一）达到领取基本养老金年龄；

（二）完全丧失劳动能力；

（三）出国（境）定居；

（四）国家规定的其他情形。

第十三条 参加人已领取基本养老金的，可以向商业银行提出领取个人养老金。商业银行受理后，应通过信息平台核验参加人的领取资格，获取参加人本人社会保障卡银行账户，按照参加人选定的领取方式，完成个人所得税代扣后，将资金划转至参加人本人社会保障卡银行账户。

参加人符合完全丧失劳动能力、出国（境）定居或者国家规定的其他情形等领取个人养老金条件的，可以凭劳动能力鉴定结论书、出国（境）定居证明等向商业银行提出。商业银行审核并报送信息平台核验备案后，为参加人办理领取手续。

第十四条 鼓励参加人长期领取个人养老金。

参加人按月领取时，可以按照基本养老保险确定的计发月数逐月领取，也可以按照自己选定的领取月数逐月领取，领完为止；或者按照自己确定的固定额度逐月领取，领完为止。

参加人选取分次领取的，应选定领取期限，明确领取次数或方式，领完为止。

第十五条 参加人身故的，其个人养老金资金账户内的资产可以继承。

参加人出国（境）定居、身故等原因社会保障卡被注销的，商业银行将参加人个人养老金资金账户内的资金转至其本人或者继承人指定的资金账户。

第十六条 参加人完成个人养老金资金账户内资金（资产）转移，或者账户内的资金（资产）领取完毕的，商业银行注销该资金账户。

第三章 信息报送和管理

第十七条 信息平台对个人养老金账户及业务数据实施统一集中管理，与基本养老保险信息、社会保障卡信息关联，支持制度实施监控、决策支持等。

第十八条 商业银行应及时将个人养老金资金账户相关信息报送至信息平台。具体包括：

（一）个人基本信息。包括个人身份信息、个人养老金资金账户信息等；

（二）相关产品投资信息。包括产品交易信息、资产信息；

（三）资金信息。包括缴费信息、资金划转信息、相关资产转移信息、领取信息、缴纳个人所得税信息、资金余额信息等。

第十九条 商业银行根据业务流程和信息的时效性需要，按照实时核验、定时批量两类时效与信息平台进行交互，其中：

（一）商业银行在办理个人养老金资金账户开立、变更、注销和资金领取等业务时，实时核验参加人基本养老保险参保状态、个人养老金账户和资金账户唯一性，并报送有关信息；

（二）商业银行在办理完个人养老金资金账户开立、缴费、资金领取，以及提供与个人养老金产品交易相关的资金划转等服务后，定时批量报送相关信息。

第二十条 金融行业平台应及时将以下数据报送至信息平台。

（一）个人养老金产品发行机构、销售机构的基本信息；

（二）个人养老金产品的基本信息；

（三）参加人投资相关个人养老金产品的交易信息、资产信息数据等。

第二十一条 信息平台应当及时向商业银行和金融行业平台提供技术规范，确保对接顺畅。

推进信息平台与相关部门共享信息,为规范制度实施、实施业务监管、优化服务体验提供支持。

第四章 个人养老金资金账户管理

第二十二条 商业银行应完成与信息平台、金融行业平台的系统对接,经验收合格后办理个人养老金业务。

第二十三条 商业银行可以通过本机构柜面或者电子渠道,为参加人开立个人养老金资金账户。

商业银行为参加人开立个人养老金资金账户,应当通过信息平台完成个人养老金账户核验。

商业银行也可以核对参加人提供的由社会保险经办机构出具的基本养老保险参保证明或者个人权益记录单等相关材料,报经信息平台开立个人养老金账户后,为参加人开立个人养老金资金账户,并与个人养老金账户绑定。

第二十四条 参加人开立个人养老金资金账户时,应当按照金融监管部门要求向商业银行提供有效身份证件等材料。

商业银行为参加人开立个人养老金资金账户,应当严格遵守相关规定。

第二十五条 个人养老金资金账户应支持参加人通过商业银行结算账户、非银行支付机构、现金等途径缴费。商业银行应为参加人、个人养老金产品销售机构等提供与个人养老金产品交易相关的资金划转服务。

第二十六条 商业银行应实时登记个人养老金资金账户的缴费额度,对于超出当年缴费额度上限的,应予以提示,并不予受理。

第二十七条 商业银行应根据相关个人养老金产品交易结果,记录参加人交易产品信息。

第二十八条 商业银行应为参加人个人养老金资金账户提供变更服务,并协助做好新旧账户衔接和旧账户注销。原商业银行、新商业银行应通过信息平台完成账户核验、账户变更、资产转移、信息报送等工作。

第二十九条 商业银行应当区别处理转移资金，转移资金中的本年度缴费额度累计计算。

第三十条 个人养老金资金账户当日发生缴存业务的，商业银行不应为其办理账户变更手续。办理资金账户变更业务期间，原个人养老金资金账户不允许办理缴存、投资以及支取等业务。

第三十一条 商业银行开展个人养老金资金账户业务，应当公平对待符合规定的个人养老金产品发行机构和销售机构。

第三十二条 商业银行应保存个人养老金资金账户全部信息自账户注销日起至少十五年。

第五章 个人养老金机构与产品管理

第三十三条 个人养老金产品及其发行、销售机构由相关金融监管部门确定。个人养老金产品及其发行机构信息应当在信息平台和金融行业平台同日发布。

第三十四条 个人养老金产品应当具备运作安全、成熟稳定、标的规范、侧重长期保值等基本特征。

第三十五条 商业银行、个人养老金产品发行机构和销售机构应根据有关规定，建立健全业务管理制度，包括但不限于个人养老金资金账户服务、产品管理、销售管理、合作机构管理、信息披露等。商业银行发现个人养老金实施中存在违规行为、相关风险或者其他问题的，应及时向监管部门报告并依规采取措施。

第三十六条 个人养老金产品交易所涉及的资金往来，除另有规定外必须从个人养老金资金账户发起，并返回个人养老金资金账户。

第三十七条 个人养老金产品发行、销售机构应为参加人提供便利的购买、赎回等服务，在符合监管规则及产品合同的前提下，支持参加人进行产品转换。

第三十八条 个人养老金资金账户内未进行投资的资金按照商业银行与个人约定的存款利率及计息方式计算利息。

第三十九条　个人养老金产品销售机构要以"销售适当性"为原则，依法了解参加人的风险偏好、风险认知能力和风险承受能力，做好风险提示，不得主动向参加人推介超出其风险承受能力的个人养老金产品。

第六章　信息披露

第四十条　人力资源社会保障部、财政部汇总并披露个人养老金实施情况，包括但不限于参加人数、资金积累和领取、个人养老金产品的投资运作数据等情况。

第四十一条　信息披露应当以保护参加人利益为根本出发点，保证所披露信息的真实性、准确性、完整性，不得有虚假记载、误导性陈述和重大遗漏。

第七章　监督管理

第四十二条　人力资源社会保障部、财政部根据职责对个人养老金的账户设置、缴费额度、领取条件、税收优惠等制定具体政策并进行运行监管。税务部门依法对个人养老金实施税收征管。

第四十三条　人力资源社会保障部对信息平台的日常运行履行监管职责，规范信息平台与商业银行、金融行业平台、有关政府部门之间的信息交互流程。

第四十四条　人力资源社会保障部、财政部、税务部门在履行日常监管职责时，可依法采取以下措施：

（一）查询、记录、复制与被调查事项有关的个人养老金业务的各类合同等业务资料；

（二）询问与调查事项有关的机构和个人，要求其对有关问题做出说明、提供有关证明材料；

（三）其他法律法规和国家规定的措施。

第四十五条　中国银行保险监督管理委员会、中国证券监督管理委员会根据职责，分别制定配套政策，明确参与金融机构的名单、业务流程、个人养老金产品条件、监管信息报送等要求，规范银行保险机构个人养老金业务和个人养老金投资公募基金业务，对参与金融机构发行、销售个人养老金产品等经营活动依法履行监管职责，督促参与金融机构优化产品和服务，做好产品风险提示，加强投资者教育。

参与金融机构违反本实施办法的，中国银行保险监督管理委员会、中国证券监督管理委员会依法依规采取措施。

第四十六条 中国银行保险监督管理委员会、中国证券监督管理委员会对金融行业平台有关个人养老金业务的日常运营履行监管职责。

第四十七条 各参与部门要加强沟通，通过线上线下等多种途径，及时了解社会各方面对个人养老金的意见建议，处理个人养老金实施过程中的咨询投诉。

第四十八条 各参与机构应当积极配合检查，如实提供有关资料，不得拒绝、阻挠或者逃避检查，不得谎报、隐匿或者销毁相关证据材料。

第四十九条 参与机构违反本实施办法规定或者相关法律法规的，人力资源社会保障部、财政部、税务部门按照职责依法依规采取措施。

第八章 附　　则

第五十条 中国银行保险监督管理委员会、人力资源社会保障部会同相关部门做好个人税收递延型商业养老保险试点与个人养老金的衔接。

第五十一条 本实施办法自印发之日起施行。

第五十二条 人力资源社会保障部、财政部、国家税务总局、中国银行保险监督管理委员会、中国证券监督管理委员会根据职责负责本实施办法的解释。

附件3

财政部 税务总局关于个人养老金有关个人所得税政策的公告

(财政部 税务总局公告2022年第34号)

为贯彻落实《国务院办公厅关于推动个人养老金发展的意见》(国办发〔2022〕7号)有关要求,现就个人养老金有关个人所得税政策公告如下:

一、自2022年1月1日起,对个人养老金实施递延纳税优惠政策。在缴费环节,个人向个人养老金资金账户的缴费,按照12 000元/年的限额标准,在综合所得或经营所得中据实扣除;在投资环节,计入个人养老金资金账户的投资收益暂不征收个人所得税;在领取环节,个人领取的个人养老金,不并入综合所得,单独按照3%的税率计算缴纳个人所得税,其缴纳的税款计入"工资、薪金所得"项目。

二、个人缴费享受税前扣除优惠时,以个人养老金信息管理服务平台出具的扣除凭证为扣税凭据。取得工资薪金所得、按累计预扣法预扣预缴个人所得税劳务报酬所得的,其缴费可以选择在当年预扣预缴或次年汇算清缴时在限额标准内据实扣除。选择在当年预扣预缴的,应及时将相关凭证提供给扣缴单位,扣缴单位应按照本公告有关要求,为纳税人办理税前扣除有关事项。取得其他劳务报酬、稿酬、特许权使用费等所得或经营所得的,其缴费在次年汇算清缴时在限额标准内据实扣除。个人按规定领取个人养老金时,由开立个人养老金资金账户所在市的商业银行机构代扣代缴其应缴的个人所得税。

三、人力资源社会保障部门与税务部门应建立信息交换机制，通过个人养老金信息管理服务平台将个人养老金涉税信息交换至税务部门，并配合税务部门做好相关税收征管工作。

四、商业银行有关分支机构应及时对在该行开立个人养老金资金账户纳税人的纳税情况进行全员全额明细申报，保证信息真实准确。

五、各级财政、人力资源社会保障、税务、金融监管等部门应密切配合，认真做好组织落实，对本公告实施过程中遇到的困难和问题，及时向上级主管部门反映。

六、本公告规定的税收政策自2022年1月1日起在个人养老金先行城市实施。

个人养老金先行城市名单由人力资源社会保障部会同财政部、税务总局另行发布。上海市、福建省、苏州工业园区等已实施个人税收递延型商业养老保险试点的地区，自2022年1月1日起统一按照本公告规定的税收政策执行。

特此公告。

财政部　税务总局
2022年11月3日

附件 4

个人养老金投资公开募集证券投资基金业务管理暂行规定

（中国证券监督管理委员会公告〔2022〕46 号）

现公布《个人养老金投资公开募集证券投资基金业务管理暂行规定》，自公布之日起施行。

中国证监会
2022 年 11 月 4 日

个人养老金投资公开募集证券投资基金业务管理暂行规定

第一章 总 则

第一条 为推进多层次、多支柱养老保险体系建设，规范个人养老金投资公开募集证券投资基金业务（以下简称个人养老金投资基金业务）的相关活动，保护投资人合法权益，根据《证券投资基金法》、《国务院办公厅关于推动个人养老金发展的意见》、《公开募集证券投资基金运作管理办法》（以下简称《运作办法》）、《公开募集证券投资基金销售机构监督管理办法》（以下简称《销售办法》）、《证券投资基金托管业务管理办法》（以下简称《托管办法》）等法律法规以及《个人养老金实施办法》相关要求，制定本规定。

第二条　本规定所称个人养老金投资基金，是指投资人根据《国务院办公厅关于推动个人养老金发展的意见》等有关规定，通过个人养老金资金账户购买符合规定的基金产品。

基金管理人、基金托管人、基金销售机构、基金评价机构等机构开展个人养老金投资基金业务的相关活动，适用本规定。

第三条　基金管理人、基金托管人、基金销售机构等机构开展个人养老金投资基金业务的，应当坚持投资人利益优先原则，落实资产安全性、运作稳健性、投资长期性、服务便利性等基本要求，履行诚实信用、谨慎勤勉的义务，确保业务规范、安全、可持续发展。

第四条　中国证监会及其派出机构依照法律法规和本规定，对个人养老金投资基金业务进行监督管理。

中国证券投资基金业协会（以下简称基金业协会）依照法律法规、本规定及自律规则，对个人养老金投资基金业务实施自律管理。

第五条　个人养老金基金行业平台（以下简称基金行业平台）是个人养老金投资基金业务的信息服务平台。中国证监会授权中国证券登记结算有限责任公司（以下简称中国结算）等机构建设并运营基金行业平台，为个人养老金投资基金业务提供支持，并对基金行业平台相关业务实施管理。

第二章　基本要求

第六条　基金管理人、基金销售机构应当针对个人养老金投资基金业务，建立健全并有效执行专门的管理制度和流程，完善组织架构和系统建设，配备足够的专业人员，强化投资、研究、销售、风险管理、投资者教育、客户服务等能力建设，确保业务运作符合个人养老金相关制度及中国证监会的规定,切实维护投资人合法权益。

第七条　基金管理人、基金销售机构应当建立长周期考核机制,对个人养老金投资基金业务、产品业绩、人员绩效的考核周期不得短于5年。

基金评价机构应当坚持长期评价原则,业绩评价期限不得短于5年,不得使用单一指标进行排名或者评价,不得进行短期收益和规模排名。

第八条　基金管理人、基金托管人、基金销售机构等机构应当在各自职责范围内,按照个人养老金相关制度规定,保障投资人参与个人养老金投资基金业务相关资金及资产的安全封闭运行。

除另有规定外,基金管理人、基金销售机构应当确保基金份额购买等款项来自个人养老金资金账户,基金份额赎回等款项转入个人养老金资金账户。基金管理人、基金销售机构办理继承等事项的,应当通过份额赎回方式办理,个人养老金相关制度另有规定的除外。

第九条　个人养老金资金和资产独立于基金管理人、基金销售机构、基金托管人等机构的自有资产。

非因投资人本身的债务或者法律法规规定的其他情形,不得查封、冻结、扣划或者强制执行个人养老金投资基金业务的基金销售结算资金、基金份额。

第三章　产品管理

第十条　个人养老金可以投资的基金产品(以下简称个人养老金基金)应当具备运作安全、成熟稳定、标的规范、侧重长期保值等特征,且基金管理人具备《运作办法》第六条规定的条件。产品类型包括:

(一)最近4个季度末规模不低于5 000万元或者上一季度末规模不低于2亿元的养老目标基金;

(二)投资风格稳定、投资策略清晰、运作合规稳健且适合个人养老金长期投资的股票基金、混合基金、债券基金、基金中基金和中国证监会规定的其他基金。

个人养老金基金名录由中国证监会确定,每季度通过中国证监会网站、基金业协会网站、基金行业平台等向社会发布。

第十一条　个人养老金基金出现下列情形的,基金管理人应当在5个工作日内向中国证监会报告,中国证监会将不定期移出名录:

(一)依据法律法规规定及基金合同约定,不再符合产品存续条件的;

(二)产品发生重大变化导致不再适合个人养老金投资的;

(三)中国证监会规定的其他情形。

个人养老金基金被移出名录后,基金管理人、基金销售机构等机构应当做好信息披露和提示等工作,并暂停办理相关产品份额的申购等。

第十二条　个人养老金基金应当针对个人养老金投资基金业务设立单独的份额类别,在基金合同、招募说明书等文件中清晰约定,并依法进行注册或者备案。

个人养老金基金的单设份额类别不得收取销售服务费,可以豁免申购限制和申购费等销售费用(法定应当收取并计入基金资产的费用除外),可以对管理费和托管费实施一定的费率优惠。

第十三条　基金管理人可以根据投资人不同生命周期阶段的养老投资需求和资金使用需求,在做好充分信息披露的前提下,对个人养老金基金产品设计做出以下安排:

(一)为鼓励投资人在个人养老金积累期长期投资,将分红方式设置为红利再投资;

(二)为鼓励投资人在个人养老金领取期长期领取,设置定期分红、定期支付、定额赎回等机制;

(三)在运作方式、持有期限、投资策略、估值方法、申赎转换等方面的其他安排。

第十四条　基金管理人在个人养老金基金的投资管理过程中,应当恪尽职守、专业审慎,结合个人养老金投资基金业务特点,坚持长期投资、价值投资,加强对个人养老金基金资产配置、投资标的、估值方法、风险状况、产品业绩等方面的研究分析,确保投资管理的科学性、稳健性和长期性。

基金管理人应当建立有效机制,严格遵守基金合同约定的投资目标、投资策略和投资限制,保持清晰、稳定的投资风格,合理控制投资组合与业绩比较基准的偏离。

第十五条　基金管理人应当根据个人养老金投资基金业务特征,建立健全风险管理机制和应急预案,有效防范和控制各类风险对产品运作的影响,确保投资人的合法权益不受损害并得到公平对待。

第四章　销 售 管 理

第十六条　中国证监会根据以下条件确定可以开展个人养老金基金销售相关业务的基金销售机构名录,并每季度通过中国证监会网站、基金业协会网站、基金行业平台等向社会发布:

(一) 经营状况良好,财务指标稳健,具备较强的公募基金销售能力;最近4个季度末股票基金和混合基金保有规模不低于200亿元,其中,个人投资者持有规模不低于50亿元;

(二) 公司治理健全,内部控制完善,具备较高的合规管理水平;最近3年没有受到刑事处罚或者重大行政处罚;最近1年没有因相近业务被采取重大行政监管措施;没有因相近业务存在重大违法违规行为处于整改期间,或者因相近业务涉嫌重大违法违规行为正在被监管机构调查;不存在已经影响或者可能影响公司正常经营的重大变更事项,或者重大诉讼、仲裁等事项;

(三) 与基金行业平台完成联网测试;

(四) 中国证监会规定的其他条件。

基金管理人及其销售子公司可以办理该基金管理人募集的个人养老金基金的销售相关业务,且不适用前款第(一)项规定。

第十七条　基金销售机构出现下列情形的,应当在5个工作日内向中国证监会报告,中国证监会将不定期移出名录:

(一) 连续2年不符合本规定第十六条第(一)项规定的条件;

（二）基金销售业务资格被依法撤销或者终止的；

（三）存在重大风险隐患；

（四）中国证监会规定的其他情形。

基金销售机构被移出名录后，基金销售机构不得新增个人养老金投资基金业务。

第十八条　基金销售机构应当向投资人充分解释说明个人养老金相关制度，在投资人首次投资个人养老金基金前，向投资人特别提示以下信息，并由投资人确认：

（一）基金份额赎回等款项将转入个人养老金资金账户，投资人未达到领取基本养老金年龄或者政策规定的其他领取条件时不可领取个人养老金；

（二）投资人应当如实提供个人身份信息、个人养老金资金账户信息；

（三）基金管理人、基金销售机构对个人信息的收集、保存、使用等情况；

（四）个人养老金投资基金业务具有自愿参加、自主选择、自担风险等业务属性；

（五）个人养老金每年缴费额度上限及相关税收政策；

（六）其他重要信息。

第十九条　基金销售机构应当根据投资人申请提供相关账户服务，并符合法律法规和个人养老金相关制度要求。账户服务包括：

（一）为投资人开立个人养老金基金专用交易账户，并绑定个人养老金资金账户作为结算账户；

（二）可以协助投资人通过商业银行等渠道在人力资源社会保障部个人养老金信息管理服务平台（以下简称信息平台）开立个人养老金账户；

（三）可以协助投资人在商业银行在线开立或者指定本人唯一的个人养老金资金账户；

（四）个人养老金资金账户变更后，为投资人办理新增或者变更结算账户、转托管转出等业务；

（五）个人养老金相关制度规定的其他职责。

第二十条　基金销售机构应当依照法律法规和中国证监会的规定开展个人养老金基金的宣传推介活动，强化投资者适当性管理，并履行下列职责：

（一）全面介绍产品不保证本金、不保证收益、追求长期收益等风险收益特征；

（二）向投资人展示产品资料概要，清晰揭示产品的封闭期或者持有期、权益资产等高风险资产的投资比例、费用项目和费率水平等信息；

（三）强化投资者适当性管理，个人养老金基金按照风险收益特征进行风险等级划分，根据投资人年龄、退休日期、收入水平和风险偏好等情况向投资人推介基金，不得向投资人主动推介超出其风险承受能力的基金，不得承诺或者宣传产品保本保收益，不得宣传产品预期收益率。

第二十一条　基金销售机构应当主要以定期投资等方式引导投资人长期投资。

基金销售机构为投资人办理其他基金份额向个人养老金基金份额转换业务、提供默认投资选择等服务的，应当符合个人养老金相关制度和中国证监会的规定，并在销售协议中充分揭示服务内容和风险。

基金销售机构在有效核实投资人身份及交易意愿、确保资金安全的前提下，可以将投资人赎回其他基金份额的销售结算资金转入投资人个人养老金资金账户，转入金额应当符合个人养老金制度关于缴费额度上限的规定。基金销售结算资金监督机构应当依法对相关销售结算资金划转流程进行监督。

第二十二条　基金销售机构应当在其互联网网站、移动客户端等渠道的醒目位置设立个人养老金投资基金业务专区，提供业务咨询、产品申赎、信息查询等相关服务。

基金销售机构应当积极开展养老金融教育，普及养老投资理念，加强投资人对养老金政策的理解。基金销售机构为投资人办理个人养老金基金专用交易账户开立后，投资人长期未购买个人养老金基金的，基金销售机构应当予以适当提示。

第二十三条　基金销售机构应当为投资人提供便捷的信息查询服务，查询信息包括但不限于个人基本信息、基金产品基本信息、持有份额信息等。根据投资人授权，基金销售机构可以依法协助投资人查询个人养老金缴费等相关信息。

第二十四条　基金销售机构应当及时处理投资人提出的个人养老金投资基金业务相关投诉、咨询及意见建议。

第五章　基金行业平台

第二十五条　基金行业平台按照个人养老金相关制度要求与信息平台、开展个人养老金资金账户业务的商业银行、基金管理人和基金销售机构等机构建立系统连接和数据交互。

中国结算等机构应当妥善保存相关数据，遵守个人信息保护和数据保密等要求，不得篡改、毁损或者泄露，除法律法规以及中国证监会另有规定或者认可外，中国结算等机构不得向第三方提供相关数据。

第二十六条　基金管理人、基金销售机构应当与基金行业平台建立系统连接，按照基金行业平台相关业务规则及技术规范要求与基金行业平台交互相关业务数据，并确保数据的完整性、准确性、安全性、及时性。

第二十七条　基金行业平台与开展个人养老金资金账户业务的商业银行进行数据交互，具体内容包括：

（一）个人养老金资金账户信息、账户状态信息等；

（二）个人养老金投资基金业务的资金划付指令、交收结果等资金信息；

（三）中国证监会认可的其他信息。

第二十八条　基金行业平台按照个人养老金相关制度要求向信息平台报送个人养老金投资基金业务相关数据。

基金行业平台应当建立健全数据统计分析制度，并定期向中国证监会、人力资源社会保障部等部门报送个人养老金投资基金业务运行情况。

第六章 监督管理

第二十九条 中国证监会加强与人力资源社会保障部、财政部、国家税务总局、中国银保监会等部门的沟通配合,建立信息共享机制,不断完善监管安排,加强监管协调。

第三十条 中国证监会及其派出机构依据法律法规对基金管理人、基金销售机构等机构开展个人养老金投资基金业务的情况进行定期或者不定期检查,基金管理人、基金销售机构等机构应当予以配合。

第三十一条 中国证监会及其派出机构定期对基金管理人、基金销售机构开展个人养老金投资基金业务情况进行动态监管,包括个人养老金基金投资运作情况、销售保有规模、投资人长期收益、客户服务能力等。相关结果应用于基金管理人分类评价、业务创新评估等,不合格的个人养老金基金或者基金销售机构从名录中移出。

第三十二条 基金管理人、基金托管人、基金销售机构、基金评价机构等机构违反法律法规和本规定的,中国证监会、中国银保监会根据《运作办法》《托管办法》《销售办法》《证券投资基金评价业务管理暂行办法》等规定,对有关机构和人员采取行政监管措施;依法应予行政处罚的,依照有关规定进行行政处罚;涉嫌犯罪的,移送司法机关,追究刑事责任。

第七章 附 则

第三十三条 基金管理人及其销售子公司办理该基金管理人募集的个人养老金基金销售相关业务的,应当符合本规定第十八条至第二十四条的要求。

第三十四条 个人养老金投资基金业务的投资顾问服务管理规范,由中国证监会另行制定。

第三十五条 本规定自公布之日起施行。

附件 5

中国银保监会关于印发商业银行和理财公司个人养老金业务管理暂行办法的通知

（银保监规〔2022〕16 号）

各银保监局，各大型银行、股份制银行、理财公司，各保险集团（控股）公司、保险公司、保险资产管理公司、养老金管理公司，中国银行保险信息技术管理有限公司、银行业理财登记托管中心有限公司：

　　为推进多层次、多支柱养老保险体系建设，促进商业银行和理财公司个人养老金业务发展，现将《商业银行和理财公司个人养老金业务管理暂行办法》（以下简称《暂行办法》）印发给你们，并就有关事项通知如下：

　　一、切实提高思想认识。开展个人养老金业务，是践行金融工作人民性的重要举措。各参与机构应提高思想认识，坚持以人民为中心的发展思想，丰富个人养老金产品供给，切实满足人民群众多样化养老需求，助力第三支柱养老保险体系健康发展。

　　二、积极开展筹备工作。截至 2022 年三季度末，一级资本净额超过 1 000 亿元、主要审慎监管指标符合监管规定的全国性商业银行和具有较强跨区域服务能力的城市商业银行，可以开办个人养老金业务。截至 2022 年三季度末已纳入养老理财产品试点范围的理财公司，可以开办个人养老金业务。理财公司应当按照《暂行办法》要求制定开办个人养老金业务方案，对拟参与个人养老金运行的理财产品开展可行性评估，并将业务方案报送银保监会。商业银行、理财公司应当履行主体责任，尽快完成业务筹备工作，确保制度建设、人员配备、系统对接等满足个人养老金业务需求。

三、及时报告业务开展情况。商业银行、理财公司应当在正式开办个人养老金业务后 10 日内向其直接监管责任单位报告制度建设、人员配备、系统对接、产品管理等情况。银保监会及其派出机构应当持续监测个人养老金业务运行情况和风险状况，督促商业银行、理财公司稳妥有序开展个人养老金业务。

四、商业银行、理财公司在国家有关部门选定的个人养老金制度试行城市开展业务，后续按照国家有关规定逐步推开。

中国银保监会

2022 年 11 月 17 日

（此件发至地方法人银行保险机构）

商业银行和理财公司个人养老金业务管理暂行办法

第一章 总 则

第一条 为推进第三支柱养老保险体系建设，规范商业银行和理财公司个人养老金业务，根据《中华人民共和国商业银行法》《中华人民共和国银行业监督管理法》《中华人民共和国保险法》等法律法规以及《国务院办公厅关于推动个人养老金发展的意见》（国办发〔2022〕7号），制定本办法。

第二条 本办法所称个人养老金业务，是指商业银行和理财公司按照国家有关规定开展、市场化运营、政府提供政策支持、实现养老保险补充功能的业务。

第三条 本办法所称参加人，是指符合国家有关规定，在中国境内参加城镇职工基本养老保险或者城乡居民基本养老保险的劳动者。

第四条 本办法所称个人养老金资金账户（以下简称资金账户），是指具有个人养老金缴费、交易资金划转、收益归集、支付和缴纳个人所得税、信息查询等功能的特殊专用账户，参照个人人民币银行结算账户项下Ⅱ类户管理（以下简称Ⅱ类户）。未达到国家规定领取条件的，资金账户封闭运行。

第五条 本办法所称个人养老金产品，是指符合金融监管机构要求，运作安全、成熟稳定、标的规范、侧重长期保值的金融产品。包括个人养老储蓄、个人养老金理财产品、个人养老金保险产品、个人养老金公募基金产品等。

第六条 中国银行保险信息技术管理有限公司和银行业理财登记托管中心有限公司分别建立个人养老金银行保险行业信息平台（以下简称银保行业平台）和个人养老金理财产品行业信息平台（以下简称理财行业平台）。

银保行业平台和理财行业平台按照个人养老金制度要求和实际业务情况，与人力资源社会保障部建立的个人养老金信息管理服务平台（以下简称人社信息平台），银保监会确定可开展个人养老金业务的商业银行、理财公司，以及其他经金融监管机构确定的个人养老金产品发行、销售、托管等机构建立系统对接，为个人养老金业务提供支持，并制定行业平台业务细则。

第七条 商业银行、理财公司应当建立健全消费者权益保护机制，完善消费者权益保护内部考核体系，构建便捷高效的投诉处理渠道，将消费者权益保护要求嵌入个人养老金业务全流程管理体系。

第八条 开办个人养老金业务的商业银行和理财公司名单由银保监会确定。银保监会及其派出机构依照本办法，对商业银行和理财公司个人养老金业务经营活动进行监督管理。

第二章　商业银行个人养老金业务

第一节　一般规定

第九条　商业银行个人养老金业务包括：

（一）资金账户业务；

（二）个人养老储蓄业务；

（三）个人养老金产品代销业务，包括代销个人养老金理财产品、个人养老金保险产品、个人养老金公募基金产品等，国务院金融监管机构另有规定的除外；

（四）个人养老金咨询业务；

（五）银保监会规定的其他个人养老金业务。

第十条　开办个人养老金业务的商业银行应当建立个人养老金业务管理系统，与人社信息平台、银保行业平台、理财行业平台对接，取得验收合格意见或符合相关要求。

商业银行应当定期对个人养老金业务管理系统开展技术评估，确保基础设施水平、网络承载能力、技术人员保障能力、运营服务能力与业务规模相匹配。

第十一条　商业银行应当建立健全个人养老金业务管理制度和操作规程，将个人养老金业务风险管理纳入商业银行全面风险管理体系，确保业务经营符合法律法规及相关监管规定。

商业银行负责个人养老金业务的部门以及内部审计、内控管理等职能部门应当根据职责分工，建立并有效实施个人养老金业务内部监督检查和跟踪整改制度。

第十二条　商业银行应当建立个人养老金业务档案管理制度，按照规定保存业务相关的个人信息、缴费和养老金领取等账务交易信息，以及在个人养老金产品销售环节涉及的文件、记录等资料。

第十三条　商业银行应当通过公开渠道，公布个人养老金业务基本情况、办理要求、业务流程、服务内容、咨询和投诉方式、客户服务联系方式等信息,并提供个人养老金信息查询、交易办理等服务。

第二节 个人养老金资金账户

第十四条 商业银行提供以下资金账户服务:

(一)提供资金账户开立或指定、注销、变更服务,资金账户不受参加人持有的Ⅱ类户数量限制;

(二)提供个人养老金缴费和领取服务;

(三)可以为参加人通过其他银行账户、非银行支付机构、现金等途径缴费提供划转服务(不受Ⅱ类户非绑定账户资金转入限制),为参加人、个人养老金产品销售机构等提供与个人养老金产品交易相关的资金划转服务(不受Ⅱ类户划转金额限制);

(四)提供资金账户信息管理服务,完整记录资金账户基础信息、缴费信息、资金结算信息、扣缴税款信息等;

(五)提供资金账户信息查询服务;

(六)银保监会规定的其他事项。

资金账户缴费上限按照国家有关规定执行,商业银行不得为参加人提供超过额度上限的缴费服务。

第十五条 商业银行对资金账户免收年费、账户管理费、短信费、转账手续费。

第十六条 个人养老金缴费归集、交易资金划转等,以资金账户为唯一载体。个人养老金产品相关交易行为涉及的资金往来,除另有规定外,应当从资金账户发起,并返回资金账户。

第十七条 资金账户可以由参加人在开办个人养老金业务的商业银行开立或指定,也可以由参加人通过其他符合规定的个人养老金产品销售机构,在开办个人养老金业务的商业银行指定,但不得由个人养老金产品销售机构直接在商业银行开立。

商业银行可以通过柜面或电子渠道为参加人办理资金账户开立或指定服务。资金账户不受六个月未发生交易暂停非柜面服务限制。

第十八条　资金账户具有唯一性，参加人只能选择一家符合条件的商业银行确定一个资金账户，商业银行只能为同一参加人开立一个资金账户。

第十九条　商业银行应当为参加人提供资金账户变更服务，并做好新旧账户衔接和旧账户注销。账户变更涉及资金转入或转出的，不受Ⅱ类户划转金额限制。因账户变更导致旧账户资金转入新账户的，资金转入不计入当年缴费额度。

资金账户发生缴存业务当日，商业银行不得办理账户变更手续。账户变更期间，原资金账户不允许办理缴存、投资以及支取等业务。

第二十条　参加人向商业银行申请开立资金账户，可以由本人办理或委托他人办理，也可以委托在职单位批量办理。

参加人委托他人或单位开立资金账户后，应当按照账户实名制要求，及时办理账户激活手续并设置交易密码。

第二十一条　代理开立资金账户的，商业银行应当要求代理人提供代理人、被代理人有效身份证件的复印件、合法的授权委托书等。商业银行对代理人身份信息的核验应比照本人申请开立资金账户进行，并联系被代理人进行核实。无法确认代理关系的，商业银行不得办理该资金账户开立业务。

商业银行应当登记代理人和被代理人的身份信息，留存代理人和被代理人有效身份证件的复印件或影印件、以电子方式存储的身份信息以及授权委托书原件等，有条件的可以留存开户过程的音频或视频等资料。

第二十二条　单位代理职工开立资金账户的，应当提供单位证明材料、被代理人有效身份证件的复印件或影印件等材料。

单位代理开立资金账户的，在参加人持本人有效身份证件到开户银行营业网点办理身份确认、密码设（重）置等激活手续前，商业银行可以向参加人提供资金转入、产品购买等服务，但不得提供资金领取服务。

第二十三条　商业银行开立资金账户，应当严格落实个人账户实名制要求，做好客户身份信息收集与核查、反洗钱和反恐怖融资筛查、涉赌涉诈筛查等，并完成手机短信验证等必要身份核验工作。

商业银行为参加人办理在线开户服务时，应当将相关有效的生物特征识别技术或其他安全有效的技术作为身份核验的辅助手段，核实身份信息。

第二十四条　商业银行开立资金账户，应当登记开户人的基本信息、辅助身份证明文件信息、核验记录等，以电子或纸质方式留存开户人身份信息。

第二十五条　商业银行应当加强异常开户行为审核，有下列情形之一的，不应办理开户手续：

（一）对单位和个人身份信息存在合理疑问，要求出示其他必要的可证明身份的辅助证件，单位和个人拒绝出示的；

（二）代理开立资金账户时，无法提供单位证明、被代理人有效身份证件的复印件或影印件等材料的；

（三）有理由怀疑开立资金账户从事违法活动的。

第二十六条　商业银行发现资金账户为假名或虚假代理开户的，应当对该资金账户予以临时止付，重新进行身份识别，并在征得被冒用人或被代理人同意后予以销户。账户资金列入专户管理。重新进行身份识别后确定资金账户确为参加人开立的，应当及时解除临时止付措施。

第二十七条　资金账户封闭运行。符合国家规定的领取条件后，经参加人提出，商业银行审核并报人社信息平台核验，可以为参加人办理按月、分次或一次性领取服务，将资金划转至参加人本人社会保障卡银行账户。资金领取时，不受Ⅱ类户转出金额限制。

参加人身故的，资金账户的资产可以依法被继承，商业银行按照继承人要求办理产品赎回等。参加人因出国（境）定居、身故等原因，无社会保障卡的，商业银行审查后，在符合有关规定的前提下，可以将资金账户内资金转移至参加人本人或继承人指定的其他银行账户。

第二十八条　存在以下情形的，商业银行应当注销资金账户：

（一）资金账户已变更，相关资产已转移完成的；

（二）参加人达到养老金领取条件，相关资金已领取完毕，且完成个人所得税代扣代缴的；

(三) 法律法规或银保监会规定的其他情形。

在发生前款第（一）项和第（二）项情形时，商业银行应当告知参加人。

第二十九条 商业银行应当在网络查控平台、电子化专线信息传输系统等相关平台和系统对资金账户进行特殊标识，并作出在符合国家规定的领取条件前，限制冻结、扣划的设置。

第三节 个人养老金产品

第三十条 银保监会及其派出机构对个人养老储蓄、个人养老金理财等个人养老金产品进行动态监管，对不满足个人养老金业务监管要求的产品实施退出。

第三十一条 商业银行发行与代销的个人养老金产品，应当符合金融监管机构有关规定。商业银行不得向参加人推荐和销售不符合金融监管机构规定的个人养老金产品。

第三十二条 商业银行应当为金融监管机构确定的个人养老金产品提供投资交易和购买服务，并做好产品交易信息核对。资金账户的资金只能用于购买金融监管机构确定的个人养老金产品，无法确认是否在购买范围内或缺少销售机构等必要信息的，不允许办理交易手续。

商业银行应当按照产品交易规则，为参加人提供个人养老金产品的各类交易、查询等服务。商业银行向参加人提供的个人养老金产品信息，包括但不限于管理人或保险人情况、投资策略、投资范围、历史投资业绩、保险责任、除外责任等。

参加人自主选择购买个人养老金产品，并依法承担投资风险。

第三十三条 商业银行应当按照监管规定，对其发行和代销的个人养老金产品按照统一制度、标准、流程进行管理。商业银行应当建立健全内部管理制度，包括合作机构管理、产品准入管理、投资人适当性管理、销售管理、全面风险管理、信息披露和保密管理、投诉和应急处理、销售系统支持等，并及时对存在严重违规行为、重大风险或其他不符合合作标准的机构与产品实施退出。

第三十四条　商业银行应当建立利益冲突防范机制，公平对待符合规定的个人养老金产品发行机构和销售机构。

第三十五条　开办个人养老金业务的商业银行所发行的储蓄存款（包括特定养老储蓄，不包括其他特定目的储蓄）可纳入个人养老金产品范围，由参加人通过资金账户购买。参加人仅可购买其本人资金账户开户行所发行的储蓄产品。

第三十六条　资金账户开户行可开办个人养老金咨询业务，为参加人提供个人养老金产品投资咨询服务。个人养老金咨询业务所涉及的产品标的，应当为金融监管机构确定的个人养老金产品。涉及个人养老金公募基金产品的，还应当符合证监会有关规定。

第三章　理财公司个人养老金业务

第三十七条　本办法所称个人养老金理财产品是指符合金融监管机构相关监管规定，由符合条件的理财公司发行的，可供资金账户投资的公募理财产品。

个人养老金理财产品应在销售文件中明确标识"个人养老金理财"字样。

第三十八条　理财公司作为个人养老金理财产品发行机构，应当符合相关审慎监管要求，建立完善、有效的公司治理、内部控制和风险管理体系，制定完备的个人养老金理财产品内部管理制度，具备与开展个人养老金理财业务相适应的信息系统，与理财行业平台对接，能够提供相应的技术支持和运营保障。

理财公司可以销售本机构发行的个人养老金理财产品。

第三十九条　个人养老金理财产品应当符合法律法规及相关监管规定，具备运作安全、成熟稳定、标的规范、侧重长期保值等特征，包括：

（一）养老理财产品；

（二）投资风格稳定、投资策略成熟、运作合规稳健，适合个人养老金长期投资或流动性管理需要的其他理财产品；

(三）银保监会规定的其他理财产品。

第四十条　个人养老金理财产品允许投资者通过资金账户购买的同时，还允许通过其他账户购买的，应符合以下要求：

（一）针对通过资金账户购买份额设置单独的份额类别，并在销售文件中进行明确标识；

（二）公平对待通过资金账户或其他账户购买的所有投资者。

第四十一条　开办个人养老金业务的商业银行应当建设与个人养老金理财产品相适应的信息系统，与理财行业平台对接，根据人社信息平台和理财行业平台发布的信息，通过适当方式向参加人完整披露个人养老金理财产品名单，保障参加人的合法权益。

第四十二条　对于本办法施行后新发行的个人养老金理财产品，理财公司应当委托与本机构不存在关联关系且符合以下条件的商业银行为其提供托管服务：

（一）具有全国社会保障基金、基本养老保险基金和企业年金基金托管业务资格；

（二）具有养老理财产品托管业务经验；

（三）具备与托管个人养老金理财产品相适应的信息系统，与理财行业平台对接，能够提供相应的技术支持和运营保障；

（四）银保监会规定的其他条件。

第四十三条　个人养老金理财产品发行机构、销售机构和托管机构在商业可持续基础上，可以对个人养老金理财产品的销售费、管理费和托管费实施一定的费率优惠。

第四十四条　个人养老金理财产品发行机构和销售机构应当引导投资者树立长期投资、合理回报的投资理念。

第四十五条　个人养老金理财产品发行机构和销售机构应当按照法律法规及相关监管规定，通过公开渠道，真实准确、合理客观、简明扼要地披露个人养老金理财产品相关信息，不得宣传策略保本，不得承诺或宣传保本保收益。

个人养老金理财产品发行机构和销售机构为投资者提供产品份额转

换、默认投资选择等服务的，应当符合个人养老金相关制度和监管规定，并向投资者充分披露信息和揭示风险。

第四十六条　个人养老金理财产品发行机构、销售机构和托管机构应当在人员数量和资质、激励和考核机制以及信息系统建设等方面给予个人养老金理财产品业务足够支持，确保业务开展具备所需要的各类资源。

个人养老金理财产品发行机构应当建立专门的个人养老金理财产品投资研究团队，优选投资经验丰富、投资业绩良好、无重大管理失当行为或重大违法违规记录的投资人员担任投资经理。

个人养老金理财产品发行机构和销售机构应当完善个人养老金理财产品内部考核机制，强化激励约束，建立兼顾收益与风险的长周期绩效考核机制，将长期投资收益等纳入投资经理和销售人员考核评价和薪酬体系。

第四章　信息报送

第四十七条　个人养老储蓄、个人养老金保险产品的信息交互和数据交换通过银保行业平台进行。个人养老金理财产品的信息交互和数据交换通过理财行业平台进行。商业银行和理财公司按照要求分别向银保行业平台和理财行业平台报送信息。

第四十八条　商业银行为参加人开立资金账户后，应当及时将以下信息报送至银保行业平台：

（一）个人基本信息，包括个人身份信息、资金账户信息等；

（二）产品投资信息，包括产品交易信息、资产信息等；

（三）资金信息，包括缴费信息、资金划转信息、相关资产转移信息、领取信息、资金余额信息、缴纳个人所得税信息等。

第四十九条　涉及个人养老金理财产品的，商业银行或理财公司应当及时将以下信息报送至理财行业平台：

（一）由商业银行和直接销售个人养老金理财产品的理财公司报送个

人基本信息；

（二）由商业银行报送资金信息，包括缴费信息、资金划转信息、相关资产转移信息、领取信息、资金余额信息、缴纳个人所得税信息等；

（三）由提供托管服务的商业银行报送产品托管信息；

（四）由理财公司报送产品投资信息，包括产品交易信息、资产信息、投资者交易明细和持仓情况等。

第五十条　根据业务流程和信息时效性需要，商业银行按照实时、定期批量两类时效，向银保行业平台报送信息，其中：

（一）商业银行办理资金账户开立、变更、注销等服务时，应当实时报送信息；

（二）商业银行办理完资金账户缴费、资金领取，以及个人养老金产品相关交易服务后，应当定期批量报送信息；

（三）商业银行发行个人养老储蓄和代销个人养老金保险产品的，应当定期批量报送信息。

第五十一条　涉及个人养老金理财产品交易的，商业银行应当将资金账户变更、注销等账户信息以及个人养老金理财产品相关交易信息实时报送理财行业平台，将资金账户缴费、领取等资金信息定期批量报送理财行业平台。理财公司应当将发行的个人养老金理财产品及销售机构、托管机构、投资者信息定期批量报送理财行业平台。

第五十二条　发生可能对资金账户和个人养老金产品运营产生重大影响的事件时，商业银行应当立即将事件起因、现状和可能产生的后果等，报告相关金融监管机构和人力资源社会保障部门，并积极采取应对措施。

第五十三条　商业银行开展个人养老金业务，发现参加人有涉嫌洗钱、逃避税收管理等违法违规行为的，应当按照国家有关规定及时向相关部门报告。

第五十四条　商业银行、理财公司、银保行业平台、理财行业平台应当于每年1月31日前，向银保监会或其派出机构报送上一年度个人养老金业务情况报告。

第五章 监督管理

第五十五条　银保监会根据本办法,向社会公布可开办个人养老金业务的商业银行和理财公司名单。理财行业平台定期向社会公布个人养老金理财产品名单。

第五十六条　银保监会对开办个人养老金业务的商业银行和理财公司进行持续监管。对于不满足个人养老金业务监管要求的商业银行和理财公司,银保监会及其派出机构有权责令该机构改正。逾期未改正或存在其他严重情节的,银保监会及其派出机构有权停止该机构新开展个人养老金业务,并视情况将其移出名单。对于不满足监管要求的个人养老金理财产品,将不定期移出名单。

商业银行被停止新开展个人养老金业务期间,应当做好存量业务缴费、产品转换、个人养老金领取等服务和数据报送工作。

理财公司被停止新开展个人养老金业务期间,应当暂停已发行个人养老金理财产品的申购。

个人养老金理财产品被移出名单后,理财公司和个人养老金理财产品销售机构应当暂停该产品申购并妥善处理,充分保障投资者合法权益。

第五十七条　商业银行有下列行为之一的,由银保监会及其派出机构依照有关法律法规,对商业银行和(或)直接负责的董事、高级管理人员和其他直接责任人员采取相应措施:

(一)未建立或执行资金账户相关业务管理、操作规程、风险防控、信息保密等制度的;

(二)违反规定为个人办理资金账户开立、变更、个人养老金缴费及领取、个人养老金产品销售等业务的;

(三)未按规定对资金账户开户申请人身份信息进行审核和验证,造成虚假开户或冒用开户的;

(四)未按规定及时向人社信息平台和银保行业平台、理财行业平台报送信息的;

（五）其他违反本办法及有关规定的行为。

第五十八条　商业银行工作人员泄露资金账户信息等内容的，按照有关法律法规等进行处罚。构成犯罪的，依法追究刑事责任。

第五十九条　商业银行应当审慎经营资金账户业务，若因违反规定等被移出可开办个人养老金业务机构名单，或商业银行因解散、被撤销和被宣告破产而终止的，其资金账户及资金应转让给其他开办个人养老金业务的商业银行。

不能与其他商业银行达成转让协议的，由银保监会按照有关法律法规，将资金账户及资金有序转至其他可开办个人养老金业务的商业银行。

第六章　附　　则

第六十条　资金账户与个人人民币银行结算账户项下Ⅱ类户有关管理要求不一致的，按照本办法执行。

第六十一条　本办法由银保监会负责解释。

第六十二条　本办法自印发之日起施行。

附件6

中国银保监会关于保险公司开展个人养老金业务有关事项的通知

（银保监规〔2022〕17号）

各银保监局，各人身保险公司，中国银行保险信息技术管理有限公司：

为推进多层次、多支柱养老保险体系建设，促进保险公司开展个人养老金业务，根据《中华人民共和国保险法》等法律法规和《国务院办公厅关于推动个人养老金发展的意见》（国办发〔2022〕7号），现就有关事项通知如下：

一、保险公司应当落实个人养老金制度要求，提供简明易懂、安全稳健、长期保值增值的商业养老保险，健全客户权益保护机制，满足人民群众日益增长的多样化养老需求。

二、符合以下条件的保险公司可以开展个人养老金业务：

（一）上年度末所有者权益不低于50亿元且不低于公司股本（实收资本）的75%；

（二）上年度末综合偿付能力充足率不低于150%、核心偿付能力充足率不低于75%；

（三）上年度末责任准备金覆盖率不低于100%；

（四）最近4个季度风险综合评级不低于B类；

（五）最近3年未受到金融监管机构重大行政处罚；

（六）具备完善的信息管理系统，与银行保险行业个人养老金信息平台（以下简称银保行业平台）实现系统连接，并按相关要求进行信息登记和交互；

（七）银保监会规定的其他条件。

养老主业突出、业务发展规范、内部管理机制健全的养老保险公司，可以豁免第一款关于上年度末所有者权益不低于50亿元的规定。

三、保险公司开展个人养老金业务，可提供年金保险、两全保险，以及银保监会认定的其他产品（以下统称个人养老金保险产品）。个人养老金保险产品应当符合以下要求：

（一）保险期间不短于5年；

（二）保险责任限于生存保险金给付、满期保险金给付、死亡、全残、达到失能或护理状态；

（三）能够提供趸交、期交或不定期交费等方式满足个人养老金制度参加人（以下简称参加人）交费要求；

（四）银保监会规定的其他要求。

四、保险公司申请个人养老金保险产品保险条款和费率审批或备案的，除规定材料外还应当提交以下材料：

（一）对上年度末所有者权益、偿付能力充足率、责任准备金覆盖率，以及最近4个季度风险综合评级情况的说明；

（二）最近3年受到金融监管机构行政处罚情况的说明；

（三）与银保行业平台对接情况的说明；

（四）对本公司个人养老金保险产品的保险条款和费率使用情况的说明。

保险公司可以通过申请变更保险条款和费率审批或备案的方式，将现有保险产品纳入个人养老金保险产品。对于已经审批的专属商业养老保险产品，保险公司应当向银保监会报送上述说明材料，无须另行申请变更保险条款和费率审批。

五、按照本通知规定通过保险条款和费率审批或备案的产品可纳入个人养老金保险产品名单。银保行业平台应当定期公布个人养老金保险产品名单。

六、保险公司与参加人签订保险合同前，应当就以下事项专门做出说明：

（一）个人养老金制度及其税收政策；

（二）个人养老金资金账户管理要求；

（三）银保行业平台信息管理要求。

七、经参加人授权，保险公司可以依法合规提供以下服务：

（一）协助参加人在人力资源社会保障部个人养老金信息管理服务平台开立个人养老金账户；

（二）协助参加人办理个人养老金资金账户指定或者变更；

（三）将参加人相关信息在银保行业平台登记。

八、保险公司应当与参加人单独签订保险合同，并在公司相关信息系统中对该合同做出明确标识，不得接受其使用个人养老金资金账户内资金为他人投保。

九、保险公司应当加强个人养老金资金管控，个人养老金保险产品相关业务发生的各类资金往来应当符合个人养老金资金账户封闭管理要求。

十、保险公司按照合同约定的因参加人死亡、全残、达到失能或护理状态而支付的保险赔款，不返回参加人个人养老金资金账户。保险公司应当加强保险赔款信息管理，按要求向银保行业平台等报送信息。

十一、保险公司应当在自营网络平台、移动客户端等为个人养老金相关业务建立专区，提供业务咨询、权益查询、信息披露、消费投诉、教育宣传等服务。其中，保险公司提供的个人权益信息包括但不限于交费情况、现金价值，以及相关保险责任等。

十二、保险公司应当切实履行销售管理主体责任，健全管理制度体系，加强机构管理、人员管理和销售行为全流程管控。保险公司负责制作销售宣传材料并督促使用，不得授权分支机构、中介机构或个人自行制作或修改。

十三、银保监会及其派出机构应当加强对保险公司经营个人养老金相关业务的监管，对于产品管理、销售管理、投资管理、信息披露等方面发现的问题，采取风险提示、监管约谈、责令限期整改等监管措施，依法进行行政处罚。对涉嫌犯罪的，移送司法机关处理。

十四、开展个人养老金业务的保险公司应当于每年1月31日前，向银保监会及其相关派出机构报送上一年度个人养老金业务经营报告，包括经营情况、保险条款和费率审批或备案情况、资金运用情况等。

十五、中国银行保险信息技术管理有限公司负责建设并运营银保行业平台，支持保险公司承保、理赔、保全等运营操作，按照规定将银保行业平台与人力资源社会保障部个人养老金信息管理服务平台、相关金融机构建立系统连接，制定银保行业平台运营管理制度，做好信息统计和数据报送，落实数据安全责任。

中国银保监会
2022年11月21日

附件 7

个人养老金基金行业平台运作管理暂行办法

（中国结算发字〔2022〕106 号）

第一条　为规范个人养老金基金行业平台（以下简称基金行业平台）相关业务开展保护投资人合法权益根据《中华人民共和国证券投资基金法》《国务院办公厅关于推动个人养老金发展的意见》《个人养老金实施办法》《公开募集证券投资基金运作管理办法》《公开募集证券投资基金销售机构监督管理办法》《个人养老金投资公开募集证券投资基金业务管理暂行规定》等法律、行政法规及部门规章的规定制定本办法。

第二条　本办法所称基金行业平台是指中国证券登记结算有限责任公司（以下简称本公司）根据中国证监会授权建设、运营并管理的为个人养老金投资公开募集证券投资基金（以下简称基金）业务提供支持的信息服务平台。

第三条　资金账户行（指开展个人养老金资金账户业务的商业银行）、基金管理人、基金销售机构等个人养老金投资基金业务参与主体开展基金行业平台相关业务适用本办法。

本公司可以依据本办法制定相关业务指引和技术规范规范基金行业平台各相关方业务关系、业务办理流程及数据交互方式等具体事项。

第四条　经相关金融监管部门确定可以参与个人养老金相关业务的

资金账户行、基金管理人、基金销售机构等在开展基金行业平台相关业务前应当向本公司申请接入基金行业平台成为平台参与机构。

平台参与机构发生被中国证监会移出名录等情形的应当及时向本公司申请关闭基金行业平台相关业务权限或者退出基金行业平台。

本公司有权根据中国证监会相关要求关闭平台参与机构在基金行业平台的相关业务权限或者将平台参与机构移出基金行业平台。

第五条　平台参与机构在开展个人养老金投资基金业务过程中应当按照有关法律法规要求认真履行相关职责采取有效措施落实个人养老金资金、资产安全封闭运行的有关规定切实做好投资人个人信息保护工作确保各项业务依法合规开展。

第六条　平台参与机构通过基金行业平台开展业务应当严格遵守本公司制定的相关数据接口、交互时点等技术规范要求。对于未按照相关要求报送的数据本公司有权不予处理。

第七条　对被中国证监会确定为个人养老金基金的基金产品其基金管理人在开展基金行业平台相关业务前应当向本公司申请为该基金办理基金行业平台产品接入手续。

基金发生被中国证监会移出名录等情形的基金管理人应当及时向本公司申请为该基金办理关闭基金行业平台相关业务权限或者退出基金行业平台手续。本公司有权根据中国证监会相关要求关闭基金在基金行业平台的相关业务权限或者将基金移出基金行业平台。

第八条　基金销售机构应当协助首次参与个人养老金投资基金业务的投资人向基金行业平台申请开立基金行业平台账户（以下简称平台账户）。基金行业平台根据相关申请为投资人开立唯一的平台账户作为记录其参与个人养老金投资基金业务情况的载体并记录平台账户与投资人个人养老金账户、个人养老金资金账户间的关联关系。

基金销售机构应当提醒并及时协助身份信息、联系方式、个人养老金资金账户等信息发生变化的投资人向基金行业平台申请更新相关信息。

第九条　已接入基金行业平台的资金账户行应当配合对投资人办理

平台账户业务过程中涉及的个人养老金资金账户等信息予以核验并向基金行业平台反馈该投资人个人养老金账户等相关信息。

第十条 基金行业平台为平台参与机构开展个人养老金投资基金相关业务提供数据流转服务。对于数据发出方发出的符合相关数据接口、交互时点等技术规范要求的数据接收方应当及时予以处理、反馈。

第十一条 基金行业平台向已接入基金行业平台的资金账户行、基金销售机构推送已接入基金行业平台的资金账户行、基金销售机构名单等数据向已接入基金行业平台的基金销售机构推送平台接入产品名单等数据。

第十二条 已接入基金行业平台的基金管理人、基金销售机构应当按规定向基金行业平台报送其管理、销售的平台接入产品的产品信息及交易数据并确保其报送内容的真实性、准确性、完整性、及时性、合法性。

第十三条 基金行业平台基于基金管理人、基金销售机构等平台参与机构向基金行业平台报送或者通过基金行业平台流转的数据向人力资源社会保障部个人养老金信息管理服务平台（以下简称信息平台）报送平台参与机构信息、平台接入产品信息、投资人投资个人养老金基金相关信息等数据向中国证监会、人力资源社会保障部等部门报送个人养老金投资基金业务运行情况。

第十四条 本公司可以基于基金管理人、基金销售机构等平台参与机构向基金行业平台报送或者通过基金行业平台流转的数据通过中国证监会认可的途径向投资人提供其参加个人养老金投资基金相关业务的信息查询服务。

本公司提供的查询结果不具有确认投资人相关权利归属的法律效力。投资人持有个人养老金基金的情况以相关基金份额登记机构的登记结果为准。

第十五条 基金管理人销售其管理的基金开展基金行业平台相关业务的适用本办法基金销售机构的相关规定。

第十六条 因地震、台风、水灾、火灾、战争、疫情及其他不可抗力、不可预测或者无法控制的系统故障、设备故障、通信故障、停电等突发事故给有关当事人造成损失的本公司不承担责任。

第十七条　本办法由本公司负责解释。

第十八条　本办法自2022年11月4日起施行。

附件 8

有关国家和地区养老金相关信息来源索引

国家或地区	主体	网站地址
世界	世界银行	https://data.worldbank.org.cn/
	经济合作与发展组织统计数据	https://stats.oecd.org/
中国	财政部	http://www.mof.gov.cn/index.htm
	人力资源社会保障部	http://www.mohrss.gov.cn/
	国家社会保险公共服务平台	http://si.12333.gov.cn/index.jhtml?ua=pc
	中国证券监督管理委员会	http://www.csrc.gov.cn/
	中国证券投资基金业协会	https://www.amac.org.cn/
美国	美国联邦储备委员会	https://www.federalreserve.gov/
	美国劳工部	https://www.dol.gov/
	美国员工福利保障管理局	https://www.dol.gov/ebsa
	美国社会保障局	https://www.ssa.gov/
	美国国税局	https://www.irs.gov/
	美国投资公司协会	https://www.ici.org/

续表

国家或地区	主体	网站地址
加拿大	加拿大政府官方网站	https://www.canada.ca/en.html
	加拿大统计局	https://www.statcan.gc.ca/en/start
	加拿大金融机构监管办公室	https://www.osfi-bsif.gc.ca/Eng/Pages/default.aspx
	加拿大养老金监督机构协会	https://www.capsa-acor.org/
	加拿大投资基金协会	https://www.ific.ca/en/
英国	英国政府网站	https://www.gov.uk/
	英国养老金监管局	https://www.thepensionsregulator.gov.uk/en
	英国货币和养老金服务	https://moneyandpensionsservice.org.uk/
	英国统计局	https://www.ons.gov.uk/
	英国金融行为监管局	https://www.fca.org.uk/
	英国审慎监管局	https://www.bankofengland.co.uk/prudential-regulation
	英国税务与海关总署	https://www.gov.uk/government/organisations/hm-revenue-customs
	英国养老金政策研究所	https://www.pensionspolicyinstitute.org.uk/
德国	德国劳动和社会事务部	https://www.bmas.de/DE/Startseite/start.html
	德国联邦社会保障局	https://www.bundesamtsozialesicherung.de/de/

续表

国家或地区	主体	网站地址
德国	德国养老金保险	https://www.deutsche-rentenversicherung.de/DRV/EN/Home/home_node.html
	德国金融监督管理局	https://www.bafin.de
	德意志联邦银行	https://www.bundesbank.de/en
	德国联邦统计局	https://www.destatis.de/DE/Home/_inhalt.html
	德国联邦中央税务局	https://www.bzst.de/DE/Home/home_node.html
法国	法国国家养老保险基金	https://www.legislation.cnav.fr
	法国社会事务部研究评估及统计局	https://drees.solidarites-sante.gouv.fr
	法国职业养老金	https://www.agirc-arrco.fr
	法国国家统计局	https://www.insee.fr/
	法国养老联盟	https://www.info-retraite.fr/
	法国保险业者联盟	https://www.franceassureurs.fr
	法国养老金储备基金	https://www.fondsdereserve.fr/
瑞典	瑞典养老金管理局	https://www.pensionsmyndigheten.se/
	瑞典统计局	https://www.scb.se/
	瑞典职业养老金网站	https://collectum.se/
	瑞典国民养老基金AP7官网	https://www.ap7.se/
	瑞典国家税务局	https://www.skatteverket.se

续表

国家或地区	主体	网站地址
澳大利亚	澳大利亚财政部	https://treasury.gov.au/
	澳大利亚审慎监管局	http://apra.gov.au
	澳大利亚证券和投资委员会	http://www.asic.gov.au
	澳大利亚统计局	https://www.abs.gov.au/
	澳大利亚税务局	https://www.ato.gov.au/
	澳大利亚超级年金协会	https://www.superannuation.asn.au/
日本	日本厚生劳动省	https://www.mhlw.go.jp
	日本企业年金联合会	https://www.pfa.or.jp/
	日本国家养老基金联合会	https://www.npfa.or.jp/
	日本养老金服务组织	https://www.nenkin.go.jp/
	日本金融厅	https://www.fsa.go.jp/
	日本国税厅	https://www.nta.go.jp/
	日本国民年金基金连合会	https://www.ideco-koushiki.jp/
	日本共同基金协会	https://www.shintaku-kyokai.or.jp/
	缴费确定养老金教育协会	https://www.dcnenkin.jp/
韩国	韩国政府公开数据门户网站	https://www.data.go.kr/
	韩国卫生福利部	http://www.mohw.go.kr/react/index.jsp
	韩国国民年金服务	https://www.nps.or.kr/jsppage/nps_gate.jsp
	韩国国税厅	https://nts.go.kr/

续表

国家或地区	主体	网站地址
韩国	韩国金融监督局	https://www.fss.or.kr/fss/main/main.do
	韩国经济和财政部	http://www.moef.go.kr/
	韩国金融监督委员会	https://www.fsc.go.kr/index
中国香港	香港强积金局	https://www.mpfa.org.hk/
	政府统计处	https://www.censtatd.gov.hk/sc/
巴西	巴西政府机构	https://www.gov.br/pt-br
	巴西中央银行	https://www.bcb.gov.br/
	巴西私人保险监管局	https://www.gov.br/susep/pt-br
	巴西补充养老金监督局	https://www.gov.br/previc/pt-br
	巴西封闭式养老金协会	https://www.abrapp.org.br/
智利	智利养老金监管局	https://www.spensiones.cl

参考文献

陈樱花. 韩国国民年金制度改革路径选择［M］. 江苏：江苏大学出版社，2014.

柳玉臻. 加拿大社会保障与养老体系研究［M］. 北京：社会科学文献出版社，2014.

弗朗西斯·凯斯勒. 法国社会保障制度［M］. 于秀丽，李之群，译. 北京：中国劳动社会保障出版社，2016.

王立剑. 加拿大社会保障制度［M］. 北京：中国劳动社会保障出版社，2017.

布鲁斯·利特尔. 拯救未来：加拿大养老金"1997改革"纪实［M］. 郑秉文，等译. 北京：中国劳动社会保障出版社，2017.

中国证券投资基金业协会. 个人养老金：理论基础、国际经验与中国探索［M］. 北京：中国金融出版社，2018.

施嘉芙. 美国养老金资产管理经验借鉴与启示［M］//董克用，姚余栋. 中国养老金融发展报告（2018）. 北京：社会科学文献出版社，2018.

李少杰. 日本养老金资产管理经验借鉴与启示［M］//董克用，姚余栋. 中国养老金融发展报告（2018）. 北京：社会科学文献出版社，2018.

王雯. 英国养老金制度变迁［M］. 北京：社会科学文献出版社，2019.

金炳彻. 韩国社会保障制度［M］. 北京：中国劳动社会保障出版社，2020.

于洋，刘晓梅. 日本公共养老保险［M］. 北京：中国劳动社会保障出版社，2021.

房连泉. 瑞典名义账户养老金制度改革探析［J］. 欧洲社会政策研究，2008（6）.

梁云凤. 德国社会保障制度现状及其改革趋势［J］. 经济研究参考，2011（61）.

于秀伟. 德国新型个人储蓄性养老保险计划述评［J］. 社会保障研究，2013（3）.

张立龙. 新世纪德国养老保障改革——李斯特养老金计划［J］. 经济研究参考，2014（57）.

魏南枝，何建宇. 制度碎片化与财政困境——法国养老保险制度改革及其对中国的启示［J］. 国家行政学院学报，2015（2）.

孙守纪，柴源. 韩国个人养老金制度及其启示［J］. 社会保障研究，2016（4）.

张笑丽. 英国"第二支柱"职业养老金改革及其效果分析［J］. 社会保障研究，2016（6）.

王倩，刘利鸽，王兵. 加拿大注册退休储蓄计划对提高中国养老保障水平的启示［J］. 世界农业，2016（10）.

张慧智，金香丹. 韩国多支柱养老保障体系改革及启示［J］. 人口学刊，2017（2）.

彭姝祎. 法国养老制度的现状及改革 [J]. 法国研究, 2017 (3).

彭姝祎. 法国: "温和"的养老金改革冷暖几何 [J]. 中国社会保障, 2017 (11).

中国证券投资基金业协会. 韩国养老金制度、税收政策以及经验借鉴 [J]. 声音, 2019 (6).

爱德华·帕尔默. 瑞典养老金体系的架构、理念与实际运作 [J]. 比较, 2020 (2).

宋凤轩, 张泽华. 日本第三支柱养老金资产管理: 运营模式、投资监管及经验借鉴 [J]. 现代日本经济, 2020 (4).

中国证券投资基金业协会. 瑞典国民养老金制度运作与借鉴 [J]. 声音, 2021 (6).

严茉. 法国养老金改革实践及对我国老龄化社会治理的启示 [J]. 重庆行政, 2022 (5).

中国保险资产管理业协会. 全民大众话养老: 英国篇. 2022 (5-8).

张维义. 巴西养老金市场对中国的启示. 养老金融50人论坛2018上海峰会, 2018 (10).

朱海扬, 徐晓晖, 王璐, 等. 瑞典国民养老金制度运作与借鉴. 中国证券投资基金业协会, 2019 (1).

凯文·米尔恩. 英国养老金资产管理经验借鉴与启示. 养老金融50人论坛, 2019 (6).

袁思农, 高敏. 澳大利亚养老金资产管理经验借鉴与启示. 养老金融50人论坛, 2019 (6).

王彦杰, 陈则玮, 胡俊英. 加拿大养老金资产管理启示. 养老金融50人论坛, 2019 (6).